YIYAO WEISHENG FAXUE

医药卫生法学

★ ★ ★

刘霞　石俊华◎主编

法律出版社
LAW PRESS · CHINA

《医药卫生法学》编委会

主　　编：刘　霞　石俊华

副 主 编：刘世彧　丁唯一　周　瑶

编 委 会：刘　霞　石俊华　刘世彧　丁唯一

周　瑶　黎志敏　王智勇　高　虹

邓盛木　王海容　杨自根　高丽萍

黄　莺　宋　成　梁轶琳

编委会秘书：丁唯一

目　　录

第一编　总　　论

第二编　分　论

第一编　总　　论

第一章　健康与卫生

【本章要点】

健康与卫生息息相关,不可分割。本章重点把握健康与卫生的概念,以及健康与医药卫生的关系,为学习本学科奠定初步基础。

第一节　健　　康

一、对健康的理解

人们对健康的理解并不是一成不变的。在很长的时间里,人们普遍认为身体没有疾病就是健康。比如在《康熙字典》里,将“健”解释为“强有力也”;古汉语里的“康”所表达的“健康”也仅指身体,比如《孔雀东南飞》里写道:“四体康且直。”

到了20世纪,人们对“健康”所涵盖的范围有了更广泛的理解。比如,《现代汉语词典》将“健康”界定为:“(人体)发育良好,机体正常,有健全的心理和社会适应能力。”[1]世界卫生组织把“健康”理解为:身体的、精神的及社会的完好状态,而不仅仅是没有疾病和身体虚弱。

进入21世纪后,民众的观念有了极大的改变,科学技术有了迅猛的发展,疾病谱本身也有了巨大的变化,人们对“健康”也有了更具全局性的理念。即健康不仅是个体身体健康,还包含精神、心理、生理、社会、环境和道德等方面的完全健康。这是一个更大的健康的概念。

二、健康权

健康是人类存在与发展的基础,是衡量一个国家和地区社会文明进步的重要指标,人民健康是民族昌盛和国家富强的重要标志;“人人享有卫生保健”是一项基本人权,是全人类的共同追求。《世界卫生组织宪章》(1946)就明确宣称:享受可达到的最高健康水平是每个人的基本权利之一,不管其种族,宗教,政治信仰,经济或社会条件如何;这被认为是对“健康权”的首次提出。

---

〔1〕 中国社会科学院语言研究所词典编辑室编:《现代汉语词典》(第5版),商务印书馆2005年版,第672页。

健康权作为一种基本人权，与其他基本人权密切相关，并依赖于其他人权的实现才能得以实现，比如生命权、获得食物的权利、获得住房的权利和工作权等。同时，健康权的提出是对政府责任的明确，即政府具有责任去制定政策和行动计划并付诸实践，以便在可能的最短时间内为所有人提供可及的健康设施和健康服务。

三、我国对健康和健康权的重视和保护

我国党和政府历来重视人民群众的健康，从法律层面和政策层面对民众的健康进行了规定和保护。

1949 年，起到临时宪法作用的《中国人民政治协商会议共同纲领》第四十八条规定："提倡国民体育。推广卫生医药事业，并注意保护母亲、婴儿和儿童和健康。"1954 年，我国第一部《宪法》[1]第九十三条规定："……国家举办社会保险、社会救济和群众卫生事业，并且逐步扩大这些设施，以保证劳动者享受这种权利。"1982 年，我国《宪法》第二十一条第一款规定："国家发展医疗卫生事业，发展现代医药和我国传统医药，鼓励和支持农村集体经济组织、国家企业事业组织和街道组织举办各种医疗卫生设施，开展群众性的卫生活动，保护人民健康。"1986 年制定的《民法通则》第九十八条规定："公民享有生命健康权。"2017 年制定的《民法总则》第一百一十条第一款则将"健康权"作为自然人享有的一项单独的权利加以明确规定。

近年来，党和政府把对健康的重视上升到一个崭新的高度。2015 年，《政府工作报告》首次提出了"健康中国"概念；2016 年，国家颁布了《"健康中国 2030"规划纲要》；2017 年，党的十九大报告为全体国民描绘了"健康中国"的总体路线图；2018 年，国务院机构改革，成立了"卫生健康委员会"。

第二节 医药卫生

卫生一词，在我国先秦时期即已出现。"卫"主要指护卫，防卫，养卫；"生"指万物产生与形成，指生生不已的生命世界。所以"卫生"在古代原始含意是指"养生"和"护卫生命"。随着社会生产力的发展和人类文明的进步，人类对于生命健康和疾病防治也从被动适应走向主动。"卫生"的概念也随之发展变化为含义广泛的医药卫生活动。从现代广义来理解，医药卫生即泛指为维护人类健康而进行的一切个人和社会活动的总和。具体讲至少有三个方面的含义：

首先，医药卫生指一种个人和社会的行为措施。《辞海》对卫生的解释是：为

---

[1] 为行文简练，易于阅读，本书中我国的法律、法规名称均省略"中华人民共和国"，如《中华人民共和国宪法》简称为《宪法》。

增进人体健康，预防疾病，改善和创造合符生理要求的生存环境、生活条件所采取的个人和社会的措施，它包括：使人在出生前后有一个强健的身体素质；促使人体在生活和劳动过程中增强体质，在生命旅途中能避免和抵御外部环境的不良影响，并保持完满的精神状态和良好的社会适应能力；对患病者进行治疗，使之恢复健康。有人把这些概括为：优生优育，防疫与保健，医疗与康复。所谓“个人行为措施”，主要指个人应该有良好的卫生习惯和卫生行为。如WHO指出的，健康的生活方式比任何复杂的医疗技术都要重要。而社会措施，是指国家采取的有利人体健康，防治疾病，提高人的生命质量和精神健康的社会行为。值得注意的是，无论个人还是社会的措施，都不能仅从符合生理要求的角度考虑，还必须考虑到精神心理和社会因素对健康的重要影响。因为，随着医学模式的转变，健康不仅仅是指身体没有疾病，还应该有健康的精神状态和良好的社会适应能力，这样才能适应自然，改造自然，推动社会前进。

其次，随着地球物质文明和精神文明的不断提升，医药卫生已成为各国政府普遍关注的重要社会事业。在现代社会，医药卫生已成为社会的重要组成部分，一方面，社会离不开医药卫生，因为医药卫生通过多种途径和手段维护和增进人体健康，保护社会生产力；同时，人民的健康素质是衡量一个国家医药卫生发展水平，体现该国文明程度的重要标志。另一方面，医药卫生因为受到社会经济、政治、文化、科技、教育等多方面的制约而离不开社会。因此，医药卫生不仅是个人和卫生部门的事，而应是全社会的事，需要全社会的共同参与。国家除了随着国民经济发展逐步增加卫生事业经费投入，并调动全社会力量支持卫生事业的发展外，还必须通过医事法手段，规范和调节卫生事业，围绕医药卫生事业立法，因此卫生事业能得以蓬勃发展。

最后，医药卫生已发展成为具有科学内涵的学科体系，这就是医学科学。在现代社会条件下，医药卫生作为一种行为措施和社会事业，应建立在科学的基础之上。医学学科群和知识体系的出现，使医学教育得到发展，保证了医学人力的后劲；使医学知识得到普及，提高了人民群众的卫生科学知识水平；使医事决策得以规范和科学。

第三节 健康与医药卫生的关系

人们对“健康”有了更深入的理解，这必然会使获得和维持健康所涉及的范围更加广泛——这不仅包括及时而适当的卫生保健，还包括获得和维持健康的基本条件，比如安全的饮用水、食品和药品，充足而可用的公共卫生设施，良好的居住环境、工作条件和生态环境，科学健康知识的获得途径等。与此相对应，医药卫生的范围不仅涉及生老病死时的医护条件和专业水准,还包括各类与健康相关的信息、产品和服务,以及对于各类影响健康的危险因素和误区的自我健康管理。可见,发展医药卫生是获得和维持健康的重要手段,“大健康”的概念必然会要求“大卫生”的发展,“大卫生”的发展必然会极大促进“大健康”的实现。

我们党和政府始终高度重视发展医药卫生事业,把提高人民的健康水平、实现人人得享健康作为其发展的重要目标。经过长期不懈的努力,我国的医疗卫生健康事业取得了突出成绩,被世界卫生组织誉为“发展中国家的典范”。这些突出的成绩包括:公共卫生服务能力稳步提升、医疗卫生服务质量大幅提高、全民医疗保障体系逐步健全和特定群体的健康水平显著进步。

随着中国特色社会主义进入新时代,我国社会主要矛盾已经转化为人民日益增长的美好生活需要和不平衡不充分的发展之间的矛盾。这一矛盾投射到健康领域,表现为人民日益增长的对健康的需要和卫生事业不平衡不充分发展之间的矛盾。鉴于此,为推动实施健康中国战略,树立大卫生、大健康理念,把以治病为中心转变到以人民健康为中心,预防控制重大疾病,积极应对人口老龄化,加快老龄事业和产业发展,为人民群众提供全方位全周期健康服务。2018 年,十三届全国人大一次会议表决通过了关于国务院机构改革方案的决定,批准成立中华人民共和国国家卫生健康委员会。

第二章　医药卫生法

【本章要点】

医药卫生法治建设作为国家依法治国方略中的一个重要组成部分，影响并制约我国全面建成小康社会、全面深化改革、全面依法治国的整体进程。本章介绍了医药卫生法的概念、特征、基本原则，阐述了医药卫生法的渊源，系统说明了医药卫生法治的体系。

第一节　医药卫生法概述

一、健康与法治

（一）“健康中国战略”的提出

李克强总理在2015年《政府工作报告》中，首次提出了“健康中国”这一概念。2015年10月29日，党的十八届五中全会公报正式提出了推进健康中国建设的任务。2016年8月，习近平总书记在“全国卫生与健康大会”上指出：“要坚持正确的卫生与健康工作方针，以基层为重点，以改革创新为动力，预防为主，中西医并重，将健康融入所有政策，人民共建共享。”2016年10月，国家颁布《“健康中国2030”规划纲要》，为推进健康中国建设，提高人民健康水平作出了战略部署。仅2016年一年，党中央、国务院共部署10方面50项重点医改任务，印发实施健康相关重要政策文件20余个。2017年10月18日，习近平总书记在十九大报告中为全体国民描绘了“健康中国”的总体路线图。这些都体现了党和政府坚持为人民健康服务、促进全民健康的决心和智慧。

（二）“依法治国战略”的展开

党的十八大以来，党和政府更加重视依法治国，明确提出全面推进依法治国、加快建设社会主义法治国家的战略任务。党的十八届三中全会把全面深化改革与法治建设紧密结合起来，开创性地提出建设法治中国，必须坚持依法治国、依法执政、依法行政共同推进，坚持法治国家、法治政府、法治社会一体建设，推进国家治理体系和治理能力现代化。党的十八届四中全会专题研究全面依法治国问题，通过了《中共中央关于全面推进依法治国若干重大问题的决定》。党的十八届五中全会强调法治是发展的可靠保障,明确了未来五年法治中国建设阶段性目标。党的十八届六中全会进一步强化了全面依法治国的战略地位和重要作用。党的十九大进一步明确提出:全面推进依法治国总目标是建设中国特色社会主义法治体系、建设社会主义法治国家;要坚持全面依法治国。可以说,全面依法治国已成为治理国家的基本方略。

(三)"健康"与"法治"的紧密结合

健康是人类存在与发展的基础,是衡量一个国家和地区社会文明进步的重要指标,人民健康是民族昌盛和国家富强的重要标志;"人人享有卫生保健"是一项基本人权,是全人类的共同追求。而法治则是规范、引导社会秩序所不可或缺的治理模式与重要战略。现代"健康卫生"与"法治"两大主题,不仅对于促进和保障公民生命健康权利具有特殊意义,而且它们都反映着人类共同的目标与理想,关乎着人与社会的存在和发展状态;这使"健康法治""卫生法治"无一例外地成为现代国家和社会发展的目标选择。医药卫生法治建设作为国家依法治国方略中的一个重要组成部分,影响并制约着我国全面建成小康社会、全面深化改革、全面依法治国的整体进程。正是在这一背景下,原国家卫生和计划生育委员会(以下简称"卫计委")发布《国家卫生计生委关于全面加强卫生计生法治建设的指导意见》(国卫法制发〔2015〕1号),强调全面加强卫生计生法治建设。

(四)新时代下社会主要矛盾的变化对医药卫生事业的发展提出了新挑战

多年来,党和政府始终高度重视发展医药卫生事业,把提高人民的健康水平、实现人人得享健康作为其发展的重要目标。经过长期不懈的努力,我国的医疗卫生健康事业取得了突出成绩,被世界卫生组织誉为"发展中国家的典范"。这些突出的成绩包括:公共卫生服务能力稳步提升、医疗卫生服务质量大幅提高、全民医疗保障体系逐步健全和特定群体的健康水平显著进步。随着中国特色社会主义进入新时代,我国社会主要矛盾已经转化为人民日益增长的美好生活需要和不平衡不充分的发展之间的矛盾。这一矛盾投射到健康领域,表现为人民日益增长的对健康的需要和卫生事业不平衡不充分发展之间的矛盾。新时代对我国医药卫生事业的发展提出了更高的要求。

二、医药卫生法的概念

(一)医药卫生法的概念

医药卫生法是指由国家制定或认可,并由国家强制力保障实施的,旨在调整和保护公民生命健康活动中形成的各种社会关系的法律规范的总和。

医药卫生法有广义和狭义之分。广义的医药卫生法,是指由国家有权立法的机关制定、认可、解释、修改和废止的与公民生命健康相关的法律规范的总和。具体而言,根据我国《立法法》的规定,主要是指全国人民代表大会及其常务委员会制定的医药卫生法律、国务院制定的医药卫生行政法规、地方(含省,自治区,直辖市，设区的市）人民代表大会及其常务委员会制定的地方性医药卫生法规、民族自治地方（含自治区、自治州、自治县）人民代表大会制定的民族自治条例和医药卫生单行条例、国务院各部门（含各部、委员会、中国人民银行、审计署和具有行政管理职能的直属机构）制定含有医药卫生内容的部门规章、地方（含省，自治区，直辖市，设区的市）人民政府制定的地方政府医药卫生规章等。此外，特别行政区根据全国人民代表大会授权并依照特别行政区基本法的规定制定的医药卫生法律规范，也应纳入广义的医药卫生法范畴。

狭义的医药卫生法，是指拥有国家立法权的机关制定、认可、解释、修改和废止的医药卫生法律规范的总和。根据我国《立法法》的规定，拥有国家立法权的机关是全国人民代表大会及其常务委员会，其中由全国人民代表大会制定的医药卫生法律称为医药卫生基本法，由全国人民代表大会常务委员会制定的医药卫生法律称为医药卫生基本法以外的医药卫生法。

我国的医药卫生法是由一系列调整医药卫生社会关系的法律规范所构成的。医药卫生法律规范分两大组成部分，一部分是在专门制定的医药卫生法律、行政法规和规章中，另一部分是散在于其他方面的法律、行政法规、规章中。

目前，我国主要的医药卫生法律有：《传染病防治法》、《国境卫生检疫法》、《职业病防治法》、《精神卫生法》、《食品安全法》、《药品管理法》、《执业医师法》、《母婴保健法》、《献血法》、《人口与计划生育法》、《红十字会法》和《中医药法》。

主要的医药卫生行政法规有：《国境口岸卫生监督办法》《传染病防治法实施办法》《艾滋病防治条例》《公共场所卫生管理条例》《食品安全法实施条例》《突发公共卫生事件应急条例》《医疗机构管理条例》《乡村医生从业管理条例》《护士条例》《医疗事故处理条例》《医疗废物管理条例》《药品管理法实施条例》《医疗器械监督管理条例》等。此外，国家卫健委单独或者与有关部门联合制定发布了大量卫生规章。

我国在医药卫生领域，现有12部专门法律，38部专门行政法规，400余部部门规章。各省、自治区、直辖市人大和政府也制定发布了大量的医药卫生法规或规章。以相关法律为核心，以行政法规、部门规章和地方性法规为主体，与相关法律法规相衔接的医药卫生法律法规体系已经初步形成。

（二）医药卫生法的调整对象

医药卫生法的调整对象，主要指保护人体生命健康权益并规范与人体生命健康相关活动和行为中形成的各种社会关系。医药卫生法的调整对象，具有内容复杂性、范围广泛性和层次多级性等特点，这也是医药卫生法能成为新的独立法律部门的主要原因。根据不同划分标准，医药卫生法的调整对象为：

1. 根据调整社会关系的性质

（1）民事法律关系。在医药卫生活动中，其中很大一部分是医药卫生机构与公民或者法人之间形成的医疗保健服务关系,这种社会关系从性质上属平等民事主体之间的关系,即民事法律关系。

(2)行政法律关系。主要指在医药卫生行政管理机关依法履行对医药卫生事务的监督管理职能过程中,与行政管理的相对人之间形成的社会关系。如医药卫生行政部门对医药卫生机构的设置、医药卫生人员执业资格的审批和对与人体生命健康密切相关产品的市场监管等。

(3)刑事法律关系。医药卫生法的根本目的在于保护人体生命健康,对于那些生产不合格药品、器械、食品等严重损害人体生命健康的行为,除规定了承担民事损害赔偿责任外,还需承担相应的刑事责任。如我国《刑法》中设有专节"危害公共卫生罪",《食品安全法》《执业医师法》《药品管理法》等医药卫生相关法律也对刑事犯罪相关问题作了相应规定。

2. 根据调整社会关系的主要内容

(1)调整生命健康权益保护关系。生命健康权是我国宪法赋予公民并给予保障的基本人权,医药卫生法的根本目的就在于保护人体生命健康。因此,在人体生命健康相关的各种活动中形成的社会关系,都是医药卫生法的调整对象,包括公民的生育权、隐私权、身体权等的保护,医护人员生命健康权益的保护,患者等特殊人群生命健康权益的保护等。

(2)调整医药卫生资源配置关系。医药卫生法需针对国家各地区经济发展状况和人口分布情况,合理配置医药卫生资源,从而使每个人能够平等地享受基本的医药卫生服务。主要包括对各种医药卫生机构的设置与管理,医药卫生人力资源的配置与管理,对各种医药市场的合理布局与设置,在突发公共卫生事件应急管理中所需的医药卫生人力、物力、财力等资源的合理配置与储备等。

(3)调整生命科学技术应用中形成的新型特殊社会关系。现代社会经济、文化和医学科学技术的高度发展,使人们能够不断寻求高质量的生活,越来越关注健康与长寿问题。因此,为了促进人们享受高质量的生活,各种新的生命科学技术被不断研发和应用,比如基因工程技术、器官移植技术、人工辅助生殖技术等,伴随这些医药科技活动的开展,不断出现许多新型社会关系,而这些社会关系具有其他法律所无法调整的各种特殊性,需由医药卫生法来调整。

(4)调整国际医药卫生关系。国际医药卫生关系是医药卫生法调整的重要对象,主要是指各级医药卫生行政机关、医疗保健服务机构及其他医药卫生有关企事业单位、社会团体和个人,在共同遵守我国缔结和加入的有关医药卫生方面的国际条约和国际公约时,与其他国际医药卫生组织和个人之间所产生的权利义务关系。

事实上,医药卫生法的制定、修改、完善的过程,也是医药卫生法调整对象不断变更、完善的过程。随着人类社会的不断发展进步,已有的某些医药卫生法调整的对象会逐步退出其调整的范围，而许多新兴的医药卫生关系会因社会发展需要而纳入医药卫生法进行调整，这是医药卫生法治发展的必然趋势。

三、医药卫生法的特征

医药卫生法作为我国法律体系的重要组成部分，不仅具有法律的一般特征，还因其独特的调整对象而具有鲜明的特征：

（一）医药卫生法规定的内容具有广泛性

医药卫生法以保护公民的生命健康权益为立法宗旨，而公民的生命健康权是公民人身权中最基本、最重要的一项权利，涉及的内容相当广泛。医药卫生法在医疗机构管理、医药卫生技术人员管理、医疗相关产品管理、药品管理、民族医药管理、药品知识产权保护、公共卫生监督、精神卫生、疾病预防与控制、卫生资源管理等方面都有相关规定，涉及医、药、卫生等多个领域。

（二）医药卫生法与自然科学密切相关，具有较强的技术性

医药卫生法是法律与医学、药学等自然科学交叉结合的产物。医学、药学等自然科学的发展不仅为保护人类的生命健康提供新技术，也带来许多法律问题，如脑死亡、器官移植、安乐死、代孕技术等问题的出现，可能会引起一些犯罪行为的发生，需通过医药卫生法针对这些新兴医学科学技术进行必要的规制，以实现对人体生命健康权益的保护。医药卫生法与医学等自然科学紧密联系，相互促进，互为依存，是其他众多法律所难以比拟的。同时，我们也可以看到，人们在预防疾病、诊断治疗、康复保健等过程中，逐渐总结出一套防病治病的办法和操作规程，而国家通过一定程序将这些技术规范加以法律化，构成了医药卫生法的重要内容，因此，医药卫生法具有技术性强的特点，与其他法律规范有显著区别。

（三）医药卫生法调整社会关系的手段具有多样性

医药卫生法是一种民事法律规范和行政法律规范相结合的法律，以医药卫生社会关系为主要的调整对象，医药卫生社会关系既存在于医药卫生行政部门及其工作人员之间，也存在于医药卫生行政部门、工作人员与患者之间。其调整社会关系的复杂性，决定了医药卫生法调整社会关系手段的多样性。在医药卫生法律关系中，既可以通过行政法律法规进行调整，也可以通过民事法律法规进行调整。就医药卫生行政执法主体而言，它不仅需要用层级监督手段来处理内部上下级关系，而且需要用行政手段来管理辖区内的各种公共卫生行为和医疗保健活动。就医药卫生行政内容而言，不仅需要用行政许可、行政处罚、行政强制措施等多种手段来确保公民健康权，需要用行政复议、行政诉讼、行政赔偿等手段来处理行政争议以及因违法的行政行径、司法途径来处理医患关系，而且需要借助行政手段和经济手段来处理内部关系。在实践中，当患者的健康权受到医务人员不法侵害时，既可以追究医疗机构及其医务人员的行政责任，也可以追究其相应的民事责任。

(四)医药卫生法具有一定社会共同性

医药卫生法的根本任务是预防和消灭疾病,保护人体生命健康。疾病的发生和流行没有国界、地域和人种的限制,也不会因为国家制度的不同而使疾病的预防与治疗有所不同,只不过可能在措施、方法方面存在差异。随着社会的发展和进步,人类的生命健康受到全球范围内的关注,各国的医药卫生法在因地制宜地保留其自身特色以外,都比较注意加强相互之间的学习和借鉴,把其中反映在健康领域内具有社会共同性的问题和要求,纳入各国的医药卫生立法之中。此外,虽然医药卫生法同其他法律一样具有鲜明的阶段性,它的制定必须体现执政阶级的共同利益和意志,然而就它规范的具体内容讲,也体现出其他阶级、阶层和各界人士的利益和愿望。因此,医药卫生法与其他的法律规范相比,表现出了一定的社会共同性,反映了全社会的共同需要。

四、医药卫生法的基本原则

医药卫生法的基本原则,是指贯穿于整个医药卫生法律规范中,对调整医药卫生法律关系具有普遍指导意义的准则。由于我国医药卫生法没有统一的法典,对医药卫生法的基本原则没有明确统一的规定,只能通过对散见的众多医药卫生法律规范内容进行理论上的抽象、概括和总结。这些准则是我国宪法有关原则在医药卫生法中的具体体现,也是国家医药卫生工作的根本方针和政策在医药卫生法中的具体体现。

(一)保护公民生命健康权益原则

保护公民的生命健康权益,是我国医药卫生法的根本目的和首要宗旨,一切与公民生命健康相关的活动都应遵循这一基本原则。这一原则的基本要求是,在医药卫生法的制定和实施过程中,无论是立法者、行政管理和执法者,还是医药卫生机构等企业、事业单位,以及社会团体和自然人,都必须时刻将保护公民的生命健康权益放在首位,一切与生命健康相关的医药卫生活动和行为都应围绕这一原则进行,任何侵犯生命健康权益并造成损害的行为都应依法承担相应的法律责任。

(二)保障国家医药卫生事业公益性原则

将保障国家医药卫生事业公益性原则作为医药卫生法的基本原则之一,是国家将医药卫生发展改革成果惠及全体社会成员的突出体现,是实现宪法所赋予的公民基本生命健康权利和维护社会公平正义的重要内容。这一原则的基本要求是,国家医药卫生事业特别是公共医疗卫生服务活动的各个方面,都应切实体现和落实公益性原则,增强政府的投入和监管责任,鼓励社会各界积极支持和参与医药卫生事业,保障所有公民都能平等地享有基本的医药卫生服务。

(三)政府监督与全民参与相结合原则

由于医药卫生法与公民的生命健康息息相关,因此全社会都应广泛参与,积极行动起来，在政府的主导下形成合力。一方面，政府卫生行政部门和法律授权承担公共卫生事务管理的组织要积极履行职责，对管辖范围内的社会组织和个人严格开展医药卫生监督，包括医政监督、药政监督、防疫监督和其他有关卫生监督，加大对违法行为的处罚力度。另一方面，由于医药卫生法的实施，有赖于每个公民的自觉参与、遵守和监督，因此，鼓励全体公民自觉广泛参与，将民众监督与政府监督有机结合，从而有效防止生命健康权益受到侵犯。

第二节 医药卫生法的渊源

医药卫生法的渊源，也称医药卫生法的法源，是指医药卫生法的各种外在表现形式。我国医药卫生法的渊源主要表现为各种制定法，而判例、法理、习惯等不是我国医药卫生法的渊源。

一、宪法

宪法是我国的根本大法，规定了公民的基本权利义务等国家和社会生活中最根本、最重要的问题，其中也包括了发展医药卫生事业等基本制度，是我国医药卫生法重要的法律渊源。比如《宪法》第二十一条明确规定："国家发展医疗卫生事业，发展现代医药和我国传统医药，鼓励和支持农村集体经济组织、国家企事业组织和街道组织举办各种医疗卫生设施，开展群众性的卫生活动，保护人民健康。"

二、医药卫生法律

医药卫生法律是指由全国人民代表大会及其常务委员会制定的关于医药卫生方面的法律，它是效力仅次于宪法的主要渊源。医药卫生法律可分为医药卫生基本法律和医药卫生基本法律之外的医药卫生法律。前者是指由全国人民代表大会制定和修改的医药卫生基本法，其应当规定我国医药卫生事业发展中的最基本问题，如国家对医药卫生事业相关领域实行的基本制度，国家医药卫生工作的基本政策、方针和原则，国家医药卫生资源及人才资源的合理配置等。目前我国尚未制定统一的医药卫生基本法。而医药卫生基本法律之外的医药卫生法律主要有《执业医师法》《献血法》《药品管理法》《人口与计划生育法》《传染病防治法》《职业病防治法》《食品安全法》《红十字会法》《母婴保健法》《国境卫生检疫法》等。此外，在这一层级的医药卫生法律渊源中，还应包括如民法、合同法、婚姻法、侵权责任法、刑法、环境保护法、劳动法、诉讼法等其他法律部门中有关医药卫生方面的法律规定。

三、医药卫生行政法规

医药卫生行政法规，是指由国务院根据宪法、法律和全国人民代表大会及其常务委员会授权所制定的医药卫生规范性法律文件。我国已经颁布的医药卫生行政法规涉及的内容非常广泛,有的是由国务院直接颁布的,有的是经国务院授权批准、以国家医药卫生行政部门名义颁布的。包括《医疗事故处理条例》《医疗机构管理条例》《公共场所卫生管理条例》《精神药品管理办法》《血液制品管理条例》等。

四、医药卫生部门规章

医药卫生部门规章,是指由国务院各部委根据宪法、法律和国务院的行政法规、决定、命令,在本部门的权限范围内,制定的与人体生命健康相关的医药卫生规范性法律文件,如《护士管理办法》《保健食品管理办法》等。国务院相关部委主要包括国家卫生健康委员会、生态环境部等。

五、地方性医药卫生法规

地方性医药卫生法规,是指由省、自治区、直辖市、省会政府所在地的市和设区的市的人民代表大会及其常务委员会依法制定和批准的有关医药卫生方面的规范性法律文件,如《江苏省职业病防治条例》等。

六、医药卫生民族自治条例和单行条例

医药卫生民族自治条例和单行条例,是指由民族自治地方的人民代表大会依法在其职权范围内依照当地的政治、经济、文化的特点,制定的有关本地区医药卫生方面的规范性法律文件。

七、医药卫生地方政府规章

地方政府医药卫生规章,是指由省、自治区、直辖市及设区的市的人民政府,根据医药卫生法律、医药卫生行政法规和地方性医药卫生法规的规定,依法在其职权范围内制定和发布的有关本地区医药卫生方面的法律文件。

八、医药卫生标准

医药卫生标准,是指为实施国家医药卫生法律法规,保护人体生命健康,针对医药卫生领域中有关事项制定的各类技术规范。医药卫生法具有技术控制和法律控制的双重性质,因此,医药卫生标准就成为医药卫生法律体系中重要的组成部分。医药卫生标准按照适用范围可分为国家标准、地方标准和行业标准,按照性质可分为强制性标准和推荐性标准。医药卫生标准的法律效力虽然不如法律、法规、规章,但是由于医药卫生法律法规只对医药卫生管理中的相关问题作了原则性规定,而医药卫生各种行为都需要严格依照相关的标准进行操作,所以在医药卫生领域里,医药卫生标准处于相当重要的地位。

九、医药卫生国际条约

医药卫生国际条约,是指我国与外国缔结的或者我国加入并生效的有关医药卫生方面的国际法规范性文件。只要是我国已经加入或者签署的国际医药卫生条约,除我国声明保留的条款以外,对我国国家机关和公民都有相应的约束力。所以,医药卫生国际条约也是我国医药卫生法的渊源之一。

这些组成医药卫生法渊源的制定法,有着各自不同的效力等级和适用范围。根据法的效力位阶原则,医药卫生法特别法的效力优于医药卫生一般法,医药卫生领域的新法优于旧法,法律文本的效力优于法律解释。而医药卫生法在适用范围上,有的在全国范围内普遍有效,有的仅在特定地区和领域内有效。

第三节　医药卫生法治体系

医药卫生法治是依法治国在医药卫生领域的具体体现,即通过制定科学完善的医药卫生法律并严格实施,以此调整医药卫生中的各种关系,平衡医药卫生领域中的各种利益,整合医药卫生资源,维护医药卫生秩序,从而达到保障公民生命健康、促进医药卫生事业发展和构建和谐社会的目的。[1]

医药卫生法治体系包括医药卫生立法、执法、司法、法律监督和法治保障等环节。

一、医药卫生立法

(一)医药卫生立法的概念

我们从广义的角度界定"医药卫生立法",即"医药卫生立法"是指制定涉及医药卫生事项的法律,具体是指特定的国家机关,依照法定职权和程序,制定、修改或废止涉及医药卫生事项的规范性法律文件的专门性活动。

(二)医药卫生立法体制

根据我国《立法法》的规定,我国的医药卫生立法体制是:

1. 全国人大及其常委会行使国家医药卫生立法权。比如,全国人大常务委员会制定并发布《精神卫生法》。

2. 国务院即中央人民政府根据宪法和法律,制定医药卫生行政法规。比如,国务院制定并于2018年发布《医疗纠纷防范与处理条例》。

3. 省、自治区、直辖市的人大及其常委会根据本行政区域的具体情况和实际需要,在不同宪法、法律、行政法规相抵触的前提下,制定地方性医药卫生法规。比如,上海市人民代表大会常务委员会制定并发布《上海市母婴保健条例》。

4. 设区的市的人民代表大会及其常务委员会根据本市的具体情况和实际需要,在不同宪法、法律、行政法规和本省、自治区的地方性法规相抵触的前提下,可以对城乡建设与管理、环境保护、历史文化保护等方面涉及医药卫生的事项制定地

---

[1] 罗刚、石俊华主编:《医药卫生法学》,浙江工商大学出版社2015年版,第57页。

方性法规。比如,宁夏回族自治区银川市人大常委会制定并发布了《银川市学生校外就餐休息场所卫生管理条例》。

5. 民族自治地方的人民代表大会有权依照当地民族的政治、经济和文化的特点,制定包含医药卫生内容的自治条例和单行条例。比如,四川省阿坝藏族羌族自治州人民代表大会制定并发布《阿坝藏族羌族自治州野生中药材、菌类植物资源保护管理条例》。

6. 国务院各部、各委员会可以根据法律和国务院的行政法规、决定、命令,在本部门的权限范围内,制定医药卫生规章。比如,原国家教育委员会和原卫生部联合制定并发布了《学校卫生工作条例》。

7. 自治区、直辖市和设区的市、自治州的人民政府,可以根据法律、行政法规和本省、自治区、直辖市的地方性法规,制定医药卫生政府规章。设区的市、自治州的人民政府制定地方政府规章,限于城乡建设与管理、环境保护、历史文化保护等方面的事项。比如,吉林省长春市人民政府制定并发布了《长春市公共餐饮具集中消毒监督管理办法》。

8. 经全国人大常务委员会决定,国务院同外国缔结有关医药卫生方面的条约和协定,最后由国家主席根据全国人大常务委员会的决定,批准该条约和协定。比如,我国于2003年正式签署《烟草控制框架公约》,现由国家卫健委牵头进行履约工作。

(三)医药卫生立法程序

根据《立法法》的规定,我国全国人大及其常务委员会的立法程序包括法律议案的提出、审议、表决和公布。根据《行政法规制定程序条例》的规定,我国行政法规的立法程序包括行政法规的立项、起草、审查、决定和公布。地方性法规,由各级人民代表大会自行制定相应的程序,一般包括地方性法规议案的提出、审议、表决和公布。地方政府规章,根据《规章制定程序条例》的规定,制定程序包括规章的立项、起草、审查、决定和公布。

医药卫生的专业性特别强,因此实践中,医药卫生立法一般都是交由具体行政机关或部门负责草案的起草,这在地方立法层面表现得更加明显。这种做法符合立法专业性的要求,但也有部门利益渗透立法之虞。鉴于此,实践中,立法部门越来越重视立法的公众参与程度,采取网络征求意见、立法听证和专家咨询等方式让公众参与立法过程、让公众的利益诉求得以表达,这些措施使医药卫生立法的民主性得到了保证。

二、医药卫生执法

(一)医药卫生执法的概念

“医药卫生执法”,即医药卫生法律的执行,是指国家行政机关或者法律法规授权的组织,按照法定的权限和法定程序,在医药卫生领域内行使管理职能、履行法定职责的活动。

（二）医药卫生执法的原则

1. 合法性原则

医药卫生执法活动必须以法律为依据，必须符合法律的规定，这是依法行政的最基本要求。合法性原则既要求医药卫生执法活动必须要有法定授权才可以进行，又要求医药卫生执法活动必须按照法定的程序进行，要符合正当程序原则。比如，卫生监督执法必须要由有执法权的卫生监督员进行，而不能交由其他临聘人员执行。

2. 合理性原则

医药卫生执法主体在行使自由裁量权进行执法活动时，在依法执法的前提下，应当符合法治的精神和目的，要权衡多方面的利益因素和案件的具体情况，要做到适当、合理和公正，避免造成执法不公等情况。比如，对于在"二孩政策"尚在讨论时就已经生产下二孩的行为，一些地方的卫生行政部门在执法时确定该行为违法但不执行罚款处罚的做法，就是合理性原则的体现。

3. 效率原则

在依法执法的前提下，医药卫生执法活动要充分考虑执法的成本和效益，要用尽可能低的执法成本获得尽可能大的效益。比如，随着科技的发展，对食品生产现场进行监督执法的方式，由实地检查变为视频监控就是效率原则的体现。

（三）医药卫生执法行为

医药卫生执法是医药卫生法律实施的重要方面，其具体形式包括：

1. 行政许可

指卫生行政机关应行政相对人的申请，依法准许相对人从事某种活动。比如，卫健委授予执业医师资格。

2. 行政给付

指卫生行政主体依照有关法律、法规，向符合条件的申请人提供物质利益或者赋予其与物质利益有关的权益的具体行政行为。比如，医疗保险机构对居民医疗保险进行报销。

3. 行政监督检查

指卫生行政机关为实现卫生行政管理的目标和任务，依法对行政相对人遵守卫生法律规范和履行行政机关的决定、命令的情况进行检查、调查、查验和抽验等行政执法行为。比如，卫健委对学校生活饮用水卫生进行检查。

4. 行政确认或裁决

指卫生行政机关或法定授权的组织，依照法律授权，对当事人之间发生的、与行政管理活动密切相关的事项进行审查，并作出裁决的具体行政行为。比如，卫健委确定某医疗行为是否构成医疗事故。

5. 行政强制

指卫生行政机关在行政管理过程中，为制止违法行为、防止证据损毁、避免危害发生、控制危险扩大等，依法对公民的人身自由实施暂时性限制，或者对公民、法人或者其他组织的财物实施暂时性控制的卫生执法行为。比如，卫健委授权特定的医疗机构对特殊传染病患者进行强制医疗。

6. 行政处罚

指卫生行政执法主体依职权对违反卫生法律规范的相对人进行法律制裁的行为。比如，市场监督管理局责令卫生不达标的餐饮企业停业整顿。

7. 行政征收

指行政主体凭借国家行政权，根据国家和社会公共利益的需要，依法向行政相对人强制性征集一定数额金钱和实物的行政行为。比如，卫健委向不符合《人口与计划生育法》的规定生育子女的公民征收社会抚养费。

三、医药卫生司法

（一）医药卫生司法的概念

"医药卫生司法"指国家司法机关根据按照法定程序，具体运用法律处理医药卫生纠纷的专门活动。在我国，人民法院和人民检察院都是司法机关，医药卫生司法主要表现为人民法院行使审判权对医药卫生纠纷作出调解、判决和裁定等处理，人民检察院行使检察权对涉及医药卫生的犯罪进行立案侦查、侦查监督、审查起诉和提起公诉等活动。

（二）医药卫生司法的原则

1. 司法公正

公正是司法的生命，司法公正是"法平如水"这一法的精神的内在要求和重要体现，是社会正义的重要组成部分和维护方法，是司法机关作为纠纷解决平台存在的社会基础。目前，我国医药卫生立法比较滞后，在社会和医学科学技术迅猛发展而法律又没能及时对此作出规范的情况下，通过司法公正地调整医药卫生领域内的利益冲突就显得非常重要。比如，如何在既保护医学科学技术的更新发展又能兼顾传统的伦理道德中实现公正，具体例子如冷冻胚胎的技术运用与由此产生的利益分配。

2. 公民在法律面前一律平等

这既是我国司法的基本原则，也是我国公民的一项基本权利。其基本含义是，在法律面前，没有任何人有特权，也没有任何人被歧视。比如，相较于医方，患方一般都被认为是弱势群体。这就使得有些法院在审理医疗纠纷案件时，会偏向于"弱势群体"，不管医院有没有过错、要不要承担赔偿责任，都让医院"出钱了事"，这其实是对该原则的违背。

3. 以事实为依据，以法律为准绳该原则的基本含义是：司法机关审理任何案件，都只能以与案件有关的事实作为裁判的依据，都只能在严格执行程序法的基础上，严格按照实体法对案件进行判决。比如，法院对于医疗纠纷的调解也必须遵守该原则，不能为了达到息讼的目的而一味"和稀泥"。

4. 司法机关独立行使职权

该原则的基本含义是：司法权只能由司法机关行使，其他任何机关、团体和个人都无权行使；司法机关在行使司法权时，不受其他任何机关、团体和个人的干涉。比如，一些恶性伤医案件发生后，受害人所在医院的工作人员以罢工、拉横幅等方式要求严惩凶手，由此引发了舆论的广泛关注。但被告人最后是否应被"严惩"依据于其罪行的严重程度，上述做法只能被视作为情绪释放的一种方式，它绝对不能够成为影响人民法院独立判案的因素。

四、医药卫生法律监督

（一）医药卫生法律监督的概念

"医药卫生法律监督"是指由国家机关、社会组织和个人，对医药卫生活动的合法性进行监视、查看、约束、制约、控制、检查和督促。

（二）医药卫生法律监督体系

国家机关法律监督和社会力量法律监督组成了医药卫生法律监督的有机整体。

1. 国家机关医药卫生法律监督

国家机关医药卫生法律监督是指国家权力机关、监察机关、行政机关和司法机关，在各自职权范围内对各种医药卫生法律活动的合法性、合理性和有效性进行监督：（1）国家权力机关的医药卫生法律监督，是指各级人民代表大会及其常务委员会对因其产生的国家机关是否合法、有效和正确地实施医药卫生法律进行监督。（2）监察机关的医药卫生法律监督，是指各级监察委员会对医药卫生活动中所有行使公权力的公职人员是否遵守纪律规定和法律规定、是否有效履职进行监督。（3）行政机关的医药卫生法律监督，是指本级政府对其所属的医药卫生行政机关，医药卫生行政系统内部上级机关对下级机关所进行的医药卫生活动是否合法、有效和合理地实施医药卫生法律的监督。医药卫生行政机关对行政相对人是否遵守医药卫生法律的监督属于行政执法的范畴。（4）司法机关的医药卫生法律监督，是指人民检察院和人民法院通过民事诉讼、刑事诉讼和行政诉讼对医药卫生活动所进行的监督。

2. 社会力量医药卫生法律监督

社会力量医药卫生法律监督是指社会组织、个人和新闻媒体依照宪法和法律，对各种医药卫生活动的合法性、合理性和有效性进行监督。社会力量包括工会、红十字会、消费者权益保护协会、医学会、医院协会、医师协会、广大民众和新闻媒体等。既可以对国家机关医药卫生活动的合法性、合理性和有效性进行监督,又可以对行政相对人医药卫生活动的合法性进行监督,是对社会医药卫生活动最广泛的监督,在实践中一直发挥着积极有效的监督作用。

五、医药卫生法治保障

"医药卫生法治保障"是医药卫生法治运行中所不可缺少的基本条件,其包括党的领导、社会主义制度、医药卫生法治工作队伍和医药卫生法治文化等基本构成要素。

(一)医药卫生法治工作队伍

"医药卫生法治工作队伍"是指具有法律职业道德水准和业务工作能力,在医药卫生立法、执法、司法和法律服务等领域从事工作的专业人才的集合体,是"法律共同体"的重要组成部分。

2017 年修改的《公务员法》《行政复议法》《行政处罚法》中明确规定,初次从事行政处罚决定审核、行政复议、行政裁决和法律顾问的公务员应当通过国家统一法律职业资格考试取得法律职业资格。这意味着,对于医药卫生法治工作队伍的法律素质有了更高的要求。除此之外,医药卫生法治还涉及医药等领域的专业知识,这要求医药卫生法治工作队伍必须更好地做到医法结合。

(二)医药卫生法治文化

"医药卫生法治文化"是指在医药卫生领域所展现出来的,反映法治理念和法治精神、能够促进法治进步的一种文化现象。法治文化涵盖非常广,而医药卫生的特点则决定了"医药卫生法治文化"的特殊性。

医药卫生领域存在大量的技术性规范,这些技术性规范具有科学的依据、是对前人经验的总结,既必须得到医药卫生人员的遵守,也必须得到广大民众的尊重。因此,医药卫生法治文化中的守法首先表现为严格按照医药卫生技术规范操作:违反医药卫生技术规范的承担相应法律责任;未违反医药卫生技术规范但造成损害的,只能从人道主义或风险分担机制角度考虑不利后果的分担,而不能直接归咎于医药卫生技术规范的实施者,特别是不能通过"闹"实现目的。

【思考题】

1. 在我国的计生执法中存在这样一个情况:由于有钱人能够支付高额的社会抚养费,所以他们可以违法生育;而没钱的人无法支付高额的社会抚养费,所以他们不可以违法生育。这似乎存在法律上的不平等:有钱就可以不守法,没钱就只能守法。

请你从执法和守法的角度谈一下对这个问题的看法。

2. 我国最高人民法院颁布的《关于民事诉讼证据的若干规定》中规定:"因医疗行为引起的侵权诉讼,由医疗机构就医疗行为与损害结果之间不存在因果关系及不存在医疗过错承担举证责任。”但对于这一条款有很大的争议:“肯定说”认为,该条款有利于保护患方利益,让具有专业知识的医院证明专业问题体现了公平;“否定说”认为,该条款加重了医院的责任,使得患者可以随意地提起诉讼而不用承担更多的证明责任,变相地助长了医疗纠纷诉讼的增加。

请你从司法的角度谈一下对这个问题的看法。

第三章　医药卫生法律关系

【本章要点】

法律关系是一种特殊的社会关系，根据法律规范而产生，以法律上权利义务的形式体现。法律关系由法律关系的主体、法律关系的客体、法律关系的内容三要素组成。法律关系可以分为行政法律关系、民事法律关系、刑事法律关系。医药卫生法律关系是由医药卫生法所调整的具有医药卫生权利义务内容的社会关系。医药卫生法律关系包括医药卫生行政法律关系、医药卫生民事法律关系、医药卫生刑事法律关系。

第一节　医药卫生法律关系概述

一、医药卫生法律关系的概念和特征

（一）医药卫生法律关系的概念

法律关系，是指法律规范在调整人们的行为过程中所形成的具有法律上权利义务形式的社会关系。法律关系包括政治、经济、文化等各个领域的社会关系。法律关系是统治阶级通过国家意志作用于社会关系，借以保证统治阶级利益的重要手段和途径。按照不同标准，法律关系的种类可以分为：一般法律关系，具体法律关系；调整性法律关系，保护性法律关系；平权法律关系，隶属法律关系；积极型法律关系，消极型法律关系；简单法律关系，复杂法律关系；以及各部门法的法律关系等。法律关系是以法律为前提而产生的社会关系，没有法律的规定，就不可能形成相应的法律关系。法律关系是以国家强制力作为保障的社会关系，当法律关系受到破坏时，国家会动用强制力进行矫正或恢复。

医药卫生法律关系是指医药卫生主体在医药卫生组织管理和预防保健服务过程中，依据医药卫生法律规范所形成的权利义务关系。医药卫生法律关系可以分为医药卫生行政法律关系、医药卫生民事法律关系、医药卫生刑事法律关系。

（二）医药卫生法律关系的特征

1. 医药卫生法律关系是以医药卫生法律规范为前提的社会关系

医药卫生法律关系的产生以医药卫生法律规范为前提，脱离了医药卫生法律

规范，也就不可能形成医药卫生法律关系。医药卫生法律规范也只能在医药卫生法律关系中才能得以实现。

2. 医药卫生法律关系是以医药卫生权利义务为内容的社会关系

社会关系涉及人们生活的方方面面，有很多种类，其中经过法律调整的，就成为法律关系。医药卫生法律关系是指经过医药卫生法律制度调整，依据医药卫生法律规范形成的医药卫生权利义务关系。医药卫生法律关系不能等同于医药卫生活动中的一般关系，医药卫生法律制度也不能调整所有的医药卫生领域的社会关系，医药卫生领域的一些社会关系还要通过道德规范、传统习俗等途径加以调整。

3. 医药卫生法律关系是以国家强制力作为保障手段的社会关系

通过社会舆论和道德约束来实现的社会关系具有不稳定性和非强制性。医药卫生法律关系反映国家对维持医药卫生秩序的态度，国家对医药卫生法律关系实施强制性保护，对违反医药卫生法律制度，扰乱医药卫生社会秩序的行为，追究相应的法律责任。

二、医药卫生法律关系的构成

法律关系有三个构成要素，包括法律关系主体、法律关系内容、法律关系客体。医药卫生法律关系由医药卫生法律关系主体、医药卫生法律关系内容和医药卫生法律关系客体构成。

（一）医药卫生法律关系的主体

医药卫生法律关系的主体，是指参加医药卫生法律关系、享有医药卫生权利和承担医药卫生义务的公民、法人和其他组织。医药卫生法律关系的主体包括国家机关、医药卫生行政部门、医疗卫生机构、医药卫生人员、企事业单位、社会团体和公民等。[1]

（二）医药卫生法律关系的内容

医药卫生法律关系的内容，是指医药卫生法律关系主体依法享有的医药卫生权利和承担的医药卫生义务。

医药卫生权利是医药卫生法律关系中的权利主体依照医药卫生法规定，根据自己的意愿实现自己某种利益的可能性。

医药卫生义务是医药卫生法律关系中的义务主体依照医药卫生法规定，为了满足权利主体某种利益而为一定行为或者不为一定行为的必要性。

（三）医药卫生法律关系的客体

医药卫生法律关系的客体，是指医药卫生法律关系主体的权利和义务指向的对象。医药卫生法律关系的客体体现了医药卫生法律关系主体在医药卫生法律关

〔1〕 华律网整理：《卫生法律关系的主体是什么》，载华律网：http://www.66law.cn/laws/112404.aspx，最后访问日期：2019年2月28日。

系中所追求的利益。包括：

1. 人身利益

是与医药卫生法律关系主体不可分离的，能够满足主体人身需求的事物。其中最重要的是生命健康权。

2. 行为

医药卫生法律关系中权利主体行使权利和义务主体履行义务的活动。如医疗服务行为、卫生审批行为等。

3. 物

指能够被人所支配利用，卫生法律准许进入的，具有一定价值和使用价值的物质财富，如药品、医疗器械等。

4. 智力成果

指人们脑力劳动所创的成果，属于精神财富。如医药卫生领域的学术论文、专利、发明等。

三、医药卫生法律关系的产生、变更和消灭

（一）医药卫生法律关系的产生、变更和消灭的概念

医药卫生法律关系不是一成不变的，它处于不断发展变化中，体现为医药卫生法律关系的产生、变更和消灭。

医药卫生法律关系的产生是指医药卫生法律关系主体间形成了权利和义务关系。医药卫生法律关系的变更是指医药卫生法律关系的主体、内容或者客体发生了变化。医药卫生法律关系的消灭是指医药卫生法律关系主体间的权利与义务关系完全终止。

（二）医药卫生法律关系的产生、变更和消灭的条件

引起医药卫生法律关系的产生、变更和消灭需要一定的条件，一是医药卫生法律规范，二是医药卫生法律事实。医药卫生法律规范是医药卫生法律关系的产生、变更和消灭的前提，医药卫生法律事实是医药卫生法律关系的产生、变更和消灭的根据。

医药卫生法律事实是被医药卫生法律规范所规定，能导致一定的法律后果，引起医药卫生法律关系的产生、变更和消灭的客观情况。比如，患者到医院门诊挂号看病，医院与患者之间形成了医疗卫生服务的权利义务关系，这就是一种医药卫生法律事实。医药卫生法律事实可以分为医药卫生法律行为和医药卫生法律事件。

1. 医药卫生法律行为

医药卫生法律行为是医药卫生法律关系产生、变更或消灭的最普遍的法律事实。包括医药卫生合法行为和违法行为。

医药卫生合法行为是指医药卫生法律关系主体实施符合医药卫生法律规范，能够产生行为人预期后果的行为。

医药卫生违法行为是指医药卫生法律关系主体实施医药卫生法律规范所禁止的、侵犯他人合法权益的行为。

2. 医药卫生法律事件

医药卫生法律事件是不以医药卫生法律关系主体的意志为转移，但能导致一定法律后果的客观现象。

医药卫生法律事件可以分为两类：一是自然事件，比如医患法律关系中患者因非医疗因素死亡，则医患法律关系终止。二是社会事件，比如医药卫生政策的重大调整，医药卫生法律的重大修改等。

第二节　医药卫生民事法律关系

一、医药卫生民事法律关系的概念和特征

（一）医药卫生民事法律关系的概念

医药卫生民事法律关系是指根据医药卫生民事法律规范确立的医药卫生民事主体之间的权利义务关系。医药卫生民事法律关系必须以医药卫生民事法律规范为前提，发生在医药卫生法律关系主体之间，在医药卫生预防保健服务过程中产生，并以医药卫生民事权利义务为内容。

（二）医药卫生民事法律关系的特征

医药卫生民事法律关系具有一般民事法律关系的一般特征，同时，又有其特殊性。

1. 医药卫生民事法律关系是平等主体之间的关系。医药卫生民事法律关系是一种横向法律关系，是在平等法律主体之间的权利义务关系。医药卫生民事法律关系主体的地位是平等的。包括在医药卫生民事活动中的人身法律关系、民事财产关系、民事诉讼关系等。比如医疗机构及其医务人员与就医者之间的医患法律关系。

2. 医药卫生民事法律关系是以医药卫生民事权利和义务为内容的社会关系。医药卫生民事法律关系主体双方享有对等的医药卫生的权利和义务。比如医疗机构与患者之间形成的医疗服务民事法律关系中，医院和义务人员有向患者提供诊疗服务的义务，有获得经济报酬的权利，患者有支付医疗费用、配合治疗的义务，有获得诊疗服务以及知情同意等权利。

3. 医药卫生民事法律关系必须要体现当事人的意志。医药卫生民事法律关系的产生、变更和消灭，特别是医药卫生民事法律关系的内容，主要取决于当事人的意志。

4. 医药卫生民事法律关系具有等价有偿的特点。《民法通则》第四条规定：“民事活动应当遵循自愿、公平、等价有偿、诚实信用的原则。”等价有偿是公平原

则在有偿交易活动中的表现和要求,等价意味着经济利益的均衡。医药卫生民事法律关系作为民事法律关系的一种,民事法律关系的最基本特征在其中也必然体现。[1]

二、医药卫生民事法律关系的主体

(一)医药卫生民事法律关系主体的概念

医药卫生民事法律关系的主体,是指医药卫生民事法律关系中,享受医药卫生权利或承担义务的当事人。

(二)医药卫生民事法律关系主体的种类

医药卫生民事法律关系中的人可以是自然人、法人或其他组织。

1. 自然人

包括我国公民、外国人和无国籍人。包括在各种医药卫生机构中执业的医药卫生技术人员,比如医师、护理人员、药师、技师等。

2. 法人

包括企业法人、机关法人、事业单位法人和社会团体法人。包括营利性的医药卫生组织,比如医药生产、经营企业等;行使医药管理职权并具备相应民事权利和行为能力的国家机关;营利性和公益性医疗机构;医药卫生社会团体,比如红十字会等。

3. 其他组织

主要指参与到医药卫生民事法律关系,但又不属于前两类的主体。

医药卫生民事法律关系的主体区别于普通民事法律关系的主体的特殊性在于,它的当事人中必定有一方是医药卫生组织或医药卫生社会团体以及医药卫生企事业单位,包括上述组织中的自然人。

此外,医药卫生民事法律关系中,医药卫生民事权利主体与义务主体有多种不同情况。医药卫生民事法律关系中可能有两方主体参加,也有可能有三方及以上主体参加。比如,医疗服务关系中,有医方与患方两方主体;医药合伙经营关系中,可能有三方以上的主体。此外,医药卫生民事法律关系的权利主体和义务主体还可能有一人或多人的情况。

三、医药卫生民事法律关系的客体

(一)医药卫生民事法律关系客体的概念

医药卫生民事法律关系的客体就是医药卫生民事法律关系主体的权利义务所指向的对象。医药卫生民事法律关系的客体应具有有益性、客观性、法定性等特征。

(二)医药卫生民事法律关系客体的种类

1. 物

指现实存在的自然之物和人造之物。它具有一定形体、占据一定空间,能够为

---

[1] 罗刚、石俊华主编:《医药卫生法学》,浙江工商大学出版社2016年版,第43页。

人掌握、利用，具有一定价值和使用价值的质财富。包括药品、保健品、医疗器械、生物制品、医疗废物等。

2. 行为

指能满足医药卫生民事法律关系权利主体某种利益的行为。比如诊疗行为、医药经营行为等。

3. 智力成果

指医药卫生智力活动创造出来的智慧成果。比如医药卫生专利成果、发明、学术研究成果、论文、著作等。

4. 人身利益

指医药卫生民事主体依法享有的，与其自身利益不可分离也不可转让的没有直接财产内容的利益。比如生命健康权、名誉权、隐私权等。

四、医药卫生民事法律关系的内容

医药卫生民事法律关系的内容，主要包括医药卫生民事主体依法享有的权利和应承担的义务，它是医药卫生民事法律关系的核心要素。

（一）医药卫生民事权利

医药卫生民事权利是医药卫生民事法律关系主体能够做出或者不做出一定行为以及要求他人做出或者不做出一定行为的许可和保障。

医药卫生民事权利具体包括：(1) 医药卫生民事主体免受他人侵扰的自由；(2) 医药卫生民事主体有权在医药卫生法律法规规定的范围内，根据自己意愿作出自主决定的或向他人提出积极主张的自由；(3) 一旦医药卫生民事主体的自由受到侵犯，医药卫生民事主体有权请求国家发动公权力予以保护。

（二）医药卫生民事义务

医药卫生民事义务，是医药卫生民事法律关系的主体必须做出一定行为或不做出一定行为的约束。这种约束依据医药卫生法律法规的规定，其目的是为了满足医药卫生民事权利主体权利的实现。

医药卫生民事权利和医药卫生民事义务具有一致性，没有无权利的义务，也没有无义务的权利，二者相互依存、不可分割。

第三节　医药卫生行政法律关系

一、医药卫生行政法律关系的概念

医药卫生行政法律关系，是指由医药卫生行政法所调整的，医药卫生行政主体在医药卫生行政管理活动过程中产生的权利义务关系。它是以医药卫生行政法律法规为前提，在医药卫生行政机关和相对人之间发生，在医药卫生行政管理活动中产生,以医药卫生行政权利(权力)、义务为内容的社会关系。这种社会关系不同于医药卫生民事法律关系,它发生在具有管理与被管理关系的主体之间,具有不平等的特点。医药卫生行政法律关系是一种纵向的医药卫生法律关系。

医药卫生行政法律关系同样具有三要素,即医药卫生行政法律关系的主体、医药卫生行政法律关系的客体、医药卫生行政法律关系的内容。

二、医药卫生行政法律关系的主体

医药卫生行政法律关系的主体包括医药卫生行政主体和医药卫生行政相对人。

(一)医药卫生行政主体

医药卫生行政主体,是指医药卫生法律规范规定的,享有国家医药卫生行政权和承担义务的组织和个人。医药卫生行政主体能以自己的名义行使医药卫生行政职权、并能独立地承担因此产生的相应法律责任。比如,国家、省级和地方各级卫健委,国家和省级药品监督管理局等。

(二)医药卫生行政相对人

医药卫生行政相对人,是指在具体的医药卫生行政法律关系中,与医药卫生行政主体互有权利义务关系的相对一方,可以是公民、法人和其他组织。医药卫生行政相对人是医药卫生行政法律关系的参加者,它接受医药卫生行政主体的管理并依法享有权利、承担义务。比如:各种公立及私立医疗机构接受卫生管理部门的监督与管理,此时医疗机构就是医药卫生行政相对人;个体行医的公民同样要接受医药卫生行政机关或其他主管机关的管理和监督,此时该公民也是医药卫生行政相对人;居住在我国的外国人和无国籍人入境时接受我国国境卫生检疫机关检疫查验,在国境卫生检疫法律关系中外国人和无国籍人就是医药卫生行政相对人。

三、医药卫生行政法律关系的客体

医药卫生行政法律关系的客体,是指医药卫生行政法律关系主体的权利(权力)和义务所指向的对象。一般来讲,法律关系的客体一般包括物,指能为人们所控制、有经济价值的有形物;行为,是指要求医药卫生行政法律关系的主体为一定行为或不为一定行为,包括作为(积极行为)和不作为(消极行为);精神财富,是指人们从事智力活动所获得的成果,如专利权等。在我国医药卫生行政法律关系中,能作为医药卫生行政法律关系客体的同样包括物、行为、人身利益和智力成果。

四、医药卫生行政法律关系的内容

医药卫生行政法律关系的内容,是指医药卫生行政法律关系主体依据卫生法律法规所享有的权利(权力)和承担的义务。

(一)医药卫生行政主体的权力

医药卫生行政主体的权力指医药卫生行政法律关系主体依据医药卫生行政法律法规所享有的某种能力或利益。医药卫生行政法律关系中,医药卫生行政主体因行使国家公权力而具有一定的政治性和强制性权力,即医药卫生行政职权。包括:卫生行政立法权、卫生行政决策权、卫生行政决定权、卫生行政命令权、卫生行政执行权、卫生行政强制执行权、卫生行政处罚权,以及卫生行政司法权、卫生行政监督权、卫生行政控制权、卫生检查权等。

1. 医药卫生行政立法权

根据我国《立法法》的规定,国务院及其各部委、省、自治区、直辖市以及省、自治区、直辖市人民政府所在地的市和设区的市的人民政府拥有行政立法权。

2. 医药卫生行政决策权

如医疗机构的设置。

3. 医药卫生行政决定权、命令权与执行权

医药卫生行政决定权包括为医药卫生行政许可、医药卫生行政确认、医药卫生行政奖励等。行政决定相对人必须服从并执行。

4. 医药卫生行政强制执行权

根据医药卫生法所赋予医药卫生行政主体的医药卫生行政强制执行权,医药卫生行政主体对逾期不履行义务的医药卫生行政相对方采取一定的强制措施。这些强制措施包括强制检查、强制隔离、强制控制、控制或者扑杀染疫动物和家禽等。

5. 医药卫生行政处罚权

县级以上医药卫生行政机关对违法行为可以进行警告、罚款、没收违法所得、责令停产停业、吊销许可证以及法律、行政法规规定的其他行政处罚。

(二)医药卫生行政相对人的权利

医药卫生行政法律关系的主体具有自己这样行为或不这样行为,或要求他人这样行为或不这样行为的能力或资格。例如,公民有权决定自己是否参加医师资格考试,如果医药卫生行政部门不接受自己的报考,有提出复议申请、提起行政诉讼的权利。医药卫生行政相对人的权利,主要表现其在实体法上的地位和程序上的权利。

1. 医药卫生行政相对人在实体法上的地位和权利

公民的财产权和人身自由权受法律保护,不受非法侵害,公民享有受医药卫生行政机关保护的权利。在违法或者不当地行使医药卫生行政行为而给公民带来侵害时,公民有权请求排除违法和不当侵害,有权请求医药卫生行政主体依法履行职责。

2. 医药卫生行政相对人在程序上的权利

行使行政职权,必须履行公正程序。医药卫生行政机关在履行义务或职责、行使职权时,一定要坚持程序和实体并重原则。在我国,医药卫生行政相对人在程序上的权利,主要有:参与制定医药卫生行政法规或计划的权利、获得告知和听证的

权利等。程序法上的行政救济则主要包括提出复议申请、提起行政诉讼的权利等。

（三）医药卫生行政主体的行政职责

作为医药卫生行政职权的享有者的医药卫生行政主体，必须按照法律规定在行使医药卫生行政职权的过程中承担一定的义务，也就是医药卫生行政职责，医药卫生行政主体在行使国家赋予的医药卫生行政职权，实施国家医药卫生行政管理活动的过程中，对必须承担、必须履行的义务，不能放弃和违反，否则将会被追究法律责任。

第四节　医药卫生刑事法律关系

一、医药卫生刑事法律关系的概念

医药卫生刑事法律关系是医药卫生刑事主体之间，依据医药卫生刑事法律法规产生的权利义务关系。医药卫生刑事法律关系以医药卫生刑事法律法规为前提，在医药卫生领域产生，发生在国家公权力与医药卫生刑事犯罪对象之间，以医药卫生犯罪与刑罚为内容。

医药卫生刑事法律关系是根据刑法规范产生的社会关系。没有刑法的规定，便没有刑事法律关系上的权利和义务，司法便不可以予以调整。医药卫生刑事法律关系的客体，也必须由法律加以规定，当事人之间不能自行约定。

在现行刑法中，涉及医药卫生刑事犯罪的罪名非常多，包括与医药专业性相关的医疗事故罪、非法行医罪、非法进行节育手术罪等，此外，还有医药卫生领域的贪污贿赂罪、渎职罪、危害公共安全犯罪等普通犯罪类型。而判断某一类犯罪是否属于医药卫生刑事犯罪，主要是看医药卫生刑事法律关系的构成要素，即医药卫生刑事法律关系的主体、医药卫生刑事法律关系的客体和医药卫生刑事法律关系的内容，只要其构成要素与医药卫生相关，即构成医药卫生刑事犯罪，也就形成了医药卫生刑事法律关系。

二、医药卫生刑事法律关系的主体

医药卫生刑事法律关系的主体相较于医药卫生行政和民事法律关系，有其特殊性。医药卫生刑事法律关系主体的一方当事人是国家，而另一方当事人是医药卫生刑事犯罪人。根据我国《刑法》的规定，刑事法律关系的犯罪人主体包括自然人和单位。自然人作为刑事法律关系主体必须达到刑事责任年龄并具备刑事责任能力，某些犯罪除了要求行为人具有这两个条件外，还必须具有特殊身份。单位主体则是指实施危害社会行为并依法应负刑事责任的企事业单位、机关、社会团体等。[1]

---

〔1〕 罗刚、石俊华主编：《医药卫生法学》，浙江工商大学出版社 2016 年版，第 51 页。

（一）自然人犯罪主体

1. 刑事责任年龄。我国根据青少年身心发展状况、文化教育发展水平、智力发展程度将刑事责任年龄划分为三个阶段：

（1）已满16周岁的人犯罪，应负刑事责任，为完全负刑事责任年龄。

（2）已满14周岁，不满16周岁是相对负刑事责任年龄。这一年龄阶段犯故意杀人、故意伤害致人重伤或者死亡、强奸、抢劫、贩卖毒品、放火、爆炸、投放危险物质罪的，应当负刑事责任。

（3）不满14周岁，无论实施何种危害社会的行为，都不负刑事责任，为完全不负刑事责任年龄。

2. 刑事责任能力。刑事责任能力，是指行为人对自己行为的辨认能力与控制能力。具有刑事责任能力，是指同时具有辨认能力与控制能力；如果缺少其中一种能力，则属于没有刑事责任能力。

3. 特殊身份。所谓犯罪主体的特殊身份，是指刑法规定的影响行为人刑事责任的行为人人身方面特定的资格、地位或状态。如国家卫生行政机关工作人员、司法工作人员等。这些特殊身份不是自然人犯罪主体的一般要件，而是某些犯罪的自然人主体所必须具备的条件。比如渎职类犯罪中的传染病防治失职罪、动植物检疫失职罪等都对犯罪主体身份有特殊要求。

（二）单位犯罪主体

我国《刑法》第三十条规定：公司、企业、事业单位、机关、团体实施的危害社会的行为，法律规定为单位犯罪的，应当负刑事责任。在医药卫生刑事法律关系中，单位也可以成为特定犯罪的主体，例如单位行贿受贿罪中的医药卫生行业的企事业单位。

三、医药卫生刑事法律关系的客体

医药卫生刑事法律关系的客体与医药卫生民事、行政法律关系客体不同，不是具体的人身利益、物、行为、智力成果，而是受刑法所保护的、被犯罪行为所破坏的社会关系。医药卫生刑事法律关系的客体是指医药卫生刑事法律关系中的内容所指向的对象。它是医药卫生刑事犯罪行为和被医药卫生刑事犯罪行为破坏的医药卫生社会关系以及社会秩序的安全与稳定。

四、医药卫生刑事法律关系的内容

在医药卫生刑事法律关系中，医药卫生刑事法律关系主体、客体和内容都具有特殊性。医药卫生刑事法律关系的内容是国家和犯罪人的权利和义务，国家享有对犯罪人进行刑罚处罚的权利，承担依法适用刑罚的义务，犯罪人有接受刑罚处罚的义务，享有不受“法外用刑”的权利。

（一）司法机关的刑罚权和刑事义务

司法机关的刑罚权主要包括求刑权、量刑权和行刑权。即请求对犯罪人予以刑罚处罚的权力、对已被确定有罪的犯罪人是否科处刑罚及科处何种刑罚的权力和司法机关将判决所确定的对犯罪人的刑罚付诸实现的权力。

司法机关在行使刑罚权的同时也要履行与其职权相对应的职责,即刑事义务。具体包括:对犯罪人进行刑事处置的义务和依法行使刑事处置权的义务。司法机关在行使刑事处置权时,必须履行以事实依据,以法律为准绳的义务。

(二)犯罪人的权利和义务

犯罪人虽然实施了严重危害社会的行为,应当受到来自社会的谴责和非难。但他作为社会的一个成员,仍享有基本的人权;同时作为普通公民,仍享有宪法和法律所规定的公民权。犯罪人所享有的权利包括要求对其行为严格依法定罪的权利,要求对其量刑必须均衡的权利,要求在行刑时享有人道主义待遇的权利。

犯罪人由于实施了犯罪行为,应承担三种责任:道义责任、社会责任和刑事责任。由于犯罪行为违反和侵害了社会善良伦理风俗,因而行为人就应承担道义责任。犯罪行为侵害了社会秩序,造成了严重的社会危害性,犯罪人便要承担社会责任。刑事责任是刑事法律规定的,因实施犯罪行为而产生的,由司法机关强制犯罪人所承受的刑事惩罚或单纯性法律评价的负担。这三种责任的承担也最终突出表现在刑事责任上,这就要求行为人在刑事法律关系中要承担依法认罪,依法服刑的责任,同时还要相应地赔偿因犯罪行为对被害人及其家属所造成的经济损失。

【思考题】

1. 医药卫生法律关系的概念是什么?
2. 医药卫生法律关系产生、变更和消灭的条件有哪些?
3. 医药卫生民事法律关系的客体有哪些种类?
4. 医药卫生行政法律关系的主体、客体和内容是什么?
5. 医药卫生刑事法律关系的主体有哪些?

第四章　医药卫生法律责任和法律救济

【本章要点】

医药卫生法律责任从责任性质上来说包括医药卫生民事责任、医药卫生行政责任及医药卫生刑事责任。医药卫生法律救济包括的途径主要是医药卫生行政复议、医药卫生行政诉讼和医药卫生行政赔偿。

第一节　医药卫生法律责任

一、医药卫生法律责任的概念

医药卫生法律责任,是指医药卫生法主体由于违法行为、违约行为或者由于法律规定而应承担的某种不利后果。

医药卫生法律责任具有以下特点:

(一)医药卫生法律责任是违反医药卫生法律规范的后果

一般讲只有在构成医药卫生违法的前提下,行为人才有可能承担相应的医药卫生法律责任。不构成医药卫生违法也就无须承担医药卫生法律责任。但是承担医药卫生法涉及的民事责任并不必然是由违反医药卫生法引起的。

(二)医药卫生法律责任必须由医药卫生法律规范明确规定

医药卫生法律责任必须由医药卫生法律法规明确具体规定。医药卫生违法行为很多,但不是所有的违法行为都承担法律责任。只有医药卫生法律法规在权限范围内作了明确规定,行为人才承担相应的法律责任。

(三)医药卫生法律责任具有国家强制性

医药卫生法律责任的履行由国家强制力保证,违法者拒绝承担由其违法而必须承担的法律责任时,国家强制力将强制其承担相应的法律责任。

(四)医药卫生法律责任必须由法定机关予以追究

医药卫生法律责任必须由国家授权的专门机关在法定职权范围内依法予以追究,其他任何组织和个人都不能行使这种职权。

二、医药卫生法律责任的种类

根据行为人违反医药卫生法律规范的性质和社会危害程度,医药卫生法律责任分为民事责任、行政责任和刑事责任三种。

(一)医药卫生民事责任

医药卫生民事责任,是指医药卫生机构和医药卫生工作人员或从事与医药卫生事业有关的机构违反法律规定侵害公民的健康权利时,应向受害人承担损害赔偿的责任。《民法通则》规定,公民、法人违反合同或者不履行其他义务的,应当承担民事责任。公民、法人由于过错侵害国家的、集体的财产,侵害他人财产人身的,应当承担民事责任。

1. 医药卫生民事责任的特点包括:(1)主要是财产责任;(2)一方当事人对另一方的责任;(3)补偿当事人的损失;(4)在法律允许的条件下,民事责任可以由当事人协商解决。

2. 医药卫生民事责任的构成必须具备损害的事实存在、行为的违法性、行为人有过错损害事实与行为人的过错有直接的因果关系等要件。

3. 医药卫生民事责任的承担方式《民法通则》规定的承担民事责任的方式有:停止损害,排除妨害,消除危险,返还财产,恢复原状,修理、重作、更换,赔偿损失,支付违约金,消除影响、恢复名誉,赔礼道歉10种。医药卫生法所涉及的民事责任以赔偿损失为主要形式。

(二)医药卫生行政责任

医药卫生行政责任,是指医药卫生行政法律关系主体违反医药卫生行政法律规范,尚未构成犯罪所应承担的法律后果,根据我国现行医药卫生行政管理法规的规定,主要包括行政处罚和行政处分。

1. 行政处罚,是指医药卫生行政机关或者法律法规授权组织,在职权范围内对违反医药卫生行政管理秩序而尚未构成犯罪的公民、法人和其他组织,实施的一种医药卫生行政制裁。

根据《行政处罚法》和我国现行医药卫生法律法规和规章的规定,在具体的医药卫生行政处罚的种类主要有:警告,罚款,没收非法财物,没收违法所得,责令停产停业,暂扣或吊销有关许可证等。在具体的医药卫生法律规范中,对各类医药卫生行政处罚,依具体管理的内容,有不同的具体规定,如吊销有关许可证,《药品管理法》规定吊销“药品生产企业许可证”“药品经营企业许可证”;《执业医师法》规定吊销“医师执业证书”等。医药卫生行政处罚一般由医药卫生行政部门、食品药品监督管理部门决定,有的还须报请同级人民政府批准。

2. 行政处分,是指有管辖权的医药卫生行政机关或医疗医药卫生机构对所属一般违法失职人员给予的一种行政制裁。依照《公务员法》的规定,行政处分的种类包括警告、记过、记大过、降级、撤职、开除。

(三)刑事责任

医药卫生刑事责任是指违反医药卫生法的行为,侵害了刑法所保护的社会关系构成犯罪所应承担的法律后果。医药卫生法律、法规对于刑事责任的规定,是直接引用刑法中有关条款的规定。

根据我国《刑法》规定,实现刑事责任的方式是刑罚。刑罚是国家审判机构依照《刑法》的规定,剥夺犯罪分子某种权益直至生命的一种强制处分。

我国的刑罚分为主刑和附加刑两大类。主刑是对犯罪分子适用的主要刑罚方法。主刑只能独立适用,不能附加适用。对一个犯罪只能适用一个主刑,而不能适用两个以上的主刑。主刑包括管制、拘役、有期徒刑、无期徒刑和死刑。附加刑也称从刑,是补充主刑适用的刑罚方法。附加刑既可以随主刑附加适用,也可以独立适用。附加适用时可以同时适用两个以上附加刑。它包括罚金、剥夺政治权利、没收财产;对于外国人犯罪,还可以独立适用或附加适用驱逐出境。

我国《刑法》对与医药卫生有关的违法行为及其应当承担的刑事责任作了明确规定,主要是:(1)在破坏社会主义市场经济秩序类犯罪中规定了生产、销售假药罪,生产、销售劣药罪,生产、销售不符合医药卫生标准的食品罪,生产、销售有毒、有害食品罪,生产、销售不符合医药卫生标准的医药卫生器材罪,生产、销售不符合医药卫生标准的化妆品罪;(2)在妨害社会管理秩序类犯罪中规定了妨害传染病防治罪,传染病菌种、毒种扩散罪,妨害国境医药卫生检疫罪,非法组织卖血罪,强迫买血罪,非法采集、供应血液、制作、供应血液制品罪,采集、供应血液、制作、供应血液制品事故罪,医疗事故罪,非法行医罪,非法进行节育手术罪和传播性病罪;(3)在侵犯公民人身权利、民主权利中规定了非法提供公民个人信息罪;(4)在渎职罪中规定了食品安全监管失职罪、传染病防治失职罪等。

第二节　医药卫生法律救济

一、医药卫生法律救济的概念

医药卫生法律救济,是指公民、法人或者其他组织认为医药卫生行政机关的行政行为造成自己合法权益的损害,请求有关国家机关给予补济的法律制度的总称,包括对违法或不当的行政行为加以纠正,以及对于因行政行为而遭受的财产损失给予弥补等多项内容。其主要特征是:(1)医药卫生法律救济是对权利所进行的救济;(2)医药卫生法律救济是对行政行为所实施的救济;(3)医药卫生法律救济一般应在法律上形成某种制度;(4)医药卫生法律救济一般是事后的救济。

二、医药卫生法律救济的途径

医药卫生法律救济的途径,是指通过何种途径实现救济的问题,即相对人在受到医药卫生行政机关行政行为侵害时,通过何种程序、何种路径实现救济的问题。我国现有的医药卫生法律救济途径主要是医药卫生行政复议、医药卫生行政诉讼和医药卫生行政赔偿。

从我国的法律规定来看，行政复议与行政诉讼相比，有以下区别：

（一）性质不同

行政复议是行政机关的行政行为，属于行政机关系统内部所设置的对于行政管理相对人实施救济的制度；行政诉讼是人民法院的司法行为，属于在行政机关外部设置的对行政管理相对人实施救济的制度。

（二）程序不同

行政复议适用行政程序；行政诉讼适用司法程序。

（三）审查范围不同

行政复议对具体行政行为既审查合法性又审查合理性；行政诉讼主要审查具体行政行为的合法性。

（四）法律效果不同

行政复议以后仍可提起诉讼；行政诉讼是两审终审。因此，一般情况下，发生行政争议后，行政复议是最为直接有效的解决途径，而行政诉讼是最为客观公正的解决途径。

医药卫生法律救济是为矫正医药卫生行政机关的侵害行为和相对人受到侵害的情况而建立的解决纠纷、补救相对人受损权益的制度，有利于保护医药卫生法律关系主体的合法权益、维护医药卫生法律的权威、促进医药卫生行政部门依法行政和推进医药卫生法治建设。

第三节 医药卫生行政复议

一、医药卫生行政复议的概念

医药卫生行政复议，是指公民、法人或者其他组织认为医药卫生行政机关的具体行政行为侵犯其合法权益、按照法定的程序和条件向作出该具体行政行为的上一级医药卫生行政机关提出申请，受理申请的行政机关对该具体行政行为进行复查，并作出复议决定的活动。

医药卫生行政复议包括以下几层含义：(1)医药卫生行政复议只能由作为行政相对人的公民、法人或者其他组织提起，除此之外，任何其他主体不得提起行政复议；(2)医药卫生行政复议权只能由作出具体行政行为的行政机关的上一级行政机关或者法律授权的组织行使；(3)医药卫生行政复议对于公民法人和其他组织是维护其合法权益的一种程序性权利，不得被非法剥夺，但公民法人或者其他组织可以自主处分自己的程序性权利，既可以提起行政复议，也可以放弃行政复议的权利；(4)医药卫生行政复议的对象原则上只能是医药卫生行政机关作出的具体行政行为。

为了防止和纠正违法的或者不当的具体行政行为，保护公民法人和其他组织的合法权益，保障和监督行政机关依法行使职权，1999 年 4 月 29 日第九届全国人大常委会第九次会议通过了《行政复议法》。为进一步发挥行政复议制度在解决行政争议、建设法治政府，构建社会主义和谐社会中的作用，2007 年 5 月 29 日国务院颁布了《行政复议法实施条例》。

二、医药卫生行政复议的特征

医药卫生行政复议是一种具有行政与司法双重性的活动，即行政复议以准司法的方式来审理特定的行政争议。行政复议既不完全等同于行政行为，又不完全等同于司法活动，这主要表现在以下两个方面：

(一)行政复议是具有一定司法性的行政行为

这是指有行政复议权的行政机关借用法院审理案件的某些方式来审查行政争议，即行政复议机关作为第三人对行政机关和行政相对人之间的行政争议进行审在并作出裁决。

(二)卫生行政复议是行政机关内部纠错机制

医药卫生行政复议是行政系统内部的行政机关对下级或所展的行政机关作出的违法或不当的具体行政行为实施的一种纠错行为，不同于法院通过行政诉讼审查行政机关具体行政行为合法性的司法审查制度。

三、医药卫生行政复议的原则

医药卫生行政复议的原则，是指由宪法和法律规定的，反映行政复议的基本特点。贯穿于《行政复议法》及行政复议活动并对其具有普遍指导意义的原则。

行政复议的基本原则主要有：

(一)合法原则

合法原则，是指复议机关在行使复议权时必须合法。具体要求包括：(1)复议机关和复议机构主体必须合法；(2)审理复议案件的依据应当合法；(3)审理复议案件的程序应当合法。

(二)公正原则

公正原则，是指复议机关在行使复议权时应当公正地对待复议双方的当事人，不能有所偏袒。

(三)公开原则

公开原则，是指行政复议活动应当公开进行，复议案件的受理、调查、审理、决定等一切活动都应该尽可能地向当事人、公众及社会舆论公开，使社会各界了解行政复议活动的基本情况。

(四)及时原则

及时原则在行政复议中的地位尤其重要。在保证公正、效率的前提下，应当在尽可能短的时间内给相对人一个答复，以减少当事人在行政诉讼之前的负担。具体要求包括：(1)受理复议申请应当及时；(2)复议案件的审理要按审理期限审结案件；(3)作出复议决定应当及时；(4)对复议外当事人不履行复议决定的情况复议机关应当及时处理。

(五)便民原则

便民原则，是指复议机关在复议的一切环节和步骤上尽最大可能使行政复议制度真正成为人们日常生活中保护自己合法权益的经济、实用、卓有成效的救济手段。

(六)有错必纠原则

有错必纠原则，是指行政复议机关对被申请复议的行政行为进行全面的审查，不论是违法，还是不当，也不论申请人有否请求，只要有错必予以纠正。

(七)诉讼终局原则

行政诉讼终局原则，是指行政复议机关的复议决定不是最终发生法律效力的决定，复议当事人对该决定不服的，可以在法定期限内向人民法院提起行政诉讼，人民法院经审理后作出的终审决定才是发生法律效力的终局决定。

四、医药卫生行政复议的受案范围

根据《行政复议法》的规定，医药卫生行政复议仅能对医药卫生行政机关作出的具体行政行为进行复议，其受案范围也是由法律、法规明确规定的。主要有：(1)对医药卫生行政机关作出的行政处罚不服的；(2)对医药卫生行政机关采取的有关强制性措施决定不服的；(3)认为医药卫生行政机关侵犯其合法经营自主权的；(4)认为符合条件申请有关医药卫生许可证(照)，医药卫生行政机关拒绝颁发或不子答复的；(5)要求卫生行政机关履行其他法定职责拒不答复的；(6)认为医药卫生行政机关违法要求履行义务的；(7)认为医药卫生行政机关侵害其财产人身权的；(8)其他可以申请医药卫生行政复议的具体行政行为。《行政复议法》对行政复议的排除范围作出了规定：(1)不服行政处分及其他人事处理决定的；(2)不服行政机关对民事纠纷作出的调解和其他处理的。对这些事项申请人不得提出复议申请。此外，《行政复议法》还规定，公民、法人或者其他组织认为行政机关的具体行政行为所依据的规定违法，在对具体行政行为申请行政复议时，可以一并向行政复议机关提出对该规定的审查申请。

五、医药卫生行政复议的管辖

根据《行政复议法》的规定，(1)对县级以上医药卫生行政机关的具体行政行为不服的，申请人可以向该医药卫生行政机关的本级人民政府申请行政复议，也可以向上一级医药卫生行政机关申请行政复议；(2)对医药卫生行政机关依法设立的派出机构依照法律、法规或者规章规定，以自己的名义作出的具体行政行为不服的，向设立该派出机构的医药卫生行政机关或者该机关的本级人民政府申请行政复议；(3)对法律法规授权的组织的具体行政行为不服的，可向直接管理该组织的医药卫生行政机关申请行政复议；(4)两个医药卫生行政机关或医药卫生行政机关与其他行政机关共同作出的行政行为，向其共同上一级行政机关申请行政复议。

公民、法人或者其他组织申请行政复议，行政复议机关已依法受理的或者法律、法规另有规定的。应当先向行政复议机关申请行政复议、对行政复议决定不服再向人民法院提起行政诉讼的，在法定行政复议期限内不得向人民法院提起行政诉讼。已向人民法院提起行政诉讼，人民法院已经依法受理的，不得申请行政复议。

六、医药卫生行政复议程序

(一)申请期限

公民、法人或者其他组织认为医药卫生行政机关的具体行政行为侵犯其合法权益的，可以自知道该具体行政行为之日起60日内提出行政复议申请，但是法律规定的申请期限超过60日的除外。因不可抗力或者其他正当理由耽误法定申请期限的，申请期限自障碍消除之日起继续计算。

(二)申请人

依照《行政复议法》申请行政复议的公民、法人或者其他组织是申请人。

(三)申请方式

申请人申请行政复议，可以书面申请也可以口头申请；口头申请的，医药卫生行政复议机关应当当场记录申请人的基本情况、行政复议请求、申请行政复议的主要事实、理由和时间。

(四)受理

医药卫生行政复议机关收到行政复议申请后，应当在5日内进行审查，对不符合法律规定的行政复议申请，决定不予受理并书面告知申请人。法律法规规定应当先向医药卫生复议行政机关申请行政复议，对行政复议决定不服再向人民法院提起行政诉讼的，医药卫生行政复议机关不予审理或者受理后超过行政复议期限不作答复的，公民、法人或者其他组织可以自收到不予受理决定书之日起或者行政复议期满之日起15日内，依法向人民法院提起行政诉讼。

医药卫生行政复议期间具体行政行为不停止执行，但是在下列情况下可以停止执行：(1)被申请人认为需要停止执行的；(2)行政复议机关认为需要停止执行的；(3)申请人申请停止执行，行政复议机关认为其要求合理，决定停止执行的；(4)法律规定停止执行的。

(五)决定

医药卫生行政复议原则上采取书面审查的办法，但是申请人提出要求或者行政复议机关认为必要时，可以向有关组织和人员调查情况。在行政复议过程中，被申请人不得自行向申请人和其他有关组织或者个人收集证据。

医药卫生行政复议机关应当自受理申请之日起60日内作出行政复议决定,但是法律规定的行政复议期限少于60日的除外。情况复杂,不能在规定期限内作出行政复议决定的,经批准可延长期限,但是最多不超过30日。

复议机关经审理,应当按不同情况依法作出决定,并制作复议决定书:(1)具体行政行为认定事实清楚,证据确凿,适用依据正确,程序合法,内容适当的,决定维持。(2)被申请人不履行法定职责的,决定其在一定期限内履行。(3)具体行政行为有下列情形之一的,决定撤销、变更或者明确该具体行政行为违法,决定撤销或者确认该具体行政行为违法的,可以责令被申请人在一定期限内重新作出具体行政行为,包括:主要事实不清,证据不足的;适用依据错误的;违反法定程序的;超越或者滥用职权的;具体行政行为明显不当的。医药卫生行政复议机关责令被申请人重新作出具体行政行为的,被申请人不得以同事实和理由作出与原具体行政行为相同或者基本相同的具体行政行为。

(六)执行

医药卫生行政复议决定书一经送达,即具有法律效力。被申请人不履行或者无正当理由拖延履行行政复议决定的,行政复议机关或者有关上级医药卫生行政机关应当责令其限期履行。申请人逾期不起诉又不履行行政复议决定的,或者不履行最终裁决的行政复议决定的,由医药卫生行政机关强制执行或者申请人民法院强制履行。

第四节　医药卫生行政诉讼

一、医药卫生行政诉讼的概念

医药卫生行政诉讼,是指公民、法人和其他组织认为医药卫生行政机关的具体行政行为侵犯了自己的合法权益,依法向人民法院起诉,人民法院在双方当事人和其他诉讼参与人参加下审理和解决行政案件的活动。

为了保证人民法院正确、及时审理行政案件,保护公民、法人和其他组织的合法权益,维护和监督行政机关依法行使行政职权,1989年4月4日,第七届全国人民代表大会第二次会议通过了《行政诉讼法》。

二、医药卫生行政诉讼的特征

医药卫生行政诉讼是通过审判方式进行的一种司法活动,以解决医药卫生行政机关与公民、法人或其他组织之间因医药卫生行政管理而产生纠纷的一项重要法律制度。它具有以下特征:

(一)原告是医药卫生行政管理相对人

医药卫生行政诉讼是医药卫生行政管理相对人不服医药卫生行政执法机关管

理处罚，向人民法院提起的诉讼。所谓医药卫生行政管理相对人，是指在具体的行政管理过程中，处于被医药卫生行政执法机关管理的一方当事人。当事人可以是公民，也可以是法人或其他组织。

(二)被告只能是医药卫生行政机关

这是区别于民事诉讼和刑事诉讼的一个重要特征。医药卫生行政机关作为被告，是因为医药卫生执法机关一般都有实施医药卫生行政管理的权利，包括申请强制执行的权利，所以它无须为实施权利而当原告。作为被告的医药卫生行政执法机关，可分为医药卫生行政管理机关和授权执法组织，受委托的组织作出的具体行政行为由委托单位承担责任，以委托单位为被告。

(三)审查具体医药卫生行政行为的合法性

具体行政行为是指国家医药卫生政机关在实施生管理活动中，针对特定的人或事所采取的医药卫生行政处理决定和具体的执法行为。

三、医药卫生行政诉讼的构成要件

医药卫生行政诉讼的构成要件主要有：(1)原告是认为具体行政行为侵犯其合权益的公民、法人或者其他组织；(2)被告是行使医药卫生管理职权的行政机关或法律法规授权组织；(3)有具体的诉讼请求和事实依据；(4)被诉讼的客体，必须是法律规定可以向人民法院起诉的行政机关的具体行政行为；(5)必须在特定的期限内向人民法院起诉并由人民法院受理，依法审理作出判决。

四、医药卫生行政诉讼的基本制度

医药卫生行政诉讼除了要遵循诉讼制度的共同原则外，它有自己特有的基本制度，主要有以下几项：

(一)行政诉讼期间，具体行政行为不停止执行

这是指在行政诉讼中，原医药卫生行政机关的具体行政行为不因为原告的起诉和人民法院的审理而停止执行的制度。也就是说，医药卫生行政机关的具体行政行为一经作出，就假设是符合法律的规定，是合法的行政行为，对行政机关本身和行政管理相对人具有约束力，必须被遵守执行。任何人不得以自己的判断否定行政行为的约束力。利害关系人对具体行政行为不服起诉到法院后，在未经人民法院撤销以前，具体行政行为要继续执行。

(二)审查具体行政行为的合法性

在医药卫生行政诉讼中，人民法院只对医药卫生行政机关具体行政行为的合法性进行审查，一般不进行是否具有合理性的审查。在一般的情况下，人民法院也不能直接变更具体行政行为的内容，只有在具体行政行为明显不当的情况下，才能变更行政机关的具体行政行为。

(三)被告负举证责任

举证责任，是指承担责任的当事人必须对自己主张的事实举出证据证明其确

定存在，否则就要承担败诉后果。在民事诉讼中，是“谁主张，谁举证”；而在行政诉讼中，则要求医药卫生行政机关负举证责任，必须提供作出具体行政行为的事实依据和法律依据，否则要承担败诉的结果。

(四)不适用调解

在医药卫生行政诉讼中，人民法院审理医药卫生行政案件不能适用调解的审理方式和结案方式，而是由人民法院在查明事实分清是非的基础上依法作出公正判决。但在涉及行政赔偿的问题上，可以通过调解解决。

(五)相对人选择复议或诉讼

这是指对医药卫生行政机关的具体行政行为不服，既可以先向行政机关申请行政复议，对复议裁决不服的再向人民法院提起行政诉讼，也可以不经复议而直接向人民法院提起行政诉讼，采取哪种救济方法，由相对人自由选择。

五、医药卫生行政诉讼的受案范围

医药卫生行政诉讼的受案范围，是指人民法院受理或主管一定范围内医药卫生行政争议案件的权限，或者说哪些医药卫生行政案件相对人才有权向人民法院提起行政诉讼。

(一)受案范围

根据《行政诉讼法》，结合我国现行医药卫生法律法规的有关规定，可以提起医药卫生行政诉讼案件范围有以下几类：

1. 不服医药卫生行政机关行政处罚的案件

主要是指对罚款、吊销医药卫生许可证、责令停产停业、没收财产等行政处罚不服的，可依法向人民法院提起诉讼。

2. 不服医药卫生行政强制措施的案件

医药卫生行政强制措施是医药卫生行政机关为了履行行政管理职能，依法对公民的人身或财产加以限制的一种特别措施。如在医药卫生行政执法中，对传染病人进行强制隔离、封存某种药品等。对限制人身自由或者对财产封存、扣压等医药卫生强制措施不服的，可以依法提起医药卫生行政诉讼。

3. 不服医药卫生行政机关所作的医疗事故的行政处理案件

根据《医疗事故处理条例》的规定，对医药卫生行政机关所作的医疗事故处理决定不服的，病员及其家属和医疗单位均可在接到结论或者处理通知书后，在法定期限内向人民法院起诉。

4. 认为医药卫生行政机关不履行法定职责的案件

当公民申请医药卫生行政机关履行保护人身权、财产权的法定职责时，医药卫生行政机关拒绝履行，公民、法人和其他组织欲进行与医药卫生相关的生产经营行为认为符合法定医药卫生条件，申请医药卫生许可证，但医药卫生行政机关在法定期限内不予答复，也不予批准等，均属医药卫生行政机关的“不作为”，即不履行法定职责，医药卫生行政管理相对人都可以依法向人民法院提起诉讼。

（二）不予受理的事项

按照《行政诉讼法》的规定，人民法院不受理公民、法人或者其他组织对医药卫生行政机关的下列事项提起的诉讼：(1)规定医药卫生规章或其他具有普遍约束力的决定、命令，以及医药卫生标准的抽象医药卫生行政行为；(2)医药卫生行政机关内部行政行为，如医药卫生行政机关对内部工作人员的奖惩任免等；(3)医药卫生行政机关居间对公民、法人或者其他组织之间以及他们相互之间的民事权益进行调解或者根据法律法规的规定作出仲裁处理，当事人对调解，仲裁不服的；(4)我国法律规定由行政机关最终裁决的具体行政行为。

六、医药卫生行政诉讼程序

（一）起诉和受理

起诉，是指公民、法人或其他组织，认为医药卫生行政机关的具体行政行为侵犯了其合法权益，向人民法院提出诉讼请求，要求人民法院行使审判权，依法予以保护的诉讼行为。起诉分为两种情况：一种是当事人对具体行政行为不服，可以不经过复议，在知道作出具体行政行为之日起3个月内直接向人民法院起诉(法律另有规定的除外)。另一种情况是对医药卫生行政机关的具体行政行为不服，只能向医药卫生行政机关申请行政复议，经复议以后才能向人民法院起诉。原告起诉后经人民法院审查认为符合条件，应当在接到起诉书7日内，决定是否应当立案受理。

（二）审理和判决

我国行政诉讼实行两审终审制，当事人不服一审人民法院裁判的，可以上诉，第二审人民法院的裁判是终审裁判，当事人如不服可以进行申诉，但二审裁判必须执行。

人民法院审理行政案件采取合议制，开庭审理，除涉及国家秘密、个人隐私和法律另有规定外，一般实行公开审理，由合议庭进行法庭调查和双方当事人辩论，在辩论终结后依法裁判。依据《行政诉讼法》的规定，人民法院可分别作出以下判决：

1. 具体行政行为证据确凿，适用法律法规正确。符合法定程序，判决维持医药卫生行政机关的体行政行为。

2. 具体行政行为有下列情形之一的，判决撤销或者部分撤销，并可以判决被告重新作出具体行政行为：(1)主要证据不足；(2)适用法律错误；(3)违反法定程序；(4)超越职权；(5)滥用职权。

3. 被告医药卫生行政机关不履行或者拖延履行法定职责的，判决其在一定期限内履行。

4. 医药卫生行政机关所作出的行政处罚显失公正的，可以判决变更。

（三）执行

人民法院和医药卫生行政机关依照法定程序对拒不履行法院作出的已经生放的法律文书的当事人，可以采取强制强制其履行义务，人民法院对医药卫生行政案件的执行主要有两种情况：一是人民法院判决生效后，义务人不执行生效判决，医药卫生行政机关可以向人民法院申请强制执行。二是医药卫生行政机关作出的具行政行为超过复议及起诉期限，当事人既不申请复议和起诉又不履行义务时，医药卫生行政机关可以向人民法院申请强制执行。

第五节　医药卫生行政赔偿

一、医药卫生行政赔偿的概念

医药卫生行政赔偿，是指医药卫生行政机关及其工作人员违法行使职权，侵犯公民、法人或者其他组织的合法权益并造成损害，由行政主体给予赔偿的法律制度。行政赔偿实质是国家赔偿的一部分。

为保障公民法人和其他组织享有依法取得国家贴偿的权利，促进国家机关依法行使职权，1994 年 5 月 12 日，第八届全国人大常委会第七次会议通过了《国家赔偿法》。并于 2010 年、2012 年对《国家赔偿法》进行了修改，进步完善了国家赔偿制度。

二、医药卫生行政赔偿的特征

1. 医药卫生行政赔偿是医药卫生行政机关及其工作人员在执行公务时所作出的具体行政行为违法给医药卫生管理相对人造成损害而发生的赔偿。

2. 医药卫生行政机关是医药卫生行政侵权损害责任的承担者。

3. 医药卫生行政机关对于因故意或重大过失给医药卫生行政管理相对人造成侵权损害的工作人员有追偿权。

4. 医药卫生行政侵权赔偿以支付赔偿金为主要方式，但管理相对人也可以同时或单独请求作出处理决定的医药卫生行政机关承认错误、赔礼道歉、恢复名誉、消除影响、返还权益及其他赔偿形式承担责任。

5. 根据《行政诉讼法》的规定，医药卫生行政赔偿可以适用调解。

三、医药卫生行政赔偿的构成要件

（一）侵权主体必须是医药卫生行政机关

侵害权利的主体必须是行使国家医药卫生管理职权的医药卫生行政机关，法律、法规授权的组织，以及受委托行使行政职权的组织及其工作人员。

（二）有损害事实存在

国家承担行政赔偿责任以有损害事实的存在为前提，无损害就无所谓赔偿。

（三）具体医药卫生行政行为违法

这里的违法既包括程序上的违法，也包括实体上的违法；既包括形式上的违法，也包括内容上的违法；既包括作为的违法，也包括不作为的违法。

（四）行政违法行为与损害事实之间有因果关系

损害结果必须是医药卫生行政机关及医药卫生监督人员违法行使职权的行为所造成的，两者有因果关系。没有因果关系，医药卫生行政机关不承担赔偿责任。

（五）必须有法律的明确规定

致害行为必须是法律明确规定应当承担侵权赔偿责任的行为，如果致害行为是法律规定可以免责的行为，则受害人不能请求赔偿。如国防、外交等国家行为，制定规章等抽象行政行为。

四、医药卫生行政赔偿的范围

医药卫生行政赔偿范围，是指国家对医药卫生行政机关及其工作人员在行使行政职权时，侵犯公民、法人或者其他组织合法权益造成的损害给予赔偿的范围。

根据《国家赔偿法》的规定，医药卫生行政赔偿的范围包括：

（一）侵犯人身自由权

主要是：（1）违法拘留或者违法采取限制公民人人身自由的强制措施；（2）非法拘禁或者以其他方法非法剥夺公民人身自由；（3）以殴打等暴力行为或者唆使他人以殴打等暴力行为造成公民身体伤害或者死亡；（4）违法使用武器、警械造成公民身者死亡；（5）造成公民身体伤害或者死亡的其他违法行为。

（二）侵犯财产权

主要是：（1）违法实施罚款、吊销许可证和执照、责令停产停业、没收财物等行政处罚；（2）违法对财产采取查封、扣押、冻结等行政强制措施；（3）违反国家规定征收财物、摊派费用；（4）造成财产损害的其他违法行为。

医药卫生行政机关对属于下列情形之一的不承担赔偿责任：（1）医药卫生行政机关工作人员与行使职权无关的个人行为；（2）因公民、法人和其他组织自己的行为致使损害发生的情形；（3）法律规定的其他情形。

五、医药卫生行政赔偿请求人和赔偿机关

（一）赔偿请求人

赔偿请求人，又称为赔偿诉讼的原告，即以自己的名义，就自身合法权益受到医药卫生行政机关及其工作人员的不法侵害造成实际损失而依法请求国家予以赔偿的公民、法人和其他组织。《国家赔偿法》规定，赔偿请求人有以下几种：（1）受害的公民、法人和其他组织；（2）受害的公民如果死亡，其继承人和其他有抚养关系的亲属可以提出请求；（3）受害的法人或其他组织终止，承受其权利的法人或其他组织可以提出请求。

(二)赔偿机关

赔偿机关,是作出医药卫生违法行为的医药卫生行政机关或法律法规授权的组织。两个以上行政机关共同行使行政职权时侵犯公民法人和其他组织的合法权益造成损害的,共同行使行政职权的行政机关为共同赔偿义务机关。受医药卫生行政机关委托的组织或个人作出违法行为,委托的医药卫生行政机关为赔偿机关。经复议机关复议的,最初造成侵权行为的医药卫生行政机关为赔偿机关,但复议决定加重损害的,复议机关对加重损害的部分履行赔偿义务。赔偿机关被撤销的,继续行使其职权的医药卫生行政机关为赔偿机关;没有继续行使其职权的行政机关的,撤销该赔偿机关的行政机关为赔偿机关。

六、医药卫生行政赔偿程序

医药卫生行政赔偿程序,是指赔偿请求人请求赔偿以及行政机关和人民法院处理赔偿案件的整个过程。

行政赔偿程序有三种类型:

(一)单独请求行政赔偿的程序

赔偿请求人没有提出其他行政诉讼的请求,单进就行政赔偿提出请求和诉讼,单独要求卫生行政机关赔偿的,赔偿申请人必须先向医药卫生行政赔偿义务机关提出,并按照法律规定递交行政赔偿申请书,医药卫生行政赔偿务机关应当自收到赔偿请求人提交的行政赔偿申请书之日起2个月内依法作出给予行政赔偿或不予行政赔偿的决定。赔偿义务机关逾期不予赔偿或者请求人对赔偿数额有异议,赔偿请求人可以在期限届满之日起3个月内向人民法院提起诉讼,由人民法院按行政诉讼程序审理。

(二)附带请求行政赔偿的程序

行政相对人在提起行政复议和行政诉讼的同时一并提出行政赔偿请求。后者完全适用行政相对人在提起行政复议和行政诉讼的程序。

(三)申请赔偿的时效

赔偿请求人请求医药卫生行政赔偿的时效为2年,自医药卫生行政机关及其工作人员行使职权时的行为被依法确认为违法之日起计算。赔偿请求人在赔偿请求时效的最后6个月内,因不可抗力或者其他障碍不能行使请求权的,时效中止。从中止时效的原因消除之日起,赔偿请求时效期间继续计算。

七、医药卫生行政赔偿的方式和标准

根据《国家赔偿法》的规定,国家赔偿以支付赔偿金为主要方式。对能够返还财产或者恢复原状的,予以返还财产或者恢复原状。造成受害人名誉权、荣誉权损害的,应当在侵害行为影响的范围内,为受害人消除影响、恢复名誉、赔礼道歉。

(一)侵犯公民人身自由

每日赔偿金按照国家上年度职工日平均工资计算。

(二)侵犯公民生命健康权

赔偿金按照下列规定计算:(1)造成身体伤害的,应当支付医疗费、护理费,以及赔偿因误工减少的收入。减少的收入每日的赔偿金按照国家上年度职工日平均工资计算,最高额为国家上年度职工年平均工资的5倍。(2)造成部分或者全部丧失劳动能力的,应当支付医疗费、护理费、残疾生活辅助具费、康复费等因残疾而增加的必要支出和继续治疗所必需的费用,以及残疾赔偿金。残疾赔偿金根据丧失劳动能力的程度,按照国家规定的伤残等级确定,最高不超过国家上年度职工年平均工资的20倍。造成全部丧失劳动能力的,对其扶养的无劳动能力的人,还应当支付生活费。(3)造成死亡的,应当支付死亡赔偿金、丧葬费,总额为国家上年度职工年平均工资的20倍。对死者生前扶养的无劳动能力的人,还应当支付生活费。生活费的发放标准,参照当地最低生活保障标准执行。被扶养的人是未成年人的,生活费给付至18周岁止;其他无劳动能力的人,生活费给付至死亡时止。

(三)侵犯公民、法人和其他组织的财产权造成损害

按照下列规定处理:(1)处罚款、罚金、追缴、没收财产或者违法征收征用财产的,返还财产;(2)查封、扣押、冻结财产的,解除对财产的查封、扣押、冻结,造成财产损坏或者灭失的,依照规定赔偿;(3)应当返还的财产损坏的,能够恢复原状的恢复原状,不能恢复原状的,按照损害程度给付相应的赔偿金;(4)应当返还的财产灭失的,给付相应的赔偿金;(5)财产已经拍卖或者变卖的,给付拍卖或者变卖所得的价款,变卖的价款明显低于财产价值的,应当支付相应的赔偿金;(6)吊销许可证和执照责令停产停业的,赔偿停产停业期间必要的经常性费用开支;(7)返还执行的罚款或罚金,追缴或者没收的金钱,解除冻结的存款或者汇款的,应当支付银行同期存款利息;(8)对财产权造成其他损害的,按照直接损失给予赔偿。

八、医药卫生行政赔偿经费的来源

《国家赔偿法》规定,赔偿费用列入各级财政预算。医药卫生行政机关赔偿损失后,应当责令有故意或者重大过失的工作人员或者受委托的组织和个人承担部分或全部赔偿费用。对有故意或者有重大过失的责任人员,医药卫生行政机关应当依法给予处分;构成犯罪的,应当依法追究刑事责任。

【思考题】

1. 什么是医药卫生法律责任?它有哪些特征和种类?
2. 什么是医药卫生法律救济?有哪几种救济途径?
3. 医药卫生行政复议的原则和受案范围是什么?
4. 医药卫生行政诉讼有哪些基本制度?
5. 构成医药卫生行政赔偿必须具备哪些要件?

【参考文献】

石俊华主编:《医事法学》,四川科学技术出版社 2004 年版。
汪建荣主编:《卫生法》(第 4 版),人民卫生出版社 2013 年版。
蒲川、陈大义主编:《卫生法学》,科学出版社 2017 年版。

第二编　分　　论

第五章　医疗机构管理法律制度

【本章要点】

医疗机构是依法定程序和条件设立的从事疾病诊断、治疗活动的卫生机构的总称。医疗机构管理法律制度主要包括对医疗机构规划布局、设置审批、执业登记、执业行为等相关规范和医院管理、急救医疗机构和其他医疗机构管理的相关法律制度,以提高医疗资源的利用效率和医疗服务质量,规范医疗行为,满足人们的医疗服务需求。完善医疗机构法律制度对加强医疗机构的管理,促进医疗卫生事业发展,保障人民生命健康安全具有重要意义。

第一节　医疗机构管理法律制度概述

一、医疗机构管理概述

(一)医疗机构的概念

所谓医疗机构,是指依法设立的,从事疾病诊断、治疗、教学活动的卫生机构的总称。这类机构以救死扶伤、防病治病、为公民健康服务为宗旨,其设置和执业应依据相关法律的规定,主要包括:医院、卫生院、疗养院、门诊部、诊所、卫生所(室)以及急救站等医疗单位。

这一概念包含以下基本内容:

第一,医疗机构需依法设立。医疗机构依法成立,是指依据国务院《医疗机构管理条例》及其实施细则的规定进行设置和登记。只有依法取得设置医疗机构批准书,并履行登记手续,领取了《医疗机构执业许可证》的单位或者个人才能开展相应的诊断、治疗活动。

第二,医疗机构是从事疾病诊断、治疗活动的卫生机构。根据设立卫生机构目的的不同,我国将提供医疗卫生服务的卫生机构主要分为医疗机构和疾病预防控制机构等。前者主要以开展疾病诊断、治疗活动为主,后者主要以开展疾病预防、控制活动为主。卫生机构是一个广义的概念,它还包括其他与卫生工作密切相关的机构,如血站等。

第三,医疗机构是不同类型卫生机构的总称。我国的医疗机构是由一系列开展疾病诊断、治疗活动的卫生机构构成的。医院、社区卫生服务中心(站)、卫生院、诊所、村卫生室是我国医疗机构的主要形式,此外,还有疗养院、门诊部、卫生室以及急救站等,这些共同构成了我国的医疗机构。

相较于其他卫生机构来讲,医疗机构具有以下特征:

1. 医疗机构设立目的的特殊性。医疗机构设立的宗旨是救死扶伤、防病治病、为公民健康服务。这是医疗机构的最基本特征,也是医疗机构的职责(义务)。如果其没有很好地履行自己的义务,将受到社会的谴责、管理机构的行政处罚甚至法律的制裁。

2. 医疗机构行为的特殊性。医疗机构以疾病诊断、治疗和紧急救护为主要执业内容,其多数执业行为具有较强的人体侵袭性特征。虽然我国有相当一部分的医疗机构还需承担临床教学、培养教育卫生专业技术人才的任务,但并不能否认医疗机构的主要任务是实现人民群众生命健康权益的保障。

3. 医疗机构类型和功能具有多元性。为了满足不同地域人民群众对生命健康权益保障的不同需求,均衡配置医疗资源,我国设定了不同类型不同功能的医疗机构类型,主要包括:医院、卫生院、疗养院、门诊部、诊所、卫生所(室)、卫生保健院、民族医门诊部、临床检验中心以及急救站等。医疗机构的类型和功能呈现出多元化的特征。

4. 医疗机构的公益性。医疗机构不仅需要承担国民基本医疗保障功能,同时,也要承担维护国家卫生安全、社会公共卫生安全、应对突发公共卫生事件的公共职能。

(二)医疗机构管理的基本法律原则

医疗机构管理法律制度的基本原则是指法律规定的,贯穿于整个医疗活动过程中,指导医疗服务,实现医疗目的、任务的基本准则。其主要包括:

1. 依法设置医疗机构原则

所谓依法设置医疗机构原则,是指医疗机构的设置、审批和登记必须依照法律的规定,非依法设立的医疗机构将不受国家法律的保护,且应受到国家法律的制裁。我国国务院颁布的《医疗机构管理条例》第九条规定:“单位或者个人设置医疗机构,必须经县级以上地方人民政府卫生行政部门审查批准,并取得设置医疗机构批准书。”第十五条规定:“医疗机构执业,必须进行登记,领取《医疗机构执业许可证》。”根据规定,我国对医疗机构设置实行严格的行政许可制度,单位或者个人设置医疗机构需要经过审查批准并取得《医疗机构执业许可证》,进行登记,才可执业。

2. 依法执业原则

依法执业原则是指医疗机构必须严格按照法律法规的规定开展诊疗业务,实施诊疗行为,正确履行法律法规设定的医疗机构执业职责和义务。这也意味着,当医疗机构的执业行为违反法律法规的规定时,将要承担相应的法律责任。

3. 科学性原则

第一,医疗机构执业活动应当遵守科学性原则。医学是一门严谨的学科,医疗活动包含了医学、药学、生物学等自然学科的内容,整个医学的发展史可以被视为现代科学技术的发展史,是在人类不断认识生命、改造生命的过程中不断发展和完善起来的,因此,医疗机构的执业活动不能脱离科学的客观性、系统性和验证性,也不能忽视科学的缺陷性和不完美性。

第二,医疗机构的管理应当符合科学性原则的要求。保障人民群众生命健康权益的实现是医疗机构的重要功能,为有效促进这一功能的实现,必须建立现代化的、科学的医疗机构管理制度,才能合理组织和实施以医疗为中心的全部经营活动,确保为社会提供优质、高效的医疗服务。实践中,医疗机构的管理通常包括行政管理制度的完善和法律法规体系的构建。通过科学合理的管理手段,对医疗机构设置、医疗操作规程、技术规范、卫生标准的制度化和法律化,实现对医疗行为的必要约束和正确引导,确保医学科学发展和医疗活动进行得健康有序。

4. 国家监督原则

国家监督原则的基本含义是指相关政府行政执法主体依照法律设定的职权范围对医疗机构执行法律的情况进行监督检查的活动。医疗机构管理法律制度以国家监督为基本原则,是为了保障人民群众生命健康免受非法侵害,国家依法对经批准设立的医疗机构进行检查指导、评估、综合评价,对达不到标准的医疗机构提出处理意见,并促使其及时整改调整,保障其机构功能和设置目的的实现。

(三)医疗机构的类别

为了加强对医疗机构的管理,根据国务院令第 149 号发布的《医疗机构管理条例》,1994 年 8 月,原卫生部发布《医疗机构管理条例实施细则》,其中第三条规定了我国医疗机构的类别,共分十二类。2006 年 11 月,根据原卫生部印发的《关于修订〈医疗机构管理条例实施细则〉第三条有关内容的通知》,医疗机构类别中增加了社区卫生机构。2017 年 2 月 21 日,为进一步深化医疗改革,加快推进分级诊疗体系的建立,进一步完善医疗服务体系,拓宽社会办医渠道,不断满足人民群众多层次多样化的医疗服务需求,原国家卫计委发布《关于修改〈医疗机构管理条例实施细则〉的决定》(国家卫计委令第 12 号),其中第三条对医疗机构类别再次进行了调整,增加了医学检验实验室、病理诊断中心、医学影像诊断中心、血液透析中心、安宁疗护中心。

目前,根据医疗机构规模和服务范围,我国医疗机构分为:(1)冠名为“医院”的医疗单位:医院、综合医院、中医医院、中西医结合医院、民族医医院、专科医院、康复医院、中心医院等;(2)专门妇幼保健的医院:妇幼保健院、妇幼保健计划生育服务中心;(3)社区卫生服务中心、社区卫生服务站;(4)基层医疗主要单位:中心卫生院、乡(镇)卫生院、街道卫生院;(5)休养、疗养性质的医疗机构:疗养院;(6)城市社区医疗单位:综合门诊部、专科门诊部、中医门诊部、中西医结合门诊部、民族医门诊部;(7)社区与企业事业单位医疗卫生机构:诊所、中医诊所、民族医诊所、卫生所、医务室、卫生保健所、卫生站;(8)乡村医疗单位:村卫生室(所);(9)紧急救护医疗机构:急救中心、急救站;(10)专门检验机构:临床检验中心;(11)专门性医疗机构:专科疾病防治院、专科疾病防治所、专科疾病防治站;(12)以护理为主的医疗机构:护理院、护理站;(13)医学检验实验室、病历诊断中心、医学影像诊断中心、血液透析中心、安宁疗护中心;(14)其他诊疗机构。

除以上医疗机构类型外,2009 年 4 月,原卫生部、人力资源和社会保障部、国家中医药管理局、中国残疾人联合会联合制定《盲人医疗按摩管理办法》,规定盲人医疗按摩人员可以申请开办盲人医疗按摩所。

根据 2000 年 7 月原卫生部、国家中医药管理局、财政部、原国家计划委员会联合制定的《关于城镇医疗机构分类管理的实施意见》的规定,医疗机构按其性质可以分为非营利性医疗机构和营利性医疗机构。所谓非营利性医疗机构,是指为社会公众利益服务而设立和运营的医疗机构,不以营利为目的,其收入用于弥补医疗服务成本,实际运营中的收支结余只能用于自身的发展,如改善医疗条件、引进技术、开展新的医疗服务项目等。而营利性医疗机构则指医疗服务所得收益可用于投资者经济回报的医疗机构。

根据主要功能目的,医疗机构可以分为以预防保健为主的保健机构、以诊疗为中心的医疗机构、以康复为中心的疗养机构和以急救为中心的机构等。

(四)医疗机构管理的法律调整

医疗机构是一种承担特殊职能的社会组织。为了加强对医疗机构的管理,促进医疗卫生的发展,保障公民健康,保护社会成员的合法权益,新中国成立后,我国一直努力加强健全医疗机构管理的法律制度,几十年来,各级立法机关颁布实施了大量的法律、法规。

1951 年 1 月,当时的政务院批准发布了我国第一个医疗机构管理方面的行政法规——《医院诊所管理暂行条例》。1951 年 5 月,原卫生部公布了《中医师暂行条例》和《中医师暂行条例实施细则》。1952 年,国务院以及原卫生部又陆续制定了《关于县以下卫生基层组织的组织系统、编制及任务的规定》《县卫生院暂行组织通则》《县属区卫生所暂行组织通则》《医师暂行条例》等。随着基层人民群众对医疗需求的逐渐增加,国家开始实行多层次、多形式和多渠道办医的政策,允许私人和社会团体开办医疗机构,军队、企事业单位的医疗机构对社会开放等。为此,原卫生部相继制定了《全国城市街道卫生院工作条例》《综合医院组织编制原则》《全国医院工作条例》《医院工作制度》《医师、中医师个体开业暂行管理办法》《医院分级管理办法》等一系列规章。1994 年 2 月,国务院发布了《医疗机构管理条例》。该条例是我国卫生立法史上一个重要的里程碑。原卫生部以该条例为基础,制定了一系列配套规章,如《医疗机构管理条例实施细则》《医疗机构设置规划指导原则》《医疗机构基本标准(试行)》《医疗机构诊疗科目名录》《医疗机构评审委员会章程》《医疗机构评审办法》等。

随着我国经济社会和医疗卫生事业的不断发展,原卫生部等部委相继制定《关于城镇医疗机构分类管理的实施意见》《中外合资、合作医疗机构管理暂行办法》《关于城镇非营利性医疗机构进行民办非企业单位登记有关问题的通知》《台湾服务提供者在大陆设立独资医院管理暂行办法》《香港和澳门服务提供者在内地设立独资医院管理暂行办法》等一系列法律法规,逐渐形成对医疗机构的管理体系的构建。

2014 年 7 月 25 日,为推进健康服务业发展,更好地满足人民群众医疗服务需求,根据《中共中央关于全面深化改革若干重大问题的决定》和《国务院关于促进健康服务业发展的若干意见》精神,原国家卫计委和商务部联合发布《关于开展设立外资独资医院试点工作的通知》,决定在北京等 7 省(市)开展设立外资独资医院试点工作。

近几年,随着医疗改革逐步深入,国家加大了医疗机构管理的立法和修法活动,如《药品监管法》(2019 年)、《医疗美容服务管理办法》、《关于医疗机构冠名红十字(会)的规定》、《医疗机构校验管理办法(试行)》、《城市社区卫生服务机构管理办法(试行)》、《妇幼保健机构管理办法》、《乡镇卫生院管理办法(试行)》、《村卫生室管理办法(试行)》、《医疗机构病历管理规定》、《电子病历应用管理规范(试行)》、《院前医疗急救管理办法》、《医疗卫生机构开展临床研究项目管理办法》和《医疗质量管理办法》、《医疗器械监督管理条例》、《医疗机构管理条例》、《医疗废物管理条例》、《医疗纠纷预防与处理条例》等法律法规的制定和修改,并逐步健全和完善对医疗机构执业行为管理的相关立法。

二、医疗机构设置规划和设置审批法律制度

(一)医疗机构的设置规划

医疗机构设置规划是以现状分析为基础,依据疾病顺位、死因顺位等,查找本区域居民的主要健康问题及其影响因素(包括医疗服务供需状况、医疗事业发展和社会影响等),确定本区域医疗机构合理设置的思路。医疗机构设置规划应综合考虑分级诊疗格局、支付能力、医疗服务可及性和转化成为服务需求的潜力,通过分年度预测、规划医疗服务需求,确定所需要的医疗机构级别、类别、数量、规模及分布,确定必需床位总数和必需医师、护士总数。其功能主要包括:(1)根据医疗服务需求、疾病谱及疑难危重疾病情况、医疗机构功能定位、技术特点,合理配置医疗技术资源,加强事中、事后监管,确保医疗安全。(2)设计制作医疗机构现状图和设置规划图。(3)加强与城市规划部门沟通协调,根据现有区域内医疗机构

布局,结合服务人口半径和实际医疗需求,加强对区域内医疗机构的宏观调控和动态管理。

2016 年 7 月,根据《医疗机构管理条例》、国务院办公厅《关于印发全国医疗卫生服务体系规划纲要(2015—2020 年)的通知》(国办发〔2015〕14 号)文件的要求,原国家卫计委对 1994 年公布的《医疗机构设置规划指导原则》进行了修订,形成了《医疗机构设置规划指导原则(2016—2020 年)》(以下简称《指导原则》)。该文件要求地方各级卫生行政部门可按照《指导原则》制定本行政区域的《医疗机构设置规划》。《指导原则》强调医疗机构的设置应充分发挥政府宏观调控和市场配置资源的作用,以促进医疗卫生资源优化配置,合理分布。以区域内居民实际医疗服务需求为依据,利用医疗卫生资源,公平、可及地向全体居民提供安全、有效的基本医疗服务,对各级各类、不同隶属关系、不同所有制形式的医疗机构统一规划、设置和布局,充分发挥有限资源的最大效率和效益,为人民群众提供安全、有效、方便、价廉的基本医疗卫生服务。《医疗机构管理条例》规定,县级以上地方人民政府卫生行政部门应当根据本行政区域的人口、医疗资源和现有医疗机构的分布状况,制定本行政区域医疗机构设置规划。

医疗机构设置规划应遵循以下基本原则:

1. 公平可及原则。医疗机构设置规划应从医疗服务实际需求出发,面向城乡居民,注重科学性与协调性、公平与效率的统一,保障全体居民公平、可及地享有基本医疗卫生服务。

2. 统筹规划原则。各级各类医疗机构必须符合属地医疗机构设置规划和卫生资源配置标准,局部服从全局,提高医疗卫生资源整体效益。

3. 科学布局原则。医疗机构设置规划应当坚持服务半径适宜,交通便利为基本原则,明确和落实各级各类医疗机构功能和任务,严格控制医疗资源丰富的中心城区的公立医院数量,鼓励在中心城区周边居民集中居住区以及交通不便利、诊疗需求比较突出的地区兴建医疗机构,通过规划形成布局合理的医疗服务网络全覆盖。

4. 协调发展原则。根据医疗服务需求,坚持公立医院为主体,明确政府办医范围和数量,合理控制公立医院数量和规模,控制公立综合医院的不合理增长,鼓励新增以儿童、妇产、肿瘤、精神、传染、口腔等专科医院为主的公立医院。同时,促进康复、护理等服务业快速增长。

5. 中西医并重原则。遵循卫生工作的基本方针,坚持中西医并重,加强中医、中西医结合、民族医医疗机构的合理布局和资源配置,充分发挥中医在慢性病诊疗和康复领域的作用。

(二)医疗机构的设置审批

医疗机构的设置应当符合国务院卫生行政部门制定的医疗机构设置规划和医

疗机构的基本标准。

1994 年,原国家卫生部下发《医疗机构基本标准(试行)》,该标准为设置医疗机构的最低标准,也是卫生行政部门核发《医疗机构执业许可证》的依据。2017 年 6 月 12 日,原国家卫计委下发了新的《医疗机构基本标准(试行)》(以下简称《标准》),替换 1994 年旧版标准。《标准》对综合医院中医医院、中西医结合医院、民族医医院、专科医院、口腔医院、肿瘤医院、儿童医院、精神病医院、传染病医院、心血管病医院、血液病医院、皮肤病医院、整形外科医院、美容医院、康复医院、疗养院等的设立标准进行了明确规定。

1. 申请设置医疗机构的条件

任何单位和个人申请设置医疗机构,要按照规定的程序和要求向县级以上地方人民政府卫生行政部门申请办理设置审批手续。医疗机构的部分类别、所有制形式、隶属关系、服务对象,其设置必须符合当地《医疗机构设置规划》。

申请设置医疗机构应当提交设置申请书、设置可行性研究报告、选择报告和建筑设计平面图。

根据《医疗机构管理条例实施细则》第十二条规定,有下列情形之一的单位和个人,不得申请设置医疗机构:(1)不能独立承担民事责任的单位;(2)正在服刑或者不具有完全民事行为能力的个人;(3)医疗机构在职、因病退职或者停薪留职的医务人员;(4)发生二级以上医疗事故未满 5 年的医务人员;(5)因违反有关法律、法规和规章,已被吊销执业证书的医务人员;(6)被吊销《医疗机构执业许可证》的医疗机构法定代表人或者主要负责人;(7)省、自治区、直辖市政府卫生行政部门规定的其他情形。有其中(2)、(3)、(4)、(5)、(6)情形之一的,不得充任医疗机构的法定代表人或者主要负责人。

第十三条规定,在城市申请设置诊所的个人,必须同时具备下列条件:(1)经医师执业技术考核合格,取得《医师执业证书》;(2)取得《医师执业证书》或者医师职称后,从事 5 年以上同一专业的临床工作;(3)省、自治区、直辖市卫生行政部门规定的其他条件。在乡镇和村申请设置诊所的个人的条件,由省、自治区、直辖市卫生行政部门规定。

第十四条规定,地方各级人民政府设置医疗机构,由政府指定或者任命的拟设医疗机构的筹建负责人申请;法人或者其他组织设置医疗机构,由其代表人申请;个人设置医疗机构,由设置人申请;两人以上合伙设置医疗机构,由合伙人共同申请。

2. 医疗机构设置申请的审批

卫生行政部门对设置医疗机构申请,应当自受理之日起 30 日内,依据当地医疗机构设置规划进行审查,对符合医疗机构设置规划和原卫生部制定的医疗机构基本标准的,发给设置医疗机构批准证书;对不予批准的要以书面形式告知理由。

床位在100张以上的综合医院、中医医院、中西医结合医院、民族医医院以及专科医院、疗养院、康复医院、妇幼保健院、急救中心、临床检验中心和专科疾病防治机构的设置审批权限的划分，由省、自治区、直辖市卫生行政部门规定；其他医疗机构的设置，由县级卫生行政部门负责审批。

机关、企业和事业单位按照国家医疗机构基本标准设置的为内部职工服务的门诊部、诊所、卫生所（室），报所在地的县级卫生行政部门备案。

国家统一规划的医疗机构的设置，由国务院卫生行政部门决定。

《医疗机构管理条例》及其实施细则规定，设置医疗机构申请有下列情形之一的，不予批准：(1)不符合当地《医疗机构设置规划》；(2)设置人不符合规定的条件；(3)不能提供满足投资总额的资信证明；(4)投资总额不能满足各项预算开支；(5)医疗机构选址不合理；(6)污水、污物、粪便处理不合理；(7)省、自治区、直辖市卫生行政部门规定的其他情形。

卫生防疫、国境卫生检疫、医学科研和教学等机构在本机构业务范围之外开展诊疗活动以及美容服务机构开展医疗美容业务的，必须依据法律相关规定，申请设置相应类别的医疗机构。

2017年7月《中医药法》出台，提出开办中医诊所取消审批制，直接备案即可。2018年年初，国务院办公厅下发《关于改革完善全科医生培养与使用激励机制的意见》（国办发〔2018〕3号），提出"医疗机构相关规划布局不对全科诊所的设置作出限制，实行市场调节"，随后，各地纷纷出台相关政策，例如，上海出台关于推荐健康服务建设55条意见，支持具备全科医师资质的执业医生开办全科诊所，并实行备案制；广州市政府办公厅印发《广州市支持社会力量提供多层次多样化医疗服务促进社会办医加快发展实施方案》，提出广州将全面实行医护人员区域注册制度，鼓励公立医疗机构在职医师和退休医师到基层设立个人诊所，允许兼职执业医师开办诊所（含中医），鼓励兼职执业护士开办护理机构。2018年7月，广东省人民政府发布了《广东省改革完善全科医生培养与使用激励机制实施方案》，允许公立医院及基层医疗卫生机构的全科医生在全科诊所多点执业并按劳取酬。在职医生开办诊所，受益的人群不仅仅是大医院医生，乡镇级别的医生也可以下班后到自己的诊室坐诊，有效规避了医生在家提供医疗服务的法律风险。

2017年11月，原国家卫计委发布了《关于养老机构内部设置医疗机构取消行政审批实行备案管理的通知》，要求养老机构内部设置诊所、卫生所（室）、医务室、护理站，取消行政审批，实行备案管理。

2018年6月，国家卫生健康委员会下发了《关于进一步改革完善医疗机构、医师审批工作的通知》，要求举办二级及以下医疗机构的，卫生健康行政部门不再核发《设置医疗机构批准书》，仅在执业登记时发放《医疗机构执业许可证》，将医疗机构设置审批与执业登记"两证合一"。

《中医诊所备案管理暂行办法》的出台将中医诊所和民族医诊所的设立都获得了进一步的放开,极大地促进了医疗机构和医疗服务的多元化发展,为保障人民群众获得基本医疗保障奠定了良好的基础。

三、医疗机构登记和校验法律制度

(一)医疗机构的登记

医疗机构执业必须进行登记,领取《医疗机构执业许可证》。医疗机构的执业登记由批准其设置的人民政府卫生行政部门办理。

医疗机构执业登记的主要事项包括名称、地址、法定代表人或主要负责人;所有制形式;诊疗科目、床位;注册资金(资本)等。

县级以上地方人民政府卫生行政部门自受理执业登记申请之日起45日内,根据相关规定进行审核。审核合格的,予以登记,发给《医疗机构执业许可证》;审核不合格的,将审核结果以书面形式通知申请人。医疗机构改变名称、场所、主要负责人、诊疗科目、床位或因分立或者合并而保留的医疗机构必须向原登记机关办理变更登记。因分立或者合并而新设置的医疗机构应当申请设置许可证和执业登记。因合并而终止的医疗机构或医疗机构歇业应当申请注销登记。

申请医疗机构执业登记有下列情形之一的,不予登记:(1)不符合《设置医疗机构批准书》核准的事项;(2)不符合《医疗机构基本标准》;(3)投资不到位;(4)医疗机构用房不能满足诊疗服务功能;(5)通讯、供电、上下水道等公共设施不能满足医疗机构正常运转;(6)医疗机构规章制度不符合要求;(7)消毒、隔离和无菌操作等基本知识和技能的现场抽查考核不合格;(8)省、自治区、直辖市卫生行政部门规定的其他情形。

(二)医疗机构的校验

医疗机构校验,是指卫生行政主管部门依法对医疗机构的基本条件和执业状况进行检查、评估、审核,并依法作出相应结论的过程。医疗机构经执业登记取得《医疗机构执业许可证》后,应当按照规定的期限办理校验手续。

床位不满100张的医疗机构,其《医疗机构执业许可证》每年校验1次;床位在100张以上的医疗机构,包括综合医院、中医医院、中西医结合医院、民族医医院以及专科医院、疗养院、康复医院、妇幼保健院、急救中心、临床检验中心和专科疾病防治机构的《医疗机构执业许可证》每3年校验1次。校验由原登记机关办理。医疗机构应当于校验期满前三个月向登记机关申请办理校验手续。卫生行政部门应当在受理校验申请后的三十日内完成校验。

有下列情形之一的,卫生行政部门可以根据情况给予1个至6个月的暂缓校验期:(1)校验审查所涉及的有关文件、病案和材料存在隐瞒、弄虚作假情况;(2)不符合医疗机构基本标准;(3)限期整改期间;(4)省、自治区、直辖市卫生行政部门规定的其他情形。不设床位的医疗机构在暂缓校验期内不得执业。

暂缓校验期满仍不能通过校验的，卫生行政部门注销其《医疗机构执业许可证》。

四、医疗机构名称管理法律制度

（一）医疗机构命名基本原则

医疗机构的名称由识别名称和通用名称依次组成。

医疗机构的通用名称为医院、中心卫生院、卫生院、疗养院、妇幼保健院、门诊部、诊所、卫生所、卫生站、卫生室、医务室、卫生保健所、急救中心、急救站、临床检验中心、防治院、防治站、护理院、护理站、中心以及国家卫生行政部门规定或者认可的其他名称。

医疗机构的识别名称可以是地名、单位名称、个人姓名、医学学科名称、医学专业和专科名称、诊疗科目名称和核准机关批准使用的名称。

医疗机构的命名的通用名称以所列的名称为限，识别名称可以合并使用，但名称必须名副其实，与医疗机构类别或者诊疗科目相适应。各级地方人民政府设置的医疗机构的识别名称中应当含有省、市、区、街道、乡、镇、村等行政区划名称，其他医疗机构的识别名称中不得含有行政区划名称。国家机关、企业和事业单位、社会团体或者个人设置的医疗机构的名称中应当含有设置单位名称或者个人的姓名。

社区卫生服务中心的命名原则是：所在区名（可选）+所在街道办事处名+识别名（可选）+社区卫生服务中心。社区卫生服务站的命名原则是：所在街道办事处名（可选）+所在社区名+社区卫生服务站。乡镇卫生院的命名原则是：县（市、区）名+乡镇名+（中心）卫生院（分院）。盲人医疗按摩所登记名称为识别名称+盲人医疗按摩所。台资独资医院、港澳独资医院以及中外合资、合作医疗机构的名称由所在地地名、识别名和通用名依次组成，并符合医疗机构命名的有关规定。

以“红十字（会）”冠名的医疗机构，应当在地区名称等识别名称后、医疗机构通用名称前，增加“红十字（会）”字样。申请冠名“红十字（会）”的医疗机构必须符合下列条件之一：（1）由红十字会创办（包括历史上创办）的医疗机构；（2）由红十字会设置的医疗机构；（3）国内、外红十字会提供资助援建的医疗机构；（4）历史上与红十字会关系密切或对红十字事业做过特殊贡献的医疗机构等。由红十字会创办和设置的医疗机构，冠以“红十字会”的医疗机构名称可以作为医疗机构的第一名称。其他医疗机构则可冠名“红十字”字样，但不能作为医疗机构第一名称。

（二）医疗机构名称的禁止性规定

医疗机构不得使用下列名称：（1）有损于国家、社会或者公共利益的名称；（2）侵犯他人利益的名称；（3）以外文字母、汉语拼音组成的名称；（4）以医疗仪器、药品、医用产品命名的名称；（5）含有“疑难病”、“专治”、“专家”、“名医”或者同类含义文字的名称以及其他宣传或者暗示诊疗效果的名称；（6）超出登记的诊疗科目范围的名称;(7)省级以上卫生行政部门规定不得使用的名称。

2009年,原卫生部对医疗机构命名和医疗机构识别名称的有关问题进行批复,规定医疗机构名称中含有地域名称的,其服务功能和服务范围应当能够覆盖地域名称所包含的区域范围。卫生行政部门应当根据其行政管辖区域范围核准医疗机构名称中的地域名。医疗机构名称中地域名的区域范围超过审批机关管辖区域范围的,应当逐级报有管辖权的卫生行政部门核准。医疗机构名称中原则上只核准一个地域名称。同时,根据医疗机构命名的有关规定,“女子、女性、男子、男科、男性”等词语不得作为医疗机构的识别名称。

(三)特别申请的名称

医疗机构名称中含有外国国家(地区)名称及其简称、国际组织名称,或者含有“中国”、“全国”、“中华”、“国家”等字样以及跨省地域名称等,由国务院卫生行政部门核准;各地方人民政府设置的医疗机构的识别名称中不含有行政区划名称的,属于中医、中西医结合和民族医医疗机构的,由国务院中医药主管部门核准。

除专科疾病防治机构以外,医疗机构不得以具体疾病名称作为识别名称,确有需要的由省、自治区、直辖市卫生行政部门核准。

五、医疗机构执业法律制度

(一)依法执业,严格遵守各类执业规范

任何单位或者个人开展诊疗活动必须取得《医疗机构执业许可证》。医疗执业活动必须遵守有关法律、法规和医疗技术规范。医疗机构必须按照核准登记的诊疗科目开展诊断、治疗活动。需要改变诊疗科目的,应当按照规定的程序和要求,办理变更登记手续。未经允许不得擅自扩大业务范围。

除此之外,医疗机构还应当遵守有关药品、医疗器械、医疗广告、处方、病历、医疗证明性文件、医疗废物管理等法律、法规的规定,不得使用假劣药品、过期和失效药品以及违禁药品。未经医师亲自诊查,医疗机构不得出具疾病诊断书、健康证明书或者死亡证明书等证明文件;未经医师、助产人员亲自接产,医疗机构不得出具出生证明书或者死产报告书等。

(二)加强医务人员医德教育和业务培训

为提高医务人员的职业道德素质和业务能力,改善和提高医疗服务质量,全心全意为人民服务,医疗机构应当通过建立医德规范,组织医务人员学习医德规范,加强对医务人员的职业道德和服务技能教育,督促医务人员恪守职业道德。各医疗机构应当建立医德考核与评价制度,定期或随时进行考核,并建立医德考核档案。为保障医疗机构的医疗水平,医疗机构还需经常对医务人员进行“基础理论、基本知识、基本技能”的训练与考核,把“严格要求、严密组织、严谨态度”落实到各项工作中。

（三）加强医疗质量安全管理，注意保障患者安全

医疗机构应当按照卫生行政部门的有关规定和标准加强医疗质量管理，实施医疗质量保证方案，确保医疗安全和服务质量，不断提高服务水平。医疗机构应当定期检查、考核各项规章制度和各级各类人员岗位责任制的执行和落实情况。医疗机构不得使用非卫生技术人员从事医疗卫生技术工作。

2005年，我国开始加强医疗质量管理，在患者安全方面进行调整，原卫生部发布了《医院管理评价指南（试行）》将患者安全列为医院管理重要评价内容。2006年，中国医院协会公布在原卫生部指导下第一次制定发布患者安全目标——《2007年患者安全目标》，此后，原卫生部每年都会发布年度患者安全目标，并在全国等级医院中贯彻实施。2008年，国家食品药品监督管理局颁布《医疗器械不良事件监测和再评价管理办法（试行）》，建立医疗器械不良事件监测管理制度。2011年，原卫生部发布《医疗质量安全事件报告暂行规定》将医疗质量安全事件分为三个等级，实行网络在线直报制度。2016年，原国家卫计委颁布《医疗质量管理办法》建立了国家医疗质量管理与控制体系，医疗机构医疗质量管理评估制度、医疗机构医疗安全与风险管理制度以及医疗质量安全核心制度体系，明确了医疗质量管理的责任主体、组织形式、工作机制和重点环节，强化监督管理和法律责任。其中医疗质量安全核心制度规定了医疗机构和医务人员在诊疗活动中应当严格遵守的相关制度，主要包括：首诊负责制、三级查房制度、会诊制度、分级护理制度、值班和交接班制度、疑难病例讨论制度、急危重患者抢救制度、术前讨论制度、死亡病例讨论制度、查对制度、手术安全核查制度、手术分级管理制度、新技术和新项目准入制度、危急值报告制度、病历管理制度、抗菌药物分级管理制度、临床用血审核制度、信息安全管理制度十八项核心制度。同时，该办法提出医疗质量管理可采用全面质量管理（TQC）、质量环（PDCA循环）、品管圈（QCC）、疾病诊断相关组（DRGs）绩效评价、单病种管理、临床路径管理等方法实现管理目标。

（四）建立医疗信息公开制度，保障患者知情权利

医疗机构应当建立医疗信息公开制度，将《医疗机构执业许可证》、诊疗科目、诊疗时间和收费标准悬挂于明显处所。工作人员上岗工作，应当佩戴载有本人姓名、职务或者职称的标牌。根据2015年原国家卫计委办公厅《关于印发医院、计划生育技术服务机构等9类医疗卫生机构信息公开目录的通知》，医疗机构应当向患者公开下列信息：（1）患者的病情告知制度；（2）特殊诊疗服务流程；（3）主要检查项目的预约与报告；（4）辅助检查前的告知事项；（5）医疗纠纷的处理程序；（6）病历复制、封存及启封服务；（7）收费查询制度；（8）医疗服务项目价格；（9）药品价格；（10）医用耗材价格；（11）门诊费用；（12）住院费用。

同时，医疗机构应当尊重患者对自己的病情、诊断、治疗的知情权利。在施行手术、特殊检查或者特殊治疗时，应当向患者作必要的解释，征得患者同意，并取得

其家属或者关系人同意及签字;无法取得患者意见时,应当取得其家属或者关系人同意及签字;无法取得患者意见又无家属或者关系人在场,或者遇到其他特殊情况时,经治医师应当提出医疗处置方案,在取得医疗机构负责人或者被授权负责人的批准后实施。

(五)认真履行诊疗义务,积极救治患者

医疗机构应当认真履行救死扶伤、保障人民群众生命健康的诊疗义务,对危重病人应当立即抢救。对限于设备或者技术条件不能诊治的病人,应当及时转诊。对传染病、精神病、职业病等患者,医疗机构需要进行特殊诊治和处理的,应当按照国家有关法律、法规的规定办理。

(六)认真履行公共服务职能

根据我国法律的规定,医疗机构不仅承担治病救人,救死扶伤的义务,还需接受人民政府的调遣,承担部分公共卫生职能,如预防保健、传染病防治、职业病防治、突发公共卫生应急救援等工作。除此之外,医疗机构还应承担卫生行政部门委托的支援农村、指导基层医疗卫生工作等任务。

六、医疗广告管理法律制度

医疗广告是指利用各种媒介或者形式直接或者间接介绍医疗机构或医疗服务的广告。2006 年,原国家工商总局和原卫生部联合发布的《医疗广告管理办法》规定,医疗机构发布医疗广告应当申请医疗广告审查,未取得《医疗广告审查证明》的,不得发布医疗广告。《医疗广告审查证明》由省级卫生行政部门、中医药管理部门核发,医疗广告的监督管理由工商行政管理机关负责。

(一)医疗广告内容

医疗广告内容有着严格的限制,仅限于医疗机构第一名称、地址、所有制形式、医疗机构类别、诊疗科目、床位数、接诊时间和联系电话,其表现形式不得含有以下情形:(1)涉及医疗技术、诊疗方法、疾病名称、药物的;(2)保证治愈或者隐含保证治愈的;(3)宣传治愈率、有效率等诊疗效果的;(4)淫秽、迷信、荒诞的;(5)贬低他人的;(6)利用患者、卫生技术人员、医学教育科研机构及人员以及其他社会社团、组织的名义、形象作证明的;(7)使用解放军和武警部队名义的;(8)法律、行政法规规定禁止的其他情形。

(二)医疗广告发布主体和发布形式

医疗广告的发布主体仅限于医疗机构,非医疗机构不得发布医疗广告,且医疗机构不得以内部科室名义发布医疗广告。

医疗广告不得利用新闻形式、医疗资讯服务类专题节(栏)目发布或者变相发布医疗广告。有关医疗机构的人物专访、专题报道等宣传内容,可以出现医疗机构名称,但不得出现有关医疗机构的地址、联系方式等医疗广告内容;也不得在同一媒介同一时间段或者版面发布该医疗机构的广告。

医疗机构发布户外医疗广告,应当在取得《医疗广告审查证明》后,按照《户外广告登记管理规定》办理登记。

(三)法律责任

医疗机构违反《医疗广告管理办法》的规定发布医疗广告,县级以上地方卫生行政部门、中医药管理部门应责令其限期改正,给予警告;情节严重的,核发《医疗机构执业许可证》的卫生行政部门、中医药管理部门可以责令其停业整顿、吊销有关诊疗科目,直至吊销《医疗机构执业许可证》。未取得《医疗机构执业许可证》发布医疗广告的,按非法行医处罚。

医疗机构篡改《医疗广告审查证明》内容发布医疗广告的,省级卫生行政部门、中医药管理部门应当撤销《医疗广告审查证明》,并在一年内不受理该医疗机构的广告审查申请。

工商行政管理机关对违反本办法规定的广告主、广告经营者、广告发布者依据《广告法》《反不正当竞争法》予以处罚,对情节严重,造成严重后果的,可以并处一至六个月暂停发布医疗广告,直至取消广告经营者、广告发布者的医疗广告经营和发布资格的处罚。法律法规没有规定的,工商行政管理机关应当对负有责任的广告主、广告经营者、广告发布者给予警告或者处以一万元以上三万元以下的罚款;医疗广告内容涉嫌虚假的,工商行政管理机关可根据需要会同卫生行政部门、中医药管理部门作出认定。

七、医疗废物管理法律制度

医疗废物,是指医疗卫生机构在医疗、预防、保健以及其他相关活动中产生的具有直接或者间接感染性、毒性以及其他危害性的废物。2003 年,国务院发布《医疗废物管理条例》,2011 年进行了修订。该条例对医疗废物的收集、运送、贮存、处置以及监督管理等活动进行规范。对医疗机构收治的传染病病人或者疑似传染病病人产生的生活垃圾,也应按照医疗废物进行管理和处置。2017 年,原国家卫计委、原环境保护部、国家发展和改革委员会、公安部和国家中医药管理局办公厅联合印发了《关于进一步规范医疗废物管理工作的通知》(国卫办医发〔2017〕32 号),要求各有关单位要高度重视医疗废物管理工作,充分认识医疗废物管理的长期性和艰巨性,以对人民群众生命健康和环境安全负责的态度认真贯彻落实有关法律法规,全面落实医疗废物管理责任,规范医疗废物全过程管理,加大执法监督检查力度。

(一)医疗废物处置原则

1. 集中无害化处置原则

国家推行医疗废物集中无害化处置,鼓励有关医疗废物安全处置技术的研究与开发。县级以上地方人民政府负责组织建设医疗废物集中处置设施。国家对边远贫困地区建设医疗废物集中处置设施给予适当的支持。

2. 统一监督管理原则

医疗废物收集、运送、贮存、处置活动中的疾病防治工作由县级以上各级人民政府卫生行政主管部门统一监督管理。医疗废物收集、运送、贮存、处置活动中的环境污染防治工作由环境保护行政主管部门实施统一监督管理。县级以上各级人民政府其他有关部门在各自的职责范围内负责与医疗废物处置有关的监督管理工作。任何单位和个人有权对医疗卫生机构、医疗废物集中处置单位和监督管理部门及其工作人员的违法行为进行举报、投诉、检举和控告。

（二）医疗废物管理的一般规定

1. 建立健全医疗废物管理责任制

医疗卫生机构和医疗废物集中处置单位，应当建立、健全医疗废物管理责任制，做好医疗废物的源头分类，规范医疗废物流程管理，积极开展培训，提高规范管理医疗废物的能力，制定与医疗废物安全处置有关的规章制度和在发生意外事故时的应急方案，设置监控部门或者专（兼）职人员，负责检查、督促、落实本单位医疗废物的管理工作，应当对本单位从事医疗废物收集、运送、贮存、处置等工作的人员和管理人员，进行相关法律和专业技术、安全防护以及紧急处理等知识的培训。应当采取有效的职业卫生防护措施，为从事医疗废物收集、运送、贮存、处置等工作的人员和管理人员，配备必要的防护用品，定期进行健康检查；必要时，对有关人员进行免疫接种，防止其受到健康损害。

医疗机构法定代表人为第一责任人，应当切实履行职责，要增强主体意识，落实主体责任，防止因医疗废物导致传染病传播和环境污染事故。

2. 严格执行医疗废物处置要求

医疗卫生机构和医疗废物集中处置单位，应当依照《中华人民共和国固体废物污染环境防治法》的规定严格执行医疗废物处置要求：

（1）严格执行危险废物转移联单管理制度

（2）严格执行医疗废物登记制度

登记内容应当包括医疗废物的来源、种类、重量或者数量、交接时间、处置方法、最终去向以及经办人签名等项目。登记资料至少保存3年。

（3）严格制定医疗废物收集、贮存、运输、处置制度

①收集。医疗卫生机构收集本单位产生的医疗废物应当及时，并按照类别分置于防渗漏、防锐器穿透的专用包装物或者密闭的容器内。医疗废物专用包装物、容器，应当有明显的警示标识和警示说明。

②贮存。医疗卫生机构应当建立医疗废物的暂时贮存设施、设备，不得露天存放医疗废物；医疗废物暂时贮存的时间不得超过2天。医疗废物的暂时贮存设施、设备，应当远离医疗区、食品加工区和人员活动区以及生活垃圾存放场所，并设置明显的警示标识和防渗漏、防鼠、防蚊蝇、防蟑螂、防盗以及预防儿童接触等安全措

施。医疗废物的暂时贮存设施、设备应当定期消毒和清洁。

③运输。医疗卫生机构应当使用防渗漏、防遗撒的专用运送工具,按照本单位确定的内部医疗废物运送时间、路线,将医疗废物收集、运送至暂时贮存地点。运送工具使用后应当在医疗卫生机构内指定的地点及时消毒和清洁。禁止邮寄医疗废物。禁止通过铁路、航空运输医疗废物。有陆路通道的,禁止通过水路运输医疗废物;没有陆路通道必须经水路运输医疗废物的,应当经设区的市级以上人民政府环境保护行政主管部门批准,并采取严格的环境保护措施后,方可通过水路运输。禁止将医疗废物与旅客在同一运输工具上载运。禁止在饮用水源保护区的水体上运输医疗废物。

④处置。医疗卫生机构应当根据就近集中处置的原则,及时将医疗废物交由医疗废物集中处置单位处置。医疗废物中病原体的培养基、标本和菌种、毒种保存液等高危险废物,在交医疗废物集中处置单位处置前应当就地消毒。医疗卫生机构产生的污水、传染病病人或者疑似传染病病人的排泄物,应当按照国家规定严格消毒,达到国家规定的排放标准后,方可排入污水处理系统。

3. 加强基层医疗卫生机构医疗废物管理

卫生行政部门和环境保护主管部门应当着力解决城乡基层医疗卫生机构医疗废物分类收集、转运和处置困难的问题,逐步建立符合本地区基层医疗卫生机构实际的医疗废物处置工作长效机制。充分发挥乡村医疗卫生机构一体化管理和医联体等医疗管理新机制的功能,探索基层医疗卫生机构医疗废物集中上送至上级医疗卫生机构统一处置的管理模式,或就近运送到持有危险废物经营许可证的医疗废物集中处置单位进行统一处置。

不具备集中处置医疗废物条件的农村、乡镇和偏远地区,自行处置医疗废物的应当符合《医疗卫生机构医疗废物管理办法》的有关规定。禁止将医疗废物混入其他废物和生活垃圾。不得随意丢弃、遗撒和在非贮存地点倾倒、堆放医疗废物。禁止任何单位或者个人转让、买卖医疗废物。

4. 医疗废物规范化管理工作指导和监管力度

各级卫生行政部门要重点加强对基层医疗卫生机构和民营医疗机构医疗废物处置的监管工作。

各级环境保护主管部门要加强对医疗废物集中处置单位和基层医疗卫生机构自行处置医疗废物工作的指导和环境监管,规范处置行为。推动地方政府实施医疗废物集中处置设施提标改造工程。

各级公安机关依法严厉打击涉及医疗废物违法犯罪行为。

各级发展改革(物价)、卫生等部门积极推动医疗废物处理处置收费政策的制定完善,将医疗机构交纳的医疗废物处置费用纳入医疗服务成本。鼓励有条件的地区探索实施医疗废物的信息化全流程监管。

5. 建立报告通报制度

医疗机构应按照法律的规定,采取有效措施,防止医疗废物流失、泄漏、扩散。发生医疗废物流失、泄漏、扩散时,医疗卫生机构和医疗废物集中处置单位应当采取减少危害的紧急处理措施,对致病人员提供医疗救护和现场救援,同时向所在地的县级人民政府卫生行政主管部门、环境保护行政主管部门报告,并向可能受到危害的单位和居民通报。

八、医疗机构管理的法律责任

(一)未取得《医疗机构执业许可证》擅自执业的法律责任

《医疗机构管理条例实施细则》规定,对未取得《医疗机构执业许可证》擅自执业的,由县级以上人民政府卫生行政部门责令停止执业活动,没收非法所得和药品、器械,并处以3000元以下罚款。有下列情形之一的,责令停止执业活动,没收非法所得和药品、器械,处以3000元以上10000元以下的罚款:(1)因擅自执业曾受过卫生行政部门处罚;(2)擅自执业的人员为非卫生技术专业人员;(3)擅自执业时间在3个月以上;(4)给患者造成伤害;(5)使用假药、劣药蒙骗患者;(6)以行医为名骗取患者钱物;(7)省、自治区、直辖市卫生行政部门规定的其他情形。

(二)逾期不校验《医疗机构执业许可证》又不停止诊疗活动的法律责任

《医疗机构管理条例实施细则》规定,医疗机构不按期办理校验《医疗机构执业许可证》又不停止诊疗活动的,由县级以上人民政府卫生行政部门责令限期补办校验手续;在限期内仍不办理校验的,吊销《医疗机构执业许可证》。

(三)出卖、转让、出借《医疗机构执业许可证》的法律责任

《医疗机构管理条例实施细则》规定,医疗机构转让、出借《医疗机构执业许可证》的,由县级以上人民政府卫生行政部门没收非法所得,并处以3000元以下罚款。有下列情形之一的,没收非法所得,处以3000元以上5000元以下罚款,并吊销《医疗机构执业许可证》:(1)出卖《医疗机构执业许可证》的;(2)转让或者出借《医疗机构执业许可证》是以营利为目的;(3)受让方或者承借方给患者造成伤害;(4)转让、出借《医疗机构执业许可证》给非卫生技术人员;(5)省、自治区、直辖市卫生行政部门规定的其他情形。

(四)诊疗活动超出登记范围的法律责任

《医疗机构管理条例实施细则》规定,除急诊和急救外,医疗机构诊疗活动超出登记的诊疗科目范围,情节轻微的,由县级以上人民政府卫生行政部门处以警告。有下列情形之一的,责令限期改正,并可处以3000元以下的罚款:(1)超出登记的诊疗科目范围的诊疗活动累计收入在3000元以下;(2)给患者造成伤害。有下列情形之一的,处以3000元罚款,并吊销《医疗机构执业许可证》:(1)超出登记的诊疗科目范围的诊疗活动累计收入在3000元以上;(2)给患者造成伤害;(3)省、自治区、直辖市卫生行政部门规定的其他情形。

(五)使用非卫生技术人员从事医疗卫生技术工作的法律责任

《医疗机构管理条例实施细则》规定,医疗机构使用非卫生技术人员从事医疗卫生技术工作的,由县级以上人民政府卫生行政部门责令限期改正,并可处以3000元以下的罚款。有下列情形之一的,处以3000元以上5000元以下罚款,并可以吊销《医疗机构执业许可证》:(1)使用两名以上非卫生技术人员从事诊疗活动;(2)使用的非卫生技术人员给患者造成伤害。

(六)出具虚假证明文件的法律责任

《医疗机构管理条例实施细则》规定,医疗机构出具虚假证明文件,情节轻微的,由县级以上人民政府卫生行政部门给予警告,并可处以500元以下罚款。有下列情形之一的,处以500元以上1000元以下罚款:(1)出具虚假证明文件造成延误诊治的;(2)出具虚假证明文件给患者精神造成伤害的;(3)造成其他危害后果的。对直接责任人员由所在单位或者上级机关给予行政处分。

(七)违反《处方管理办法》的法律责任

《处方管理办法》规定,医疗机构有下列情形之一的,由县级以上卫生行政部门按照《医疗机构管理条例》的规定,责令限期改正,并可处以5000元以下的罚款;情节严重的,吊销其《医疗机构执业许可证》:(1)使用未取得处方权的人员、被取消处方权的医师开具处方的;(2)使用未取得麻醉药品和第一类精神药品处方资格的医师开具麻醉药品和第一类精神药品处方的;(3)使用未取得药学专业技术职务任职资格的人员从事处方调剂工作的。医疗机构未按照规定保管麻醉药品和精神药品处方,或者未依照规定进行专册登记的,按照《麻醉药品和精神药品管理条例》的规定,由设区的市级卫生行政部门责令限期改正,给予警告;逾期不改正的,处5000元以上1万元以下的罚款;情节严重的,吊销其印鉴卡;对直接负责的主管人员和其他直接责任人员,依法给予降级、撤职、开除的处分。

(八)违反《抗菌药物临床应用管理办法》的法律责任

医疗机构有下列情形之一的,由县级以上卫生行政部门责令限期改正;逾期不改的,进行通报批评,并给予警告;造成严重后果的,对负有责任的主管人员和其他直接责任人员,给予处分:(1)未建立抗菌药物管理组织机构或者未指定专(兼)职技术人员负责具体管理工作的;(2)未建立抗菌药物管理规章制度的;(3)抗菌药物临床应用管理混乱的;(4)未按照规定执行抗菌药物分级管理、医师抗菌药物处方权限管理、药师抗菌药物调剂资格管理或者未配备相关专业技术人员的;(5)其他违反《抗菌药物临床应用管理办法》规定行为的。

医疗机构有下列情形之一的,由县级以上卫生行政部门责令限期改正,给予警告,并可根据情节轻重处以3万元以下罚款;对负有责任的主管人员和其他直接责任人员,可根据情节给予处分:(1)使用未取得抗菌药物处方权的医师或者使用被取消抗菌药物处方权的医师开具抗菌药物处方的;(2)未对抗菌药物处方、医嘱实施适宜性审核,情节严重的;(3)非药学部门从事抗菌药物购销、调剂活动的;(4)将抗菌药物购销、临床应用情况与个人或者科室经济利益挂钩的;(5)在抗菌药物购销、临床应用中牟取不正当利益的。

第二节 医院管理法律制度

一、医院概述

(一)医院

"医院"(Hospital)一词最早源自拉丁文,意为"客人",开始设立时有供人避难,休闲以及使人舒适,招待客人的意图。后来逐渐成为收容和治疗病人的专门机构。我国是世界上最早设立医院的国家。西汉年间,汉武帝刘彻为了治疗瘟疫在各地设置医治场所,配备医生、药物免费给老百姓治病。到了宋明两代,医院组织渐趋完善。官办医院被称为"安济坊",私人所设为"养济院""寿安院",慈善机构所设为"慈幼局",分类招收和诊疗病人。

欧洲设立医院比我国晚 5 个多世纪,最早为基督教妇人建于罗马的医疗所。中世纪后,中东与欧洲开始大量修建医院。18 世纪末叶,资产阶级革命使医院组织从宗教中脱离出来,获得新的发展。西医传入我国,对我国的医药卫生事业发展产生了推动作用,逐渐形成了我国现代医学体系和现代医疗机构。

医院是指以向人提供医疗护理服务为主要目的的医疗机构,其服务对象不仅包括身体或心理处于非理想状态的人(如患者、伤员等),也包括处于特定生理状态的健康人(如孕妇、产妇、新生儿等)以及完全健康的人(如体格检查、口腔护理等)。根据我国法律要求,凡以"医院"命名的医疗机构,住院床位总数应在 20 张以上。

(二)医院分级

按照现代医院管理的原理,遵循医疗卫生服务工作的科学规律与特点,医疗活动实行标准化管理和目标管理,医院实行分级管理。医院分级标准依据医院的功能、任务、设施条件、技术建设、医疗服务质量和科学管理的综合水平等。卫生行政部门按地方政府的区域卫生规划,在保证城乡医疗卫生网的合理结构和整体功能的原则下,确定医院的设置与分级。各级医院之间建立与完善双向转诊制度和逐级技术指导关系。

我国依据医院的综合水平分为三级十等,一、二级医院分别分为甲、乙、丙三等,三级医院分为特、甲、乙、丙四等。

表 5-1 医院等级的基本要求和主要功能

等级	基本要求	主要功能
一级医院	病床数在100张以内,包括100张。直接为社区提供医疗、预防、康复、保健综合服务的基层医院,是初级卫生保健机构	其主要功能是直接对人群提供一级预防,在社区管理多发病常见病现症病人并对疑难重症做好正确转诊,协助高层次医院搞好中间或院后服务,合理分流病人
二级医院	病床数在101~500张。跨几个社区提供医疗卫生服务的地区性医院,是地区性医疗预防的技术中心	其主要功能是参与指导对高危人群的监测,接受一级转诊,对一级医院进行业务技术指导,并能进行一定程度的教学和科研
三级医院	病床数在501张以上。跨地区、省、市以及向全国范围提供医疗卫生服务的医院,是具有全面医疗、教学、科研能力的医疗预防技术中心	其主要功能是提供专科(包括特殊专科)的医疗服务,解决危重疑难病症,接受二级转诊,对下级医院进行业务技术指导和培训人才;完成培养各种高级医疗专业人才的教学和承担省以上科研项目的任务;参与和指导一、二级预防工作

二、医院管理

现代医院管理制度是中国特色基本医疗卫生制度的重要组成部分。2017年,国务院办公厅发布《关于建立现代医院管理制度的指导意见》(国办发〔2017〕67号),要求医院管理应坚持正确的卫生与健康工作方针,坚持中国特色卫生与健康发展道路,不断提高医疗服务质量,努力实现社会效益与运行效率的有机统一,充分调动医务人员积极性,实行民主管理和科学决策,推动各级各类医院管理规范化、精细化、科学化,建立权责清晰、管理科学、治理完善、运行高效、监督有力的现代医院管理制度,实现医院治理体系和管理能力现代化。主要包括以下两个方面:

(1)医院的组织管理应坚持公立医院的公益性,坚持政事分开、管办分开,坚持分类指导,鼓励探索创新。加快转变政府职能,深化"放、管、服"改革,合理界定政府作为公立医院出资人的举办监督职责和公立医院作为事业单位的自主运营管理权限,实行所有权与经营权分离,建立符合实际的现代化医院管理制度。

(2)医院的制度建设应加强医院章程制定,健全医院决策机制,建立健全民主管理、医疗质量安全管理、人力资源管理、财务资产管理、绩效考核、人才培养培训管理、科研管理、后勤管理、信息管理及医院投诉等相关制度建设,强化医院文化建设,全面开展便民惠民服务。

三、医院执业行为法律规范

(一)病历的书写和管理法律制度

病历,是指医务人员在医疗活动过程中形成的文字、符号、图表、影像、切片等资料的总和,包括门(急)诊病历和住院病历。病历书写,是指医务人员通过问诊、查体、辅助检查、诊断、治疗、护理等医疗活动获得有关资料,并进行归纳、分析、整理形成医疗活动记录的行为。按照病历记录形式不同,可区分为纸质病历和电子病历。

病历作为诊疗活动记录的重要文件,也是重要的法庭证据之一。为进一步加强对临床病历的管理,推进以医院管理和电子病历为重点的医院信息化建设,2009年,原卫生部及国家中医药管理局联合下发《电子病历基本架构与数据标准(试行)》,2010年,原卫生部发布《病历书写基本规范》对病历书写进行规范。同年,原卫生部还发布《电子病历基本规范(试行)》和《电子病历系统功能规范(试行)》。2013年,原国家卫计委、国家中医药管理局印发《医疗机构病历管理规定(2013年版)》对病历管理进行规范。2017年,原国家卫计委发布《电子病历应用管理规范(试行)》取代2010年颁布的《电子病历基本规范(试行)》和《中医电子病历基本规范(试行)》对电子病历的应用管理进行规范。

1.病历书写基本要求

(1)病历书写必须客观、真实、准确、及时、完整和规范。电子病历要求医疗机构为患者设定唯一身份标识,以确保患者基本信息及其医疗记录的真实性、一致性、连续性和完整性。

(2)病历书写应当使用中文,通用的外文缩写和无正式中文译名的症状、体征、疾病名称等可以使用外文。

(3)病历书写应当规范使用医学术语,文字工整,字迹清晰,表述准确,语句通顺,标点正确。病历书写过程中出现错字时,应当用双线划在错字上,保留原记录清楚、可辨,并注明修改时间,修改人签名。不得采用刮、粘、涂等方法掩盖或去除原来的字迹。

(4)上级医务人员有审查修改下级医务人员书写的病历的责任。实习医务人员、试用期医务人员书写的病历,应当经过本医疗机构注册的医务人员审阅、修改并签名。进修医务人员由医疗机构根据其胜任本专业工作实际情况认定后书写病历。电子病历则需要在系统中设置医务人员书写、审阅、修改的权限和时限。上级医务人员审阅、修改、确认电子病历内容时,电子病历系统应当进行身份识别、保存历次操作痕迹、标记准确的操作时间和操作人信息。

(5)病历书写一律使用阿拉伯数字书写日期和时间,采用24小时制记录。

(6)对需要取得患者书面同意方可进行的医疗活动,应当由患者本人签署知情同意书。患者不具备完全民事行为能力时,应当由其法定代理人签字;患者因病无法签字时,应当由其授权的人员签字;为抢救患者,在法定代理人或被授权人无法及时签字的情况下,可由医疗机构负责人或者授权的负责人签字。因实施保护性医疗措施不宜向患者说明情况的,应当将有关情况告知患者近亲属,由患者近亲属签署知情同意书,并及时记录。患者无近亲属的或者患者近亲属无法签署同意书的,由患者的法定代理人或者关系人签署同意书。

(7)门(急)诊病历包括门(急)诊病历首页(门诊手册封面)、病历记录、化验单(检验报告)、医学影像检查资料等。门(急)诊病历、门诊手册封面内容应当记录患者基本信息。急诊病历书写就诊时间应当具体到分钟。门(急)诊病历记录应当由接诊医师在患者就诊时及时完成。急诊留观记录是急诊患者因病情需要留院观察期间的记录,重点记录观察期间病情变化和诊疗措施,记录简明扼要,并注明患者去向。抢救危重患者时,应当书写抢救记录。门(急)诊抢救记录书写内容及要求按照住院病历抢救记录书写内容及要求执行。

(8)住院病历记录内容包括住院病案首页、入院记录、病程记录、手术同意书、麻醉同意书、输血治疗知情同意书、特殊检查(特殊治疗)同意书、病危(重)通知书、医嘱单、辅助检查报告单、体温单、医学影像检查资料、病理资料等,各类资料应严格按照法律规定记录相关内容。

(9)病历打印是指应用文字处理软件编辑生成并打印的病历(如 Word 文档、WPS 文档等)。打印病历应当按照规定的内容录入并及时打印,由相应医务人员手写签名。医疗机构打印病历应当统一纸张、字体、字号及排版格式。打印字迹应清楚易认,符合病历保存期限和复印的要求。打印病历编辑过程中应当按照权限要求进行修改,已完成录入打印并签名的病历不得修改。

2. 病历管理

(1)病历保存

2013 年原国家卫计委发布《医疗机构病历管理规定(2013 年版)》,要求医疗机构建立健全病历管理制度,设置病案管理部门或者配备专(兼)职人员,负责病历和病案管理工作。门(急)诊病历原则上由患者负责保管。医疗机构建有门(急)诊病历档案室或者已建立门(急)诊电子病历的,经患者或者其法定代理人同意,其门(急)诊病历可以由医疗机构负责保管。住院病历由医疗机构负责保管。医疗机构应当严格病历管理,任何人不得随意涂改病历,严禁伪造、隐匿、销毁、抢夺、窃取病历。医疗机构存档时可以将电子病历打印后与非电子化的资料合并形成病案保存。

医疗机构的门诊病历的保存期不得少于 15 年,住院病历的保存期不得少于 30 年。门(急)诊电子病历由医疗机构保管的,保存时间自患者最后一次就诊之日起不少于 15 年;住院电子病历保存时间自患者最后一次出院之日起不少于 30 年。

(2)病历借阅和复印

除为患者提供诊疗服务的医务人员,以及经卫生行政部门、中医药管理部门或者医疗机构授权的负责病案管理、医疗管理的部门或者人员外,其他任何机构和个人不得擅自查阅患者病历。患者本人或者其委托代理人、死亡患者法定继承人或者其代理人可申请复制或者查阅病历资料。病历复制包括门(急)诊病历和住院病历中的体温单、医嘱单、住院志(入院记录)、手术同意书、麻醉同意书、麻醉记录、手术记录、病重(病危)患者护理记录、出院记录、输血治疗知情同意书、特殊检查(特殊治疗)同意书、病理报告、检验报告等辅助检查报告单、医学影像检查资料等病历资料。

医疗机构应当为申请人提供电子病历的复制服务。医疗机构可以提供电子版或打印版病历。复制的电子病历文档应当可供独立读取,打印的电子病历纸质版应当加盖医疗机构病历管理专用章。有条件的医疗机构可以为患者提供医学影像检查图像、手术录像、介入操作录像等电子资料复制服务。

(3)病历封存

病历(包括电子病历)的封存应当在医疗机构或者委托代理人、患者或者其代理人双方共同在场的情况下,对电子病历共同进行确认,并进行复制后封存。医疗机构申请封存病历时,医疗机构应当告知患者或者其代理人共同实施病历封存;但患者或者其代理人拒绝或者放弃实施病历封存的,医疗机构可以在公证机构公证的情况下,对病历进行确认,由公证机构签封病历复制件。医疗机构负责封存病历复制件的保管。封存的电子病历复制件可以是电子版;也可以对打印的纸质版进行复印,并加盖管理章后进行封存。封存后,病历原件可以继续完成和使用。

3. 电子病历管理

电子病历与纸质病历具有同等效力。电子病历是指医务人员在医疗活动过程中,使用信息系统生成的文字、符号、图标、图形、数字、影响等数字化信息,并能实现存储、管理、传输和重现的医疗记录,是病历的一种记录形式。电子病历与纸质病历具有同等效力。

(1)电子病历应用基本要求

医疗机构应用电子病历应当具有:

第一,专门的人员。具有的技术支持部门和人员,负责电子病历相关信息系统建设、运行和维护等工作;具有专门的管理部门和人员,负责电子病历的业务监管等工作。

第二,完善的相关制度和规程。

第三,具备电子病历的安全管理体系和安全保障机制。电子病历使用的术语、编码、模板和数据应当符合相关行业标准和规范的要求,在保障信息安全的前提下,促进电子病历信息有效共享。电子病历系统应当为操作人员提供专有的身份标识和识别手段,并设置相应权限。操作人员对本人身份标识的使用负责。有条件的医疗机构电子病历系统可以使用电子签名进行身份认证,可靠的电子签名与手写签名或盖章具有同等的法律效力。电子病历系统应当采用权威可靠时间源。

第四,具备对电子病历创建、修改、归档等操作的追溯能力。

(2)电子病历的书写

医疗机构使用电子病历系统进行病历书写,应当遵循客观、真实、准确、及时、完整、规范的原则。

门(急)诊电子病历书写内容包括门(急)诊病历首页、病历记录、化验报告、医学影像检查资料等。住院电子病历书写内容包括住院病案首页、入院记录、病程记录、手术同意书、麻醉同意书、输血治疗知情同意书、特殊检查(特殊治疗)同意书、病危(重)通知单、医嘱单、辅助检查报告单、体温单、医学影像检查报告、病理报告单等。

医疗机构应当为患者电子病历赋予唯一患者身份标识,以确保患者基本信息及其医疗记录的真实性、一致性、连续性、完整性。

电子病历系统应当对操作人员进行身份识别,并保存历次操作印痕,标记操作时间和操作人员信息,并保证历次操作印痕、标记操作时间和操作人员信息可查询、可追溯。医务人员采用身份标识登录电子病历系统完成书写、审阅、修改等操作并予以确认后,系统应当显示医务人员姓名及完成时间。电子病历系统应当设置医务人员书写、审阅、修改的权限和时限。实习医务人员、试用期医务人员记录的病历,应当由具有本医疗机构执业资格的上级医务人员审阅、修改并予确认。上级医务人员审阅、修改、确认电子病历内容时,电子病历系统应当进行身份识别、保存历次操作痕迹、标记准确的操作时间和操作人信息。

(3)电子病历的储存

电子病历应当设置归档状态,医疗机构应当按照病历管理相关规定,在患者门(急)诊就诊结束或出院后,适时将电子病历转为归档状态。电子病历归档后原则上不得修改,特殊情况下确需修改的,经医疗机构医务部门批准后进行修改并保留修改痕迹。

医疗机构因存档等需要可以将电子病历打印后与非电子化的资料合并形成病案保存。具备条件的医疗机构可以对知情同意书、植入材料条形码等非电子化的资料进行数字化采集后纳入电子病历系统管理,原件另行妥善保存。

门(急)诊电子病历由医疗机构保管的,保存时间自患者最后一次就诊之日起不少于15年;住院电子病历保存时间自患者最后一次出院之日起不少于30年。

(4)电子病历的使用

电子病历系统应当设置病历查阅权限,并保证医务人员查阅病历的需要,能够及时提供并完整呈现该患者的电子病历资料。呈现的电子病历应当显示患者个人信息、诊疗记录、记录时间及记录人员、上级审核人员的姓名等。

医疗机构应当为申请人提供电子病历的复制服务。医疗机构可以提供电子版或打印版病历。复制的电子病历文档应当可供独立读取,打印的电子病历纸质版应当加盖医疗机构病历管理专用章。

有条件的医疗机构可以为患者提供医学影像检查图像、手术录像、介入操作录像等电子资料复制服务。

(5)电子病历的封存

依法需要封存电子病历时，应当在医疗机构或者其委托代理人、患者或者其代理人双方共同在场的情况下，对电子病历共同进行确认，并进行复制后封存。封存的电子病历复制件可以是电子版；也可以对打印的纸质版进行复印，并加盖病案管理章后进行封存。

封存的电子病历复制件应当满足以下技术条件及要求：

①储存于独立可靠的存储介质，并由医患双方或双方代理人共同签封；

②可在原系统内读取，但不可修改；

③操作痕迹、操作时间、操作人员信息可查询、可追溯；

④其他有关法律、法规、规范性文件和省级卫生行政部门规定的条件及要求。

封存后电子病历的原件可以继续使用。电子病历尚未完成，需要封存时，可以对已完成的电子病历先行封存，当医务人员按照规定完成后，再对新完成部分进行封存。

(二)处方管理法律制度

处方，是指由注册的执业医师和执业助理医师在诊疗活动中为患者开具的、由取得药学专业技术职务任职资格的药学专业技术人员审核、调配、核对，并作为患者用药凭证的医疗文书。处方包括医疗机构病区用药医嘱单。为规范处方管理，提高处方质量，促进合理用药，保障医疗安全，2007 年 2 月 24 日原卫生部发布了《处方管理办法》。

1. 处方书写规则

处方书写应当符合下列规则：

(1)开具处方和调剂处方应当遵循安全、有效和经济的原则。

(2)每张处方限于一名患者的用药。

(3)处方应字迹清楚，记录患者一般情况、临床诊断填写清晰、完整，并与病历记载相一致；处方不得涂改；如需修改，应当在修改处签名并注明修改日期。

(4)医师应当根据医疗、预防、保健需要，按照诊疗规范、药品说明书中的药品适应证、药理作用、用法、用量、禁忌、不良反应和注意事项等开具处方。开具医疗用毒性药品、放射性药品的处方应当严格遵守有关法律、法规和规章的规定。药品名称应当使用规范的中文名称书写，没有中文名称的可以使用规范的英文名称书写；医疗机构或者医师、药师不得自行编制药品缩写名称或者使用代号；书写药品名称、剂量、规格、用法、用量要准确规范，药品用法可用规范的中文、英文、拉丁文或者缩写体书写，但不得使用“遵医嘱”“自用”等含糊不清字句。

(5)患者年龄应当填写实足年龄，新生儿、婴幼儿写日、月龄，必要时要注明体重。

(6)西药和中成药可以分别开具处方,也可以开具一张处方,中药饮片应当单独开具处方;开具西药、中成药处方,每一种药品应当另起一行,每张处方不得超过5种药品,开具处方后的空白处画一斜线以示处方完毕;中药饮片处方的书写,一般应当按照"君、臣、佐、使"的顺序排列;调剂、煎煮的特殊要求注明在药品右上方,并加括号,如布包、先煎、后下等;对饮片的产地、炮制有特殊要求的,应当在药品名称之前写明。

(7)药品用法用量应当按照药品说明书规定的常规用法用量使用,特殊情况需要超剂量使用时,应当注明原因并再次签名;除特殊情况外,应当注明临床诊断。处方医师的签名式样和专用签章应当与院内药学部门留样备查的式样相一致,不得任意改动,否则应当重新登记留样备案。药品剂量与数量用阿拉伯数字书写。剂量应当使用法定剂量单位:重量以克(g)、毫克(mg)、微克(μg)、纳克(ng)为单位;容量以升(L)、毫升(ml)为单位;国际单位(IU)、单位(U);中药饮片以克(g)为单位;片剂、丸剂、胶囊剂、颗粒剂分别以片、丸、粒、袋为单位;溶液剂以支、瓶为单位;软膏及乳膏剂以支、盒为单位;注射剂以支、瓶为单位,应当注明含量;中药饮片以剂为单位。

(8)处方开具当日有效。特殊情况需要延长有效期的,由开具处方的医师注明有效期限,但有效期最长不得超过3天。处方一般不得超过7日用量;急诊处方一般不得超过3日用量。

2. 处方权

经注册的执业医师在执业地点取得相应的处方权。经注册的执业助理医师在医疗机构开具的处方,应当经所在执业地点执业医师签名或加盖专用签章后方有效。但经注册的执业助理医师在乡、民族乡、镇、村的医疗机构独立从事一般的执业活动,可以在注册的执业地点取得相应的处方权。执业医师经培训考核合格后可以取得麻醉药品和第一类精神药品的处方权,药师经培训考核合格后可以取得麻醉药品和第一类精神药品调剂资格。试用期人员开具处方,应当经所在医疗机构有处方权的执业医师审核,并签名或加盖专用签章后方有效。进修医师由接收进修的医疗机构对其胜任本专业工作的实际情况进行认定后授予相应的处方权。

3. 处方点评

处方点评是医院持续医疗质量改进和药品临床应用管理的重要组成部分,是提高临床药物治疗学水平的重要手段。处方点评是根据相关法规、技术规范,对处方书写的规范性及药物临床使用的适宜性(用药适应证、药物选择、给药途径、用法用量、药物相互作用、配伍禁忌等)进行评价,发现存在或潜在的问题,制定并实施干预和改进措施,促进临床药物合理应用的过程。

2010年,原卫生部发布《医院处方点评管理规范(试行)》,要求:

(1)处方点评工作应坚持科学、公正、务实的原则

(2)处方点评结果

处方点评结果可以分为合理处方和不合理处方。不合理处方包括不规范处方、用药不适宜处方及超常处方。

不规范处方包括:①处方的前记、正文、后记内容缺项,书写不规范或者字迹难以辨认的;②医师签名、签章不规范或者与签名、签章的留样不一致的;③药师未对处方进行适宜性审核的(处方后记的审核、调配、核对、发药栏目无审核调配药师及核对发药药师签名,或者单人值班调剂未执行双签名规定);④新生儿、婴幼儿处方未写明日、月龄的;⑤西药、中成药与中药饮片未分别开具处方的;⑥未使用药品规范名称开具处方的;⑦药品的剂量、规格、数量、单位等书写不规范或不清楚的;⑧用法、用量使用"遵医嘱""自用"等含糊不清字句的;⑨处方修改未签名并注明修改日期,或药品超剂量使用未注明原因和再次签名的;⑩开具处方未写临床诊断或临床诊断书写不全的;⑪单张门(急)诊处方超过五种药品的;⑫无特殊情况下,门诊处方超过 7 日用量,急诊处方超过 3 日用量,慢性病、老年病或特殊情况下需要适当延长处方用量未注明理由的;⑬开具麻醉药品、精神药品、医疗用毒性药品、放射性药品等特殊管理药品处方未执行国家有关规定的;⑭医师未按照抗菌药物临床应用管理规定开具抗菌药物处方的;⑮中药饮片处方药物未按照"君、臣、佐、使"的顺序排列,或未按要求标注药物调剂、煎煮等特殊要求的。

用药不适宜处方包括:①适应证不适宜的;②遴选的药品不适宜的;③药品剂型或给药途径不适宜的;④无正当理由不首选国家基本药物的;⑤用法、用量不适宜的;⑥联合用药不适宜的;⑦重复给药的;⑧有配伍禁忌或者不良相互作用的;⑨其他用药不适宜情况的。

超常处方包括:①无适应证用药的;②无正当理由开具高价药的;③无正当理由超说明书用药的;④无正当理由为同一患者同时开具 2 种以上药理作用相同药物的。

(3)处方监督管理

卫生行政部门和医院应当:①对开具不合理处方的医师,采取教育培训、批评等措施;②对于开具超常处方的医师按照《处方管理办法》的规定予以处理:对出现超常处方 3 次以上且无正当理由的医师提出警告,限制其处方权,限制处方权后,仍连续 2 次以上出现超常处方且无正当理由的,取消其处方权;③一个考核周期内 5 次以上开具不合理处方的医师,应当认定为医师定期考核不合格,离岗参加培训;④对患者造成严重损害的,卫生行政部门应当按照相关法律、法规、规章给予相应处罚。

4. 处方保管

医疗机构应当妥善保存处方:

(1)普通处方、急诊处方、儿科处方保存期限为1年,医疗用毒性药品、第二类精神药品处方保存期限为2年,麻醉药品和第一类精神药品处方保存期限为3年。处方保存期满后,经医疗机构主要负责人批准、登记备案,方可销毁。

(2)应当根据麻醉药品和精神药品处方开具情况,按照麻醉药品和精神药品品种、规格对其消耗量进行专册登记,登记内容包括发药日期、患者姓名、用药数量。专册保存期限为3年。

(三)医院感染管理制度

医院感染,是指住院病人在医院内获得的感染,包括在住院期间发生的感染和在医院内获得出院后发生的感染;但不包括入院前已开始或入院时已处于潜伏期的感染。医院工作人员在医院内获得的感染也属医院感染。

医院感染管理是各级卫生行政部门、医疗机构及医务人员针对诊疗活动中存在的医院感染、医源性感染及相关的危险因素进行的预防、诊断和控制活动。为加强医院感染管理,有效预防和控制医院感染,提高医疗质量,保证医疗安全,2006年9月,原卫生部发布《医院感染管理办法》要求各级各类医疗机构建立医院感染管理责任制,制定并落实医院感染管理的规章制度和工作规范,严格执行有关技术操作规范和工作标准,有效预防和控制医院感染,防止传染病病原体、耐药菌、条件致病菌及其他病原微生物的传播。

根据《医院感染管理办法》的规定,住院床位总数在100张以上的医院应当设立医院感染管理委员会和独立的医院感染管理部门;住院床位总数在100张以下的医院应当指定分管医院感染管理工作的部门。

对医院医疗器械、器具消毒要求是:(1)进入人体组织、无菌器官的医疗器械、器具和物品必须达到灭菌水平。(2)接触皮肤、黏膜的医疗器械、器具和物品必须达到消毒水平。(3)各种用于注射、穿刺、采血等有创操作的医疗器具必须一用一灭菌。一次性使用的医疗器械、器具不得重复使用。

对医院感染情况采用报告制度。调查证实发生5例以上医院感染暴发或由医院感染暴发直接导致患者死亡或由医院感染暴发导致3人以上人身损害后果等情形,医院应在12小时内向所在地的县级地方人民政府卫生行政部门报告,并同时向所在地疾病预防控制机构报告,然后逐级上报。

第三节　急救医疗机构管理法律制度

一、急救医疗机构

(一)急救医疗的发展和立法概况

急救医学是一门多学科综合性临床医学科学,是反映一个国家、一个省、一个地区、一个医院的医学科学管理水平和医疗技术水平的重要标志。随着社会生产力的进步,生产规模扩大,人类活动空间的拓展和生活节奏的加快,一些灾害事故也愈加增多,急救医学在保护人类生命健康中所起的作用越来越大。

"二战"后,西欧各国陆续开始组建专职的急救医疗机构,是世界上急救医学开展较早的地区。20 世纪 70 年代后,美国、日本急救医学快速发展,建立了较为完善的急救医疗体系,并发展了相应比较完善的急救立法。1973 年,美国颁布急救医疗法,并宣布"911"为急救专用电话。1983 年,美国颁布《医院法》,在其第三部分中专门强调了急救服务。日本政府于 1977 年发布《关于急救医疗对策的调整》,不仅划分了初级、二级、三级急救医疗系统,而且区分了各自的归属。1978 年,在其修订的《消防法》中明确规定,消防队有急救业务,主要运送由于事故而造成的伤病人或传染病、危急病人等到急救医院。专职的急救医疗服务机制及管理机构的形成,急救医疗专业学会和杂志的建立与创办,在一定程度上代表了世界急救医学发展的趋势。

我国在 20 世纪 50 年代开始建立急救站,80 年代以来才逐渐趋于完善。为提高急救医疗部门对灾害、事故的应急能力和日常急救工作水平,原卫生部 1980 年发布了《关于加强城市急救工作的意见》。1983 年,颁布了《城市医院急救科(室)建设方案》。1985 年,确定"120"为急救电话。1986 年和 1987 年,原卫生部又先后发布了《关于进一步加强急救工作的补充规定》及《关于加强急诊抢救和提高应急能力的通知》,对建立健全急救医疗机构网,提高急诊抢救和应急能力提出了具体要求,推动全国范围内三级医疗机构普遍建立急诊科(室),部分大、中城市建立了急救中心,使急救医疗逐渐步入法治轨道。1996 年 9 月 25 日起施行的《广州社会急救医疗管理条例》,是我国关于社会急救医疗管理的第一个地方性法规。2013 年 10 月,原国家卫计委发布《院前医疗急救管理办法》(以下简称《管理办法》)明确了院前医疗急救属于基本公共卫生服务,具有公益性,并提出急救中心(站)和急救网络医院不得因费用问题拒绝或者延误院前医疗急救服务等"五不准"。

(二)急救医疗机构

急救医疗机构是指在各级卫生行政部门统一领导下,实施急诊抢救工作的医疗组织,包括大中城市的各级急救站(中心)和医院的急诊科(室)。它是医疗机构的一个重要类别。急救医疗包括现场抢救、途中护送及医院急诊救治的全部过程。

根据原卫生部关于加强城市急救工作的意见,城市应逐步建立、健全以急救中心、急救站、医院急诊科(室)、街道卫生院、群众性基层卫生组织(红十字会卫生站、防疫站)相结合的急救医疗网络,大城市在急救中心下设立若干急救分站。急救任务由医院承担的大城市,可选择 1 ~ 2 个医院负责中心急救站的指挥调度任务。有条件的城市,在加强急救医疗网建设的同时,亦可逐步向专科、专业急救网方向发展。农村急救医疗工作主要由县医院急诊科、乡镇卫生院急诊室和村卫生室(所)为主体的急救医疗网络负责。县医院急诊室(科)应成为全县急救医疗的基地和技术指导中心。

二、院前急救转运系统的设置

院前医疗急救是指由急救中心(站)和承担院前医疗急救任务的网络医院按照统一指挥调度,在患者送达医疗机构救治前,在医疗机构外开展的以现场抢救、转运途中紧急救治以及监护为主的医疗活动。

(一)院前急救机构设置

为统筹并充分利用有限的区域院前医疗急救资源,避免或减少医院内部二次调度,缩短呼叫反应时间,提高急救效率,《管理办法》要求设立院前医疗急救网络。院前医疗急救网络以急救中心(站)为主体,按照急救半径和呼叫反应时间,由卫生行政部门确定急救网络医院共同组成院前医疗急救网络。

院前急救网络应当纳入当地医疗机构设置规定,按照就近、安全、迅速、有效的原则设立,统一规划、统一设置、统一管理。

急救中心(站)负责院前医疗急救工作的指挥和调度,按照院前医疗急救需求配备通讯系统、救护车和医务人员,开展现场抢救和转运途中救治、监护。急救网络医院按照急救中心(站)指挥和调度开展院前医疗急救工作。

(二)院前急救执业管理

1. 执业基本原则

急救中心(站)和急救网络医院开展院前医疗急救工作应当遵守医疗卫生管理法律、法规、规章和技术操作规范、诊疗指南。急救中心(站)应当制定院前医疗急救工作规章制度及人员岗位职责,保证院前医疗急救工作的医疗质量、医疗安全、规范服务和迅速处置。

2. 从业人员资格和工作内容

从事院前医疗急救的专业人员包括取得相应执业资格证书的医师、护士和医疗救护员,主要医疗救护工作包括:(1)对常见急症进行现场初步处理;(2)对患者进行通气、止血、包扎、骨折固定等初步救治;(3)搬运、护送患者;(4)现场心肺复苏;(5)在现场指导群众自救、互救。

3. 急救要求

急救中心(站)应当配备专人每天24小时受理“120”院前医疗急救呼叫,在接到“120”院前医疗急救呼叫后,根据院前医疗急救需要迅速派出或者从急救网络医院派出救护车和院前医疗急救专业人员,按照就近、就急、满足专业需要、兼顾患者意愿的原则,将患者转运至医疗机构救治。不得因指挥调度原因和费用问题拒绝、推诿或者延误院前医疗急救服务。

4. 院前医疗急救的“五不准”

第一,未经卫生行政部门批准,任何单位及其内设机构、个人不得使用急救中心(站)的名称开展院前医疗急救工作;

第二,其他单位和个人不得设置“120”呼叫号码或者其他任何形式的院前医疗急救呼叫电话;

第三,急救中心(站)和急救网络医院不得因费用问题拒绝或者延误院前医疗急救服务;

第四,急救中心(站)和急救网络医院不得将救护车用于非院前医疗急救服务;

第五,除急救中心(站)和急救网络医院外,任何单位和个人不得使用救护车开展院前医疗急救工作。

(三)院前急救的监督管理

县级以上地方卫生行政部门负责院前医疗急救中心(站)和急救网络医院的设置管理工作,对其执业活动进行检查指导。急救中心(站)和急救网络医院应当对本机构从业人员的业务水平、工作成绩和职业道德等情况进行管理、培训和考核,并依法依规给予相应的表彰、奖励、处理等。

(四)院前急救的法律责任

1. 任何单位或者个人未经卫生行政部门批准擅自开展院前医疗急救服务的,由县级以上地方卫生行政部门按照《医疗机构管理条例》的有关规定予以处理。

2. 急救中心(站)和急救网络医院使用非卫生专业技术人员从事院前医疗急救服务的,由县级以上地方卫生行政部门按照《执业医师法》《医疗机构管理条例》《护士条例》等有关法律法规的规定予以处理。

3. 未经批准擅自使用“120”院前医疗急救呼叫号码或者其他带有院前医疗急救呼叫性质号码的、未经批准擅自使用救护车开展院前医疗急救服务的或急救中心(站)因指挥调度或者费用等因素拒绝、推诿或者延误院前医疗急救服务的,由县级以上地方卫生行政部门责令改正、通报批评、给予警告;对直接负责的主管人员和其他直接责任人员,根据情节轻重,依法给予警告、记过、降低岗位等级、撤职、开除等处分。

第四节 其他医疗机构管理法律制度

一、诊所管理法律制度

(一)诊所概述

诊所是为患者提供门诊诊断和治疗的医疗机构,不设住院病床(产床),只提供易于诊断的常见病和多发病的诊疗服务。

《医疗机构管理条例》及其配套文件公布以来,地方各级卫生行政部门严格执行诊所的基本标准,切实加强诊所的准入管理,对提高医疗质量和保证医疗安全起到了重要作用。但随着我国经济社会和医疗卫生事业的发展,医药卫生体制改革的深化,完善医疗服务体系,鼓励有资质的人员开办诊所,并保障诊所的医疗安全成为新的要求,为此原卫生部对原标准进行了修订,并于2010年8月发布了新的《诊所基本标准》。

《诊所基本标准》是地方各级卫生行政部门进行诊所执业登记和校验的重要依据。卫生所(室)、医务室的设置基本标准参照诊所的基本标准执行。

(二)诊所的设置标准

1. 人员

设置诊所至少有1名取得执业医师资格,经注册后在医疗、保健机构中执业满5年,身体健康的执业医师。至少有1名注册护士。设医技科室的,每个医技科室至少有1名相应专业的卫生技术人员。

2. 场所

诊所的建筑面积不少于40平方米,至少设有诊室、治疗室、处置室,每室独立且符合卫生学布局及流程,其中治疗室、处置室的使用面积均不少于10平方米,如设观察室,其使用面积不少于15平方米。

3. 设备

诊所应该具备基本设备(诊桌、诊椅、方盘、纱布罐、诊察凳、听诊器、血压计、体温表、压舌板、药品柜、紫外线消毒灯、污物桶、高压灭菌设备、处置台)、急救设备[氧气瓶(袋)、开口器、牙垫、口腔通气道、人工呼吸器]和其他与所开展诊疗科目相应的设备。

临床检验、消毒供应与其他合法机构签订相关服务合同,由其他机构提供服务的,可不配备化验室和消毒供应室设备。

4. 具有国家统一规定的各项规章制度和技术操作规范,制定诊所人员岗位职责

5. 符合法律要求的注册资金

(三)诊所的登记和校验

对于申请执业登记和校验的诊所,卫生行政部门应当按照《诊所基本标准》进行现场检查。对于达不到《诊所基本标准》要求的,卫生行政部门不得予以登记和校验。因经济状况等原因,部分地区确需对《诊所基本标准》中的相关指标进行调整的,由省级卫生行政部门规定,并报卫生部备案。

二、城市社区卫生服务机构管理法律制度

(一)城市社区卫生服务机构概述

社区卫生服务机构是指在城市范围内设置的、经区(市、县)级政府卫生行政部门登记注册并取得《医疗机构执业许可证》的社区卫生服务中心和社区卫生服务站。社区卫生服务机构以社区、家庭和居民为服务对象,以妇女、儿童、老年人、

慢性病人、残疾人、贫困居民等为服务重点,开展健康教育、预防、保健、康复、计划生育技术服务和一般常见病、多发病的诊疗服务,具有社会公益性质,属于非营利性医疗机构。

为贯彻落实《国务院关于发展城市社区卫生服务的指导意见》(国发〔2006〕10号),加强对城市社区卫生服务机构设置与运行的管理,保障居民公平享有安全、有效、便捷、经济的社区卫生服务,2006年原卫生部制定了《城市社区卫生服务机构管理办法(试行)》。同年,原卫生部联合国家中医药管理局制定发布了《城市社区卫生服务中心基本标准》和《城市社区卫生服务站基本标准》,为进一步规范社区卫生机构奠定了良好的基础。

(二)服务功能与执业范围

社区卫生服务机构服务对象主要为辖区内的常住居民、暂住居民及其他有关人员。

社区卫生服务机构提供公共卫生服务和基本医疗服务。社区卫生服务机构所提供的公共卫生服务内容主要有:卫生信息管理、健康教育、传染病等疾病预防控制、慢性病预防控制、精神卫生服务、健康保健(妇女、儿童、老年人)、残疾康复指导和康复训练、计划生育技术咨询指导及协助处置辖区内的突发公共卫生事件等。

社区卫生服务机构提供以下基本医疗服务包括:(1)一般常见病、多发病诊疗、护理和诊断明确的慢性病治疗;(2)社区现场应急救护;(3)家庭出诊、家庭护理、家庭病床等家庭医疗服务;(4)转诊服务;(5)康复医疗服务;(6)政府卫生行政部门批准的其他适宜医疗服务。

(三)机构设置与执业登记

规划设置社区卫生服务机构,应立足于调整卫生资源配置,加强社区卫生服务机构建设,完善社区卫生服务机构布局。社区卫生服务中心原则上按街道办事处范围设置,以政府举办为主。在人口较多、服务半径较大、社区卫生服务中心难以覆盖的社区,可适当设置社区卫生服务站或增设社区卫生服务中心。

设置社区卫生服务机构,须按照社区卫生服务机构设置规划,由区(市、县)级政府卫生行政部门根据《医疗机构管理条例》《医疗机构管理条例实施细则》《城市社区卫生服务中心基本标准》《城市社区卫生服务站基本标准》进行设置审批和执业登记,同时报上一级政府卫生行政部门备案。

社区卫生服务中心登记的诊疗科目应为预防保健科、全科医疗科、中医科(含民族医学)、康复医学科、医学检验科、医学影像科,有条件的可登记口腔医学科、临终关怀科,原则上不登记其他诊疗科目,确需登记的,须经区(市、县)级政府卫生行政部门审核批准,同时报上一级政府卫生行政部门备案。社区卫生服务站登记的诊疗科目应为预防保健科、全科医疗科,有条件的可登记中医科(含民族医学),不登记其他诊疗科目。

社区卫生服务中心原则上不设住院病床，现有住院病床应转为以护理康复为主要功能的病床，或予以撤销。社区卫生服务站不设住院病床。

（四）人员配备与管理

1. 人员配备

社区卫生服务机构应根据服务功能、服务人口、居民的服务需要，按照精干、效能的原则设置卫生专业技术岗位，配备适宜学历与职称层次的从事全科医学、公共卫生、中医（含中西医结合、民族医）等专业的执业医师和护士。社区卫生服务机构的专业技术人员须具有法定执业资格。临床类别、中医类别执业医师注册相应类别的全科医学专业为执业范围，可从事社区预防保健以及一般常见病、多发病的临床诊疗，不得从事专科手术、助产、介入治疗。

2. 管理

社区卫生服务机构要建立健全培训制度。社区卫生技术人员需依照国家规定接受毕业后教育、岗位培训和继续教育等职业培训。

社区卫生服务工作人员要树立良好的职业道德，恪尽职守，遵纪守法，不断提高业务技术水平，维护居民健康。

（五）执业规则与监督管理

1. 执业规则

社区卫生服务机构执业，须严格遵守国家有关法律、法规、规章和技术规范，加强对医务人员的教育，实施全面质量管理，预防服务差错和事故，确保服务安全。

社区卫生服务机构须建立健全医疗服务规章制度，认真履行提供社区公共卫生服务和基本医疗服务的职能，妥善保管居民健康档案，保护居民个人隐私，严格掌握家庭诊疗、护理和家庭病床服务的适应证，切实规范家庭医疗服务行为。

2. 业务管理

区（市、县）及设区的市政府卫生行政部门要建立信息平台，为社区卫生服务机构提供本地有关大中型医疗机构专科设置、联系方式等转诊信息，支持社区卫生服务机构与大中型医疗机构建立转诊协作关系。社区卫生服务机构对限于设备或者技术条件难以安全、有效诊治的患者应及时转诊到相应医疗机构诊治。对医院转诊病人，社区卫生服务机构应根据医院建议与病人要求，提供必要的随访、病例管理、康复等服务。

3. 行业管理

区（市、县）级政府卫生行政部门负责对社区卫生服务机构实施日常监督与管理，建立健全监督考核制度，实行信息公示和奖惩制度。

疾病预防控制中心、妇幼保健院（所、站）、专科防治院（所）等预防保健机构在职能范围内，对社区卫生服务机构所承担的公共卫生服务工作进行业务评价与指导。

国家卫生健康委负责全国社区卫生服务机构的监督管理。区(市、县)级以上地方政府卫生行政部门负责本行政区域内社区卫生服务机构的监督管理。

【思考题】

1. 医疗机构根据不同的标准可分为哪些种类？
2. 申请医疗机构执业登记应当具备什么条件？主要登记事项有哪些？
3. 医疗机构执业应当遵循哪些原则？
4. 处方点评结果中的不合理处方包括哪些？处方点评结果具有什么意义？
5. 什么是社区卫生服务机构？具有什么功能？

【参考文献】

汪建荣主编:《卫生法》(第4版),人民卫生出版社2013年版。

罗刚、石俊华主编:《医药卫生法学》,浙江工商大学出版社2016年版。

蒲川、陈大义主编:《卫生法学》,科学出版社2017年版。

国家卫生和计划生育委员会法治司编:《新编常用卫生与计划生育法规汇编》,法律出版社2014年版。

第六章　医药卫生技术人员管理法律制度

【本章要点】

我国实行执业医师、护士、执业药师资格考试和执业注册的准入制度，实行乡村医生执业注册制度。这些医药卫生技术人员在执业过程中享有执业权利，也必须履行执业义务、遵守执业规则和接受考核培训。医药卫生技术人员违反相应管理法律制度的，将承担相应的民事、行政和刑事责任。

第一节　执业医师法律制度

一、执业医师法律制度概述

（一）《执业医师法》概述

医师从事的是治病救人的职业，其执业行为直接关系到患者的生命健康。1998年6月26日，九届全国人大常委会第三次会议审议通过了《执业医师法》，此法于1999年5月1日起正式施行。这是我国第一部规范医师执业活动的法律，对于加强医师队伍的建设，提高医师的职业道德和业务素质，保障医师的合法权益，正确地履行医师的职责，保护人民健康，促进和保障我国医疗卫生事业的健康发展具有重要的意义。

《执业医师法》第二条第一款规定："依法取得执业医师资格或者执业助理医师资格，经注册在医疗、预防、保健机构中执业的专业医务人员，适用本法。"该条文明确了《执业医师法》的适用范围、执业医师的概念及其必备的条件。

1.《执业医师法》的适用范围。这也是《执业医师法》的调整对象，即《执业医师法》规范医师的执业行为。医师包括执业医师和执业助理医师。前者是指依法取得执业医师资格并经注册，在医疗、预防、保健机构中，按照其注册的执业类别和范围，独立从事相应的医疗工作的人员；后者是指依法取得执业医师资格并经注册，在医疗、预防、保健机构中执业医师的指导下，按照其注册的执业类别和范围执业的人员。

2. 执业医师的概念。《执业医师法》中的"执业医师"（Practicing Physician）是指取得执业医师资格或者执业助理医师资格，经注册在医疗、预防或者保健机构

(包括计划生育技术服务机构)中执业的专业医务人员。

3. 执业医师的必备条件。(1)必须“依法取得执业医师资格或者执业助理医师资格”。即通过参加执业医师资格或者执业助理医师资格考试,成绩合格的,才可取得执业医师资格或者执业助理医师资格。(2)必须“经注册”。即依法取得执业医师资格或者执业助理医师资格后,还必须经过注册,取得执业证书,才能执业。(3)必须是“在医疗、预防、保健机构中执业的专业医务人员”。这意味着,那些取得医师资格并注册但实际从事管理工作的医师也不能被称为“执业医师”。

(二)国内外医师管理法律制度简介

1. 国外执业医师管理制度。为加强对医师的管理,一些国家制定了专门的医师法,也有一些国家在医疗法以及其他一些相关法律中对医师的管理问题进行了规定。

目前,欧美国家的专科、全科医师培养、准入及管理制度已比较完善,形成了包括学校基本教育、毕业后医学教育和继续医学教育在内的医学教育体系。在该医学教育体系内,医学生从医学院校毕业后,还必须在某一医学专业领域接受以提高临床能力为主要目标的系统化、规范化综合训练,从而达到从事某一临床专科实践所需要的基本要求,最终能独立从事某一专科临床医疗工作。专科/全科医师制度对保证专科医师的专业水准、提供高质量的医疗服务具有重要和不可替代的作用。美国、英国、加拿大、澳大利亚、法国、德国、新加坡7国的管理机构分别是各国的医学专科委员会、医学总理事会、皇家医学会、医学委员会、教育部和卫生部、医学会、医学委员会。[1]

2. 我国执业医师管理制度的历史。据《周礼》记载,西周时要对医师进行年终业务考核以定其报酬;以后各代的法典如《唐律》《元典章·礼部》《元典章·刑部》《大明会典》等都有对医师行为进行规范的法律条文。到20世纪20年代,出现了对医师用单行法进行管理的法律文件,如国民党政府执政期间于1929年颁布的《医师暂行条例》,1931年颁布的《高等考试西医师考试条例》和1943年颁布的《医师法》等。

新中国成立后,政府颁布了一系列有关执业医师的法规和规范性文件,如1951年颁布了《医师暂行条例》和《中医师暂行条例》,1982年颁布了《医院工作人员职责》,1988年颁布了《医师、中医师个体开业暂行管理办法》等。这些法规和规范性文件涉及医师的学历要求、执业医师资格考试、禁止行医的情形和医师的法律责任等内容。1999年5月1日《执业医师法》颁行后,为贯彻实施该法,1999年原卫生部成立了国家医师资格考试委员会,发布了《医师资格考试暂行办法》《医师执业注册暂行办法》等规章。《执业医师法》及其配套制度,以及其他有关执业医

[1] 罗刚、石俊华主编:《医药卫生法学》,浙江工商大学出版社2016年版,第108页。

师的法律法规共同构成了我国的执业医师法律制度。

二、医师资格考试和执业注册

推行专业技术人员执业资格制度是我国社会主义市场经济体制改革的一项重要内容,是建设高素质的专业技术队伍的一项重要措施,是国家对重要岗位专业技术人员执业的准入控制。医师实行执业资格制度,有利于提高医师队伍的素质,加强医师岗位的管理,规范医师的执业活动,促进医疗活动遵循国际惯例。医师资格考试是世界各国普遍采用的行业准入形式,也是《执业医师法》和医师管理制度的核心内容。

(一)医师资格考试

1. 实行医师资格考试制度的意义。《执业医师法》规定,国家实行医师资格考试制度。这最大限度地保证了医师队伍的质量,把住了医师队伍的入口关;也实现了用相对科学、公平的方法来检验国家医学教育的水平,有利于医学院校不断改进教学,提高办学质量,培养出能够热心为群众服务、具有现代医学科学技术水平的医学人才。

2. 医师资格考试类别。医师资格考试分为两级四类:执业医师和执业助理医师两级;每级分为临床、中医、口腔和公共卫生四类。中医类包括中医、民族医和中西医结合,其中民族医又含蒙医、藏医、维医和傣医四类,其他民族医医师暂不开考。到目前为止,我国医师资格考试共有24种类别。考试方式分为实践技能考试和医学综合笔试。医师资格考试实行国家统一考试,每年举行一次,考试时间由医师资格考试委员会确定,提前3个月向社会公告。

3. 申请执业医师资格考试的条件。《执业医师法》明确规定了执业医师资格、执业助理医师资格的考试条件。

(1)执业医师资格考试条件。①具有高等学校医学专业类本科以上学历,在执业医师指导下,在医疗、预防或者保健机构中试用期满1年的;②具有高等学校医学专科学历,取得助理医师执业证书后,在医疗、预防或者保健机构中工作满2年的;③具有中等专业学校医学专业学历,在医疗、预防或者保健机构中工作满5年的,可以申请参加执业医师资格考试。

(2)执业助理医师资格考试条件。具有高等学校医学专科学历或者中等专业学校医学专业学历,在执业医师指导下,在医疗、预防或者保健机构中试用期满1年的,可以申请参加执业助理医师资格考试。

(3)师承方式医师、助理医师资格考试条件。以师承方式学习传统医学满3年或者经多年实践医术确有专长的,经县级以上地方人民政府卫生行政部门确定的医学专业组织或医疗、预防、保健机构考核合格并推荐,可以申请参加执业医师资格或者执业助理医师资格考试。

原国家卫计委、教育部、国家中医药管理局《关于印发〈医师资格考试报名资格规定(2014 版)〉的通知》,对试用期考核证明、报名有效身份证件、学历审核、我国台湾地区、香港特区、澳门特区永久性居民以及外籍人员报考条件、盲人医疗按摩人员考试等情形作了特殊的规定。

(二)医师执业注册

《执业医师法》规定,国家实行医师执业注册制度。取得医师资格的,可以向所在地县级以上人民政府卫生行政部门申请注册。医师经注册后,可以在医疗、预防、保健机构中按照注册的执业地点、执业类别、执业范围执业,从事相应的医疗、预防、保健业务。未经医师注册取得执业证书,不得从事医师执业活动。需要注意的是,2014 年起,原国家卫计委已全面放开医师多点执业,这必将涉及医师多点执业后的注册问题;但在相关法律制度确定之前,仍应按照《执业医师法》的规定进行注册执业。

1. 不予注册的规定。有下列情形之一的,不予注册:(1)不具有完全民事行为能力的;(2)因受刑事处罚,自刑罚执行完毕之日起至申请注册之日止不满 2 年的;(3)在执业活动中,受吊销医师执业证书的行政处罚,自行政处罚决定之日起至申请注册之日止不满 2 年的;(4)有国务院卫生行政部门规定不宜从事医疗、预防、保健业务的其他情形的。

2. 注销注册的规定。医师注册后有下列情形之一的,卫生行政部门应当注销注册,收回医师执业证书:(1)死亡或者被宣告失踪的;(2)受刑事处罚的;(3)受吊销医师执业证书行政处罚的;(4)因参加医师考核不合格暂停执业活动期满,再次考核仍不合格的;(5)中止医师执业活动满 2 年的;(6)有国务院卫生行政部门规定不宜从事医疗、预防、保健业务的其他情形的。

3. 变更注册的规定。医师变更执业地点、执业类别、执业范围等注册事项的,应到准予注册的卫生行政部门办理变更注册手续。

(三)个体行医

《执业医师法》规定,申请个体行医的执业医师,须经注册后在医疗、预防、保健机构中执业满 5 年,并按照国家有关部门规定办理审批手续;未经批准,不得行医。

三、医师权利、义务和执业规则

医师是社会中的一项特殊职业,履行防病治病、救死扶伤和保护人民健康的神圣职责。《执业医师法》对医师执业中的权利和义务均有明确规定。

(一)医师的权利

《执业医师法》规定,医师在执业活动中享有下列权利:(1)在注册的执业范围内,进行医学诊查、疾病调查、医学处置、出具相应的医学证明文件,选择合理的医疗、预防、保健方案;(2)按照国务院卫生行政部门规定的标准,获得与本人执业活动相当的医疗设备基本条件;(3)从事医学研究、学术交流,参加专业学术团体;

(4)参加专业培训,接受继续医学教育;(5)在执业活动中,人格尊严、人身安全不受侵犯;(6)获取工资报酬和津贴,享受国家规定的福利待遇;(7)对所在机构的医疗、预防、保健工作和卫生行政部门的工作提出意见和建议,依法参与所在机构的民主管理。

(二)医师的义务

《执业医师法》规定,医师在执业活动中应当履行下列义务:(1)遵守法律、法规,遵守技术操作规范;(2)树立敬业精神,遵守职业道德,履行医师职责,尽职尽责为患者服务;(3)关心、爱护、尊重患者,保护患者的隐私;(4)努力钻研业务,更新知识,提高专业技术水平;(5)宣传卫生保健知识,对患者进行健康教育。

(三)医师的执业规则

《执业医师法》对医师的执业规则作了明确规定,主要是:(1)医师实施医疗、预防、保健措施,签署有关医学证明文件,必须亲自诊查、调查,并按照规定及时填写医学文书,不得隐匿、伪造或者销毁医学文书及有关资料。医师不得出具与自己执业范围无关或者与执业类别不相符的医学证明文件。(2)对急危患者,医师应当采取紧急措施进行诊治,不得拒绝急救处置。(3)医师应当使用经国家有关部门批准使用的药品、消毒药剂和医疗器械。除正当诊断治疗外,不得使用麻醉药品、医疗用毒性药品、精神药品和放射性药品。(4)医师应当如实向患者或者其家属介绍病情,但应注意避免对患者产生不利后果。医师进行实验性临床医疗,应当经医院批准并征得患者本人或者其家属同意。(5)医师不得利用职务之便,索取、非法收受患者财物或者牟取其他不正当利益。(6)遇有自然灾害、传染病流行、突发重大伤亡事故及其他严重威胁人民生命健康的紧急情况时,医师应当服从县级以上人民政府卫生行政部门的调遣。(7)医师发生医疗事故或者发现传染病疫情时,应当按照有关规定及时向所在机构或者卫生行政部门报告。发现患者涉及伤害事件或者非正常死亡时,应当按照有关规定向有关部门报告。(8)执业助理医师应当在执业医师的指导下,在医疗、预防、保健机构中按照其执业类别执业。在乡和民族乡、镇的医疗、预防、保健机构中工作的执业助理医师,可以根据医疗诊治的情况和需要,独立从事一般的执业活动。

(四)医师执业规则中需要特别注意的问题

1. 医疗文书的正确书写。医疗文书意义重大:是医疗过程的全面记录,是医生对病人的诊断依据;是临床教学、科研、总结经验及医院信息管理的重要资料,能体现出医院的医疗质量、管理水平,反映出医务人员的业务水平;特别是在出现医疗纠纷时,医疗文书会成为重要的证据。因此,医师在执业活动中,必须亲自诊查、调查,方可签署有关医学证明文件,并按照规定及时填写医学文书,不得隐匿、伪造或者销毁医学文书和有关资料;医学文书的书写要规范,字体要清晰;医师不得出具与自己执业范围无关或者与执业类别不相符的医学证明文件。

2. 药品等的合理使用。医师应当依据《药品管理法》《抗菌药物临床应用指导原则》《处方管理办法》等法律法规规定合理用药。医师应当在临床诊疗过程中应按照药品说明书所列的适应证、药理作用、用法、用量、禁忌、不良反应和注意事项等制定合理用药方案；不得随意扩大药品说明书规定的适应证；使用经国家有关部门批准使用的药品、消毒药剂和医疗器械；除正当诊断治疗外，不得使用麻醉药品、医疗用毒性药品、精神药品和放射药品；杜绝使用未经批准的药品、器械，特别是假药、劣药。

3. 医师的紧急医疗行为。紧急治疗是医疗机构及其医务人员履行职责所必须承担的法定义务。这种义务自医方接到患者伤病紧急求救或对患者实施治疗过程中发生紧急情况时产生，如果医方怠于履行紧急治疗义务，则构成医疗过错且应当承担赔偿责任。(1)对危急病人的救治。对急危患者，医师应当采取紧急措施进行诊治，不得拒绝急救处置。在任何情况下，医师都应当履行救治患者的义务，抢救急危患者更应全力以赴。(2)紧急情况时医师的作为义务。遇有自然灾害、传染病流行、突发重大伤亡事故及其他严重威胁人民生命健康的紧急情况时，医师应当服从县以上人民政府卫生行政部门的调遣，随时准备赶赴防病救灾第一线，为保护人民生命安全和健康做贡献。

4. 尊重患者或者其家属的知情同意权。在医疗活动中，医师对患者的健康状况掌握着主动权，应当为解除患者病痛做出最佳选择，但患者并不因此而丧失其独立自主的地位。医师应在不影响治疗的前提下，如实向患者或者其家属介绍病情，但应该注意避免对患者产生不利的后果。在医学上，任何新事物的尝试都具有一定的危险，所以医师进行实验性临床医疗时，应当经医院批准并征得患者本人或者其家属同意。

5. 恪守职业道德，培养良好的医德、医风。医师职业是特殊行业，其承担着防病治病、救死扶伤、保护人民生命安全和健康的神圣职责。在医疗活动中，医师对患者的健康状况掌握着主动权，通常处于主动地位，而患者则往往处于被动接受地位。这要求医师在医疗服务中必须具备良好的职业道德，全心全意为患者提供服务，而不应乘人之危、借机谋取私利。

6. 严格执行报告制度。医师发生医疗事故或者发现传染病疫情时，应当按照《医疗事故处理条例》和《传染病防治法》的有关规定，及时向所在机构或者卫生行政部门报告；医师发现患者涉嫌伤害事件或者非正常死亡时，应当按照《刑事诉讼法》和《医院工作制度》的有关规定，及时向公安机关、人民法院或其他有关部门报告。

四、医师的考核和培训

（一）医师的考核

1. 考核的主体。对医师进行考核的主体，是县级以上人民政府卫生行政部门委托的医疗、预防、保健机构，或者是医疗机构评审委员会、医师协会以及其他医学专业组织等,后者主要对个体行医的执业医师进行考核。

2. 考核的标准。考核的标准就是医师的执业标准,包括医师的业务水平、工作成绩和执业道德状况等。

3. 考核的形式。考核形式是定期考核。但平时考核是定期考核的基础和前提,因此,医疗、预防、保健机构应注重对其所属医师的平时考核,为定期考核积累材料,提供依据。

4. 考核的内容。考核的内容包括业务水平、工作成绩、职业道德。

5. 考核的结果。考核的结果是对医师考核的总体评价,是对医师的业务水平、工作成绩和职业道德的综合反映。对于考核不合格的医师,可责令其暂停执业活动,并接受培训和继续医学教育;期满后再次进行考核,合格的,允许其继续执业,否则注销注册,收回医师执业证书。

(二) 医师的培训

1. 培训的内容。培训的内容具体包括岗位培训、全科医师培训、进修教育、毕业后医学教育和继续医学教育。

2. 培训的形式。培训的形式包括学术会议、学术讲座、专题讨论会、专题学习班、专题调研和考察、案例分析讨论会、临床病理讨论会、技术操作示教、短期或长期培训等。

3. 卫生行政部门在医师培训工作中的职责。卫生行政部门在医师培训工作中承担的职责包括制定培训计划、提供相应条件、培训农村和少数民族地区的医务人员等。

4. 医疗卫生机构在医师培训工作中的职责。医疗卫生机构在医师培训工作中的职责主要指:(1)医疗、预防、保健机构应保证本机构医师培训和继续医学教育的实施。(2)承担医师考核任务的医疗卫生机构应为医师的培训和继续医学教育提供和创造条件。

(三) 医师的表彰或奖励

《执业医师法》对表彰和奖励的条件作了具体规定:(1)在执业活动中,医德高尚,事迹突出的;(2)医学专业技术有重大突破,作出显著贡献的;(3)遇有自然灾害、传染病流行、突发重大伤亡事故及其他严重威胁人民生命健康的紧急情况时,救死扶伤、抢救诊疗表现突出的;(4)长期在边远贫困地区、少数民族地区条件艰苦的基层单位努力工作的;(5)国务院卫生行政部门规定应当予以表彰或者奖励的其他情形的。奖励的形式、种类和程序等。可参照国务院、卫生行政部门的有关规定执行。

五、违反《执业医师法》的法律责任

(一) 行政责任

1. 以不正当手段取得医师执业证书的,由发给该证书的卫生行政部门予以吊销；对负有直接责任的主管人员和其他直接责任人员，依法给予行政处分。

2. 医师在执业活动中，有下列行为之一的，由县级以上地方人民政府卫生行政部门给予警告或者责令暂停 6 个月以上 1 年以下执业活动，情节严重的，吊销执业证书：（1）违反卫生行政规章制度或者技术操作规范，造成严重后果的；（2）由于不负责任延误急危患者的抢救和诊治，造成严重后果的；（3）造成医疗责任事故的；（4）未经亲自诊查、调查，签署诊断、治疗、流行病学等证明文件或者有关出生、死亡等证明文件的；（5）隐匿、伪造或者擅自销毁医学文书及有关资料的；（6）使用未经批准使用的药品、消毒药剂和医疗器械的；（7）不按照规定使用麻醉药品、医疗用毒药品、精神药品和放射性药品的；（8）未经患者或者其家属同意，对患者进行实验性临床医疗的；（9）泄露患者隐私，造成严重后果的；（10）利用职务之便，索取、非法收受患者财物或者牟取其他不正当利益的；（11）发生自然灾害、传染病流行、突发重大伤亡事故以及其他严重威胁人民生命健康的紧急情况时，不服从卫生行政部门调遣的；（12）发生医疗事故或者发现传染病疫情，患者涉嫌伤害事件或者非正常死亡，不按照规定报告的。

3. 未经批准擅自开办医疗机构行医或者非医师行医的，由县级以上地方人民政府卫生部门予以取缔，没收其违法所得及其药品、器械，并处 10 万元以下的罚款；对医师吊销其执业证书。

4. 阻碍医师依法执业，侮辱、诽谤、威胁、殴打医师或者侵犯医师人身自由，干扰医师正常工作、生活的，依照治安管理处罚条例的规定处罚。

5. 医疗、预防、保健机构未依照执业医师法的有关规定履行报告职责，导致严重后果的，由县级以上人民政府卫生行政部门给予警告，并对该机构的行政负责人依法给予行政处分。

6. 卫生行政部门工作人员或者医疗、预防、保健机构工作人员违反执业医师法有关规定，弄虚作假、玩忽职守、滥用职权、徇私舞弊，尚不构成犯罪的，由所在机构或者卫生行政部门依法给予行政处分。

（二）民事责任

医师在医疗、预防、保健工作中造成事故的，依照法律或者国家有关规定处理。未经批准擅自开办医疗机构行医或者非医师行医，给患者造成损害的，依法承担赔偿责任。

（三）刑事责任

1. 医疗事故罪

《刑法》第三百三十五条规定，医务人员由于严重不负责任，造成就诊人死亡或者严重损害就诊人身体健康的，处 3 年以下有期徒刑或者拘役。

2. 非法行医罪

《刑法》第三百三十六条第一款规定，未取得医生执业资格的人非法行医，情节严重的,处3年以下有期徒刑、拘役或者管制,并处或者单处罚金;严重损害就诊人身体健康的,处3年以上10年以下有期徒刑,并处罚金;造成就诊人死亡的,处10年以上有期徒刑,并处罚金。

3.非法进行节育手术罪

《刑法》第三百三十六条第二款规定,未取得医生执业资格的人擅自为他人进行节育复通手术、假节育手术、终止妊娠手术或者摘取宫内节育器,情节严重的,处3年以下有期徒刑、拘役或者管制,并处或者单处罚金;严重损害就诊人身体健康的,处3年以上10年以下有期徒刑,并处罚金;造成就诊人死亡的,处10年以上有期徒刑,并处罚金。

第二节 护士管理法律制度

一、护士管理基本概况

(一)护士的概念

我国的《护士条例》第二条对"护士"进行了界定:本条例所称护士,是指经执业注册取得护士执业证书,依照本条例规定从事护理活动,履行保护生命、减轻痛苦、增进健康职责的卫生技术人员。因此,这里的"护士"不同于护理职称序列中的"护士",而是作为一门职业的从业人员的统称。

护士作为一个职业的从业人员,在医疗、预防、保健和康复工作中有着重要作用,护理工作是医疗卫生工作的重要组成部分。

(二)护士管理立法沿革

为了促进护理事业的发展,提高护理质量,世界各国和有关护士的国际组织十分重视护士的道德规范建设和护士管理方法,以法律的形式对护理人员的资格、职责、范围、教育培训、实践服务等问题予以规定。

护理立法源于20世纪初。1903年美国北卡罗莱纳、新泽西等州首先颁布了《护士执业法》,作为护士执业的法律规范。1919年英国颁布了《护理法》,荷兰于1921年颁布了《护理法》,随后芬兰、意大利、波兰等许多国家也相继颁布了有关护理的法律、法规。在有关国际组织的推动下,护理工作得到了很快的发展。1917年国际护士委员会发表了一系列有关护理立法的专著。1953年世界卫生组织发表了第一份有关护理立法的研究报告。1968年国际护士委员会特别成立了一个专家委员会,制定了《系统制定护理法规的参考指导大纲》,为各国护理法必须涉及的内容提供了权威性的指导。1953年国际护士协会制定了《护士伦理学国际法》,并分别于1965年和1973年再修订。该规范把护士的基本职责概括为"促进健康,预防疾病,恢复健康和减轻痛苦"四个方面。

新中国成立之前，国民政府卫生署曾公布过《护士暂行规则》。新中国成立后，政府和有关部门十分重视护理队伍的稳定、护理人才的培养和护理质量的提高，先后发布了有关护士管理方面的法规、规章。1982 年原卫生部发布了《医院工作制度》和《医院工作人员职责》，其中规定了护理工作制度和各级各类护士的职责。1988 年原卫生部制定了包括护士在内的《医务人员医德规范及其实施办法》。为了加强护士管理，提高护理质量，保障医疗和护理安全，保护护士的合法权益，1993 年 3 月 26 日，原卫生部颁布了《护士管理办法》。此外，我国香港特区制定有《香港护士注册条例》；我国台湾地区在 1991 年 5 月之前护士执业的法律依据是《护理人员管理规则》，1991 年 5 月我国台湾地区颁布了《护理人员法》，1992 年 4 月公布了《护理人员法实施细则》；2008 年 1 月 23 日，国务院第 206 次常务会议通过《护士条例》。

二、护士执业考试和注册

（一）护士执业考试

1. 护士执业考试的条件

为了保证护理行业执业人员的业务水准，正确评价申请护士执业者是否具备护士执业所必需的专业知识和技能，加强护士行业的执业准入控制，从源头上保证护士队伍整体素质，我国实行护士执业考试制度。凡申请护士执业者必须通过统一执业考试，取得《护士执业证书》。

申请参加护士执业考试必须具备两个基本条件：一是专业要求，必须接受过护理专业教育。二是学历要求。《护士执业资格考试办法》（自 2010 年 7 月 1 日起施行）规定：在中等职业学校、高等学校完成国务院教育主管部门和国务院卫生主管部门规定的普通全日制 3 年以上的护理、助产专业课程学习，包括在教学、综合医院完成 8 个月以上护理临床实习，并取得相应学历证书的，可以申请参加护士执业资格考试。

2. 护士执业考试的内容

国家护士执业资格考试是评价申请护士执业资格者是否具备执业所必需的护理专业知识与工作能力的考试。护士执业资格考试每年举行一次，实行国家统一考试制度。统一考试大纲，统一命题，统一合格标准。考试采用标准化考试模式，分中、西医两个专业。护士执业资格考试办法由国务院卫生主管部门会同国务院人事部门制定。护士执业资格考试是作为单位聘任相应技术职务的必要依据。

（二）护士执业注册

1. 护士执业证书的取得

实行护士资格考试制度和护士执业许可制度是世界各国护士管理的成功经验。在我国，凡符合护士管理办法规定的免考条件者以及参加执业考试成绩合格者，由省、自治区、直辖市卫生行政部门发给《护士执业证书》，该证书在全国范围内有效。取得护士执业证书,即获得了在中国境内从事护士执业活动的基本资格。

2. 护士执业注册

(1)注册原则

我国实行护士执业许可制度。注册原则是:①只有经过依法注册者方可从事护理业务,未经护士执业注册者不得从事护士工作;②护理专业在校生或毕业生进行专业实习,以及连续5年以上未经注册者在注册前进行临床实践的,必须按卫生主管部门的有关规定,在护士的指导下进行;③境外人员申请在中华人民共和国境内从事护士工作的,必须依《护士管理办法》的规定,通过执业考试,取得《护士执业证书》并办理注册。

(2)注册条件

《护士条例》第七条规定:申请护士执业注册,应当具备下列条件:①具有完全民事行为能力;②在中等职业学校、高等学校完成国务院教育主管部门和国务院卫生主管部门规定的普通全日制3年以上的护理、助产专业课程学习,包括在教学、综合医院完成8个月以上护理临床实习,并取得相应学历证书;③通过国务院卫生主管部门组织的护士执业资格考试;④符合国务院卫生主管部门规定的健康标准。护士执业注册申请,应当自通过护士执业资格考试之日起3年内提出;逾期提出申请的,除应当具备前款第①项、第②项和第④项规定条件外,还应当在符合国务院卫生主管部门规定条件的医疗卫生机构接受3个月临床护理培训并考核合格。

(3)首次注册

获得《中华人民共和国护士执业证书》者,方可申请护士执业注册。即取得了护士执业证书,仍不是法律意义上的护士,还必须向卫生行政部门申请执业注册,经审核合格,成为执业护士,才能开展执业活动。申请护士执业注册的,应当向拟执业地省、自治区、直辖市人民政府卫生主管部门提出申请。收到申请的卫生主管部门应当自收到申请之日起20个工作日内做出决定,对具备《护士条例》规定条件的,准予注册,并发给护士执业证书;对不具备《护士条例》规定条件的,不予注册,并书面说明理由。

(4)变更注册

护士在其执业注册有效期内变更执业地点的,应当向拟执业地省、自治区、直辖市人民政府卫生主管部门报告。收到报告的卫生主管部门应当自收到报告之日起7个工作日内为其办理变更手续。护士跨省、自治区、直辖市变更执业地点的,收到报告的卫生主管部门还应当向其原执业地省、自治区、直辖市人民政府卫生主管部门通报。

(5)再次注册

护士执业注册有效期为5年。《护士条例》规定,护士执业注册有效期届满需要继续执业的,应当在护士执业注册有效期届满前30日向执业地省、自治区、直辖市人民政府卫生主管部门申请延续注册。收到申请的卫生主管部门对具备本条例规定条件的,准予延续,延续执业注册有效期为5年;对不具备本条例规定条件的,不予延续,并书面说明理由。

(6)注销注册

护士有《行政许可法》规定的应当予以注销执业注册情形的,原注册部门应当依照行政许可法的规定注销其执业注册。

三、护士权利义务与职责

(一)护士权利义务

《护士条例》规定,护士在执业过程中有以下权利和义务:

1. 护士执业,有按照国家有关规定获取工资报酬、享受福利待遇、参加社会保险的权利。任何单位或者个人不得克扣护士工资,降低或者取消护士福利等待遇。

2. 护士执业,有获得与其所从事的护理工作相适应的卫生防护、医疗保健服务的权利。从事直接接触有毒有害物质、有感染传染病危险工作的护士,有依照有关法律、行政法规的规定接受职业健康监护的权利;患职业病的,有依照有关法律、行政法规的规定获得赔偿的权利。

3. 护士有按照国家有关规定获得与本人业务能力和学术水平相应的专业技术职务、职称的权利;有参加专业培训、从事学术研究和交流、参加行业协会和专业学术团体的权利。

4. 护士有获得疾病诊疗、护理相关信息的权利和其他与履行护理职责相关的权利,可以对医疗卫生机构和卫生主管部门的工作提出意见和建议。

5. 护士执业,应当遵守法律、法规、规章和诊疗技术规范的规定。

6. 护士在执业活动中,发现患者病情危急,应当立即通知医师;在紧急情况下为抢救垂危患者生命,应当先行实施必要的紧急救护;护士发现医嘱违反法律、法规、规章或者诊疗技术规范规定的,应当及时向开具医嘱的医师提出;必要时,应当向该医师所在科室的负责人或者医疗卫生机构负责医疗服务管理的人员报告。

7. 护士应当尊重、关心、爱护患者,保护患者的隐私。

8. 护士有义务参与公共卫生和疾病预防控制工作。发生自然灾害、公共卫生事件等严重威胁公众生命健康的突发事件,护士应当服从县级以上人民政府卫生主管部门或者所在医疗卫生机构的安排,参加医疗救护。

(二)护士职责

原卫生部颁布的《医院工作人员职责》对护理人员的职责作了详细的规定,这里仅就门诊部、急诊室、病房、手术室和供应室的护士职责作一介绍。

1. 门诊部护士职责

该职责包括:(1)在门诊部护士长领导下进行工作;(2)负责器械的消毒和开诊前的准备工作;(3)协助医师进行检诊,按医嘱给病员进行处置;(4)经常观察候诊病员的病情变化,对较重的病员应提前诊治或送急诊室处理;(5)负责诊疗室的整洁、安静,维持就诊秩序,做好卫生防病、计划生育宣传工作;(6)做好隔离消毒工作,防止交叉感染;(7)认真执行各项规章制度和技术操作常规,严格查对制度,做好交接班,严防差错事故;(8)按照分工,负责领取、保管药品器材和其他物品。

2. 急诊室护士职责

该职责包括:(1)在急诊室护士长领导下进行工作;(2)做好急诊病员的检诊工作,按病情决定优先就诊,有困难时请求医师决定;(3)急症病员来诊,应立即通知值班医师,在医师未到之前,遇特殊危急病员,可行必要的急救处置,随即向医师报告;(4)准备各项急救所需用品、器材、敷料,在急救过程中,应迅速而准确地协助医师进行抢救工作;(5)经常巡视观察病员,了解病员病情、思想和饮食情况,及时完成治疗及护理工作,严密观察与记录留观病员的情况变化,发现异常及时报告;(6)认真执行各项规章制度和技术操作常规,做好查对和交接班工作,努力学习业务技术,不断提高分诊业务能力和抢救工作质量,严防差错事故;(7)护送危重病员及手术病员到病房或手术室。

3. 病房护士职责

该职责包括:(1)在护士长领导和护师指导下进行工作;(2)认真执行各项护理制度和技术操作规程,正确执行医嘱,准确及时地完成各项护理工作,严格执行查对及交接班制度,防止差错、事故的发生;(3)做好基础护理和精神护理工作,经常巡视病房,密切观察病情变化,发现异常及时报告;(4)认真做好危重病人的抢救工作;(5)协助医师进行各种诊疗工作,负责采集各种检验标本;(6)参加护理教学和科研,指导护生和护理员、卫生员的工作;(7)定期组织病人学习,宣传卫生知识和住院规则,经常征求病人意见,改进护理工作,在出院前做好卫生保健宣传工作;(8)办理入院、出院、转科、转院手续及有关登记工作;(9)在护士长领导下,作好病房管理、消毒隔离、物资药品材料请领、保管等工作。

4. 手术室护士职责

该职责包括:(1)在护士长领导下担任器械或巡回护士等工作,并负责于术前的准备和手术后的整理工作;(2)认真执行各项规章制度和技术操作规程,督促检查参加手术人员的无菌操作,注意病人安全,严防差错事故;(3)搞好卫生清洁,保持手术室整洁、肃静,调节空气和保持室内适宜的温度;(4)负责手术后病员的包扎、保暖、护送和手术标本的保管和送检;(5)按分工做好器械、敷料的打包消毒和药品的保管,做好登记统计上作;(6)指导进修、实习护士和卫生员的工作。

5. 供应室护士职责

该职责包括:(1)在护士长的领导下进行工作,负责医疗器械、敷料的清洗、包装、消毒、保管、登记和分发、回收工作,实行下收下送;(2)经常检查医疗器械质量,如有损坏及时修补、登记,并向护士长报告;(3)协助护士长请领各种医疗器械、敷料和药品，经常与临床科室联系，征求意见，改进工作；(4)认真执行各项规章制度和技术操作规程，积极开展技术革新，不断提高消毒供应工作质量，严防差错事故。

四、护士执业的法律责任

(一)护士执业法律责任

护士在执业程中违反《护士条例》的法律规定的行为，应当按照行为的性质依法承担的法律后果。

(二)法律责任内容

护士在执业活动中有下列情形之一的，由县级以上地方人民政府卫生主管部门依据职责分工责令改正，给予警告；情节严重的，暂停其6个月以上1年以下执业活动，直至由原发证部门吊销其护士执业证书：(1)发现患者病情危急未立即通知医师的；(2)发现医嘱违反法律、法规、规章或者诊疗技术规范的规定，未依照本条例第十七条的规定提出或者报告的；(3)泄露患者隐私的；(4)发生自然灾害、公共卫生事件等严重威胁公众生命健康的突发事件，不服从安排参加医疗救护的。

护士在执业活动中造成医疗事故的，依照医疗事故处理的有关规定承担法律责任。

护士被吊销执业证书的，自执业证书被吊销之日起2年内不得申请执业注册。

第三节　乡村医生管理法律制度

一、乡村医生的概念

“乡村医生”是指尚未取得执业医师资格或者执业助理医师资格，经注册在村医疗卫生机构从事预防、保健和一般医疗服务的医生。

为了加强乡村医生的从业管理，保护乡村医生的合法权益，提高乡村医生的职业道德和业务素质，保障村民真正获得初级卫生保健服务，2003年8月5日，国务院根据《执业医师法》制定并公布了《乡村医生从业管理条例》，对乡村医生的执业注册、执业规则、考核和培训作了规定。村医疗卫生机构中的执业医师或者执业助理医师，依照《执业医师法》的规定管理，不适用《乡村医生从业管理条例》。

二、乡村医生执业注册制度

(一)《乡村医生从业管理条例》公布前的乡村医生申请条件

取得县级以上卫生行政主管部门颁发的乡村医生证书，并符合下列条件之一的，方可申请执业注册：(1)已经取得中等以上医学专业学历的；(2)在村医疗卫生机构连续工作20年以上的；(3)按照省、自治区、直辖市人民政府卫生行政主管部门制定的培训规划，接受培训取得合格证书的。

（二）《乡村医生从业管理条例》公布后的乡村医生申请条件

条例公布之日起进入村医疗卫生机构从事预防、保健和医疗服务的人员，一般应具备执业医师资格或者执业助理医师资格。尚不具备条件的地区，根据实际需要，可以允许中等医学专业水平的人员申请执业注册。

国家鼓励乡村医生通过医学教育取得医学专业学历；鼓励符合条件的乡村医生申请参加国家医师资格考试。

乡村医生须向所在地县级卫生行政部门申请执业注册，经批准取得执业证书后，方可在聘用其执业的村医疗卫生机构从事预防、保健和一般医疗服务。未经注册取得乡村医生执业证书的，不得执业。

（三）乡村医生的注册

符合《乡村医生从业管理条例》规定申请在村医疗卫生机构执业的人员，应当持村医疗卫生机构出具的拟聘用证明和相关学历证明、证书，向村医疗卫生机构所在地的县级人民政府卫生行政主管部门申请执业注册。

县级人民政府卫生行政主管部门应当自受理申请之日起15日内完成审核工作，对符合本条例规定条件的，准予执业注册，发给乡村医生执业证书；对不符合本条例规定条件的，不予注册，并书面说明理由。

乡村医生执业证书有效期为5年。乡村医生执业证书有效期满需要继续执业的，应当在有效期满前3个月申请再注册。

乡村医生应当在聘用其执业的村医疗卫生机构执业；变更执业的村医疗卫生机构的，应当依照《乡村医生从业管理条例》第十三条规定的程序办理变更注册手续。

乡村医生有下列情形之一的，不予注册：(1)不具有完全民事行为能力的；(2)受刑事处罚，自刑罚执行完毕之日起至申请执业注册之日止不满2年的；(3)受吊销乡村医生执业证书行政处罚，自处罚决定之日起至申请执业注册之日止不满2年的。

乡村医生有下列情形之一的，由原注册的卫生行政主管部门注销执业注册，收回乡村医生执业证书：(1)死亡或者被宣告失踪的；(2)受刑事处罚的；(3)中止执业活动满2年的；(4)考核不合格，逾期未提出再次考核申请或者经再次考核仍不合格的。

（四）乡村医生执业规则

1. 乡村医生在执业活动中享有的权利包括：(1)进行一般医学处置，出具相应的医学证明；(2)参与医学经验交流，参加专业学术团体；(3)参加业务培训和教育；(4)在执业活动中，人格尊严、人身安全不受侵犯；(5)获取报酬；(6)对当地的预防、保健、医疗工作和卫生行政主管部门的工作提出意见和建议。

2. 乡村医生在执业活动中须履行的义务包括：(1)遵守法律、法规、规章和诊疗护理技术规范、常规；(2)树立敬业精神，遵守职业道德，履行乡村医生职责，为村民健康服务;(3)关心、爱护、尊重患者,保护患者的隐私;(4)努力钻研业务,更新知识,提高专业技术水平;(5)向村民宣传卫生保健知识,对患者进行健康教育。

除此之外,乡村医生还应当协助有关部门做好初级卫生保健服务工作;按照规定及时报告传染病疫情和中毒事件,如实填写并上报有关卫生统计报表等。

3. 乡村医生执业规则包括:(1)乡村医生应当协助有关部门做好初级卫生保健服务工作;按照规定及时报告传染病疫情和中毒事件,如实填写并上报有关卫生统计报表,妥善保管有关资料。(2)乡村医生在执业活动中,不得重复使用一次性医疗器械和卫生材料。对使用过的一次性医疗器械和卫生材料,应当按照规定处置。(3)乡村医生应当如实向病人或者其家属介绍病情,对超出一般医疗服务范围或者限于医疗条件和技术水平不能诊治的病人,应当及时转诊;情况紧急不能转诊的,应当先行抢救并的医疗卫生机构求助。不得出具与执业范围无关或者与执业范围不相符的医学证明,不得进行实验性临床医疗活动。

(五)培训与考核

省、自治区、直辖市人民政府组织制定乡村医生培训规划,保证乡村医生至少每2年接受一次培训。县级人民政府根据培训规划制定本地区乡村医生培训计划。

县级人民政府卫生行政主管部门负责组织本地区乡村医生的考核工作;对乡村医生的考核,每2年组织一次。考核应当客观、公正,充分听取乡村医生执业的村医疗卫生机构、乡村医生本人、所在村村民委员会和村民的意见。乡村医生经考核合格的,可以继续执业;经考核不合格的,在6个月之内可以申请进行再次考核。逾期未提出再次考核申请或者经再次考核仍不合格的乡村医生,原注册部门应当注销其执业注册,并收回乡村医生执业证书。

第四节 药学技术人员管理法律制度

一、药学技术人员管理法律制度概述

(一)药学技术人员及其分类

“药学技术人员”是指受过系统的药学类专业培训,依法经过有关部门考试考核合格,取得专业技术职务资格或执业药师资格,遵循药事法规和职业道德规范,从事与药品的生产、经营、使用、科研、检验和管理有关实践活动的技术人员。

从不同的角度可以对药学技术人员进行不同的分类:按所学专业可分为西药师、中药师和临床药师,其中“临床药师”是指以系统药学专业知识为基础,并具有一定医学和相关专业基础知识与技能,直接参与临床用药,促进药物合理应用和保护患者用药安全的药学专业技术人员。按职称可分为主任药师、副主任药师、主管

药师、药师、药士。按是否依法注册可以分为:执业药师、从业药师和其他药学技术人员。在我国,执业药师是一种从事某些药学工作的准入性职业资格,因此,执业药师属于药学技术人员,但药学技术人员不一定是执业药师。

(二)配备药学技术人员的法律依据

配备药学技术人员的相关依据,包括法律、法规、规章和规范性文件等。具体如下:

1.《药品管理法》

具体法律规定有:"开办药品生产企业,必须具备以下条件:(一)具有依法经过资格认定的药学技术人员、工程技术人员及相应的技术工人……"(第八条)。"开办药品经营企业必须具备以下条件:(一)具有依法经过资格认定的药学技术人员……"(第十五条)。"医疗机构必须配备依法经过资格认定的药学技术人员。非药学技术人员不得直接从事药剂技术工作"(第二十二条)。

2.《药品管理法实施条例》

具体法律规定有:"经营处方药、甲类非处方药的药品零售企业,应当配备执业药师或者其他依法经资格认定的药学技术人员"(第十五条)。"医疗机构审核和调配处方的药剂人员必须是依法经资格认定的药学技术人员"(第二十五条)。

3.《药品生产质量管理规范》

具体法律规定有:"生产管理负责人 (一)资质:生产管理负责人应当至少具有药学或相关专业本科学历(或中级专业技术职称或执业药师资格),具有至少三年从事药品生产和质量管理的实践经验,其中至少有一年的药品生产管理经验,接受过与所生产产品相关的专业知识培训……"(第二十二条)。"质量管理负责人 (一)资质:质量管理负责人应当至少具有药学或相关专业本科学历(或中级专业技术职称或执业药师资格),具有至少五年从事药品生产和质量管理的实践经验,其中至少一年的药品质量管理经验,接受过与所生产产品相关的专业知识培训……"(第二十三条)。"质量受权人 (一)资质:质量受权人应当至少具有药学或相关专业本科学历(或中级专业技术职称或执业药师资格),具有至少五年从事药品生产和质量管理的实践经验,从事过药品生产过程控制和质量检验工作……"(第二十五条)

4.《药品经营质量管理规范》

具体法律规定有:"企业负责人应当具有大学专科以上学历或者中级以上专业技术职称,经过基本的药学专业知识培训,熟悉有关药品管理的法律法规及本规范"(第十九条)。"企业应当配备符合以下资格要求的质量管理、验收及养护等岗位人员:(一)从事质量管理工作的,应当具有药学中专或者医学、生物、化学等相关专业大学专科以上学历或者具有药学初级以上专业技术职称;(二)从事验收、养护工作的,应当具有药学或者医学、生物、化学等相关专业中专以上学历或者具有药学初级以上专业技术职称;(三)从事中药材、中药饮片验收工作的,应当具有中药学专业中专以上学历或者具有中药学中级以上专业技术职称;从事中药材、中药饮片养护工作的,应当具有中药学专业中专以上学历或者具有中药学初级以上专业技术职称;直接收购地产中药材的,验收人员应当具有中药学中级以上专业技术职称。从事疫苗配送的,还应当配备 2 名以上专业技术人员专门负责疫苗质量管理和验收工作,专业技术人员应当具有预防医学、药学、微生物学或者医学等专业本科以上学历及中级以上专业技术职称,并有 3 年以上从事疫苗管理或者技术工作经历"(第二十二条)。"质量管理、验收、采购人员应当具有药学或者医学、生物、化学等相关专业学历或者具有药学专业技术职称。从事中药饮片质量管理、验收、采购人员应当具有中药学中专以上学历或者具有中药学专业初级以上专业技术职称"(第一百二十六条)。

5.《互联网药品交易服务审批暂行规定》

具体法律规定有:"向个人消费者提供互联网药品交易服务的企业,应当具备以下条件:……(八)具有执业药师负责网上实时咨询,并有保存完整咨询内容的设施、设备及相关管理制度;……"(第九条)

6.《医疗机构药事管理规定》

具体法律规定有:"依法取得相应资格的药学专业技术人员方可从事药学专业技术工作"(第五条)。"成立医疗机构药事管理与药物治疗学组的医疗机构由药学、医务、护理、医院感染、临床科室等部门负责人和具有药师、医师以上专业技术职务任职资格人员组成"(第七条)。"医疗机构应当根据本机构功能、任务、规模设置相应的药学部门,配备和提供与药学部门工作任务相适应的专业技术人员、设备和设施"(第十一条)。"二级以上医院药学部门负责人应当具有高等学校药学专业或者临床药学专业本科以上学历,及本专业高级技术职务任职资格;除诊所、卫生所、医务室、卫生保健所、卫生站以外的其他医疗机构药学部门负责人应当具有高等学校药学专业专科以上或者中等学校药学专业毕业学历,及药师以上专业技术职务任职资格"(第十四条)。"医疗机构应当配备临床药师。临床药师应当全职参与临床药物治疗工作,对患者进行用药教育,指导患者安全用药"(第十九条)。"医疗机构药学专业技术人员不得少于本机构卫生专业技术人员的 8%。建立静脉用药调配中心(室)的,医疗机构应当根据实际需要另行增加药学专业技术人员数量"(第三十三条)。"医疗机构应当根据本机构性质、任务、规模配备适当数量临床药师,三级医院临床药师不少于 5 名,二级医院临床药师不少于 3 名。临床药师应当具有高等学校临床药学专业或者药学专业本科毕业以上学历,并应当经过规范化培训"(第三十四条)。"医疗机构不得使用非药学专业技术人员从事药学专业技术工作或者聘其为药学部门主任"(第三十八条)。"中医诊所、民族医诊所可不设药事管理组织机构和药学部门,由中医药和民族医药专业技术人员负责药事工作”(第四十五条)。

7.《处方管理办法》

具体法律规定有:“取得药学专业技术职务任职资格的人员方可从事处方调剂工作”(第二十九条)。“具有药师以上专业技术职务任职资格的人员负责处方审核、评估、核对、发药以及安全用药指导;药士从事处方调配工作”(第三十一条)。“未取得药学专业技术职务任职资格的人员不得从事处方调剂工作”(第四十九条)。

二、执业药师管理的法律规定

我国执业药师制度从1994年开始实施,是国家专业技术人员职业资格制度之一。目前,我国对执业药师的管理已形成《执业药师资格制度暂行规定》、《执业药师资格考试实施办法》、《执业药师注册管理暂行办法》及其补充意见和《执业药师继续教育管理暂行办法》等具体规定。

(一)执业药师的定义及性质

“执业药师”(Licensed Pharmacist)是指经全国统一考试合格,取得《执业药师资格证书》并经注册登记,在药品生产、经营、使用单位中执业的药学技术人员。

执业药师资格制度的建立和实施是为了规范药品生产、经营、使用行为,保证药品质量并保障人民用药;其属于全国专业技术人员执业资格制度统一规划的范畴,性质为对药学技术人员实行的职业准入控制。

(二)执业药师的主管部门

目前,我国人力资源和社会保障部和国家食品药品监督管理总局共同负责全国执业药师资格制度的政策制定、组织协调、资格考试、注册登记和监督管理工作。

(三)执业药师考试

1.执业药师考试管理

执业药师资格实行全国统一大纲、统一命题、统一组织的考试制度。一般每年举行一次。

国家食品药品监督管理总局负责组织拟定考试科目和考试大纲、编写培训教材、建立试题库及考试命题工作。按照培训与考试分开的原则,统一规划并组织考前培训。

人力资源和社会保障部负责组织审定考试科目、考试大纲和试题,会同国家食品药品监督管理总局对考虑工作进行监督、指导并确定合格标准。

2.申请参加执业药师考试的资格

凡我国公民和获准在我国境内就业的其他国籍的人员具备以下条件之一者,均可申请参加执业药师资格考试:(1)取得药学、中药学或相关专业中专学历,从事药学或中药学专业工作满七年。(2)取得药学、中药学或相关专业大专学历,从事药学或中药学专业工作满五年。(3)取得药学、中药学或相关专业大学本科学历,从事药学或中药学专业工作满三年。(4)取得药学、中药学或相关专业第二学士学位、研究生班结业或取得硕士学位,从事药学或中药学专业工作满一年。(5)取得药学、中药学或相关专业博士学位。这里的相关专业是指化学专业、医学专业、生物学专业。

3. 执业药师考试科目

执业药师资格考试科目包括药学(中药学)专业知识一、药学(中药学)专业知识二、药事管理与法规、综合知识与技能四个科目。

按照国家有关规定评聘为高级专业技术职务,并具备下列条件之一者可以免试药学(或中药学)专业知识(一)、药学(或中药学)专业知识(二)两个科目,只参加药事管理与法规、(中)药学综合知识与技能两个科目考试:中药学徒、药学或中药学专业中专毕业,连续从事药学或中药专业工作满20年;或取得药学、中药学专业或相关专业大专以上学历,连续从事药学或中药学专业工作满15年。

4. 执业药师报名及考试时间

执业药师资格考试每年10月举行,一般3~5月报名。考试分四个半天进行,每个科目考试时间为两个半小时。

考试以两年为一个周期,参加全部科目考试的人员须在连续两个考试年度内通过全部科目的考试。

5. 执业药师资格证书

执业药师资格考试合格者,由各省、自治区、直辖市人力资源和社会保障部门颁发国家人力资源和社会保障部统一印制的,国家人力资源和社会保障部、国家食品药品监督管理总局用印的《中华人民共和国执业药师资格证书》,该证书全国范围有效。

(四)执业药师注册

1. 执业药师的注册机构

执业药师实行注册制度。国家食品药品监督管理总局为全国执业药师注册管理机构,各省、自治区、直辖市食品药品监督管理局为本辖区执业药师注册机构。

国家人力资源和社会保障部及各省、自治区、直辖市人力资源和社会保障部门对执业药师注册工作有监督、检查的责任。

2. 执业药师的注册要求

取得《执业药师资格证书》者,须按规定向所在省(区、市)食品药品监督管理局申请注册。经注册后,方可按照注册的执业类别、执业范围从事相应的执业活动。未经注册者,不得以执业药师身份执业。

执业药师按照执业类别、执业范围、执业地区注册。执业类别为药学类、中药学类;执业范围为药品生产、药品经营、药品使用;执业地区为省、自治区、直辖市。执业药师只能在一个注册机构注册,在一个执业单位按照注册的执业类别、执业范围执业。

3. 执业药师的注册条件

申请执业药师注册的人员，必须同时具备下列条件：(1)取得《执业药师资格证书》；(2)遵纪守法，遵守职业道德；(3)身体健康，能坚持在执业药师岗位工作；(4)经执业单位同意。

有下列情况之一者不予注册：(1)不具有完全民事行为能力的；(2)因受刑事处罚，自刑罚执行完毕之日到申请注册之日不满二年的；(3)受过取消执业药师执业资格处分不满二年的；(4)国家规定不宜从事执业药师业务的其他情形的。

已取得内地《执业药师资格证书》的香港、澳门永久性居民申请在内地执业注册时，除按规定提交注册申请材料外，还须出具《台港澳人员就业证》、香港药剂师执照或澳门药剂师执照原件，并同时提交复印件，且执业单位应与《台港澳人员就业证》上所注明的用人单位相一致。

4. 执业药师的注册程序

(1)执业药师的首次注册。首次申请注册的人员，须填写"执业药师首次注册申请表"，并提交以下材料：《执业药师资格证书》，身份证明复印件，近期一寸免冠正面半身照片5张，县级(含)以上医院出具的本人6个月内的健康体检表，执业单位证明，执业单位合法开业的证明复印件。

执业药师注册机构须在收到申请之日起30个工作日内，对符合条件者予以注册；对不符合条件者不予注册，同时书面通知申请人并说明理由。

执业药师注册机构根据申请注册者的《执业药师资格证书》中注明的专业类别进行注册。

执业药师注册机构办理注册时，在《执业药师资格证书》中的注册情况栏内加盖注册专用印章，并发给国家药品监督管理局统一印制的《执业药师注册证》。

(2)执业药师的再次注册。执业药师注册有效期为三年。持证者须在有效期满前三个月到原执业药师注册机构申请办理再次注册手续。超过期限，不办理再次注册手续的人员，其《执业药师注册证》自动失效，并不能再以执业药师身份执业。

申请再次注册者，须填写"执业药师再次注册申请表"，并提交以下材料：《执业药师资格证书》和《执业药师注册证》，执业单位考核材料，《执业药师继续教育登记证书》，县级(含)以上医院出具的本人6个月内的健康体检表。

《执业药师继续教育登记证书》是执业药师再次注册的必备证件。注册机构以《执业药师继续教育登记证书》为依据，考查执业药师接受继续教育的情况。

(3)执业药师的变更注册。执业药师在同一执业地区变更执业单位或范围的，须到原执业药师注册机构办理变更注册手续，填写"执业药师变更注册登记表"，并提交以下材料：《执业药师资格证书》和《执业药师注册证》，新执业单位合法开业的证明复印件。

执业药师变更执业地区的，须到原执业药师注册机构办理变更注册手续，填写“执业药师变更注册登记表”，并向新执业地区的执业药师注册机构重新申请注册。新的执业药师注册机构在办理执业注册手续时，应收回原《执业药师注册证》，并发给新的《执业药师注册证》。

（4）执业药师的注销注册。执业药师注册后如有下列情况之一的，予以注销注册：死亡或被宣告失踪的，受刑事处罚的，被吊销《执业药师资格证书》的，受开除行政处分的，因健康或其他原因不能从事执业药师业务的。

注销注册手续由执业药师所在单位在30个工作日内向注册机构申请办理，并填写“执业药师注销注册登记表”。执业药师注册机构经核实后办理注销注册，收回《执业药师注册证》。

5. 执业药师注册网上申报办理程序

自2008年1月起，国家食品药品监督管理总局运行执业药师注册管理网络信息系统，实行执业药师注册行政许可项目的网上申报、审批、公告和监督。

执业药师注册网上申报办理程序为：登录国家食品药品监督管理总局执业药师注册网络服务平台（http://zyys. sfda. gov. cn/zyysweb/index. jsp）→网上填写个人基本信息→网上修改登录密码→网上填写申报表→网上提交申报→网上打印申报表→携带审核材料到注册机构进行审核→网上查询审核状态→网上注册许可公告→到注册机构领取证书。

三、执业药师的职责与法律责任

（一）执业药师的职责、权利和义务

执业药师的职责、权利和义务包括：

1. 执业药师必须遵守职业道德，忠于职守，以对药品质量负责、保证人民用药安全有效为基本准则。

2. 执业药师必须严格执行《药品管理法》及国家有关药品研究、生产、经营、使用的各项法规及政策。执业药师对违反《药品管理法》及有关法规的行为或决定，有责任提出劝告、制止、拒绝执行并向上级报告。

3. 执业药师在执业范围内负责对药品质量的监督和管理，参与制定、实施药品全面质量管理及对本单位违反规定的处理。

4. 执业药师负责处方的审核及监督调配，提供用药咨询与信息，指导合理用药，开展治疗药物的监测及药品疗效的评价等临床药学工作。

（二）执业药师的法律责任

执业药师的法律责任包括：

1. 未按规定配备执业药师：对未按规定配备执业药师的单位，应限期配备，逾期将追究单位负责人的责任。

2. 涂改、伪造或以虚假和不正当手段获取证书：对涂改、伪造或以虚假和不正当手段获取《执业药师资格证书》或《执业药师注册证》的人员，发证机构应收回证书，取消其执业药师资格，注销注册。并对直接责任者根据有关规定给予行政处分，直至送交有关部门追究法律责任。

3. 其他违法行为：执业药师在执业期间违反《药品管理法》及其他法律法规构成犯罪的，由司法机关依法追究其刑事责任。

四、执业药师继续教育

为了使执业药师保持良好的职业道德，以患者和消费者为中心，开展药学服务；不断提高依法执业能力和业务水平，认真履行职责，维护广大人民群众身体健康，保障公众用药安全、有效、经济、合理，我国对执业药师实施继续教育管理。接受继续教育是执业药师的义务和权利。取得《执业药师资格证书》的人员每年须自觉参加继续教育，并完成规定的学分。各有关部门应积极支持、鼓励执业药师参加继续教育。

（一）执业药师继续教育的对象

执业药师继续教育对象是针对已取得《执业药师资格证书》的人员，执业药师可以根据工作需要自主选择继续教育内容、形式和地点。

（二）执业药师继续教育的组织管理

国务院药品监督管理部门负责制定全国执业药师继续教育管理办法、组织拟定、审批继续教育内容。各省、自治区、直辖市食品药品监督管理部门负责本地区执业药师继续教育的实施工作。根据 2013 年 5 月 15 日发布的《国家食品药品监督管理总局主要职责内设机构和人员编制规定》，执业药师的继续教育管理职责、工作由中国执业药师协会承担。

凡是从事药学教育五年以上，按照国家有关规定能授予大学本科以上学历的高等院校，经各省、自治区、直辖市食品药品监督管理部门认定具备规定的施教机构基本条件的，可以实施执业药师继续教育必修、选修内容培训。

（三）执业药师继续教育的内容与形式

执业药师继续教育的内容主要包括有关法律法规、职业道德和药学、中药学及相关专业知识与技能，并分为必修、选修和自修三类。执业药师继续教育的内容要适应执业药师工作岗位的实际需要，注重科学性、先进性、实用性和针对性，适应执业药师提供高质量药学服务的基本要求。

执业药师施教机构应遵循有效、经济、方便的原则，围绕提高执业药师的知识水平和业务能力，适应药学服务的需要，采取灵活多样的形式实施继续教育，倡导开展网络教育。执业药师继续教育的形式和手段可根据实际灵活多样，可采取网络教育、远程教育、短期培训、学术会议、函授、刊授、广播、视像媒体技术、业余学习等多种形式。

（四）执业药师继续教育的学分管理

执业药师继续教育实行学分制。执业药师每年应当参加中国药师协会或省级（执业）药师协会组织的不少于15学分的继续教育学习。执业药师参加继续教育学习，经考核合格，按每3学时授予1学分。由中国药师协会备案的施教机构负责学分授予。执业药师参加中国药师协会或省级（执业）药师协会组织的继续教育学习获取的学分，在全国范围内有效。

执业药师继续教育实行登记制度，实行电子化管理。登记内容主要包括继续教育内容、形式、考核结果、学分数、施教机构等信息。省级（执业）药师协会负责确认参加本辖区执业药师继续教育的学分信息，中国药师协会负责汇总参加全国示范性网络培训的学分信息，并分别与国务院药品监督管理部门执业药师注册管理信息系统相衔接。

【思考题】

1. 执业医师的执业规则有哪些？
2. 执业医师的权利与义务有哪些？
3. 护士执业的主要义务是什么？

第七章　医疗相关产品管理法律制度

【本章要点】

医疗相关产品主要包括血液与血液制品、医疗器械、消毒产品等。医疗相关产品是社会为满足人的医疗需求生产的产品，并且这些产品直接关系到人的健康和生命。国家通过法律来规范医疗相关产品诸环节所形成的社会关系。违反相关法律制度，将承担相应的行政、民事和刑事责任。

医疗相关产品与人们的生命健康息息相关，同时还关系到人的生活需要和生活质量。它涉及范围广，涵盖了人们日常生活的很多方面。随着我国法治建设不断深入，法律体系不断完善，医疗相关产品的法律法规也经历了从无到有，不断完善和修订的过程。医疗相关产品管理的法律制度主要调整医疗相关产品的生产、经营、使用、检验审批等各个环节的活动中产生的各种社会关系。

第一节　血液与血液制品管理法律制度

一、血液与血液制品管理法律概述

血液与血液制品是医疗中的特殊物质，具有药物不能取代的重要作用。血液与血液制品管理是指国家对献血、采血、临床用血以及血液制品等方面进行监督管理，它与人民群众的身体健康和生命安全息息相关，是我国医药卫生法律体系的重要组成部分。

血液是指用于临床的全血或成分血。血液制品特指各种人血浆蛋白质品。原料血浆是由单采血浆站采集的专门用于血液制品生产原料的血浆。

血液与血液制品管理遵循以下基本法律原则：救死扶伤、保障临床医学需要原则；保障献血员和受血者的身体健康原则；集中管理、统筹分配血液资源原则。

我国从20世纪60年代起，通过多年在血液管理方面的法制建设，形成了一系列法律法规，包括：《献血法》《血液制品管理条例》《全国血站工作条例》《血站管理办法》《医疗机构临床用血管理办法》《全国无偿献血表彰奖励办法》《单采血浆站质量管理规范》《血站基本标准》《单采血浆站基本标准》《采供血机构设置规划指导原则》《临床输血技术规范》《血站基本标准》《血站实验室质量管理规范》等法律法规。

二、献血管理法律制度

(一)无偿献血制度

《献血法》对我国献血的目的和血液事业作了严格规定。《献血法》第二条中明确规定:“国家实行无偿献血制度。”我国存在着三种献血形式:个体供血、义务献血、无偿献血。个体供血,是公民向采供血机构提供自身血液而获取一定报酬的行为。在一个相当长的时期,我国的医疗临床用血主要靠个体供血支撑。义务献血,是通过政府献血领导小组或献血委员会向机关、企事业单位分配献血指标,下达献血任务,献血后给予献血者一定营养补助费的献血制度。义务献血对保障医疗临床用血起到了重要作用。无偿献血,是国际红十字会和世界卫生组织20世纪30年代开始建议和提倡的,是指公民向血站自愿、无报酬地提供自身血液的行为。

据世界卫生组织统计,献血人数占一国人口总数的4%,即能满足全国临床用血的需要。瑞士每年参加献血的人数约占全国人口的9%;美国每年参加献血的人数约占8%;其次是日本,占7%。在日本,政府重视无偿献血工作,宣传工作声势浩大,官员带头无偿献血,呼吁并规定民众献血,规定每年7月为献血活动月,献血教育从少年儿童抓起。在法国,献血者协会遍全国。在约旦,规定用血者康复后须献血。目前,无偿献血已经成为衡量一个社会文明程度的标志。

关于无偿献血的主体,世界各国规定不一致。我国《献血法》规定:国家提倡18周岁至55周岁的健康公民自愿献血。世界卫生组织规定的是18~65岁,日本规定的是18~65岁,新西兰规定的是16~65岁,加拿大规定的是18~65岁,韩国规定的是16~65岁,德国规定的是18~65岁,澳大利亚规定的是16~65岁,尼泊尔规定的是15~55岁,瑞士规定的是18~60岁,美国规定的是17~65岁,英国规定的是18~65岁,塞内加尔规定的是18~50岁。

(二)献血管理机构及职责

世界各国关于献血工作的管理体制有所不同,有的国家由红十字会进行管理,有的国家通过立法等方式确认政府的责任,如希腊法律规定由卫生福利社会安全部门全权负责组织献血活动,加拿大成立血液署,法国卫生部中设血液局对血液工作进行指导和监督。

我国《献血法》第三条至第七条规定:地方各级人民政府领导本行政区域内的献血工作,统一规划并负责组织、协调有关部门共同做好献血工作。县级以上各级人民政府卫生行政部门监督管理献血工作。各级红十字会依法参与、推动献血工作。各级人民政府采取措施广泛宣传献血的意义,普及献血的科学知识,开展预防和控制经血液途径传播的疾病的教育。新闻媒介应当开展献血的社会公益性宣传。国家机关、军队、社会团体、企业事业组织、居民委员会、村民委员会,应当动员和组织本单位或者本居住区的适龄公民参加献血。现役军人献血的动员和组织办法,由中国人民解放军卫生主管部门制定。对献血者,发给国务院卫生行政部门制作的无偿献血证书,有关单位可以给予适当补贴。国家鼓励国家工作人员、现役军人和高等学校在校学生率先献血,为树立社会新风尚作表率。

三、血站管理法律制度

(一)血站的概念

血站是不以营利为目的采集、制备、储存血液,向临床提供血液的公益性卫生机构。血站的分类包括血液中心、中心血站、基层血站或中心血库。特殊血站包括脐带血造血干细胞库和卫生部根据医学发展需要批准、设置的其他类型血库。血液中心是所在省、自治区、直辖市采供血工作的业务、教学和科研中心,负责直辖市、省会所在市和自治区首府所在地的采供血工作,一般设在省会城市。中心血站是设区的市的血站,负责所在市及所辖县(市)的采供血工作。中心血库是县或县级市的血站,负责所在县、市的采供血工作。

(二)血站的设置和执业许可

1. 血站的设置

血液中心应当设置在直辖市、省会市、自治区首府市;中心血站应当设置在设区的市;中心血库应当设置在中心血站服务覆盖不到的县级综合医院内。省、自治区、直辖市人民政府卫生行政部门依据采供血机构设置规划批准设置血站,并报卫生行政主管部门备案。

2. 血站的执业登许可

《血站管理办法》第十三条规定:血站开展采供血活动,应当向所在省、自治区、直辖市人民政府卫生行政部门申请办理执业登记,取得《血站执业许可证》。没有取得《血站执业许可证》的,不得开展采供血活动。《血站执业许可证》有效期为三年。

(三)血站的采供血管理

1. 采血管理

采血应由有采血资格的人员进行,使用一次性采血器械;采血前要免费进行必要的健康检查,对采集的血液要进行检验;每次采集血液量为200~400ml,两次采集间隔不少于6个月,不得单采血浆;建立献血档案,并发放《无偿献血证》;采供血和检测的原始记录必须保存10年。

2. 供血管理

血站应当保证发出的血液质量、品种、规格、数量无差错;血液的包装、储存、运输必须符合要求。血液包装袋上必须标明相应信息,包括:血站的名称及其许可证号;献血者的姓名(或条形码)、血型;采血日期及时间;有效期及时间;血袋编号(或条形码);储存条件。特殊血型需调配血液的,由供需双方省级卫生行政部门协商后实施,实施中由需方血站对血液进行再次检验。血站应当制定重大灾害事故的应急采供血预案。

3. 监督管理

县级以上人民政府卫生行政部门负责对辖区内血站进行监督管理。各级卫生行政管理部门负责各级辖区内血站的监督管理工作。血液鉴定机构对血液质量进行监测。

四、临床用血管理法律制度

(一)临床用血的概念

临床用血是指医疗机构将血站依法采集的供血者的血液或者血液成分输注给患者进行抢救、治疗的医疗行为的总称。临床用血包括全血和成分血。医疗机构不得使用原料血浆,除批准的科研项目外,不得直接使用脐带血。

(二)临床用血的法律规定

为了加强临床用血管理,在《献血法》制定实施后,原卫生部根据《献血法》的有关规定,制定了《临床输血技术规范》(2000 年 6 月 1 日)和《医疗机构临床用血管理办法》(以下简称《管理办法》)(2012 年 8 月 1 日)。

1. 临床用血管理规则

医疗机构不得使用原料血浆,除科研外,不得直接使用脐带血;不得买卖无偿献血者的血液;无偿献血者临床用血时,免交费用;公民临床用血时,只交付用于血液采集、储存、分离、检验等费用;具体收费标准由国务院卫生行政部门会同国务院价格主管部门制定;对于血站剩余成分血浆的处理,既不能浪费,也不能通过市场途径解决,而应通过行政途径解决。国家提倡并指导择期手术的患者自身储血;动员家庭、亲友、所在单位以及社会互助献血;为保证应急用血,医疗机构可以临时采集血液,但应当依照本法规定,确保采血用血安全。

2. 临床输血的规定

根据《管理办法》的规定,医疗机构接收血站发送的血液后,应当对血袋标签进行核对。符合国家有关标准和要求的血液入库,做好登记,并按不同品种、血型和采血日期(或有效期),分别有序存放于专用储藏设施内。血袋标签核对的主要内容是:(1)血站的名称;(2)献血编号或者条形码、血型;(3)血液品种;(4)采血日期及时间或者制备日期及时间;(5)有效期及时间;(6)储存条件。禁止将血袋标签不合格的血液入库。医疗机构应当在血液发放和输血时进行核对,并指定医务人员负责血液的收领、发放工作。

在输血治疗前,医师应当向患者或者其近亲属说明输血目的、方式和风险,并签署临床输血治疗知情同意书。因抢救生命垂危的患者需要紧急输血,且不能取得患者或者其近亲属意见的,经医疗机构负责人或者授权的负责人批准后,可以立即实施输血治疗。医疗机构应当根据国家有关法律法规和规范建立临床用血不良事件监测报告制度。临床发现输血不良反应后，应当积极救治患者，及时向有关部门报告，并做好观察和记录。

五、血液制品管理法律制度

（一）血液制品概念

血液制品特指各种人血浆蛋白制品，专用于生产制作血液制品生产原料的血浆称为原料血浆。为了加强血液制品管理，预防和控制经血液途径传播的疾病，保证血液制品的质量，1996 年 12 月 30 日国务院发布了《血液制品管理条例》。该条例规定，国务院卫生行政部门对全国的原料血浆的采集、供应和血液制品生产、经营活动实施监督管理。县级以上地方人民政府卫生行政部门，对本行政区域内的原料血浆的采集、供应和血液制品的生产、经营活动实施监督管理。[1]

（二）原料血浆的管理

原料血浆是指由单采血浆站采集的专用于血液制品生产原料的血浆，其采集供应机构为单采血浆站。

国家实行单采血浆站统一规划、设置的制度。国务院卫生行政部门根据核准的全国生产用原料血的需求，对单采血浆站的布局、数量和规模制定总体规划。省、自治区、直辖市人民政府卫生行政部门根据总体规划制定本行政区域内单采血浆设置规划和采集血浆的区域规划，并报国务院卫生行政部门备案。单采血浆站由血液制品生产单位设置或者由县级人民政府卫生行政部门设置，专门从事单采血浆活动，具有独立法人资格。其他任何单位和个人不得从事单采血浆活动。

（三）血液制品生产经营的管理

血液制品生产单位必须达到《药品生产质量管理规范》规定的标准，经国家药品监督管理局审查合格，并依法向工商行政管理部门申请营业执照后，方可从事血液制品的生产活动。血液制品生产单位生产国内已经生产的品种时，必须依法向国家药品监督管理局申请产品批准文号；生产国内尚未生产的品种时，必须按照国家有关新药审批的程序和要求申报。严禁血液制品生产单位出让、出租、出借以及与他人共用《药品生产企业许可证》和产品批准文号。

血液制品的生产单位在原料血浆投入生产前，必须使用有产品批准文号、并经国家药品生物制品检定合格的体外诊断试剂，对每人一份的血浆进行全面复检；复检不合格的，不得投入生产；发现有经血液途径传播的疾病，必须通知供应单采血浆站，并及时上报省级卫生行政部门。血液制品出厂前，必须经有关部门检验合格后方能生产或出厂，经检验不符合国家标准者，严禁生产及出厂。

开办血液制品的经营单位，由省级人民政府食品药品监督管理部门审核批准。

---

[1] 罗刚、石俊华主编：《医药卫生法学》，浙江工商大学出版社 2016 年版，第 147 页。

血液制品经营单位应当具备与所经营的产品相适应的冷藏条件,有熟悉所经营品种的业务人员,经营血液制品应当符合国家规定的卫生标准和要求。

六、违反血液管理法律责任

(一)行政责任

《献血法》规定,有下列行为之一的,由县级以上地方人民政府卫生行政部门予以取缔,没收违法所得,并可处10万元以下的罚款:(1)非法采集血液的;(2)血站、医疗机构出售无偿献血者血液的;(3)非法组织他人出卖血液的。

血站违反有关操作规程和制度采集血液,由县级以上地方人民政府卫生行政部门责令改正;给患者健康造成损害的,应当依法赔偿,对直接负责的主管人员和其他直接责任人员,依法给予行政处分。

临床用血的包装、储存、运输不符合国家规定标准要求的,由县级以上地方人民政府卫生行政部门责令改正,给予警告,可以并处1万元以下的罚款。

血站违反《献血法》的规定,向医疗机构提供不符合国家规定标准的血液的由县级以上地方人民政府卫生行政部门责令改正;情节严重,造成经血液途径传播的疾病传播或者有传播严重危险的,限期整顿,对直接负责的主管人员和其他直接责任人员,依法给予行政处分。

医疗机构的医务人员违反《献血法》的规定,将不符合国家规定标准的血液用于患者的,由县级以上地方人民政府卫生行政部门责令改正;给患者健康造成损害的,对直接负责的主管人员和其他直接责任人员,依法给予行政处分。

卫生行政部门及其工作人员,在献血、用血的监督管理中,玩忽职守,造成严重后果,尚不构成犯罪的,依法给予行政处分。

(二)民事责任

《献血法》规定:血站违反有关操作规程和制度采集血液,给献血者健康造成损害的,应当依法赔偿。医疗机构的医务人员违反本法规定,将不符合国家规定标准的血液用于患者并给患者健康造成损害的,应当依法赔偿。

(三)刑事责任

《献血法》规定,非法采集血液,血站、医疗机构出售无偿献血的血液,非法组织他人出卖血液;血站违反操作规程和制度采集血液,给献血者健康造成损害的;血站违反法律规定,向医疗机构提供不符合国家规定标准血液,情节严重,造成经血液途径传播的疾病传播或者有传播严重危险的;医疗机构的医务人员违反法律规定,将不符合国家规定标准的血液用于患者,给患者健康造成损害,构成犯罪的,依法追究刑事责任。概括地说,应当承担刑事责任的情况主要有以下几种:

1. 非法组织卖血罪

《刑法》第三百三十三条中规定,非法组织他人出卖血液的,处5年以下有期徒刑,并处罚金;上述行为对他人造成伤害的,依照刑法第二百三十四条规定,处3年以下有期徒刑、拘役或者管制;致人重伤的,处3年以上10年以下有期徒刑;致人死亡或者以特别残忍手段致人重伤造成严重残疾的,处10年以上有期徒刑、无期徒刑或者死刑。

2. 强迫卖血罪

《刑法》第三百三十三条中规定,以暴力、威胁方法强迫他人出卖血液的,处5年以上10年以下有期徒刑,并处罚金。有前述行为对他人造成伤害的,依照刑法第二百三十四条的规定定罪处罚。

3. 非法采集、供应血液或者制作、供应血液制品罪

《刑法》第三百三十四条中规定,非法采集、供应血液或者制作、供应血液制品,不符合国家规定的标准,足以危害人体健康的,处5年以下有期徒刑或者拘役,并处罚金;对人体健康造成严重危害的,足以危害人体健康的,处5年以上10年以下有期徒刑,并处罚金;造成特别严重后果的,处10年以上有期徒刑或无期徒刑,并处罚金或者没收财产。

4. 采集、供应血液、制作、供应血液制品事故罪

《刑法》第三百三十四条中规定,经国家主管部门批准采集、供应血液或者制作、供应血液制品的部门,不依照规定进行检测或者违背其他操作规定,造成危害他人健康后果的,对单位判处罚金,并对其直接负责的主管人员和其他直接责任人员处5年以下有期徒刑或者拘役。

第二节 医疗器械管理法律制度

一、医疗器械管理概述

(一)医疗器械概念及分类

1. 医疗器械的概念及目的

医疗器械,是指直接或者间接用于人体的仪器、设备、器具、体外诊断试剂及校准物、材料以及其他类似或者相关的物品,包括所需要的计算机软件;其效用主要通过物理等方式获得,不是通过药理学、免疫学或者代谢的方式获得,或者虽然有这些方式参与但是只起辅助作用。其目的是:(1)疾病的诊断、预防、监护、治疗或者缓解;(2)损伤的诊断、监护、治疗、缓解或者功能补偿;(3)生理结构或者生理过程的检验、替代、调节或者支持;(4)生命的支持或者维持;(5)妊娠控制;(6)通过对来自人体的样本进行检查,为医疗或者诊断目的提供信息。[1]

---

〔1〕 罗刚、石俊华主编:《医药卫生法学》,浙江工商大学出版社2016年版,第150页。

2. 医疗器械的分类

国家对医疗器械按照风险程度实行分类管理：第一类是风险程度低，实行常规管理可以保证其安全、有效的医疗器械。第二类是具有中度风险，需要严格控制管理以保证其安全、有效的医疗器械。第三类是具有较高风险，需要采取特别措施严格控制管理以保证其安全、有效的医疗器械。

（二）医疗器械管理的相关法律规定

1964 年原卫生部制定了《医疗器械标准实施办法》，1980 年原国家医药管理局会同地方主管部门修订颁发了《医疗器械标准化工作实施办法》。1996 年 9 月原国家医药管理局发布了《医疗器械产品注册管理办法》，1995 年 3 月原国家工商行政管理局发布了《医疗器械广告审查办法》，1997 年 12 月原国家经济贸易委员会、原国家医药管理局、财政部、中国人民银行、原卫生部联合发布了《国家药品医疗器械储备管理暂行办法》。1998 年国务院机构改革后，医疗器械由当时的国家药品监督管理局管理；2003 年改由当时的国家食品药品监督管理局管理。2000 年 1 月 4 日国务院发布了《医疗器械监督管理条例》，同年 4 月 1 日起施行。这是我国第一个关于医疗器械监督管理的行政法规，适用于在中华人民共和国境内从事医疗器械的研制、生产、经营、使用、监督管理的单位或者个人，标志着我国医疗器械的监督管理进入依法行政的新阶段。此后，原国家药品监督管理总局根据《医疗器械监督管理条例》相继发布了《医疗器械注册管理办法》《医疗器械分类规则》《医疗器械新产品审批规定》《医疗器械说明书管理规定》《医疗器械生产企业监督管理办法》《医疗器械经营企业监督管理办法》《医疗器械生产企业质量体系考核办法》《医疗器械临床试验规定》等规章。2017 年国务院对《医疗器械监督管理条例》进行修订，自 2017 年 5 月 4 日起施行，是我国目前最高层次的医疗器械监管立法。

二、医疗器械产品注册与备案

我国对第一类医疗器械实行产品备案管理，第二类、第三类医疗器械实行产品注册管理。

《医疗器械监督管理条例》规定，国家对医疗器械实行产品生产注册制度。生产医疗器械，必须进行注册登记。未经注册或未取得注册证件的医疗器械产品，不得进入市场，不得进行广告宣传及展销活动。

根据《医疗器械注册管理办法》的规定，申报注册医疗器械，应按规定，提交技术指标、检测报告和其他有关资料。

国家对医疗器械实行分类注册（1）境内企业生产的第一类医疗器械由设区市药品监督管理部门审查，批准后发给产品注册证书。（2）境内企业生产的第二类医疗器械由省级药品监督管理部门审查，批准后发给产品注册证书。（3）境内企业生产的第三类医疗器械由国家药品监督管理局审查，批准后发给产品注册证书。

(4)境外企业生产的医疗器械由国家药品监督管理局审查,批准后发给产品注册证书。(5)我国台湾、香港、澳门地区的产品申请在内地销售、使用的,由国家药品监督管理局审查,批准后发给注册证书。上述境内、境外企业生产的医疗器械均指最终生产程序在中国境内完成的产品。

医疗器械产品注册证书有效期为4年,持证单位应当在产品注册证书有效期满前6个月内,申请重新注册。已注册的医疗器械产品连续停产2年以上,产品生产注册证书自行失效。

三、医疗器械的监督

(一)医疗器械监督管理机构

1. 国家发展和改革委员会。负责组织实施医药工业产业政策,研究拟定医疗器械行业发展规划,指导行业结构调整及实施行业管理。

2. 国家卫生健康委员会。负责拟订卫生和健康事业中长期发展规划。拟订医疗器械管理有关政策规范、标准并组织实施,参与医疗器械临床试验管理工作。

3. 国家市场监督管理总局。具体由受国家市场监督管理总局管理的国家药品监督管理局管理医疗器械相关事务。负责医疗器械安全监督管理、标准管理、注册管理、质量管理、上市后风险管理,负责组织指导医疗器械监督检查,负责医疗器械管理领域对外交流与合作、参与相关国际监管规则和标准制定等。

4. 县级以上地方人民政府药品监督管理部门。负责本行政区域内的医疗器械监督管理工作,其职责包括:对已经造成医疗器械质量事故的产品及有关资料,可以予以查封、扣押;对已被撤销产品注册证书的医疗器械负责监督处理。

(二)医疗器械检测机构及其职责

医疗器械检测机构是对医疗器械的质量进行检验和监测业务的专门机构。《医疗器械监督管理条例》规定,国家对医疗器械检测机构实行资格认可制度。经国家食品药品监督管理局会同国务院质量技术监督部门认可的检测机构,方可对医疗器械实施检测。

医疗器械检测机构及其人员对被检测单位的技术资料负有保密义务,并不得从事或者参与同检测有关的医疗器械的研制、生产、经营和技术咨询等活动。

四、违反医疗器械管理的法律责任

(一)行政责任

《医疗器械监督管理条例》明确了违反医疗器械管理的行政责任,规定:

生产、经营未取得医疗器械注册证的第二类、第三类医疗器械、未经许可从事第二类、第三类医疗器械生产活动、未经许可从事第三类医疗器械经营活动,没收违法索多、生产经营工具、设备、原材料等物品,并处罚款;情节严重的,5年内不受理相关责任人及企业提出的医疗器械许可申请。

生产、经营未取得医疗器械注册证的第二类、第三类医疗器械情节严重的,吊销医疗器械生产许可证或者医疗器械经营许可证。

未经许可擅自配置使用大型医用设备的,责令停止使用,给予警告,没收违法所得;并处罚款;情节严重的,5 年内不受理相关责任人及单位提出的大型医用设备配置许可申请。

提供虚假资料或者采取其他欺骗手段取得医疗器械注册证、医疗器械生产许可证、医疗器械经营许可证、大型医用设备配置许可证、广告批准文件等许可证件的,撤销已经取得的许可证件,并处罚款,5 年内不受理相关责任人及单位提出的医疗器械许可申请。

伪造、变造、买卖、出租、出借相关医疗器械许可证件的,由予以收缴或者吊销,没收违法所得;并处罚款;构成违反治安管理行为的,由公安机关依法予以治安管理处罚。

未按规定备案的,责令限期改正;逾期不改正的,向社会公告未备案单位和产品名称,可并处罚款。备案时提供虚假资料的,向社会公告备案单位和产品名称;情节严重的,直接责任人员 5 年内不得从事医疗器械生产经营活动。

生产、经营、使用不符合医疗器械国家标准或者行业标准的医疗器械的,责令改正、没收违法生产的产品和违法所得,并处罚款;情节严重的,责令停产停业,由原发证部门吊销注册证、生产许可证、经营许可证。

医疗器械生产企业未按要求整改、停止生产、报告相关事项;生产、经营说明书、标签不符合规定;未按照医疗器械说明书和标签标示要求运输、贮存医疗器械;转让过期、失效、淘汰或者检验不合格的在用医疗器械的情况,责令改正,并处罚款。情节严重的,责令停产停业,直至由吊销生产、经营许可证。

医疗器械生产企业未按要求提交质量管理体系自查报告;未按规定建立并执行进货查验记录制度;从事第二类、第三类医疗器械批发业务以及第三类医疗器械零售业务的经营企业未按要求建立并执行销售记录制度;未按规定处理重复使用的医疗器械;未按规定使用和处理一次性使用的医疗器械;未按规定定期检查、检验、校准、保养、维护、分析、评估医疗器械;医疗器械使用单位未妥善保存购入第三类医疗器械的原始资料,或者未按规定在病历中记录相关信息;未按安全标准使用医疗器械;医疗器械生产经营企业、使用单位未按要求开展不良事件监测、报告、调查工作等情况,责令改正,给予警告;拒不改正的,并处罚款;情节严重的,责令停产停业,直至吊销生产、经营许可证。

未按规定开展医疗器械临床试验的,责令改正或立即停止临床试验,并处罚款;造成严重后果的,依法对直接负责的主管人员和其他直接责任人员给予降级、撤职或者开除的处分;该机构 5 年内不得开展相关专业医疗器械临床试验。

医疗器械临床试验机构出具虚假报告的,处以罚款、没收违法所得,对直接负责的主管人员和其他直接责任人员,依法给予撤职或者开除的处分,该机构 10 年内不得开展相关专业医疗器械临床试验。

医疗器械检验机构出具虚假检验报告的，撤销检验资质，10 年内不受理其资质认定申请；并处罚款、没收违法所得；对直接负责的主管人员和其他直接责任人员，依法给予撤职或者开除的处分；受到开除处分的，自处分决定作出之日起 10 年内不得从事医疗器械检验工作。

未按规定发布医疗器械广告的，依照有关广告管理的法律、行政法规的规定给予处罚。篡改经批准的医疗器械广告内容的，撤销该医疗器械的广告批准文件，2 年内不受理其广告审批申请。发布虚假医疗器械广告的，暂停销售该医疗器械，并向社会公布；仍然销售该医疗器械的，没收违法销售的医疗器械，并处罚款。

医疗器械技术审评机构、医疗器械不良事件监测技术机构未按规定履行职责，致使审评、监测工作出现重大失误的，责令改正、通报批评、给予警告；造成严重后果的，对直接负责的主管人员和其他直接责任人员，依法给予降级、撤职或者开除的处分。

（二）民事责任

医疗器械生产、经营、使用单位违反《医疗器械监督管理条例》的规定，给使用者造成人身、财产或者其他损害的，依法承担赔偿责任。根据《侵权责任法》第五十九条的规定：因药品、消毒药剂、医疗器械的缺陷，或者输入不合格的血液造成患者损害的，患者可以向生产者或者血液提供机构请求赔偿，也可以向医疗机构请求赔偿。患者向医疗机构请求赔偿的，医疗机构赔偿后，有权向负有责任的生产者或者血液提供机构追偿。

（三）刑事责任

《医疗器械监督管理条例》规定，违反医疗器械监督管理条例有关规定，构成犯罪的，依法追究刑事责任。医疗器械监督管理人员滥用职权、徇私舞弊、玩忽职守，构成犯罪的，依法追究刑事责任。

第三节　消毒产品管理法律制度

一、消毒产品概述

（一）消毒产品的定义及分类

1. 消毒产品的定义

我国《消毒管理办法》中明确了消毒产品的定义。消毒产品包括消毒剂、消毒器械（含生物指示物、化学指示物和灭菌物品包装物）、卫生用品和一次性使用医疗用品。

我们可以从三个方面来理解消毒产品的定义：第一，消毒产品的作用目的是防病,而不是用于治疗或诊断疾病;第二,消毒产品的作用机理是利用物理、化学、生物等方法来消除病原微生物,而不是用免疫学或药理学以及其他方法来预防疾病;第三,消毒产品的作用对象是环境中的病原微生物,而不是直接针对人的疾病。

2. 消毒产品的分类

根据消毒产品的定义,消毒产品可以分为三类:消毒剂、消毒器械和其他物品。

(1)消毒剂

消毒剂包括:用于医疗卫生用品消毒、灭菌的消毒剂;用于皮肤、黏膜消毒的消毒剂(其中用于粘膜消毒剂仅限医疗卫生机构诊疗用);用于餐饮具消毒的消毒剂;用于瓜果、蔬菜消毒的消毒剂;用于水消毒的消毒剂;用于环境消毒的消毒剂;用于物体表面消毒的消毒剂;用于空气消毒的消毒剂;用于排泄物、分泌物等污物消毒的消毒剂等。

(2)消毒器械

消毒器械包括:用于医疗器械、用品灭菌的灭菌器械;用于医疗器械、用品消毒的消毒器械;用于餐饮具消毒的消毒器械;用于空气消毒的消毒器械;用于水消毒的消毒器械;用于物体表面消毒的消毒器械等。

生物指示物包括:用于测定压力蒸汽灭菌效果的指示物;用于测定环氧乙烷灭菌效果的指示物;用于测定紫外线消毒效果的指示物;用于测定甲醛灭菌效果的指示物;用于测定电离辐射灭菌效果的指示物等。

化学指示物包括:用于测定压力蒸汽灭菌的指示物(包括指示卡、指示胶带、指示标签和 BD 试纸);用于测定环氧乙烷灭菌的指示物(包括指示卡和指示标签);用于测定紫外线消毒的指示物(包括辐照强度指示卡和消毒效果指示卡);用于测定干热灭菌效果的指示物;用于测定电离辐射灭菌效果的指示物;用于测定化学消毒剂浓度的指示物等。

灭菌包装物包括:用于压力蒸汽灭菌且带有灭菌标识的包装物;用于环氧乙烷灭菌且带有灭菌标识的包装物;用于甲醛灭菌且带有灭菌标识的包装物等。

(3)其他物品

其他物品主要是指卫生行政主管部门规定的纳入消毒剂、消毒器械管理的其他物品,包括卫生用品和一次性使用卫生用品以及卫生行政主管部门规定纳入消毒产品管理的其他物品。其中一次性卫生用品主要包括以下几个方面:

一是妇女经期卫生用品,包括:卫生巾(纸、带)、卫生护垫、卫生栓(内置棉条);二是尿布等排泄物卫生用品,包括尿裤、尿布(垫、纸)、隔尿垫等;三是皮肤、黏膜卫生用品,包括湿巾(纸)、卫生湿巾(纸)、抗(抑)菌洗剂(不含栓剂、皂类);四是隐形眼镜护理用品,包括隐形眼镜护理液、隐形眼镜保存液、隐形眼镜清洁剂;

五是其他的一次性卫生用品，包括：纸巾(纸)、卫生棉(棒、签、球)、化妆棉(纸、巾)、手(指)套、口罩、纸质餐饮具、避孕套等。

(二)消毒产品的卫生立法

我国消毒产品卫生立法经历了几次大的法律制定和修订。原卫生部于1985年颁布了《食品工具、设备用洗涤剂、消毒剂、洗涤消毒剂卫生管理办法》，1987年发布《消毒管理办法》，对消毒产品进行规范管理。1992年8月31日原卫生部发布第22号令，废止上述两个管理办法，同时发布1992年版《消毒管理办法》。2002年3月28日卫生部发布2002年版《消毒管理办法》，并于2002年7月1日起施行，1992年8月31日发布的《消毒管理办法》同时废止。此后，根据2016年1月19日原国家卫计委《关于修改〈外国医师来华短期行医暂行管理办法〉等8件部门规章的决定》和2017年12月26日原国家卫计委《关于修改〈新食品原料安全性审查管理办法〉等7件部门规章的决定》，原国家卫计委发布2018年版《消毒管理办法》。

二、消毒产品的管理

消毒产品的生产管理主要受《传染病防治法》《行政许可法》《卫生行政许可管理办法》《消毒管理办法》《消毒产品生产企业卫生许可规定》《消毒技术规范》等法律法规约束。

消毒产品生产需按照《消毒产品生产企业卫生许可规定》取得行政许可。

1. 管理机构。省级卫生行政部门负责本行政区域内的消毒产品生产企业卫生许可和监督管理工作。县级以上地方卫生行政部门负责辖区内消毒产品生产企业日常监督管理工作。

2. 消毒产品生产许可审核。省级卫生行政部门按要求对生产企业进行卫生许可审核。申请单位和个人需提交以下材料：(1)《消毒产品生产企业卫生许可证》申请表；(2)工商营业执照复印件或企业名称预先核准通知书；(3)生产场地使用证明(房屋产权证明或租赁协议)；(4)生产场所厂区平面图、生产车间布局平面图；(5)生产工艺流程图；(6)生产和检验设备清单；(7)质量保证体系文件；(8)拟生产产品目录；(9)生产环境和生产用水检测报告；(10)省级卫生行政部门要求提供的其他材料。

此外，《消毒产品生产企业卫生规范》对消毒产品生产企业的生产环境与布局、生产区卫生要求、原材料、产品包装及仓储卫生要求、卫生质量控制、人员要求进行了规定。

三、消毒产品的监督

2014年7月3日，原国家卫计委印发《消毒产品卫生监督工作规范》，进一步规范消毒产品卫生监督工作。县级以上地方卫生行政部门及其综合监督执法机构依据《传染病防治法》《消毒管理办法》等有关法律法规规定，对消毒产品生产企业、进口消毒产品在华责任单位以及消毒产品的经营、使用单位进行卫生监督检查的活动。

我国按照消毒产品用途、使用对象的风险程度实行分类管理。第一类是具有较高风险,需要严格管理以保证安全、有效的消毒产品,包括用于医疗器械的高水平消毒剂和消毒器械、灭菌剂和灭菌器械、皮肤黏膜消毒剂、生物指示物和灭菌效果化学指示物。第二类是具有中度风险,需要加强管理以保证安全、有效的消毒产品,包括除第一类产品外的消毒剂、消毒器械以及抗(抑)菌制剂。第三类是风险程度较低,实行常规管理可以保证安全、有效的除抗(抑)菌制剂外的卫生用品。同一个消毒产品涉及不同类别时,应当以较高风险类别进行管理。

消毒产品监督主要针对消毒产品生产企业、在华责任单位和消毒产品经营、使用单位开展监督。

四、违反消毒产品管理的法律责任

(一)行政责任

违反消毒产品管理相关法律法规的,将受到责令限期改正、5000 元以上 20000 元以下的罚款等行政处罚。

(二)民事责任

根据《民法通则》《侵权责任法》等法律规定,消毒产品造成人身伤害后果的,具有直接责任的生产企业和经营单位或个人承担相应的民事赔偿责任。

(三)刑事责任

违反消毒产品相关规定,构成犯罪的,司法机关依法以生产、销售伪劣商品罪、危害公共安全罪等罪名追究刑事责任。

【思考题】

1. 我国存在哪几种献血形式?我国实行何种献血制度?
2. 我国医疗器械管理是如何分类的?
3. 我国消毒产品的生产管理主要受哪些法律法规约束?

第八章　公共卫生监督法律制度

【本章要点】

公共卫生监督是国家以保护公众健康为目的，对社会公共卫生事务所进行的行政管理，它是国家医药卫生执法的重要组成部分。随着社会的发展，我国人民对于生活环境以及公共卫生方面的要求也越来越高，而卫生监督工作也正是人民生活环境和人民身体健康的重要保障。我国实行公共场所卫生许可制度和放射卫生许可制度，并对公共场所卫生、学校卫生、放射卫生和生活饮用水卫生的监督机构及其职责作了法律规定。我国法律规定了突发公共卫生事件的预防与应急准备、报告与信息发布、应急处理等制度以及相关法律责任。

第一节　公共场所卫生监督法律制度概述

一、公共场所卫生监督及其依据

公共场所是提供公众进行工作、学习、经济、文化、社交、娱乐、体育、参观、医疗、卫生、休息、旅游和满足部分生活需求所使用的一切公用建筑物、场所及其设施的总称。[1] 按其用途大致可分为生活服务设施、文娱体育设施、公共福利设施及公共交通设施。公共场所的范围十分宽泛，但纳入监督范围的仅限于法定的公共场所。对此，《公共场所卫生管理条例》将公共场所列举为：(1)宾馆、饭馆、旅店、招待所、车马店、咖啡馆、酒吧、茶座；(2)公共浴室、理发店、美容店；(3)影剧院、录像厅(室)、游艺厅(室)、舞厅、音乐厅；(4)体育场(馆)、游泳场(馆)、公园；(5)展览馆、博物馆、美术馆、图书馆；(6)商场(店)、书店；(7)候诊室、候车(机、船)室、公共交通工具。上述立法将法定公共场所的范围作出了明确列举，其优点是明确、具体，但这种列举式的立法模式也存在较为突出的弊端，如缺乏周延性和包容性，难以将一些新型的公共场所纳入监管范围，如集市、网吧、证券交易所等。

---

〔1〕 杜锦龙：《调查我国公共场所的易发事故》，载《城市与减灾》2008 年第 3 期。

公共场所人流聚集，人员不固定，健康与非健康人员交杂，设施和用具反复使用，极易受到污染，造成疾病流行。因此，公共场所的卫生直接关乎公众的健康，应成为卫生监督的重点领域。我国公共卫生监督管理是卫生行政机关通过强制性监督形式，施行卫生许可制度，要求公共场所的经营者在经营活动中涉及与人体健康相关的卫生行为和卫生管理行为必须符合国家有关要求。1987 年国务院颁布的《公共场所卫生管理条例》、原卫生部颁布的《公共场所卫生管理条例实施细则》成为公共卫生监督管理的法律依据。2011 年 3 月，原卫生部对《公共场所卫生管理条例实施细则》进行修订，使之更加适应当前公共场所卫生监管的需要。此外，相关部门还颁布了 10 余项公共场所国家卫生标准，从而构成公共场所卫生监督的法律体系。

二、我国公共卫生监督管理情况

新中国成立后，公共卫生监督管理体制仿照苏联的体制设立，由各级卫生防疫站承担防治疾病、提供公共卫生服务并履行监督管理公共卫生的行政执法任务。很快，这种运行体制就不能适应社会经济发展的要求，政事不分不但不符合依法行政的原则，同时还会阻碍公共卫生监督管理体系和疾病预防控制事业的发展。

改革的序幕渐渐拉开，1997 年党中央、国务院下发了《关于卫生改革与发展的决定》，2000 年原卫生部于下发了《关于卫生监督体制改革实施的若干意见》，将公共卫生监督管理作为国家管理卫生事业的方式确定下来，加强了政府的主导作用。2001 年我国实施公共卫生监督管理体制改革，首先撤销原卫生防疫站，按政事分开的原则，分别组建卫生监督所和疾病预防控制中心。到目前，省市县三级公共卫生监督管理机构框架已经成型，公共卫生监督管理事业从小到大，经受了几次重大突发公共事件的检验，比如非典，奥运会保障等任务，圆满地完成了各项卫生监督管理工作，为维护公共卫生秩序、保护公众健康权益、支持社会经济发展做出了巨大贡献。

2014 年依据党的十八大会议精神和新一轮“大部制”改革方案及《国务院机构改革和职能转变方案（草案）》组建国家卫生和计划生育委员会。整合卫生计生系统的监督管理队伍，加强优势互补，实行综合监督管理，通过整合使卫生行政监督管理力量队伍不打断壮大，结构不断优化。

2018 年国务院机构改革方案通过，根据该方案，不再保留国家卫生和计划生育委员会，组建国家卫生健康委员会。“卫计委”变身“卫健委”，虽仅有一字之差，但从称谓和架构上足以看出了突出健康这一核心目标导向，也更加明确了卫生工作是手段，国民健康是目的，强调了行政主管部门在预防控制疾病、保护维护促进国民健康中的作用。

三、公共场所的卫生许可

卫生许可是公共场所卫生监督的重要组成部分。公共场所经营者应当按照规定向县级以上地方人民政府卫生行政部门申请卫生许可证。未取得卫生许可证的,不得营业。同时,公共场所卫生许可是办理工商登记的前置程序,经营者只有取得公共场所卫生许可证才能向工商行政部门办理营业执照。

公共场所经营者申请卫生许可证的,应当提交下列资料:(1)卫生许可证申请表;(2)法定代表人或者负责人身份证明;(3)公共场所地址方位示意图、平面图和卫生设施平面布局图;(4)公共场所卫生检测或者评价报告;(5)公共场所卫生管理制度;(6)省、自治区、直辖市卫生行政部门要求提供的其他材料。使用集中空调通风系统的,还应当提供集中空调通风系统卫生检测或者评价报告。

县级以上地方人民政府卫生行政部门应当自受理公共场所卫生许可申请之日起20日内,对申报资料进行审查,对现场进行审核,符合规定条件的,作出准予公共场所卫生许可的决定;对不符合规定条件的,作出不予行政许可的决定并书面说明理由。公共场所卫生许可证有效期限为四年,每两年复核一次。

四、公共场所的卫生管理

公共场所卫生安全主要由经营者负责落实,公共场所的法定代表人或者负责人是其经营场所卫生安全的第一责任人。因此,经营者应采取相应的卫生管理措施,使其经营场所达到相应的卫生标准和要求。

(一)建立卫生管理制度

1. 健全管理机构。公共场所经营者应当设立卫生管理部门或者配备专(兼)职卫生管理人员,具体负责本公共场所的卫生工作,建立健全卫生管理制度和卫生管理档案。

2. 卫生培训制度。公共场所经营者应当建立卫生培训制度,组织从业人员学习相关卫生法律知识和公共场所卫生知识,并进行考核。对考核不合格的,不得安排上岗。

3. 健康检查制度。公共场所经营者应当组织从业人员每年进行健康检查,从业人员在取得有效健康合格证明后方可上岗。患有痢疾、伤寒、甲型病毒性肝炎、戊型病毒性肝炎等消化道传染病的人员,以及患有活动性肺结核、化脓性或者渗出性皮肤病等疾病的人员,治愈前不得从事直接为顾客服务的工作。

4. 制定应急预案。公共场所经营者应当制定公共场所危害健康事故应急预案或者方案,定期检查公共场所各项卫生制度、措施的落实情况,及时消除危害公众健康的隐患。

(二)公共场所的卫生要求

1. 室内空气质量符合国家卫生标准和要求。公共场所经营者应当保持公共场所空气流通,室内空气质量应当符合国家卫生标准和要求。公共场所采用集中空调通风系统的,应当符合公共场所集中空调通风系统相关卫生规范和规定的要求。

2. 饮用水符合卫生标准。公共场所经营者提供给顾客使用的生活饮用水应当符合国家生活饮用水卫生标准要求。游泳场(馆)和公共浴室水质应当符合国家卫生标准和要求。

3. 照明采光、噪声符合国家卫生标准。公共场所的采光照明、噪声应当符合国家卫生标准和要求。公共场所应当尽量采用自然光。自然采光不足的,公共场所经营者应当配置与其经营场所规模相适应的照明设施。公共场所经营者应当采取措施降低噪声。

4. 保证用品用具卫生安全。公共场所经营者提供给顾客使用的用品用具应当保证卫生安全,可以反复使用的用品用具应当一客一换,按照有关卫生标准和要求清洗、消毒、保洁。禁止重复使用一次性用品用具。

5. 设置卫生设施设备。公共场所经营者应当根据经营规模、项目设置清洗、消毒、保洁、盥洗等设施设备和公共卫生间。公共场所经营者应当建立卫生设施设备维护制度,定期检查卫生设施设备,确保其正常运行,不得擅自拆除、改造或者挪作他用。公共场所设置的卫生间,应当有单独通风排气设施,保持清洁无异味。公共场所经营者应当配备安全、有效的预防控制蚊、蝇、蟑螂、鼠和其他病媒生物的设施设备及废弃物存放专用设施设备,并保证相关设施设备的正常使用,及时清运废弃物。

6. 采取控烟措施。公共场所经营者应当设置醒目的禁止吸烟警语和标志,并不得设置自动售烟机。室内公共场所禁止吸烟,室外公共场所设置的吸烟区不得位于行人必经的通道上。公共场所经营者应当开展吸烟危害健康的宣传,并配备专(兼)职人员对吸烟者进行劝阻。

五、公共场所的卫生监督及其措施

公共场所的卫生监督由卫生行政部门负责,具体可采取以下监管措施:

1. 实施卫生许可和办理预防性卫生审查。一是对公共场所实行卫生许可证管理,受理、审查和决定公共场所卫生许可证;二是依法对新建、改建、扩建公共场所办理预防性卫生审查手续。

2. 开展公共场所健康危害因素的监测。县级以上人民政府卫生行政部门应当组织对公共场所的健康危害因素进行监测、分析,为制定法律法规、卫生标准和实施监督管理提供科学依据。

3. 开展日常性监督检查。县级以上地方人民政府卫生行政部门对公共场所进行监督检查,可依法采取以下措施:(1)现场检查。采取现场卫生监测、采样、查阅和复制文件、询问等方法,对公共场所进行现场检查。(2)对公共场所卫生监督抽检,并将抽检结果向社会公布。(3)采取临时控制措施。对发生危害健康事故的公共场所,可以依法采取封闭场所、封存相关物品等临时控制措施。

4. 处罚违法行为。公共场所经营者违反《公共场所卫生管理条例》《公共场所卫生管理条例实施细则》和其他卫生法律、行政法规规定的，卫生行政主管部门可依法进行处罚。

第二节 学校卫生监督法律制度

一、学校卫生监督及其依据

学校卫生监督是卫生行政部门及其卫生监督机构依据法律、法规、规章对辖区内学校的卫生工作进行检查指导，督促改进，并对违反相关法律法规规定的单位和个人依法追究其法律责任的卫生行政执法活动。[1]

县级以上卫生行政部门实施学校卫生监督指导工作，各级卫生监督机构在同级卫生行政部门领导下承担学校卫生监督工作任务。

学校卫生是公共卫生的重要组成部分，也是学校教育与管理的重要内容。学校卫生工作的主要任务是监测学生健康状况、开展健康教育、改善学校卫生环境和教学卫生条件、加强传染病、学生常见病的预防和治疗等，目的是消除各种不利于在校学生健康的因素，提高学生的健康水平。学校卫生，包括中小学、农业中学、职业中学、中等专业学校、技工学校、普通高等学校的卫生。

学校卫生监督最主要的法律依据是原国家教委和原卫生部经国务院批准所颁布的《学校卫生工作条例》（国家教育委员会令第10号、卫生部令第1号，1990年6月4日）。针对学生集体用餐问题，相关部门还制定了《学生集体用餐卫生监督办法》（卫生部令第48号，1996年8月27日）、《学校食堂与学生集体用餐卫生管理规定》（教育部、卫生部令第14号，2002年9月20日）等部门规章，并颁布《中小学校教室采光和照明卫生标准》（GB7793－1987）、《小学生一日学习时间卫生标准》（GB/T17223－1998）等卫生标准。此外，《食品安全法》《传染病防治法》《公共场所卫生管理条例》《生活饮用水卫生监督管理办法》《餐饮业卫生管理办法》等诸多法律法规也是学校卫生监督的重要法律依据。

二、学校卫生监督的内容

（一）教学、生活环境卫生监督

教学、生活环境卫生监督内容包括：（1）教室人均面积、环境噪声、室内微小气候、采光、照明等环境卫生质量情况；（2）黑板、课桌椅等教学设施的设置情况；（3）学生宿舍、厕所等生活设施卫生情况。

---

[1] 户丽莹：《2015年安阳市北关区传染病漏报及报告质量调查》，载《大家健康》（学术版）2016年第6期。

(二)传染病防控工作的卫生监督内容

传染病防控工作的卫生监督内容包括:(1)传染病防控制度建立及措施落实情况;(2)学校依法履行传染病疫情报告职责情况;(3)发生传染病后防控措施落实情况。

(三)生活饮用水卫生监督

生活饮用水卫生监督内容:(1)生活饮用管理制度建立及措施落实情况;(2)生活饮用水水质情况;(3)学校内供水设施卫生许可、管理情况;(4)供、管水人员持有效"健康合格证明"和"卫生培训合格证明"情况;(5)学校索取涉水产品有效卫生许可批件情况;(6)学校内供水水源防护情况。

(四)学校内设医疗机构或保健室卫生监督

学校内设医疗机构或保健室卫生监督内容包括:(1)医疗机构或保健室设置及学校卫生工作开展情况;(2)医疗机构持有效执业许可证、医护人员持有效执业资质证书情况;(3)医疗机构传染病疫情报告、消毒隔离、医疗废物处置情况。

(五)学校内游泳场所的卫生监督

学校内游泳场所的卫生监督内容包括:(1)持有卫生许可证的情况,从业人员健康检查和培训考核情况;(2)卫生管理制度落实及卫生管理人员配备情况;(3)游泳场所水质净化、消毒情况;(4)传染病和健康危害事故应急工作情况。

(六)学校预防性卫生监督

学校预防性卫生监督内容是根据教育行政部门或学校申请,对新建、改建、扩建校舍的选址、设计监督指导并参与竣工验收。

三、学校卫生监督机构及其职责

学校卫生监督工作由县级以上卫生行政部门承担,其职责包括:(1)对新建、改建、扩建校舍的选址、设计实行卫生监督;(2)对学校内影响学生健康的学习、生活、劳动、环境、食品等方面的卫生和传染病防治工作实行卫生监督;(3)对学生使用的文具、娱乐器具、保健用品实行卫生监督。

在监督过程中,卫生行政部门可依法对违反《学校卫生工作条例》的违法行为给予行政处罚。具体情形包括:(1)未经卫生行政部门许可新建、改建、扩建校舍的,由卫生行政部门对直接责任单位或者个人给予警告、责令停止施工或者限期改建;(2)学校环境、设施不符合国家有关标准的,由卫生行政部门对直接责任单位或者个人给予警告并责令限期改进;(3)学校违反法律规定组织学生参加劳动,致使学生健康受到损害的,由卫生行政部门对直接责任单位或者个人给予警告,责令限期改进;(4)供学生使用的文具、娱乐器具、保健用品不符合国家有关卫生标准的,由卫生行政部门对直接责任单位或者个人给予警告。情节严重的,可以会同工商行政部门没收其不符合国家有关卫生标准的物品,并处以非法所得两倍以下的罚款。

第三节　放射卫生监督法律制度

一、放射卫生监督及其依据

放射卫生监督管理是为保证国家放射卫生法律、法规贯彻实施而进行的监督活动,国家通过放射卫生立法,建立监管机构和技术支撑机构,制定放射卫生管理制度,对放射有关的活动进行监督检查、评价和处理等方式加以实现。

放射性同位素和射线装置已被广泛运用于工业生产、医疗等领域,并产生巨大的经济、社会效益,但放射性同位素和射线装置伴有一定的危险性,若使用不当或防护措施不到位,很可能对相关工作人员、公众健康乃至生态环境造成严重危害。对放射卫生进行监督就是为了预防、控制和消除放射性危害,尽可能降低或避免放射工作人员、患者及公众的受照剂量,防止或减少放射损伤现象的发生,保障放射工作人员、患者及公众的身体健康与生命安全,促进核能和射线技术的合理应用及可持续发展。

我国历来重视放射卫生防护的立法工作,早在20世纪60年代,国务院就颁布了《放射性工作卫生防护暂行规定》等规范性文件,并逐步形成以行政法规、规章、标准为主体的放射卫生防护规范体系。目前,有关放射卫生防护的法律依据主要包括《职业病防治法》《放射性污染防治法》《放射性同位素与射线装置安全和防护条例》《放射性同位素与射线装置安全许可管理办法》《放射性同位素与射线装置安全和防护管理办法》《放射诊疗管理规定》《放射工作人员职业健康管理办法》。

二、放射卫生许可制度

(一)放射性同位素和射线装置的许可

生产、销售、使用放射性同位素和射线装置的单位,应当依法取得许可证。生产放射性同位素、销售和使用Ⅰ类放射源、销售和使用Ⅰ类射线装置的单位的许可证,由国务院环境保护主管部门审批颁发。上述情形之外的单位的许可证,由省、自治区、直辖市人民政府环境保护主管部门审批颁发。生产、销售、使用放射性同位素和射线装置的单位申请领取许可证,应当具备下列条件:(1)有与所从事的生产、销售、使用活动规模相适应的,具备相应专业知识和防护知识及健康条件的专业技术人员;(2)有符合国家环境保护标准、职业卫生标准和安全防护要求的场所、设施和设备;(3)有专门的安全和防护管理机构或者专职、兼职安全和防护管理人员,并配备必要的防护用品和监测仪器;(4)有健全的安全和防护管理规章制度、辐射事故应急措施;(5)产生放射性废气、废液、固体废物的,具有确保放射性废气、废液、固体废物达标排放的处理能力或者可行的处理方案。环境保护主管部门应当自受理申请之日起20个工作日内完成审查,符合条件的,颁发许可证,并予以公告;不符合条件的,书面通知申请单位并说明理由。

(二)医疗机构放射诊疗的许可

1. 放射诊疗建设项目的许可。医疗机构设置放射诊疗项目,应当按照其开展的放射诊疗工作的类别,分别向相应的卫生行政部门提出建设项目卫生审查、竣工验收和设置放射诊疗项目申请:(1)开展放射治疗、核医学工作的,向省级卫生行政部门申请办理;(2)开展介入放射学工作的,向设区的市级卫生行政部门申请办理;(3)开展X射线影像诊断工作的,向县级卫生行政部门申请办理。同时开展不同类别放射诊疗工作的,向具有高类别审批权的卫生行政部门申请办理。

对于放射诊疗建设项目的卫生审查和竣工验收,其具体程序为:(1)放射诊疗建设项目的卫生审查。新建、扩建、改建放射诊疗建设项目,医疗机构应当在建设项目施工前向相应的卫生行政部门提交职业病危害放射防护预评价报告,申请进行建设项目卫生审查。立体定向放射治疗、质子治疗、重离子治疗、带回旋加速器的正电子发射断层扫描诊断等放射诊疗建设项目,还应当提交卫生部指定的放射卫生技术机构出具的预评价报告技术审查意见。卫生行政部门应当自收到预评价报告之日起三十日内,作出审核决定。经审核符合国家相关卫生标准和要求的,方可施工。(2)卫生验收。医疗机构在放射诊疗建设项目竣工验收前,应当进行职业病危害控制效果评价,并向相应的卫生行政部门提交相关资料,申请进行卫生验收。

2. 放射诊疗许可。医疗机构在开展放射诊疗工作前,应向相应的卫生行政部门提出放射诊疗许可申请,并具备以下基本条件:(1)具有经核准登记的医学影像科诊疗科目;(2)具有符合国家相关标准和规定的放射诊疗场所和配套设施;(3)具有质量控制与安全防护专(兼)职管理人员和管理制度,并配备必要的防护用品和监测仪器;(4)产生放射性废气、废液、固体废物的,具有确保放射性废气、废液、固体废物达标排放的处理能力或者可行的处理方案;(5)具有放射事件应急处理预案。在医疗机构提出申请后,卫生行政部门应当自受理之日起二十日内作出审查决定,对合格的予以批准,发给《放射诊疗许可证》。医疗机构取得《放射诊疗许可证》后,到核发《医疗机构执业许可证》的卫生行政执业登记部门办理相应诊疗科目登记手续。执业登记部门应根据许可情况,将医学影像科核准到二级诊疗科目。未取得《放射诊疗许可证》或未进行诊疗科目登记的,不得开展放射诊疗工作。

三、放射卫生防护

(一)放射性标志制度

生产、销售、使用、贮存放射性同位素和射线装置的场所,应当按照国家有关规定设置明显的放射性标志,其入口处应当按照国家有关安全和防护标准的要求,设置安全和防护设施以及必要的防护安全联锁、报警装置或者工作信号。射线装置的生产调试和使用场所,应当具有防止误操作、防止工作人员和公众受到意外照射的安全措施。放射性同位素的包装容器、含放射性同位素的设备和射线装置,应当设置明显的放射性标识和中文警示说明;放射源上能够设置放射性标识的,应当一并设置。运输放射性同位素和含放射源的射线装置的工具,应当按照国家有关规定设置明显的放射性标志或者显示危险信号。

(二)放射性物质储存保管制度

放射性同位素和被放射性污染的物品应当单独存放,不得与易燃、易爆、腐蚀性物品等一起存放,并指定专人负责保管。贮存、领取、使用、归还放射性同位素时,应当进行登记、检查,做到账物相符。对放射性同位素贮存场所应当采取防火、防水、防盗、防丢失、防破坏、防射线泄漏的安全措施。

(三)放射诊疗安全防护

医疗机构为确保射诊疗工作的质量和安全防护,应依法采取以下措施:(1)配备专(兼)职的管理人员,负责放射诊疗工作的质量保证和安全防护。(2)应当定期对放射诊疗工作场所、放射性同位素储存场所和防护设施进行放射防护检测,保证辐射水平符合有关规定或者标准。(3)放射性同位素不得与易燃、易爆、腐蚀性物品同库储存。储存场所应当采取有效的防泄漏等措施,并安装必要的报警装置。(4)放射性同位素储存场所应当有专人负责,有完善的存入、领取、归还登记和检查的制度,做到交接严格,检查及时,账目清楚,账物相符,记录资料完整。(5)按照有关规定和标准,对放射诊疗工作人员进行上岗前、在岗期间和离岗时的健康检查,定期进行专业及防护知识培训,并分别建立个人剂量、职业健康管理和教育培训档案。(6)制定防范和处置放射事件的应急预案;发生放射事件后应当立即采取有效应急救援和控制措施,防止事件的扩大和蔓延。

四、放射卫生监督机构及其职责

依据现行法律法规的规定,放射卫生监督由环境保护、卫生和公安三个行政部门负责。其中,国务院环境保护主管部门对全国放射性同位素、射线装置的安全和防护工作实施统一监督管理,县级以上地方人民政府环境保护主管部门和其他有关部门负责对本行政区域内放射性同位素、射线装置的安全和防护工作实施监督管理,其主要职责包括:(1)依法对生产、销售、使用放射性同位素、射线装置的单位进行监督检查;(2)对生产、销售、使用放射性同位素、射线装置的单位行使行政许可,颁发许可证;(3)负责废旧放射源与被放射性污染物品的监督管理;(4)会同公安、卫生等主管部门调查、处理辐射事故。

卫生行政部门负责放射诊疗工作的监督管理,包括负责放射诊疗的设置与批准,对医疗机构的放射诊疗工作进行监督检查,具体内容为:(1)执行法律、法规、规章、标准和规范等情况;(2)放射诊疗规章制度和工作人员岗位责任制等制度的落实情况;(3)健康监护制度和防护措施的落实情况;(4)放射事件调查处理和报告情况。

公安机关对放射性同位素、射线装置应用中的安全保卫实施监督管理,其主要职责是:(1)登记放射性同位素和射线装置;(2)检查放射性同位素、射线装置保存、保管的安全性;(3)负责丢失和被盗放射源的立案、侦查和追缴;(4)参与放射事故的调查。

第四节　生活饮用水卫生监督法律制度

一、生活饮用水卫生监督及其依据

"生活饮用水"是供人生活的饮水和生活用水。作为人们生存和生活的必需品,生活饮用水的卫生安全直接关系到公众的生活质量和生命健康。

我国生活饮用水的立法从标准开始,1955 年新中国成立后制定了《自来水水质暂行标准》,这是中国历史上第一个生活饮用水卫生标准。1985 年原卫生部发布了第一个生活饮用水国家标准《生活饮用水卫生标准》。除此之外,国家制定了一系列有关生活饮用水卫生管理与监督的法律、法规、规章、标准等规范性文件。《环境保护法》《水污染防治法》《食品安全法》《传染病防治法》等法律法规对饮用水水源的保护和饮用水水质标准等作出了原则性规定。同时,国务院、原卫生部等还制定了有关饮用水卫生管理的专门法规和规章,包括《城市供水条例》《生活饮用水卫生监督管理办法》《城市供水水质管理规定》《生活饮用水卫生规范》《生活饮用水卫生标准》(GB5749 - 2006)等。

二、生活饮用水的卫生管理

(一)供水单位的分类

1. 集中式供水。集中式供水,是指自水源集中取水,通过输配水管网送到用户或者公共取水点的供水方式,包括自建设供水。为用户提供日常饮用水的供水站和为公共场所、居民社区提供的分质供水也属于集中式供水。

2. 二次供水。二次供水,是指集中式供水在入户之前经再度存储、加压和消毒或深度处理,通过管道或容器输送给用户的供水方式。

(二)生活饮用水水质卫生要求

供水单位供应的饮用水必须符合国家生活饮用水卫生标准,水质卫生符合以下基本要求:(1)生活饮用水中不得含有病原微生物;(2)生活饮用水中化学物质不得危害人体健康;(3)生活饮用水中放射性物质不得危害人体健康;(4)生活饮用水的感官性状良好;(5)生活饮用水应经消毒处理;(6)消毒剂余量均应符合标准;(7)生活饮用水水质应符合常规指标、非常规指标及其限值要求。

（三）供水过程的卫生要求

供水单位在供水过程中应符合以下要求：(1) 供水单位应建立饮用水卫生管理规章制度，配备专职或兼职人员，负责饮用水卫生管理工作。(2) 集中式供水单位必须有水质净化消毒设施及必要的水质检验仪器、设备和人员，对水质进行日常性检验，并向当地人民政府卫生行政部门和建设行政主管部门报送检测资料。(3) 直接从事供、管水的人员必须取得体检合格证后方可上岗工作，并每年进行一次健康检查。凡患有痢疾、伤寒、病毒性肝炎、活动性肺结核、化脓性或渗出性皮肤病及其他有碍饮用水卫生的疾病的和病原携带者，不得直接从事供、管水工作。直接从事供、管水的人员，未经卫生知识培训不得上岗工作。(4) 饮用水水源地必须设置水源保护区。保护区内严禁修建任何可能危害水源水质卫生的设施及一切有碍水源水质卫生的行为。(5) 二次供水设施选址、设计、施工及所用材料，应保证不使饮用水水质受到污染，并有利于清洗和消毒。各类蓄水设施要加强卫生防护，定期清洗和消毒。(6) 当饮用水被污染，可能危及人体健康时，有关单位或责任人应立即采取措施，消除污染，并向当地人民政府卫生行政部门和建设行政主管部门报告。

三、生活饮用水的卫生监督

（一）生活饮用水预防性卫生监督

1. 卫生许可

国家对供水单位和涉及饮用水卫生安全的产品实行卫生许可制度。任何单位和个人不得生产、销售、使用无批准文件的涉及饮用水卫生安全的产品。供水单位卫生许可证有效期 4 年，每年复核一次。

城市自来水供水企业和自建设施对外供水的企业还必须取得建设行政主管部门颁发的《城市供水企业资质证书》。

2. 卫生审查

供水单位新建、改建、扩建的饮用水供水工程项目，应当符合卫生要求，选址和设计审查、竣工验收必须有建设、卫生行政主管部门参加。

新建、改建、扩建的城市公共饮用水供水工程项目，卫生行政部门应参加选址和设计审查、竣工验收。

3. 健康检查

直接从事供、管水人员，即从事净水、取样、化验、二次供水卫生管理及水池、水箱清洗人员，必须取得体检合格证后方可上岗，并每年进行一次健康检查。凡患有痢疾、伤寒、病毒性肝炎、活动性肺结核、化脓性或渗出性皮肤病及其他有碍饮用水卫生的疾病的和病原携带者，不得直接从事供、管水工作。直接从事供、管水的人员，未经卫生知识培训不得上岗工作。

（二）生活饮用水经常性卫生监督

生活饮用水经常性卫生监督，主要包括：(1) 建立健全的各类水源的供、用水设施基本情况档案。(2)对供、用水单位及有关涉及饮用水卫生安全的产品进行卫生监督。(3)本行政区域内饮用水的水源水质监测和评价。(4)对从业人员进行健康检查和卫生知识培训。(5)负责本行政区域内饮用水污染事故对人体健康影响的调查。当发现饮用水污染危及人体健康,须停止使用时,对二次供水单位应责令其立即停止供水;对集中式供水单位应当会同城市建设行政主管部门报同级人民政府批准后停止供水。(6)对供水单位的违法行为依法采取行政处罚。

第五节　突发公共卫生事件应急处理法律制度

一、突发公共卫生事件应急处理概述

(一)突发公共卫生事件的概念

"突发公共卫生事件"是指突然发生,造成或者可能造成社会公众健康严重损害的重大传染病疫情、群体性不明原因疾病、重大食物和职业中毒以及其他严重影响公众健康的事件。突发公共卫生事件较于普通事件具有以下特征:(1)突发性,事件的发生没有特别的发生方式,比较突然、难以预测,难以防范。(2)公共性,事件发生在公共卫生领域,涉及公共利益和公共健康,不限于特定领域或群体。(3)复杂性,突发公共卫生事件的复杂性表现在成因复杂,种类复杂,影响复杂。(4)危害性,突发公共卫生事件可能造成公众健康的严重危害,尤其是突发传染病、群体性不明原因疾病等,往往可能造成社会恐慌,从而影响社会稳定,并对生产生活产生严重影响。具有严重的社会危害性。

根据突发公共卫生事件性质、危害程度、涉及范围,《国家突发公共卫生事件应急预案》将突发公共卫生事件划分为特别重大(Ⅰ)、重大(Ⅱ)、较大(Ⅲ)和一般(Ⅳ),依次用红色、橙色、黄色、蓝色进行预警。根据事件发生的性质和原因,突发公共卫生事件可分为四类:(1)重大传染病疫情;(2)群体性不明原因疾病;(3)重大食物中毒和职业中毒;(4)其他严重影响公众健康的事件。

(二)突发公共卫生事件的应急处置原则及指挥机构

《突发事件应对法》规定,突发事件应对工作实行预防为主、预防与应急相结合的原则。《突发公共卫生事件应急条例》规定,突发事件应急工作,应当遵循预防为主、常备不懈的方针,贯彻统一领导、分级负责、反应及时、措施果断、依靠科学、加强合作的原则。

应对和处置突发事件是政府的重要职责。对此,《突发事件应对法》明确规定:"国家建立统一领导、综合协调、分类管理、分级负责、属地管理为主的应急管理体制。"其中,建立突发公共卫生事件的指挥机构是应急管理体制的重要内容。

突发公共卫生事件的指挥机构分为国家、省级、地市级和县级四级。突发事件

发生后,国务院设立全国突发事件应急处理指挥部,由国务院有关部门和军队有关部门组成,国务院主管领导人担任总指挥,负责对全国突发事件应急处理的统一领导、统一指挥。国务院卫生行政主管部门和其他有关部门,在各自的职责范围内做好突发事件应急处理的有关工作。省、自治区、直辖市人民政府成立地方突发事件应急处理指挥部,省、自治区、直辖市人民政府主要领导人担任总指挥,负责领导、指挥本行政区域内突发事件应急处理工作。县级以上地方人民政府卫生行政主管部门,具体负责组织突发事件的调查、控制和医疗救治工作。县级以上地方人民政府有关部门,在各自的职责范围内做好突发事件应急处理的有关工作。

二、突发公共卫生事件的预防与应急准备

(一)制定应急预案

《突发公共卫生事件应急条例》规定,国务院卫生行政主管部门按照分类指导、快速反应的要求,制定全国突发事件应急预案,报请国务院批准。省、自治区、直辖市人民政府根据全国突发事件应急预案,结合本地实际情况,制定本行政区域的突发事件应急预案。

应急预案应当包括以下主要内容:(1)突发事件应急处理指挥部的组成和相关部门的职责;(2)突发事件的监测与预警;(3)突发事件信息的收集、分析、报告、通报制度;(4)突发事件应急处理技术和监测机构及其任务;(5)突发事件的分级和应急处理工作方案;(6)突发事件预防、现场控制,应急设施、设备、救治药品和医疗器械以及其他物资和技术的储备与调度;(7)突发事件应急处理专业队伍的建设和培训。突发事件应急预案应当根据突发事件的变化和实施中发现的问题及时进行修订、补充。

(二)建立预防控制体系

《突发公共卫生事件应急条例》规定,国家建立统一的突发事件预防控制体系。县级以上地方人民政府应当建立和完善突发事件监测与预警系统。各级卫生行政部门应当指定机构负责开展突发事件的日常监测,并确保监测与预警系统的正常运行。监测与预警工作应当根据突发事件的类别,制定监测计划,科学分析、综合评价监测数据。对早期发现的潜在隐患以及可能发生的突发事件,应当依照该条例规定的报告程序和时限及时报告。

(三)应急准备

国务院有关部门和县级以上地方人民政府及其有关部门,应当根据突发事件应急预案的要求,保证应急设施、设备、救治药品和医疗器械等物资储备。县级以上各级人民政府应当加强急救医疗服务网络的建设,配备相应的医疗救治药物、技术、设备和人员,提高医疗卫生机构应对各类突发事件的救治能力。县级以上地方人民政府卫生行政主管部门,应当定期对医疗卫生机构和人员开展突发事件应急处理相关知识、技能的培训,定期组织医疗卫生机构进行突发事件应急演练,推广

最新知识和先进技术。县级以上人民政府应组织有关部门利用广播、影视、报刊、互联网等多种形式对社会公众广泛开展突发公共卫生事件应急知识的普及教育，增强全社会对突发事件的防范意识和应对能力。

三、突发公共卫生事件的应急处理

（一）启动应急预案

突发事件发生后，卫生行政主管部门应当组织专家对突发事件进行综合评估，初步判断突发事件的类型，提出是否启动突发事件应急预案的建议。启动应急预案的建议，主要考虑以下几个方面：(1)突发公共卫生事件的类型和性质；(2)突发公共卫生事件的影响面及严重程度；(3)目前已采取的紧急控制措施及控制效果；(4)突发公共卫生事件的未来发展趋势；(5)启动应急处理机制是否需要。

在全国范围内或者跨省、自治区、直辖市范围内启动全国突发事件应急预案，由国务院卫生行政主管部门报国务院批准后实施。省、自治区、直辖市启动突发事件应急预案，由省、自治区、直辖市人民政府决定，并向国务院报告。

（二）应急处理的督导

在应急预案启动后，根据预案规定，应立即成立突发事件应急处理指挥部。全国突发事件应急处理指挥部对突发事件应急处理工作进行督察和指导，地方各级人民政府及其有关部门应当予以配合。省、自治区、直辖市突发事件应急处理指挥部对本行政区域内突发事件应急处理工作进行督察和指导。

应急预案启动后，突发事件发生地的人民政府有关部门，应当根据预案规定的职责要求，服从突发事件应急处理指挥部的统一指挥，立即到达规定岗位，采取有关的控制措施。医疗卫生机构、监测机构和科学研究机构，应当服从突发事件应急处理指挥部的统一指挥，相互配合、协作，集中力量开展相关的科学研究工作。

（三）应急处理措施

1. 物资保障。突发事件发生后，国务院有关部门和县级以上地方人民政府及其有关部门，应当保证突发事件应急处理所需的医疗救护设备、救治药品、医疗器械等物资的生产、供应；铁路、交通、民用航空行政主管部门应当保证及时运送。

2. 紧急控制措施。根据突发事件应急处理的需要，突发事件应急处理指挥部有权紧急调集人员、储备的物资、交通工具以及相关设施、设备；必要时，对人员进行疏散或者隔离，并可以依法对传染病疫区实行封锁。突发事件应急处理指挥部根据突发事件应急处理的需要，可以对食物和水源采取控制措施。县级以上地方人民政府卫生行政主管部门应当对突发事件现场等采取控制措施，宣传突发事件防治知识，及时对易受感染的人群和其他易受损害的人群采取应急接种、预防性投药、群体防护等措施。

3. 交通控制。交通工具上发现根据国务院卫生行政主管部门的规定需要采取应急控制措施的传染病病人、疑似传染病病人，其负责人应当以最快的方式通知前方停靠点，并向交通工具的营运单位报告。交通工具的前方停靠点和营运单位应当立即向交通工具营运单位行政主管部门和县级以上地方人民政府卫生行政主管部门报告。卫生行政主管部门接到报告后，应当立即组织有关人员采取相应的医学处置措施。交通工具上的传染病病人密切接触者，由交通工具停靠点的县级以上各级人民政府卫生行政主管部门或者铁路、交通、民用航空行政主管部门，根据各自的职责，依照传染病防治法律、行政法规的规定，采取控制措施。

4. 医学措施。医疗卫生机构应当对因突发事件致病的人员提供医疗救护和现场救援，对就诊病人必须接诊治疗，并书写详细、完整的病历记录；对需要转送的病人，应当按照规定将病人及其病历记录的复印件转送至接诊的或者指定的医疗机构。医疗卫生机构内应当采取卫生防护措施，防止交叉感染和污染。医疗卫生机构应当对传染病病人密切接触者采取医学观察措施，传染病病人密切接触者应当予以配合。医疗机构收治传染病病人、疑似传染病病人，应当依法报告所在地的疾病预防控制机构。接到报告的疾病预防控制机构应当立即对可能受到危害的人员进行调查，根据需要采取必要的控制措施。

对传染病暴发、流行区域内流动人口，突发事件发生地的县级以上地方人民政府应当做好预防工作，落实有关卫生控制措施；对传染病病人和疑似传染病病人，应当采取就地隔离、就地观察、就地治疗的措施。

在突发事件中需要接受隔离治疗、医学观察措施的病人、疑似病人和传染病病人密切接触者在卫生行政主管部门或者有关机构采取医学措施时应当予以配合；拒绝配合的，由公安机关依法协助强制执行。

【思考题】

1. 公共场所卫生监督执法中，监督机构可采取哪些监督执法措施？

2. 放射卫生监督中，如何界定相关监督机构的职权及其分工？

3. 突发公共卫生事件的应急处置程序是什么？

4. 突发公共卫生事件的处置过程中，应如何实现公共利益与个人利益之间的平衡？

第九章　疾病预防与控制法律制度

【本章要点】

传染病防治、职业病防治和地方病防治是关系到人民群众生命健康以及国家公共卫生服务质量的重要内容。从立法上对传染病、职业病防治及地方病防治进行制度上的规范和约束也就显得尤为重要。由于传染病防治、职业病防治和地方病防治属于公共卫生服务，其不同于一般医疗服务，需要政府重视和全社会参与，也需要政府财政的投入，因此我国传染病防治法律制度、职业病防治法律制度、地方病防治法律制度中政府部门的职权和职责就显得尤为重要。而这三类疾病的法律制度中还有一个共同的内容，那就是充分贯彻了预防为主与防治结合的原则。在具体的制度中都规定了疾病预防与控制的主管机关、疾病预防与控制的主体、疾病预防与控制的措施，以及疾病预防与控制的主管机关不履行法定职责、疾病预防与控制的主体不履行法定义务及相关单位与个人违法的法律责任。

疾病预防控制是一项保障公众健康、改善民生的重要卫生公益事业。新中国成立以来，中国政府不断加大疾病预防控制工作力度，改革机构设置，有力保障了人民群众健康，为促进经济社会发展做出了重要贡献。从1995年，原卫生部决定在全国实施卫生防疫站评审制度，颁布了《全国卫生防疫站等级评审管理办法(试点方案)》和《全国卫生防疫站评审标准》，到2001年，原卫生部办公厅下发了《关于疾病预防控制体制改革的指导意见》，明确了各级疾病预防控制机构的职能与任务，将原省、地(市)、县卫生防疫站被赋予的卫生执法、监督功能整体划出，有关卫生事业单位中的疾病预防控制、公共卫生技术管理和服务职能集中，增加了预防控制慢性病等功能，卫生防疫站更名为疾病预防控制中心。同年，经国务院批准，国家整合中国预防医学科学院、卫生部工业卫生实验所、中国健康教育研究所、中国农村改水技术中心，组建成立中国疾病预防控制中心。以国家、省、地(市)、县四级疾病预防控制中心为主体的疾病预防控制体系初步形成。中国疾病预防控制中心与原卫生部卫生监督中心于2002年1月23日在北京宣布成立，这是我国公共卫生史上一个重要的里程碑，标志着我国疾病预防控制和卫生监督工作进入了一个新的发展阶段。2003年“非典”疫情的爆发和流行，对我国当时的公共卫生体系是一个重大的考验，在这场战役中凸显了疾病预防控制体系制度不足及力量薄弱。为了完善我国疾病预防控制体系的建设,2004 年,新修订的《中华人民共和国传染病防治法》以法律的形式对各级疾病预防控制机构在防控传染病工作中的职责作出了明确的分工。

在我国疾病预防控制机构建设不断完善过程中,我国在这方面的法制建设也取得了较大进步。在疾病预防控制方面,先后制修订《国境卫生检疫法》《传染病防治法》《职业病防治法》《精神卫生法》等多部法律,颁布实施了《食盐加碘消除碘缺乏危害管理条例》《疫苗流通和预防接种管理条例》《艾滋病防治条例》《血吸虫病防治条例》《结核病防治管理办法》《性病防治管理办法》等多部行政法规、部门规章,国务院办公厅印发《关于加强传染病防治人员安全防护的意见》等政策文件,形成了较为完善的法规政策体系,为依法开展疾病预防控制工作提供了依据。

第一节 传染病防治法律制度

一、传染病的概念

"传染病"是指由病源性细菌、病毒、立克次体和原虫等引起的,能在人与人、动物与动物或人与动物之间相互传播的疾病。[1]

传染病是危害人民身体健康,威胁人民生命的最严重疾病之一。新中国成立后,为了保障人民的生命健康,我国采取了各种防治传染病的措施,取得了显著成绩。消灭了天花;一些危害严重的传染病,例如:鼠疫、霍乱、麻疹、血吸虫病等的发病率得到了较好的控制。2000 年我国实现了无脊髓灰质炎目标,2008 年实现了消除丝虫病的目标,2012 年消除了新生儿破伤风。2004 年以来,我国传染病疫情形势总体平稳,甲乙类传染病年报告发病率、死亡率分别控制在 272/10 万和 1.25/10 万以下。艾滋病疫情快速上升的势头得到有效遏制,提前实现联合国千年发展目标确定的结核病控制指标,血吸虫病疫情降至历史最低水平,5 岁以下儿童乙肝病毒表面抗原携带率由 10% 降至 1% 以下,提前实现了世界卫生组织西太区乙肝控制目标。

二、传染病防治立法

传染病防治法是调整预防、控制和消除传染病的发生与流行,保障人民健康活动中产生的各种社会关系的法律规范的总称。

新中国成立以后,我国传染病的防治工作已初步形成了一套科学的管理制度。1950 年 10 月,中央人民政务院颁布了《关于发动秋季种痘的指示》,同年,原卫生部制定了《种痘暂行办法》。1955 年经国务院批准,原卫生部发布了《传染病管理办法》,首先对传染病进行分类管理。1978 年以后,随着国家法制建设的全面恢

---

〔1〕 蒲川、陈大义主编:《卫生法》,科学出版社 2017 年版,第 188 页。

复,为了加快控制和消灭急性传染病的发生与流行,1978 年 9 月经国务院批准,原卫生部发布了《中华人民共和国急性传染病管理条例》。之后,原卫生部又颁布了一系列规章制度,例如:《预防接种工作实施办法》《家犬管理条例》《全国计划免疫工作条例》《流行性出血热防治方案(试行)》等,初步确立了疫情报告、计划免疫、家犬管理等传染病防治和管理的法律制度。为了更好地预防、控制和消灭各类传染病的发生和流行,保障人民身体健康,在总结新中国成立 40 年对传染病防治工作的方针、政策及成功经验的基础上,1989 年 2 月,第七届人大常委会第六次会议通过了《中华人民共和国传染病防治法》,并于同年 9 月 1 日起施行。1991 年 12 月,经国务院批准,原卫生部颁布了《传染病防治法实施办法》。这两部法律法规的实施,系统地确立了我国对传染病的预防、疫情报告与公布、控制和监督的法律制度,标志着我国传染病防治工作开始全面走上法制化管理轨道。《传染病防治法》于 2004 年 8 月 28 日由第十届全国人民代表大会常务委员会第十一次会议修订,后又根据 2013 年 6 月 29 日第十二届全国人民代表大会常务委员会第三次会议《关于修改〈中华人民共和国文物保护法〉等十二部法律的决定》被修正。

为了做好传染病防治工作,我国还制定了以《传染病防治法》为主体的一系列法律规定,如《全国计划免疫工作条例》《结核病防治管理办法》《性病防治管理办法》《艾滋病防治条例》等,对疫情报告、疫情通报的时限和做法,对性病、艾滋病、结核病的防治管理,以及对传染病防治监督处罚程序等作了进一步规定。1997 年 7 月第八届全国人大常委会第二十六次会议通过了《动物防疫法》,完善了对动物防疫的法律制度。1997 年 3 月 14 日第八届全国人大第五次会议修订的《中华人民共和国刑法》以及 2001 年 12 月 29 日第九届全国人大常委会第二十五次会议通过的《中华人民共和国刑法修正案》对违反传染病防治法的犯罪及刑罚作了专门的补充与修改。

三、法定传染病防治的分类管理

根据传染病的危害程度和对其应该采取的预防与控制措施,参照国际上的统一分类标准,并结合我国的实际情况,《传染病防治法》将我国发病率较高、危害严重、流性范围较大的急、慢性传染病列为法定管理的传染病,并根据其传播速度、方式及其危害程度的不同,分为甲、乙、丙三类,施行分类管理。其分类如下:

甲类传染病是指:鼠疫、霍乱;

乙类传染病是指:传染性非典型肺炎、艾滋病、病毒性肝炎、脊髓灰质炎、人感染高致病性禽流感、麻疹、流行性出血热、狂犬病、流行性乙型脑炎、登革热、炭疽、细菌性和阿米巴性痢疾、肺结核、伤寒和副伤寒、流行性脑脊髓膜炎、百日咳、白喉、新生儿破伤风、猩红热、布鲁氏菌病、淋病、梅毒、钩端螺旋体病、血吸虫病、疟疾;

丙类传染病是指:流行性感冒、流行性腮腺炎、风疹、急性出血性结膜炎、麻风病、流行性和地方性斑疹伤寒、黑热病、包虫病、丝虫病,除霍乱、细菌性和阿米巴性痢疾、伤寒和副伤寒以外的感染性腹泻病。

按照《传染病防治法》的规定,对乙类传染病中传染性非典型肺炎、炭疽中的肺炭疽和人感染高致病性禽流感,采取本法所称甲类传染病的预防、控制措施。国务院卫生行政部门根据传染病暴发、流行情况和危害程度,可以决定增加、减少或者调整乙类、丙类传染病病种并予以公布。

在2013年国家卫计委出台了《关于调整部分法定传染病病种管理工作的通知》,在该通知中明确指出将人感染H7N9禽流感纳入法定乙类传染病;将甲型H1N1流感从乙类调整为丙类,并纳入现有流行性感冒进行管理;解除对人感染高致病性禽流感采取的传染病防治法规定的甲类传染病预防、控制措施。

四、传染病预防

国家对传染病实行预防为主的方针,预防为主既可以有效地保护人们的健康,又可以节约大量的医疗卫生资源,是最有效、最经济的做法。传染病的预防工作需要国家各级部门、社会和个人通力合作才能顺利完成,对此,《传染病防治法》对传染病的预防措施作了具体的规定。

(一)明确传染病预防工作的主体及其职责

1.各级人民政府

县级以上人民政府卫生行政部门对传染病防治工作履行以下的监督管理职责:(1)各级人民政府及相关部门应组织开展群众性爱国卫生活动,进行预防传染病的健康教育,倡导文明健康的生活方式,提高公众对传染病的防治意识和应对能力,加强环境卫生建设,消除鼠害和蚊、蝇等病媒生物的危害。(2)各级地方政府应当传染病预防控制预案。根据《传染病防治法》第二十条的规定,县级以上人民政府都应当制定本行政区域内的传染病预防控制预案,并报上一级人民政府备案。并且上级人民政府应对下级人民政府卫生行政部门履行本法规定的传染病防治职责进行监督检查。(3)对疾病预防控制机构、医疗机构的传染病防治工作进行监督检查。(4)对采供血机构的采供血活动进行监督检查。(5)对用于传染病防治的消毒产品及其生产单位进行监督检查,并对饮用水供水单位从事生产或者供应活动以及涉及饮用水卫生安全的产品进行监督检查。(6)对传染病菌种、毒种和传染病检测样本的采集、保藏、携带、运输和使用进行监督检查。(7)对公共场所和有关单位的卫生条件和传染病预防、控制措施进行监督检查。地方各级人民政府应当有计划地建设和改造公共卫生设施,改善饮用水的卫生条件,对污水、污物和粪便进行无害化处理。城市应当根据城市环境卫生设施标准修建公共厕所、垃圾粪便的无害化处理厂和污水等排放处理系统等公共卫生设施。农村应当建立相关的卫生管理制度,加强对公共生活用水的卫生管理,逐步改造厕所,对粪便进行无害化处理。从而提高城乡的卫生水平,保障人群健康。

2. 疾病预防控制机构

随着卫生事业的改革与发展,原来承担传染病预防控制工作的卫生防疫机构,更名组建疾病预防控制机构和卫生监督机构。组建后的疾病预防控制机构是法定从事疾病预防控制工作的技术支持单位。为了使各级疾病预防控制机构更加明确在传染病预防控制中的具体职责,《传染病防治法》第十八条作了具体规定,各级疾病预防控制机构在传染病预防控制中履行下列职责:(1)实施传染病预防控制规划、计划和方案;(2)收集、分析和报告传染病监测信息,预测传染病的发生、流行趋势;(3)开展对传染病疫情和突发公共卫生事件的流行病学调查、现场处理及其效果评价;(4)开展传染病实验室检测、诊断、病原学鉴定;(5)实施免疫规划,负责预防性生物制品的使用管理;(6)开展健康教育、咨询,普及传染病防治知识;(7)指导、培训下级疾病预防控制机构及其工作人员开展传染病监测工作;(8)开展传染病防治应用性研究和卫生评价,提供技术咨询。国家、省级疾病预防控制机构负责对传染病发生、流行以及分布进行监测,对重大传染病流行趋势进行预测,提出预防控制对策,参与并指导对暴发的疫情进行调查处理,开展传染病病原学鉴定,建立检测质量控制体系,开展应用性研究和卫生评价。设区的市和县级疾病预防控制机构负责传染病预防控制规划、方案的落实,组织实施免疫、消毒、控制病媒生物的危害,普及传染病防治知识,负责本地区疫情和突发公共卫生事件监测、报告,开展流行病学调查和常见病原微生物检测。

3. 医疗机构

医疗机构除基本的治病救人的职责外,在预防和处理传染病疫情方面的地位是非常重要的,按照《传染病防治法》的规定,其在传染病防治方面应当做到:(1)医疗机构必须严格执行国务院卫生行政部门规定的管理制度、操作规范,防止传染病的医源性感染和医院感染;(2)医疗机构应当确定专门的部门或者人员,承担传染病疫情报告、本单位的传染病预防、控制以及责任区域内的传染病预防工作;(3)承担医疗活动中与医院感染有关的危险因素监测、安全防护、消毒、隔离和医疗废物处置工作;(4)疾病预防控制机构应当指定专门人员负责对医疗机构内传染病预防工作进行指导、考核,开展流行病学调查。

4. 采供血机构、生物制品生产单位

采供血机构、生物制品生产单位必须保证血液、血液制品的质量。血液制品包括血液、血浆、人血(胎盘)球蛋白、第Ⅷ因子、第Ⅸ因子制剂等。血液和血液制品输入人体,主要用于对病人的治疗和抢救,直接关系到人的健康和生命安危。因此,对血液和血液制品必须进行严格的质量管理和监督。近年来,我国相继颁布了《献血法》《血液制品管理条例》《血站管理办法》等法律、法规,加强了对采供血(浆)机构和生物制品生产单位的建设和管理,严厉打击非法采供血活动,使血液、血液制品安全得到了保障,对防止传染病特别是艾滋病通过血液制品引起的传播起到了重要作用。但是,保证血液、血液制品安全是一项长期艰巨的任务,必须严格执行国家有关规定,依法管理血液和血液制品的生产、供应活动。

医疗机构是使用血液和血液制品最多的单位。经血液和血液制品传播的传染病有多种:如艾滋病、乙型肝炎、丙型肝炎、疟疾、梅毒等,如果使用血液和血液制品没有严格按照国家有关规定执行,就有可能会导致经血液传播传染病。因此,疾病预防控制机构和医疗机构使用血液和血液制品,应当遵守国家有关规定,防止因输入血液、使用血液制品引起经血液传播疾病的发生。

(二)传染病预防管理制度

1. 建立传染病监测制度

根据《传染病防治法》的规定,国家建立传染病监测制度,是体现传染病"预防为主"卫生工作方针的重要方面。

传染病监测,是指对特定环境、人群进行流行病、病原学、血清学以及其他有关影响人体健康的因素的调查研究,并对其研究结果进行系统而持续地收集、分析、解释,从而预测有关传染病的发生、发展和流行的规律,并及时采取必要的预防性措施。国务院卫生行政部门制定国家传染病监测规划和工作方案,省级卫生行政部门根据国家传染病监测规划和工作方案,具体编制本行政区域的传染病监测计划和工作方案。各级疾病预防控制机构对传染病的发生、流行以及影响其发生、流行的因素,进行检测;对国外发生、国内尚未发生的传染病或者国内新发生的传染病,进行监测。

2. 建立传染病预警制度

监测和预警是传染病预防中相互关联的两个内容。预警,指根据传染病疫情报告、监测资料,或者国际、国内疫情信息进行评估后,对发生传染病暴发、流行的可能性进行预测判断后发出的警告。

国家建立传染病预警制度。国务院卫生行政部门和省、自治区、直辖市人民政府根据传染病发生、流行趋势的预测,及时发出传染病预警,根据情况予以公布。传染病预警信息的及时公布,有利于国家及群众提前做好相应的防范,控制传染病疫情的发生及发展。

3. 预防接种制度

为了有效预防和控制传染病的传播,国家实行有计划的预防接种制度。有计划的预防接种制度即是指根据疫情监控和人群免疫状况分析,有计划地利用人工制备的抗原或抗体进行人群预防接种,以提高个体或群体的免疫水平,从而达到控制甚至于最终消灭相应传染病的目的。用法律的形式规定国家实行有计划的预防接种,特别是对儿童实行预防接种证制度,从制度上保证了对人群普遍实行预防接种,并通过主动预防手段达到控制和消除对人群,尤其是对儿童危害较严重的传染病的目的。国务院卫生行政部门和省、自治区、直辖市人民政府卫生行政部门,根据传染病预防与控制的需要,制定传染病预防接种规划并组织实施。用于预防接种的疫苗必须要符合国家相关的质量标准。国家免疫规划项目内的预防接种实行免费。实行有计划的预防接种制度,是切断传染病流行防患于未然的有效措施。

当前,国家实行有计划预防接种的病种有脊髓灰质炎、麻疹、白喉、百日咳、破伤风、肺结核和乙型肝炎。一些省份已将流行乙型脑炎、流行脑脊髓膜炎、风疹、流行腮腺炎纳入常规预防接种病种,将炭疽、布鲁氏菌病、鼠疫、森林脑炎、钩端螺旋体病等,根据情况纳入预防接种病种。狂犬疫苗普遍被列为可以感染狂犬病病毒的动物咬(抓)伤后要求立即接种的疫苗。

4. 对与人畜共患传染病的动物、家畜家禽的检疫制度

按照《传染病防治法》第二十五条的规定,县级以上人民政府农业、林业行政部门以及其他有关部门,依据各自的职责负责与人畜共患传染病有关的动物传染病的防治管理工作。与人畜共患传染病有关的野生动物、家畜家禽,经检疫合格后,方可出售、运输。《传染病防治法》这一规定是为了防止将野生动物中的某种自然疫源性传染病带入人群,造成该病的流行。在2009年,原农业部根据《中华人民共和国动物防疫法》有关规定,会同卫生部组织制定了《人畜共患传染病名录》,里面一共列举了如:牛海绵状脑病、高致病性禽流感、狂犬病、炭疽、布鲁氏菌病、弓形虫病、棘球蚴病、钩端螺旋体病、沙门氏菌病、牛结核病、日本血吸虫病、猪乙型脑炎、猪Ⅱ型链球菌病等26种疾病。

5. 对被传染病病原体污染的污水、污物、场所和物品的消毒管理制度

《传染病防治法》第二十七条的规定,对被传染病病原体污染的污水、污物、场所和物品,有关单位和个人必须在疾病预防控制机构的指导下或者按照其提出的卫生要求,进行严格消毒处理;拒绝消毒处理的,由当地卫生行政部门或者疾病预防控制机构进行强制消毒处理。病原体从一个传染源经过外界环境传播到另一个易感个体,是借助于外界环境中一定的物体,如水、空气、食物、日常用品、手等实现的。对被传染病病原体污染的污水、污物、场所和物品按规定要求进行严格消毒处理,目的是切断传播途径以控制或者消灭传染病。流行病学一般将传播途径分为空气传播、经节肢动物传播、经水传播、经食物传播、经手和日常生活用品传播、经土壤传播、医源性传播和垂直传播及水平传播等。

由于各类传染病的传播途径不同,所以,采取的切断传播途径的措施也不相同。如对肠道传染病可以对垃圾、粪便、污水进行卫生处理,进行饮水消毒;对经昆虫媒介传播的传染病,可以根据不同媒介昆虫的生态习性特点采取不同的杀虫方法;对呼吸道传染病则可以通过对空气消毒、通风等达到切断传播途径的目的。

6. 传染病菌种、毒种库管理制度

传染病菌种、毒种是指可能引起我国传染病防治法中规定的传染病发生的细菌菌种和病毒毒种,如果对其管理不善造成菌种、毒种扩散,可能导致传染病的发

生和流行。使用时,必须严格按照程序,申请被批准后方可进行。《传染病防治法》第二十六条明确规定,国家建立传染病菌种、毒种库。对传染病菌种、毒种和传染病监测样本的采集、保藏、携带、运输和使用实行分类管理,建立健全严格的管理制度。对可能导致甲类传染病传播的以及国务院卫生行政部门规定的菌种、毒种和传染病检测样本,确需要采集、保藏、携带、运输和使用的,按照相关规定须经省级以上卫生行政部门批准。具体办法由国务院制定。这样,既能保证正常的科学研究,也能维护公共安全。

在具体的保藏、携带、运输上,按照《传染病防治法实施办法》实行严格管理:

(1)菌(毒)种的保藏由国务院卫生行政部门指定的单位负责。

(2)一、二类菌(毒)种的供应由国务院卫生行政部门指定的保藏管理单位供应。三类菌(毒)种由设有专业实验室的单位或者国务院卫生行政部门指定的保藏管理单位供应。

(3)使用一类菌(毒)种的单位,必须经国务院卫生行政部门批准;使用二类菌(毒)种的单位必须经省级政府卫生行政部门批准;使用三类菌(毒)种的单位,应当经县级政府卫生行政部门批准。

(4)一、二类菌(毒)种,应派专人向供应单位领取,不得邮寄;三类菌(毒)种的邮寄必须持有邮寄单位的证明,并按照菌(毒)种出寄与包装的有关规定办理。

7. 自然疫源地兴建大型建设项目的管理制度

自然疫源地是指自然界中某些野生动物体内长期保存某种传染性病原体的地区。在自然疫源地内,某种疾病的病原体可以通过特殊媒介感染宿主,长期在自然界循环,不依赖人而延续其后代,并在一定条件下传染给人,在人与人之间流行,如牛型结核、布鲁氏杆菌病、炭疽、狂犬病、钩端螺旋体病等。随着人类经济和社会的发展,我们在不断城市化和向大自然扩张的过程中,不仅可能带来生态失衡的问题,更可能给人类自身的生命安全带来重大隐患。因此,在《传染病防治法》第二十八条中明确指出:在国家确认的自然疫源地计划兴建水利、交通、旅游、能源等大型建设项目的,应当事先由省级以上疾病预防控制机构对施工环境进行卫生调查。建设单位应当根据疾病预防控制机构的意见,采取必要的传染病预防、控制措施。施工期间,建设单位应当设专人负责工地上的卫生防疫工作。工程竣工后,疾病预防控制机构应当对可能发生的传染病进行监测。在《传染病防治法实施办法》中,进一步明确自然疫源地或者可能是自然疫源地的地区计划兴建大型建设项目时,建设单位在设计任务书批准后,应当向当地卫生防疫机构申请对施工环境进行卫生调查,并根据卫生防疫机构的意见采取必要的卫生防疫措施后,方可办理开工手续。兴建城市规划内的建设项目,属于在自然疫源地和可能是自然疫源地范围内的,城市规划主管部门在核发建设工程规划许可证明中,必须有卫生防疫部门提出的有关意见及结论。建设单位在施工过程中,必须采取预防传染病传播和扩散的措施。通过这样一种事前、事中和事后的管理相结合的方式来将危险降到最低，直至排除。

8. 消毒产品和饮用水的许可制度

严密消毒，是切断传染病传播途径的重要措施。饮用水水质直接关系到人民群众的身体健康，一旦受到致病性微生物的污染，可能导致经水传播肠道传染病的暴发、流行。因此，为了确保这两种涉及公共安全和人民群众生命健康的产品的安全，在《传染病防治法》第二十九条，国家明确设立产品生产许可证制度。即用于传染病防治的消毒产品、饮用水供水单位供应的饮用水和涉及饮用水卫生安全的产品，应当符合国家卫生标准和卫生规范。饮用水供水单位从事生产或者供应活动，应当依法取得卫生许可证。生产用于传染病防治的消毒产品的单位和生产用于传染病防治的消毒产品，应当经省级以上人民政府卫生行政部门审批。具体办法由国务院制定。与此相一致的，我国在相关法律中也作出了更明确的规定：2003 年 4 月 1 日起实施的《消毒技术规范》，对生产、经营、使用和检验中对消毒产品试验、测定的基本要求和基本原则作出了明确的规定。2016 年修订的《生活饮用水卫生监督管理办法》第七条规定，集中式供水单位取得工商行政管理部门颁发的营业执照后，还应当取得县级以上地方人民政府卫生主管部门颁发的卫生许可证，方可供水。该许可证的有效期为四年，在有效期内要接受卫生主管部门的监督。

五、疫情报告、通报和公布

（一）疫情报告

1. 疫情报告人

《传染病防治法》规定，疫情报告人分两种：一种为责任疫情报告人；另一种为义务疫情报告人。医疗机构、疾病预防控制机构、采供血机构及其执行职务人员为责任报告人。疾病预防控制机构、医疗机构和采供血机构及其执行职务的人员发现本法规定的传染病疫情或者发现其他传染病暴发、流行以及突发原因不明的传染病时，应当遵循疫情报告属地管理原则，按照国务院规定的或者国务院卫生行政部门规定的内容、程序、方式和时限报告。军队医疗机构向社会公众提供医疗服务，发现前款规定的传染病疫情时，应当按照国务院卫生行政部门的规定报告。责任疫情报告人的报告是了解疫情的主要来源。

义务报告人是指责任报告人之外的一切其他人员。任何单位和个人发现传染病病人或者疑似传染病病人时，应当及时向附近的疾病预防控制机构或者医疗机构报告。

2. 疫情报告时限和程序

按照《传染病防治法》《传染病防治法实施办法》《突发公共卫生事件应急条例》《传染病信息报告管理规范》等法律法规的规定，疫情报告制度包括下列内容：

(1)日常疫情报告

按照传染病报告实行属地化管理,首诊负责制。传染病报告卡由首诊医生或其他执行职务的人员负责填写。现场调查时发现的传染病病例,由属地医疗机构诊断并报告。采供血机构发现阳性病例也应填写报告卡。

传染病疫情信息实行网络直报或直接数据交换。不具备网络直报条件的医疗机构,在规定的时限内将传染病报告卡信息报告属地乡镇卫生院、城市社区卫生服务中心或县级疾病预防控制机构进行网络报告,同时传真或寄送传染病报告卡至代报单位。

责任报告单位和责任疫情报告人发现甲类传染病和乙类传染病中的肺炭疽、传染性非典型肺炎等按照甲类管理的传染病人或疑似病人时,或发现其他传染病和不明原因疾病暴发时,应于2小时内将传染病报告卡通过网络报告。对其他乙、丙类传染病病人、疑似病人和规定报告的传染病病原携带者在诊断后,应于24小时内进行网络报告。不具备网络直报条件的医疗机构及时向属地乡镇卫生院、城市社区卫生服务中心或县级疾病预防控制机构报告,并于24小时内寄送出传染病报告卡至代报单位。

(2)传染病暴发、流行时的疫情报告

发生或者可能发生传染病暴发、流行的省、自治区、直辖市人民政府应当在接到报告1小时内,向国务院卫生行政部门报告。

突发事件监测机构、医疗卫生机构和有关单位发现有发生或者可能发生传染病暴发、流行的,应当在2小时内向所在县级人民政府卫生行政主管部门报告;接到报告的卫生行政主管部门应当在2小时内向本级人民政府报告,并同时向上级人民政府卫生行政主管部门和国务院卫生行政主管部门报告。

县级人民政府应在接到报告2小时内向设区的市级人民政府或者上一级人民政府报告;设区的市级人民政府应当在接到报告后2小时内向省、自治区、直辖市人民政府报告。

任何单位和个人对发生或者可能发生传染病暴发、流行的,不得隐瞒、缓报、谎报或者授意他人隐瞒、缓报、谎报。

举报有功的单位和个人,县级以上各级人民政府及其有关部门应当予以奖励。

(3)有关部门的疫情报告

铁路、交通、民航、厂(场)矿的卫生防疫机构,定期向所在地卫生行政部门指定的卫生防疫机构报告疫情;军队的传染病疫情,由中国人民解放军卫生主管部门根据军队有关规定向国务院卫生行政部门报告。

(二)疫情通报

国务院卫生行政部门应当及时向国务院其他有关部门和各省、自治区、直辖市人民政府卫生行政部门通报全国传染病疫情以及监测、预警的相关信息。毗邻的以及相关的地方人民政府卫生行政部门，应当及时互相通报本行政区域的传染病疫情以及监测、预警的相关信息。县级以上人民政府有关部门发现传染病疫情时，应当及时向同级人民政府卫生行政部门通报。

县级以上地方人民政府卫生行政部门应当及时向本行政区域内的疾病预防控制机构和医疗机构通报传染病疫情以及监测、预警的相关信息。接到通报的疾病预防控制机构和医疗机构应当及时告知本单位的有关人员。

港口、机场、铁路疾病预防控制机构以及国境卫生检疫机关发现甲类传染病病人、病原携带者、疑似传染病病人时，应当按照国家有关规定立即向国境口岸所在地的疾病预防控制机构或者所在地县级以上地方人民政府卫生行政部门报告并互相通报。

中国人民解放军卫生主管部门发现传染病疫情时，应当向国务院卫生行政部门通报。

动物防疫机构和疾病预防控制机构，应当及时互相通报动物间和人间发生的人畜共患传染病疫情以及相关信息。

（三）疫情公布

国家建立传染病疫情信息公布制度。公布传染病疫情信息应当及时、准确。国务院卫生行政部门定期公布全国传染病疫情信息。省、自治区、直辖市人民政府卫生行政部门定期公布本行政区域的传染病疫情信息。

传染病暴发、流行时，国务院卫生行政部门负责向社会公布传染病疫情信息，并可以授权省、自治区、直辖市人民政府卫生行政部门向社会公布本行政区域的传染病疫情信息。

六、疫情控制

（一）控制措施

1. 医疗机构的职责

医疗机构发现甲类传染病时，应当及时采取下列措施：（1）隔离治疗，隔离期限根据医学检查结果确定；（2）对疑似病人，确诊前在指定场所单独隔离治疗；（3）对医疗机构内的病人、病原携带者、疑似病人的密切接触者，在指定场所进行医学观察和采取其他必要的预防措施。

拒绝隔离治疗或者隔离期未满擅自脱离隔离治疗的，可以由公安机关协助医疗机构采取强制隔离治疗措施。

对乙类或者丙类传染病病人，应当根据病情采取必要的治疗和控制传播措施。

医疗机构对本单位内被传染病病原体污染的场所、物品以及医疗废物，必须依照法律、法规的规定实施消毒和无害化处置。

2. 疾病预防控制机构的职责

病预防控制机构发现传染病疫情或者接到传染病疫情报告时，应当及时采取下列措施:(1)对传染病疫情进行流行病学调查,根据调查情况提出划定疫点、疫区的建议,对被污染的场所进行卫生处理,对密切接触者,在指定场所进行医学观察和采取其他必要的预防措施,并向卫生行政部门提出疫情控制方案;(2)传染病暴发、流行时,对疫点、疫区进行卫生处理,向卫生行政部门提出疫情控制方案,并按照卫生行政部门的要求采取措施;(3)指导下级疾病预防控制机构实施传染病预防、控制措施,组织、指导有关单位对传染病疫情的处理。

(二)紧急措施

对已经发生甲类传染病病例的场所或者该场所内的特定区域的人员,所在地的县级以上地方人民政府可以实施隔离措施,并同时向上一级人民政府报告;接到报告的上级人民政府应当即时作出是否批准的决定。上级人民政府作出不予批准决定的,实施隔离措施的人民政府应当立即解除隔离措施。在隔离期间,实施隔离措施的人民政府应当对被隔离人员提供生活保障;被隔离人员有工作单位的,所在单位不得停止支付其隔离期间的工作报酬。隔离措施的解除,由原决定机关决定并宣布。

传染病暴发、流行时,县级以上地方人民政府应当立即组织力量,按照预防、控制预案进行防治,切断传染病的传播途径,必要时,报经上一级人民政府决定,可以采取下列紧急措施并予以公告:(1)限制或者停止集市、影剧院演出或者其他人群聚集的活动;(2)停工、停业、停课;(3)封闭或者封存被传染病病原体污染的公共饮用水源、食品以及相关物品;(4)控制或者扑杀染疫野生动物、家畜家禽;(5)封闭可能造成传染病扩散的场所。上级人民政府接到下级人民政府关于采取前述所列紧急措施的报告时,应当即时作出决定。

(三)疫区封锁

甲类、乙类传染病暴发、流行时,县级以上地方人民政府报经上一级人民政府决定,可以宣布本行政区域部分或者全部为疫区;国务院可以决定并宣布跨省、自治区、直辖市的疫区。县级以上地方人民政府可以在疫区内采取有关紧急措施,并可以对出入疫区的人员、物资和交通工具实施卫生检疫。省、自治区、直辖市人民政府可以决定对本行政区域内的甲类传染病疫区实施封锁;但是,封锁大、中城市的疫区或者封锁跨省、自治区、直辖市的疫区,以及封锁疫区导致中断干线交通或者封锁国境的,由国务院决定。

(四)人员、物质保障制度

传染病暴发、流行时,根据传染病疫情控制的需要,国务院有权在全国范围或者跨省、自治区、直辖市范围内,县级以上地方人民政府有权在本行政区域内紧急调集人员或者调用储备物资,临时征用房屋、交通工具以及相关设施、设备。紧急调集人员的,应当按照规定给予合理报酬。临时征用房屋、交通工具以及相关设施、设备的,应当依法给予补偿;能返还的,应当及时返还。

传染病暴发、流行时，药品和医疗器械生产、供应单位应当及时生产、供应防治传染病的药品和医疗器械。铁路、交通、民用航空经营单位必须优先运送处理传染病疫情的人员以及防治传染病的药品和医疗器械。县级以上人民政府有关部门应当做好组织协调工作。

（五）医疗机构、疾控机构应采取的特别措施

1. 甲类传染病、炭疽病死亡的，立即进行消毒，就近火化。患其他传染病死亡的，必要时，也消毒、火化或深埋。为了查找传染病病因，医疗机构在必要时可以按照国务院卫生行政部门的规定，对传染病病人尸体或者疑似传染病病人尸体进行解剖查验，并应当告知死者家属。

2. 疫区中被污染或者可能被污染的物品，经消毒可以使用的，应当在当地疾病预防控制机构的指导下，进行消毒处理后，方可使用、出售和运输。

3. 发生传染病疫情时，疾病预防控制机构和省级以上人民政府卫生行政部门指派的其他与传染病有关的专业技术机构，可以进入传染病疫点、疫区进行调查、采集样本、技术分析和检验。

七、传染病防治监督的法律规定

（一）传染病防治监督管理机关及其职责

《传染病防治法》规定，执行传染病防治监督管理职权的机关是各级政府卫生行政部门和受国务院卫生行政部门委托的其他有关部门（如铁路、交通部门）的卫生主管机构。

县级以上人民政府卫生行政部门对传染病防治工作履行下列监督检查职责：（1）对下级人民政府卫生行政部门履行本法规定的传染病防治职责进行监督检查；（2）对疾病预防控制机构、医疗机构的传染病防治工作进行监督检查；（3）对采供血机构的采供血活动进行监督检查；（4）对用于传染病防治的消毒产品及其生产单位进行监督检查，并对饮用水供水单位从事生产或者供应活动以及涉及饮用水卫生安全的产品进行监督检查；（5）对传染病菌种、毒种和传染病检测样本的采集、保藏、携带、运输、使用进行监督检查；（6）对公共场所和有关单位的卫生条件和传染病预防、控制措施进行监督检查。省级以上人民政府卫生行政部门负责组织对传染病防治重大事项的处理。

（二）卫生行政部门在对传染病防治工作进行监督检查时的职权

县级以上人民政府卫生行政部门在履行监督检查职责时，有权进入被检查单位和传染病疫情发生现场调查取证，查阅或者复制有关的资料和采集样本。被检查单位应当予以配合，不得拒绝、阻挠。卫生行政部门在履行监督检查职责时，发现被传染病病原体污染的公共饮用水源、食品以及相关物品，如不及时采取控制措施可能导致传染病传播、流行的，可以采取封闭公共饮用水源、封存食品以及相关物品或者暂停销售的临时控制措施，并予以检验或者进行消毒。经检验，属于被污

染的食品,应当予以销毁;对未被污染的食品或者经消毒后可以使用的物品,应当解除控制措施。卫生行政部门工作人员依法执行职务时,应当不少于两人,并出示执法证件,填写卫生执法文书。卫生行政部门应当依法建立健全内部监督制度,对其工作人员依据法定职权和程序履行职责的情况进行监督。上级卫生行政部门发现下级卫生行政部门不及时处理职责范围内的事项或者不履行职责的,应当责令纠正或者直接予以处理。

八、违反《传染病防治法》的法律责任

按照《传染病防治法》的有关规定,当地方各级人民政府、县级以上人民政府有关职能部门、专业机构以及其他单位和个人未依法履行传染病防治的有关职责或存在违法行为时,将被给予相应的行政处分和行政处罚;构成犯罪的,还需承担相应的刑事责任。同时,单位和个人违反《传染病防治法》的有关规定,导致传染病传播、流行,给他人人身、财产造成损害的,还要依法承担民事赔偿责任。

(一)地方各级人民政府及其相关部门的法律责任

1. 地方各级人民政府未依照本法的规定履行报告职责,或者隐瞒、谎报、缓报传染病疫情,或者在传染病暴发、流行时,未及时组织救治、采取控制措施的,由上级人民政府责令改正,通报批评;造成传染病传播、流行或者其他严重后果的,对负有责任的主管人员,依法给予行政处分;构成犯罪的,依法追究刑事责任。

2. 县级以上人民政府卫生行政部门有下列情形之一的,由本级人民政府、上级人民政府卫生行政部门责令改正,通报批评;造成传染病传播、流行或者其他严重后果的,对负有责任的主管人员和其他直接责任人员,依法给予行政处分;构成犯罪的,依法追究刑事责任:(1)未依法履行传染病疫情通报、报告或者公布职责,或者隐瞒、谎报、缓报传染病疫情的;(2)发生或者可能发生传染病传播时未及时采取预防、控制措施的;(3)未依法履行监督检查职责,或者发现违法行为不及时查处的;(4)未及时调查、处理单位和个人对下级卫生行政部门不履行传染病防治职责的举报的;(5)违反本法的其他失职、渎职行为。

3. 县级以上人民政府有关部门未依照本法的规定履行传染病防治和保障职责的,由本级人民政府或者上级人民政府有关部门责令改正,通报批评;造成传染病传播、流行或者其他严重后果的,对负有责任的主管人员和其他直接责任人员,依法给予行政处分;构成犯罪的,依法追究刑事责任。

(二)疾病预防控制机构的法律责任

疾病预防控制机构有下列情形之一的,由县级以上人民政府卫生行政部门责令限期改正,通报批评,给予警告;对负有责任的主管人员和其他直接责任人员,依法给予降级、撤职、开除的处分,并可以依法吊销有关责任人员的执业证书;构成犯罪的,依法追究刑事责任:(1)未依法履行传染病监测职责的;(2)未依法履行传染病疫情报告、通报职责,或者隐瞒、谎报、缓报传染病疫情的;(3)未主动收集传染病疫情信息，或者对传染病疫情信息和疫情报告未及时进行分析、调查、核实的；(4)发现传染病疫情时，未依据职责及时采取本法规定的措施的；(5)故意泄露传染病病人、病原携带者、疑似传染病病人、密切接触者涉及个人隐私的有关信息、资料的。

(三)医疗机构的法律责任

医疗机构有下列情形之一的，由县级以上人民政府卫生行政部门责令改正，通报批评，给予警告；造成传染病传播、流行或者其他严重后果的，对负有责任的主管人员和其他直接责任人员，依法给予降级、撤职、开除的处分，并可以依法吊销有关责任人员的执业证书；构成犯罪的，依法追究刑事责任：(1)未按照规定承担本单位的传染病预防、控制工作、医院感染控制任务和责任区域内的传染病预防工作的；(2)未按照规定报告传染病疫情，或者隐瞒、谎报、缓报传染病疫情的；(3)发现传染病疫情时，未按照规定对传染病病人、疑似传染病病人提供医疗救护、现场救援、接诊、转诊的，或者拒绝接受转诊的；(4)未按照规定对本单位内被传染病病原体污染的场所、物品以及医疗废物实施消毒或者无害化处置的；(5)未按照规定对医疗器械进行消毒，或者对按照规定一次使用的医疗器具未予销毁，再次使用的；(6)在医疗救治过程中未按照规定保管医学记录资料的；(7)故意泄露传染病病人、病原携带者、疑似传染病病人、密切接触者涉及个人隐私的有关信息、资料的。

(四)采供血机构的法律责任

采供血机构未按照规定报告传染病疫情，或者隐瞒、谎报、缓报传染病疫情，或者未执行国家有关规定，导致因输入血液引起经血液传播疾病发生的，由县级以上人民政府卫生行政部门责令改正，通报批评，给予警告；造成传染病传播、流行或者其他严重后果的，对负有责任的主管人员和其他直接责任人员，依法给予降级、撤职、开除的处分，并可以依法吊销采供血机构的执业许可证；构成犯罪的，依法追究刑事责任。

非法采集血液或者组织他人出卖血液的，由县级以上人民政府卫生行政部门予以取缔，没收违法所得，可以并处十万元以下的罚款；构成犯罪的，依法追究刑事责任。

(五)国境卫生检疫机关、动物防疫机构的法律责任

国境卫生检疫机关、动物防疫机构未依法履行传染病疫情通报职责的，由有关部门在各自职责范围内责令改正，通报批评；造成传染病传播、流行或者其他严重后果的，对负有责任的主管人员和其他直接责任人员，依法给予降级、撤职、开除的处分；构成犯罪的，依法追究刑事责任。

(六)铁路、交通、民用航空经营单位的法律责任

铁路、交通、民用航空经营单位未依照本法的规定优先运送处理传染病疫情的

人员以及防治传染病的药品和医疗器械的，由有关部门责令限期改正，给予警告；造成严重后果的，对负有责任的主管人员和其他直接责任人员，依法给予降级、撤职、开除的处分。

九、刑事责任

对违反《传染病防治法》，情节严重，造成严重后果的，依法追究刑事责任。

1. 妨害传染病防治罪

《刑法》第三百三十条规定，违反传染病防治法的规定，有下列情形之一，引起甲类传染病传播或者有传播严重危险的，处三年以下有期徒刑或者拘役；后果特别严重的，处三年以上七年以下有期徒刑：(1)供水单位供应的饮用水不符合国家规定的卫生标准的；(2)拒绝按照卫生防疫机构提出的卫生要求，对传染病病原体污染的污水、污物、粪便进行消毒处理的；(3)准许或者纵容传染病病人、病原携带者和疑似传染病病人从事国务院卫生行政部门规定禁止从事的易使该传染病扩散的工作的；(4)拒绝执行卫生防疫机构依照传染病防治法提出的预防、控制措施的。单位犯前款罪的，对单位判处罚金，并对其直接负责的主管人员和其他直接责任人员，依照前款的规定处罚。

甲类传染病的范围，依照《传染病防治法》和国务院有关规定确定。

2. 传染病菌种、毒种扩散罪

《刑法》第三百三十一条规定，从事实验、保藏、携带、运输传染病菌种、毒种的人员，违反国务院卫生行政部门的有关规定，造成传染病菌种、毒种扩散，后果严重的，处三年以下有期徒刑或者拘役；后果特别严重的，处三年以上七年以下有期徒刑。

3. 传播性病罪

《刑法》第三百六十条规定，明知自己患有梅毒、淋病等严重性病卖淫、嫖娼的，处五年以下有期徒刑、拘役或者管制，并处罚金。

4. 传染病防治失职罪

《刑法》第四百零九条规定，从事传染病防治的政府卫生行政部门的工作人员严重不负责任，导致传染病传播或者流行，情节严重的，处三年以下有期徒刑或者拘役。

第二节　职业病和地方病防治法律制度

一、职业病及职业病防治法的概念

职业病(Occupational Disease)是指企业、事业单位和个体经济组织的劳动者在职业活动中，因接触粉尘、放射性物质和其他有毒、有害物质等因素而引起的疾病。[1]

职业病是一个隐形杀手,目前,因粉尘、放射污染和有毒、有害作业等导致劳动者患职业病死亡、致残、部分丧失劳动能力的人数不断增加,其危害程度远远高于生产安全事故和交通事故。许多职业病不仅损害劳动者的劳动能力,其治疗和康复费用昂贵,给劳动者、用人单位和国家造成严重的经济负担,也会影响到社会经济的可持续发展,并且也是影响地区和行业社会稳定的公共卫生问题之一,职业安全和健康问题必须引起我们高度重视。因此,用法律的手段来预防和消除职业的危害,保护劳动者的合法权益是当今世界上任何一个法治政府都必须要面对和重视的问题。

职业病防治法是调整预防、控制和消除职业危害,防止职业病,保护劳动者健康,促进经济发展活动中所产生的各种社会关系的法律规范的总称。

二、我国职业病防治的立法情况

新中国成立后,党和政府十分重视职业病防治工作,国务院及卫生行政部门颁布了一些劳动卫生与职业病防治法规和规章。1953 年召开的第三届卫生会议,把工业卫生列为卫生工作重点。1954 年 5 月召开了全国第一届工业卫生会议,国务院批转了《第一届全国工业卫生会议决议》,这个决议成为我国首部重要的劳动卫生法律文件。1978 年 12 月 22 日国务院批转了《关于加强工业卫生工作的请示报告》。1984 年国务院下发了《关于加强防尘防毒工作的决定》,1987 年原国家卫生部、原农牧渔业部联合颁布了《乡镇企业劳动卫生管理办法》,1987 年 12 月 3 日国务院颁布了《尘肺病防治条例》,原卫生部还制定发布了《职业病诊断管理办法》(1984 年)和《职业病报告办法》(1988 年)。同时,许多省市自治区也制定了职业病防治的地方性法规和规章,这些法规、规章的制定和实施,为制定职业病防治法奠定了基础。

经过几十年的努力,职业病防治工作取得了显著成效。2001 年 10 月 27 日第九届全国人大常委会第二十四次会议正式通过了《职业病防治法》,并于 2002 年 5 月 1 日起施行。《职业病防治法》是我国卫生法律体系中一部重要的法律,是我国第一部全面规范职业病防治活动的法律,它确立了职业病防治法律制度,为职业病防治提供了法律保障。《职业病防治法》分别在 2011 年、2016 年、2017 年、2018 年根据全国人民代表大会常务委员会的决议四次被修订,体系和内容亦逐渐完善。原卫生部及有关部门还发布《国家职业卫生标准管理办法》、《职业病危害项目申报管理办法》、《建设项目职业病危害分类管理办法》(2006 年)、《职业健康监护管理办法》(失效)、《职业病诊断与鉴定管理办法》(2013 年)、《职业病危害事故调查处理办法》(失效)和《职业病危害因素分类目录》、《建设项目职业病危害评价规范》等与《职业病防治法》实施相配套的部门规章和行政规范性文件,形成了职业

---

[1] 徐正东、刘博主编:《医事法学》,四川大学出版社 2011 年版,第 178 页。

病防治法律体系,使我国职业病防治走上了法治化轨道。

三、职业病防治的基本制度

(一)实行用人单位职业病防治责任制

是职业病防治的一项基本的制度,该制度的核心是用人单位对职业病防治负有法定的责任。用人单位应当为劳动者创造符合国家职业卫生标准和卫生要求的工作环境和条件,并采取措施保障劳动者获得职业卫生保护。因为职工职业活动的内容和场所等都是用人单位确定的,用人单位对其职业活动有支配作用,并且职业活动中职业病的危害因素又是用人单位能控制的。所以,对于职业病的防治首要的责任应当由用人单位承担。

(二)依法参加工伤社会保险制度

工伤保险是政府为劳动者在特殊情况下提供的一种保障措施,它具有强制性、福利性,是非营利性的社会保障制度中的一项内容,是国家的社会保障政策和劳动政策。工伤社会保险由用人单位承担投保责任,只要劳动者在职业活动中履行了从事劳动的义务,就应当享受为其提供的工伤社会保险待遇。将职业病纳入工伤社会保险,不仅有利于保障职业病病人的合法权益,同时也分担了用人单位的风险,有利于社会生产的稳定。

(三)国家实行职业卫生监督制度

对职业卫生实施的监督管理是国家管理职能的体现。职业病防治是职业卫生监督管理的重要组成部分,在职业病防治法主要对职业卫生监督管理体制、职业病防治规划、组织实施职业卫生监督管理措施、防治职业病的国家职业卫生标准、乡、镇政府的职责等作出了相关的规定。

四、职业病预防和防护的法律规定

《职业病防治法》明确规定,“职业病防治工作坚持预防为主,防治结合的方针”。首先是做好职业病的前期预防。

(一)职业病危害预评价报告

1. 预评价报告的程序性规定:建设单位在可行性论证阶段应当向卫生行政部门提交职业病危害预评价报告。有关建设项目职业病危害分类目录和分类管理办法由国务院卫生行政部门制定。卫生行政部门应当自收到职业病危害预评价报告之日起30日内,作出审核决定并书面通知建设单位。未提交预评价报告或者预评价报告未经卫生行政部门审核同意的,有关部门不得批准该建设项目。

2. 职业病危害预评价报告的项目:新建、扩建、改建建设项目和技术改造、技术引进项目可能产生职业病危害的,建设单位在可行性论证阶段应当向卫生行政部门提交职业病危害预评价报告。

3. 预评价报告的内容:职业病危害预评价报告应当对建设项目可能产生的职业病危害因素及其对工作场所和劳动者健康的影响作出评价,确定危害类别和职业病防护措施。

(二)职业病危害企业的职业卫生要求

产生职业病危害的用人单位的设立,除应当符合法律、行政法规规定的设立条件外,其工作场所还应当符合下列职业卫生要求:

1. 职业病危害因素的强度或者浓度符合国家职业卫生标准;

2. 有与职业病危害防护相适应的设施;

3. 生产布局合理,符合有害与无害作业分开的原则;

4. 有配套的更衣间、洗浴间、孕妇休息间等卫生设施;

5. 设备、工具、用具等设施符合保护劳动者生理、心理健康的要求;

6. 法律、行政法规和国务院卫生行政部门关于保护劳动者健康的其他要求。

(三)完善职业病防护设施

1. 职业病防护设施建设:职业病防治法规定,建设项目的职业病防护设施应当与主体工程同时设计、同时施工、同时投入生产和使用;所需投入的费用应当纳入建设项目的工程预算。这里所指的职业病防护设施的建设、三个同时的步骤、费用的列支,都是法定的,带有强制性,防止只重视主体工程而忽视职业病防护设施的片面认识和做法,是实现对职业病预防为主方针的重要保护措施。

2. 职业病危害控制效果评价:建设项目在竣工验收前,建设单位应当进行职业病危害控制效果评价;建设项目竣工验收时,其职业病防护设施经卫生行政部门验收合格后,方可投入正式生产和使用。

3. 职业病危害预评价和控制效果评价的法定机构:职业病防治法规定,职业病危害的预评价和控制效果评价由依法设立的取得省级以上人民政府卫生行政部门资质认可的职业卫生技术服务机构进行。

五、劳动过程中的职业病防护与管理

(一)职业病防治管理措施

用人单位防治职业病的管理措施是指在企业内部的职业卫生管理方面,用人单位应当采取的管理手段和方法。用人单位应当采取下列职业病防治管理措施:(1)设置或者指定职业卫生管理机构或者组织,配备专职或者兼职的职业卫生管理人员,负责本单位的职业病防治工作;(2)制定职业病防治计划和实施方案;(3)建立、健全职业卫生管理制度和操作规程;(4)建立、健全职业卫生档案和劳动者健康监护档案;(5)建立、健全工作场所职业病危害因素监测及评价制度;(6)建立、健全职业病危害事故应急救援预案。

(二)工作环境和工作场所的防护

1. 产生职业病危害的用人单位,应当在醒目位置设置公告栏,公布职业病防治的规章制度、操作规程、职业病危害事故应急救援措施和工作场所职业病危害因素检测结果。

2. 对产生严重职业病危害的作业岗位，应当在其醒目位置设置警示标识和中文警示说明，警示说明应当载明产生职业病危害的种类、后果、预防以及应急救治措施等内容。

3. 对可能发生急性职业损伤的有毒、有害工作场所，用人单位应当设置报警装置，配置现场急救用品、冲洗设备、应急撤离通道和必要的泄险区。

4. 对放射工作场所和放射性同位素的运输、贮存，用人单位必须配置防护设备和报警装置，保证接触放射线的工作人员佩戴个人剂量计。

5. 用人单位应当定期对工作场所进行职业病危害因素检测、评价；检测、评价结果存入本单位的职业卫生档案，定期向所在地卫生行政部门报告并向劳动者公布。经检测，发现工作场所职业病危害因素不符合国家职业卫生标准和卫生要求时，用人单位应立即采取相应治理措施，经治理后，符合国家职业卫生标准和卫生要求的，方可重新作业，仍然达不到要求的，必须停止作业。

（三）生产设备的防护

1. 用人单位应当优先采用有利于防治职业病和保护劳动者健康的新技术、新工艺、新材料，逐步替代职业病危害严重的技术、工艺、材料。

2. 向用人单位提供可能产生职业病危害的设备的，应当提供中文说明书，并在设备的醒目位置设置警示标识和中文警示说明。警示说明应当载明设备性能、可能产生的职业病危害、安全操作和维护注意事项、职业病防护以及应急救治措施等内容。

3. 向用人单位提供可能产生职业病危害的化学品、放射性同位素和含有放射性物质的材料的，应当提供中文说明书。说明书应当载明产品特性、主要成分、存在的有害因素、可能产生的危害后果、安全使用注意事项、职业病防护以及应急救治措施等内容。产品包装应当有醒目的警示标识和中文警示说明。贮存上述材料的场所应当在规定的部位设置危险物品标识或者放射性警示标识。国内首次使用或者首次进口与职业病危害有关的化学材料，使用单位或者进口单位按照国家规定经国务院有关部门批准后，应当向国务院卫生行政部门报送该化学材料的毒性鉴定以及经有关部门登记注册或者批准进口的文件等资料。

4. 任何单位和个人不得生产、经营、进口和使用国家明令禁止使用的可能产生职业危害的设备或者材料。

5. 用人单位对采用的技术、工艺、材料，应当知悉其产生的职业病危害，对有职业病危害的技术、工艺、材料隐瞒其危害而采用的，对所造成的职业病危害后果承担责任。

（四）个人防护

用人单位必须采用有效的职业病防护设施，并为劳动者提供个人使用的职业病防护用品。用人单位为劳动者个人提供的职业病防护用品必须符合防治职业病的要求;不符合要求的,不得使用。

六、职业病的诊断与处理的法律规定

(一)职业病报告

用人单位和医疗卫生机构发现职业病病人或者疑似职业病病人时,应当及时向所在地卫生行政部门报告。确诊为职业病的,用人单位还应当向所在地劳动保障行政部门报告。接到报告的部门应当依法作出处理。

(二)职业病诊断机构及标准

1. 职业病诊断机构

医疗卫生机构承担职业病诊断,应当经省、自治区、直辖市人民政府卫生行政部门批准。劳动者可以在用人单位所在地、本人户籍所在地或者经常居住地依法承担职业病诊断的医疗卫生机构进行职业病诊断。

2. 职业病诊断标准

《职业病防治法》规定,职业病诊断标准和职业病诊断、鉴定办法由国务院卫生行政部门制定;职业病伤残等级的鉴定办法由国务院劳动保障行政部门会同国务院卫生行政部门制定。

(三)职业病诊断

1. 诊断依据

职业病诊断,应当综合分析下列因素:(1)病人的职业史;(2)职业病危害接触史和现场危害调查与评价;(3)临床表现以及辅助检查结果等。

2. 诊断程序

承担职业病诊断的医疗卫生机构在进行职业病诊断时,应当组织 3 名以上取得职业病诊断资格的执业医师集体诊断;职业病诊断证明书应当由参与诊断的医师共同签署,并经承担职业病诊断的医疗卫生机构审核盖章。

(四)职业病诊断争议的鉴定

当事人对职业病诊断有异议的,有申请鉴定的权利,可以向作出诊断的医疗卫生机构所在地地方人民政府卫生行政部门申请鉴定。鉴定的程序和要求是:

1. 职业病诊断争议由设区的市级以上地方人民政府卫生行政部门根据当事人的申请,组织职业病诊断鉴定委员会进行鉴定。当事人对设区的市级职业病诊断鉴定委员会的鉴定结论不服的,可以向省、自治区、直辖市人民政府卫生行政部门申请再鉴定。

2. 职业病诊断鉴定委员会由相关专业的专家组成。省、自治区、直辖市人民政府卫生行政部门应当设立相关的专家库,需要对职业病争议作出诊断鉴定时,由当事人或者当事人委托有关卫生行政部门从专家库中以随机抽取的方式确定参加诊断鉴定委员会的专家。

3. 职业病诊断鉴定委员会应当按照国务院卫生行政部门颁布的职业病诊断标

准和职业病诊断、鉴定办法进行职业病诊断鉴定，向当事人出具职业病诊断鉴定书。职业病诊断、鉴定费用由用人单位承担。

4. 职业病诊断、鉴定需要用人单位提供有关职业卫生和健康监护等资料时，用人单位应当如实提供，劳动者和有关机构也应当提供与职业病诊断、鉴定有关的资料。

职业病诊断鉴定委员会组成人员应当遵守职业道德，客观、公正地进行诊断鉴定，并承担相应的责任。职业病诊断鉴定委员会组成人员不得私下接触当事人，不得收受当事人的财物或者其他好处，与当事人有利害关系的，应当回避。

（五）职业病患者的处理

职业病病人依法享有国家规定的职业病待遇：(1)用人单位应当保障职业病病人依法享受国家规定的职业病待遇。(2)用人单位应当按照国家有关规定，安排职业病病人进行治疗、康复和定期检查。(3)用人单位对不适宜继续从事原工作的职业病病人，应当调离原岗位，并妥善安置。(4)用人单位对从事接触职业病危害的作业的劳动者，应当给予适当岗位津贴。(5)职业病病人的诊疗、康复费用，伤残以及丧失劳动能力的职业病病人的社会保障，按照国家有关工伤保险的规定执行。(6)劳动者被诊断患有职业病，但用人单位没有依法参加工伤保险的，其医疗和生活保障由该用人单位承担。

七、职业病防治的监督检查

（一）监督检查机构

县级以上人民政府职业卫生监督管理部门依照职业病防治法律、法规、国家职业卫生标准和卫生要求，依据职责划分，对职业病防治工作进行监督检查。

（二）监督检查措施

1. 一般性措施：进入被检查单位和职业病危害现场，了解情况，调查取证；查阅或者复制与违反职业病防治法律、法规的行为有关的资料和采集样品；责令违反职业病防治法律、法规的单位和个人停止违法行为。

2. 临时控制措施：发生职业病危害事故或者有证据证明危害状态可能导致职业病危害事故发生时，卫生行政部门可以采取下列临时控制措施：责令暂停导致职业病危害事故的作业；封存造成职业病危害事故或者可能导致职业病危害事故发生的材料和设备；组织控制职业病危害事故现场。

（三）监督执法的要求

1. 职业卫生监督执法人员应当依法经过资格认定。

2. 职业卫生监督执法人员依法执行职务时，应当出示监督执法证件。职业卫生监督执法人员应当忠于职守，秉公执法，严格遵守执法规范；涉及用人单位的秘密的，应当为其保密。

3. 职业卫生监督执法人员依法执行职务时，被检查单位应当接受并予以支持配合,不得拒绝和阻碍。

4. 卫生行政部门及其职业卫生监督执法人员履行职责时,不得有下列行为:(1)对不符合法定条件的,发给建设项目有关证明文件、资质证明文件或者予以批准;(2)对已经取得有关证明文件的,不履行监督检查职责;(3)发现用人单位存在职业病危害的,可能造成职业病危害事故,不及时依法采取控制措施。

八、法律责任

(一)民事责任

《职业病防治法》第五十六条规定,职业病病人除依法享有工伤社会保险外,依照有关民事法律,尚有获得赔偿的权利,有权向用人单位提出赔偿要求。

(二)行政责任

1. 建设单位的法律责任

建设单位违反《职业病防治法》的规定,有下列行为之一的,由卫生行政部门给予警告,责令限期改正;逾期不改正的,处十万元以上五十万元以下的罚款;情节严重的,责令停止产生职业病危害的作业,或者提请有关人民政府按照国务院规定的权限责令停建、关闭:(1)未按照规定进行职业病危害预评价的;(2)医疗机构可能产生放射性职业病危害的建设项目未按照规定提交放射性职业病危害预评价报告,或者放射性职业病危害预评价报告未经卫生行政部门审核同意,开工建设的;(3)建设项目的职业病防护设施未按照规定与主体工程同时设计、同时施工、同时投入生产和使用的;(4)建设项目的职业病防护设施设计不符合国家职业卫生标准和卫生要求,或者医疗机构放射性职业病危害严重的建设项目的防护设施设计未经卫生行政部门审查同意擅自施工的;(5)未按照规定对职业病防护设施进行职业病危害控制效果评价的;(6)建设项目竣工投入生产和使用前,职业病防护设施未按照规定验收合格的。

建设单位有下列行为之一的,由卫生行政部门给予警告,责令限期改正;逾期不改正的,处十万元以下的罚款:(1)工作场所职业病危害因素检测、评价结果没有存档、上报、公布的;(2)未采取《职业病防治法》第二十条规定的职业病防治管理措施的;(3)未按照规定公布有关职业病防治的规章制度、操作规程、职业病危害事故应急救援措施的;(4)未按照规定组织劳动者进行职业卫生培训,或者未对劳动者个人职业病防护采取指导、督促措施的;(5)国内首次使用或者首次进口与职业病危害有关的化学材料,未按照规定报送毒性鉴定资料以及经有关部门登记注册或者批准进口的文件的。

2. 用人单位的法律责任

用人单位有下列行为之一的,由卫生行政部门责令限期改正,给予警告,可以并处五万元以上十万元以下的罚款:(1)未按照规定及时、如实向卫生行政部门申报产生职业病危害的项目的;(2)未实施由专人负责的职业病危害因素日常监测,或者监测系统不能正常监测的；(3)订立或者变更劳动合同时，未告知劳动者职业病危害真实情况的；(4)未按照规定组织职业健康检查、建立职业健康监护档案或者未将检查结果书面告知劳动者的；(5)未依照本法规定在劳动者离开用人单位时提供职业健康监护档案复印件的。

用人单位有下列行为之一的，由卫生行政部门给予警告，责令限期改正，逾期不改正的，处五万元以上二十万元以下的罚款；情节严重的，责令停止产生职业病危害的作业，或者提请有关人民政府按照国务院规定的权限责令关闭：(1)工作场所职业病危害因素的强度或者浓度超过国家职业卫生标准的；(2)未提供职业病防护设施和个人使用的职业病防护用品，或者提供的职业病防护设施和个人使用的职业病防护用品不符合国家职业卫生标准和卫生要求的；(3)对职业病防护设备、应急救援设施和个人使用的职业病防护用品未按照规定进行维护、检修、检测，或者不能保持正常运行、使用状态的；(4)未按照规定对工作场所职业病危害因素进行检测、评价的；(5)工作场所职业病危害因素经治理仍然达不到国家职业卫生标准和卫生要求时，未停止存在职业病危害因素的作业的；(6)未按照规定安排职业病病人、疑似职业病病人进行诊治的；(7)发生或者可能发生急性职业病危害事故时，未立即采取应急救援和控制措施或者未按照规定及时报告的；(8)未按照规定在产生严重职业病危害的作业岗位醒目位置设置警示标识和中文警示说明的；(9)拒绝职业卫生监督管理部门监督检查的；(10)隐瞒、伪造、篡改、毁损职业健康监护档案、工作场所职业病危害因素检测评价结果等相关资料，或者拒不提供职业病诊断、鉴定所需资料的；(11)未按照规定承担职业病诊断、鉴定费用和职业病病人的医疗、生活保障费用的。

用人单位和医疗卫生机构未按照规定报告职业病、疑似职业病的，由有关主管部门依据职责分工责令限期改正，给予警告，可以并处一万元以下的罚款；弄虚作假的，并处二万元以上五万元以下的罚款；对直接负责的主管人员和其他直接责任人员，可以依法给予降级或者撤职的处分。

用人单位有下列情形之一的，由卫生行政部门责令限期治理，并处五万元以上三十万元以下的罚款；情节严重的，责令停止产生职业病危害的作业，或者提请有关人民政府按照国务院规定的权限责令关闭：(1)隐瞒技术、工艺、材料所产生的职业病危害而采用的；(2)隐瞒本单位职业卫生真实情况的；(3)可能发生急性职业损伤的有毒、有害工作场所、放射工作场所或者放射性同位素的运输、贮存不符合《职业病防治法》第二十五条规定的；(4)使用国家明令禁止使用的可能产生职业病危害的设备或者材料的；(5)将产生职业病危害的作业转移给没有职业病防护条件的单位和个人，或者没有职业病防护条件的单位和个人接受产生职业病危害的作业的；(6)擅自拆除、停止使用职业病防护设备或者应急救援设施的；(7)安排未经职业健康检查的劳动者、有职业禁忌的劳动者、未成年工或者孕期、哺乳期女职工从事接触职业病危害的作业或者禁忌作业的；(8)违章指挥和强令劳动者进行没有职业病防护措施的作业的。

用人单位和医疗卫生机构未按照规定报告职业病、疑似职业病的，由有关主管部门依据职责分工责令限期改正，给予警告，可以并处一万元以下的罚款；弄虚作假的，并处二万元以上五万元以下的罚款；对直接负责的主管人员和其他直接责任人员，可以依法给予降级或者撤职的处分。

3. 从事职业卫生技术服务的机构的法律责任

从事职业卫生技术服务的机构和承担职业病诊断的医疗卫生机构违反《职业病防治法》规定，有下列行为之一的，由卫生行政部门责令立即停止违法行为，给予警告，没收违法所得；违法所得五千元以上的，并处违法所得二倍以上五倍以下的罚款；没有违法所得或者违法所得不足五千元的，并处五千元以上二万元以下的罚款；情节严重的，由原认可或者批准机关取消其相应的资格；对直接负责的主管人员和其他直接责任人员，依法给予降级、撤职或者开除的处分；构成犯罪的，依法追究刑事责任：(1)超出资质认可或者批准范围从事职业卫生技术服务或者职业病诊断的；(2)不按照本法规定履行法定职责的；(3)出具虚假证明文件的。

4. 职业病诊断鉴定委员会组成人员的法律责任

职业病诊断鉴定委员会组成人员收受职业病诊断争议当事人的财物或者其他好处的，给予警告，没收收受的财物，可以并处三千元以上五万元以下的罚款，取消其担任职业病诊断鉴定委员会组成人员的资格，并从省、自治区、直辖市人民政府卫生行政部门设立的专家库中予以除名。

5. 县级以上地方人民政府及其有关部门的法律责任

县级以上地方人民政府在职业病防治工作中未依照本法履行职责，本行政区域出现重大职业病危害事故、造成严重社会影响的，依法对直接负责的主管人员和其他直接责任人员给予记大过直至开除的处分。县级以上人民政府职业卫生监督管理部门不履行本法规定的职责，滥用职权、玩忽职守、徇私舞弊，依法对直接负责的主管人员和其他直接责任人员给予记大过或者降级的处分；造成职业病危害事故或者其他严重后果的，依法给予撤职或者开除的处分。

(三)刑事责任

违反《职业病防治法》的有关规定，构成犯罪的，依法追究刑事责任。

【思考题】

1. 我国《传染病防治法》中规定的甲类传染病包括哪些？
2. 传染病暴发、流行时，地方政府可以采取哪些控制措施？

第十章　医疗保障制度

【本章要点】

介绍了我国多层次的医疗保障体系，重点对我国医疗保障体系中的基本医疗保险制度、商业健康保险制度和医疗救助制度进行了阐述。

第一节　医疗保障制度概述

一、社会保障和医疗保障

(一) 社会保障

1. 社会保障的内涵

社会保障(social security)源于"社会安全"一词，于20世纪30年代在美国提出。从法律文献来看，最早出自美国1935年颁布的《社会保障法》。随后，"社会保障"一词就开始在其他国家法案或国际条约中出现，尤其是在1952年第35届国际劳工大会通过《社会保障公约》后，许多国家和地区开始推行社会保障制度。但对于"社会保障"这一概念，各个国家和地区都有自己的界定方式，这使"社会保障"这一概念传入中国后，其定义也成为学界争议的一个问题，而其概念界定在立法上的缺失使得这种争论越加激烈。2004年的《宪法修正案》虽明确将"社会保障"一词"入宪"，但未对社会保障的概念和范围进行界定，我国也没有专门针对社会保障的相关立法。

国内学者们基于各自理解从不同角度对"社会保障"进行了定义，但尚未达成共识。如有学者从经济分配角度观察，认为社会保障是政府通过参与国民收入的分配这一方式来对其社会成员给予基本生存的物质保证。[1] 有学者从权利保障角度出发，认为社会保障是社会成员应享有的基本权利，是国家应履行的确保社会成员生活权利一种法律责任。[2] 国内学者虽视角不同、表述不同，但学界的主流观点仍然是大社会保障概念。实际上，社会保障制度的建立和发展受到一国政治、

---

〔1〕 孙开：《试论社会保障的内涵与功能》，载《贵州大学学报》(社会科学版)1993年第1期。

〔2〕 葛寿昌主编：《社会保障经济学》，上海财经大学出版社1999年版，第2页。

经济、文化、社会等诸因素的影响，社会保障的内涵和外延也随着社会的发展和进步不断丰富和扩大。长期从事社会保障研究的郑功成教授在国内学者阐述的社会保障所具有的6大特征的基础上，对“社会保障”的概念重新进行了修正，认为“社会保障”是各种经济福利性的、社会化的国民生活保障系统的统称。这一界定，既包括了社会保障的福利性、社会性等本质特征，又突破了学界普遍对供给方、受益方权利义务进行严格法律强制的局限性；既体现社会保障的本质所在，又具有开放性和适应性，故本书对“社会保障”的概念界定采此观点。

2. 社会保障的外延

由于学界对社会保障的内涵认识不一致，导致对其外延认识的不一致。从中国共产党最早关于社会保障范围的界定来看，社会保障包括社会保险、社会救济、社会福利、优待抚恤等四个方面的内容。据此，学界展开了相关探讨，有学者认为“优待抚恤”属于“社会保险”的范畴，是“一种特殊的社会保险”，应从社会保障体系中划出去；同时，应增加“普及中等义务教育和职业教育”项目，为“人力资本”投资。[1] 有学者在对社会保障与社会救助、社会保险、社会福利进行概念辨析的基础上，提出“社会保险和社会救助应涵盖于社会保障之下，而社会保障却涵盖于社会福利之下”，即社会保障体系仅由社会救助和社会保险构成。[2]

（二）医疗保障

1. 医疗保障的内涵

关于“医疗保障”这一概念的界定，既未见于我国法律规定和政策文件中，也鲜见于我国诸多关于医疗保障的研究文献中。有学者提出，“医疗保障”是指居民生病或受到伤害后，由国家和社会给予一定的物质帮助，使其得到相应医疗服务或经济补偿。可见，如社会保障一样，我国学界关于“医疗保障”的内涵仍未达成共识，甚至连保障对象都存在分歧。但虽如此，医疗保障系社会保障体系重要组成部分，这是获得学界普遍认可的。故而，本书以前文“社会保障”定义为基础，将“医疗保障”界定为，以保障国民身体健康、化解其医疗费用开支风险为目的的具有经济福利性的、社会化的系统的统称。

2. 医疗保障模式

国际上，比较主流的医疗保障模式有三种：一是以德国为代表的社会医疗保险模式，二是以美国为代表的商业医疗保险模式，三是以英国为代表的国家医疗服务模式。

（1）社会医疗保险模式。社会医疗保险模式，一般是指国家通过法律形式要求雇主和雇员缴纳保险费来筹集资金而强制实施的一种医疗保障制度。德国、中

---

[1] 杨玉芝、鹿桂香：《社会保障概念的界定》，载《社会科学辑刊》1992年第6期。

[2] 董克用、孙博：《社会保障概念再思考》，载《社会保障研究》2011年第5期。

国、法国、意大利、西班牙、日本、韩国等国家采取这一模式,其中德国既是发源地,又最具代表性。这一模式面临的主要问题是由于制度设计不合理导致的医疗费用持续上涨。

(2)商业医疗保险模式。商业医疗保险模式,一般是指通过市场法则来筹集保险资金的自愿性的医疗保障制度。美国为这一模式的代表国家。这一模式面临的问题主要是商业医疗保险逆向选择的本质特征导致的医疗保险不能实现全民覆盖。

(3)国家医疗服务模式。国家医疗服务模式,一般是指国家通过征税的方式筹集资金,由政府直接举办医疗保障事业并向全体居民提供医疗保健服务的制度模式。采取这一模式的国家有英国、瑞典、加拿大、澳大利亚等,其中,英国最为典型。这一模式面临的问题主要是由于医疗卫生资源的行政化调配导致的医疗服务水平和质量以及效率的低下。

二、我国医疗保障制度演进

在计划经济时期,我国城镇的医疗保障制度主要由公费医疗制度和劳保医疗制度组成,农村的医疗保障制度则是农村合作医疗制度,从技术角度来看,都没有采用保险模式。

1978—1993 年,我国原有医疗保障制度解体:城镇人口医疗保障覆盖面变小,待遇水平逐渐降低;到 20 世纪 80 年代末,参加农村合作医疗的行政村不足 5% 。

原有医疗保障制度的解体,新的医疗保障制度又未建立,是导致"看病难、看病贵"问题的重要原因之一。政府针对这一问题先后出台了系列政策和文件,采取了"先试点,后全面铺开"的措施,于 1998 年开始在全国范围内建立城镇职工医疗保险;2003 年年初,开始推广新型农村合作医疗制度;2005 年,建立城乡医疗救助制度;2007 年,开始建立以城镇未成年人和没有工作的居民为主要参保对象的城镇居民医疗保险。

截至目前,我国初步形成以城镇职工医疗保险、城镇居民医疗保险、新农合为主干,以医疗救助为兜底,以商业保险和其他补充保险为补充的多层次医疗保险体系。在城乡三项基本医疗保险"碎片化""分裂式"建制的同时,我国从地方到中央也不断探索"整合"三大基本医疗保险制度。2018 年 3 月,作为国务院直属机构的中华人民共和国国家医疗保障局(以下简称"国家医保局")正式组建。国家医保局整合了原来分属于几个部委的关于医疗保险、药品和医疗服务价格管理、医疗救助等方面的职责,统筹推进医疗、医保、医药"三医联动"改革,更好保障病有所医。这是医疗保障管理体制的一个重大变革,既体现了党和国家对保障人民健康的高度重视,反映了医疗保障在社会保障体系中的重要地位,也是国家为医疗保障制度的顺利整合衔接提供的管理体制机制方面的支持和保障。

第二节　基本医疗保险制度

一、基本医疗保险的概念和优势

基本医疗保险，是指通过国家、单位、个人共同筹集资金建立医疗保险基金，参保人根据法律规定按时缴纳保费，在参保人患病就医时获得一定保险费用的医疗保障制度。基本医疗保险制度在我国覆盖范围广、保障程度高，目前覆盖人群超过了13.5亿人，全民医保梦基本实现。

基本医疗保险赋予了参保人就医时的自主选择权，参保人可在任意一家定点医疗机构就医。因为手续的方便快捷，门诊费用结算可用IC卡，预付少量押金即可住院，其余部分由社保中心与医疗服务机构进行结算。个人医疗账户的资金视为银行存款并计算利息，同时可继承也可以随工作调动一块转移。为保障公民的健康权益，参保人的报销费用不会拖欠，也不会因医疗费用的问题延误治疗。基本医疗保险极大分担了个体承担巨额医疗费用的风险，切实保障了参保人的基本医疗权益，是典型的具有共济互助性的医疗保障制度。

二、基本医疗保险制度简介

我国的基本医疗保险制度依据各地的实际情况、参保人户籍和职业的不同而设立。长期以来，基本医疗保险制度有三种形式：一是为城镇就业人员设立的城镇职工基本医疗保险制度；二是为城镇非就业人员设立的城镇居民基本医疗保险制度；三是在农村地区实施的新型农村合作医疗制度。近年来，随着医保整合工作的不断推进，城镇居民基本医疗保险制度和新型农村合作医疗制度将逐渐被合并，我国将建立统一的城乡居民基本医疗保险制度。

（一）城镇职工基本医疗保险

我国的城镇职工基本医疗保险制度于1998年开始试点推行，旨在补偿劳动者因患病就医而引发的经济损失。这里的劳动者主要指企事业单位、社会团体、国家机关、民办非企业单位的就业人员以及灵活就业的人员和农民工。它以强制的方式要求职工和用人单位参保。医保基金的资金来源是用人单位和职工共同缴费为主，国家财政为辅。用人单位缴费率不得超过职工工资总额的6%，职工个人的缴费率是本人工资总额的2%。

（二）城镇居民基本医疗保险

早在2007年，我国就已经开始了城镇居民基本医疗保险的试点，其以缴费标准与待遇水平相一致为原则，按照居民个人（家庭）缴费为主，政府适度补助为辅的筹资方式，其参保范围主要涵盖学生和未就业的城镇居民。与城镇职工基本医疗保险不同，城镇居民基本医疗保险出于自愿，并不强制，且以家庭缴费为主，这样一来,如果参保人身体健康,其缴付的保险费可以用来救济家庭其他人员,从而体现了基本医疗保险互助共济的优势。

(三)新型农村合作医疗保险

我国的新型农村合作医疗保险制度在2003年开始试点推行,总体来说是一种由政府带头引导,农民可以根据自己的意愿参与保险,由农民、集体和政府三方一起缴付保费,并以大病统筹为主的农村医疗保障制度。它主要面向当地户籍的农民,新型农村合作医疗保险在保障农民获取基本医疗卫生服务和防止因病致贫方面发挥了重要作用。

三、基本医疗保险制度的特征

基本医疗保险制度具有医疗保障和社会保险的双重效应。一方面,国家对公民有照看保护之责,当公民遭遇患病等健康风险时可通过基本医疗保险分担风险;另一方面,公民通过缴费参保使其与国家之间建立了一种保险关系,在伤病发生时可以获取一定的医疗救助。具体来说,基本医疗保险制度具有以下几个特征。

(一)社会性和适用广泛性

一方面,相比于原来的公费和劳保医疗制度,基本医疗保险最大的特点是社会保险属性。虽然基本医疗保险制度仍然要通过用人单位实施,但保险资金的筹集和医疗费用的支出是在全社会范围内进行的,由政府有关部门集中管理。在原有的公费和劳保医疗制度下,单位的经济效益和领导者的态度直接影响职工能否得到医疗待遇,职工要承受一定的风险。基本医疗保险是由政府举办的,资金来源有保证,有法定的运行程序和严格的监督机制。较之原有的制度,增强了职工抵御风险的能力。另一方面,基本医疗保险属于全民医保,无论是国家机关、企事业单位、社会团体还是私营企业、个体劳动者,无论是否成年或就业,都在基本医疗责任保险的覆盖范围之内。

(二)缴费义务性

医疗保险制度属于社会预先保护制度,它与政策性社会补偿和医疗救助不同,公民作为参保人的主体资格由我国法律明确规定。参保人应提前缴纳费用,在保险事由发生时由保险人提供保险赔付。如前所述,城镇职工基本医疗保险属于强制性保险,城镇居民基本医疗保险和新型农村合作医疗保险则是以自愿参保为原则。在强制性的保险制度中,个人缴费与否仅影响参保人是否可以获得给付请求权,但不会影响到参保人的主体资格。即“疾病或伤害等保险事故的发生即为保险事件,然而是否有具体请求权还应检视被保险人有否依照法律规定缴交保险费来确定”[1]。因此,义务缴费制度能够积极推动基本保险制度强制保险原则的应用和发展。

---

〔1〕 钟秉正:《社会保险法论》,三民书局2005年版,第117页。

(三)强制性和公益性

一方面,城镇职工基本医疗保险要求全部城镇用人单位和职工都必须参保,确保符合条件的城镇职工都能得到及时有效的医疗服务,因此,它不同于任何自愿参保的商业健康保险,国家通过强制性手段推行了这项制度。另一方面,由于基本医疗保险是由国家主持进行的,不缴纳税款,不以营利为目的,具有一定的公益性,而且医保管理人员的各项开支均由国家财政负担,所以,医疗保险金可以保证全额用于支付参保人的医疗费。

(四)共济性

基本医疗保险制度实行互助共济,按照大数法则,在整个社会的范围内统一筹集和调剂使用资金,依靠全社会的力量均衡负担和分散风险,基本医疗保险覆盖范围越大,抵御风险的能力也就越强。参保人因伤病就医用药所产生的医疗费用均由统筹基金按比例报销,且医疗费用不与单位经济效益挂钩,费用的风险由全部参保单位和人员共同分担。

(五)实物给付性

实物给付即直接向参保人提供必要的医疗服务以代替传统的现金给付。以获取实物给付为内容取决于医疗保险的社会保障属性,这也是国际保险惯例。世界上大部分国家的医疗保险制度均以实物给付为保险原则。如日本的《国民健康保险法》和《健康医疗保险法》均规定了将"疗养的给付"作为保险给付内容。德国的《社会法典》在第五编第二条中也规定,"对于社会疾病保险适用所谓的物的给付原则"[1]。对参保人来说,现金给付只能缓解其医疗费用支付压力,但无法解决其伤病问题,尽快从伤病中痊愈才是参保人最关心的问题,再加之"看病难,看病贵"问题还未从根本上解决,所以规定以医疗服务的实物给付为内容,能更好地达到医疗保险的保障目的。因此,我国的基本医疗保险制度实行的是现金给付和实物给付并用的模式。但是,对医疗保险的参保人来说,针对其一切的医疗服务与治疗方案都是由医疗机构来决定的,参保人有发言权但没有职业决定权。因此,为预防医疗机构的不当医疗和过度医疗行为,确保医疗保险基金得到善意地使用,将医疗服务机构纳入医疗保险制度体系中,"其用意主要在降低给付的成本,尤其要求保险人应当透过集体议价的方式,为被保险人团体向给付提供者争取更符合经济效用的保险给付"[2]。

四、医改后基本医疗保险制度的发展现状

2009年,《中共中央国务院关于深化医药卫生体制改革的意见》(简称"医改")拉开了新医改的帷幕。我国基本医疗保险制度在政策覆盖全人口的基础上,

[1] [德]迪特尔·梅迪库斯:《德国债法分论》,杜景林、卢谌译,法律出版社2007年版,第273页。

[2] 钟秉正:《社会保险法论》,三民书局2005年版,第193页。

不断发展和完善,实现了全民医保。2010 年《社会保险法》规定了全民医疗保险制度的基本架构。截至 2018 年 2 月,我国基本医疗保险参保人数已超过 13.5 亿人,基本实现了全民医保,让各个阶层的群体切实享受到了医疗保障服务。[1] 这一时期,支撑全民医保的"两纵"(职工医保和城乡居民基本医疗保险)、"三横"(医疗救助、基本医疗保险、商业健康保险)的基本医疗保障制度格局已基本形成并逐步完善。全民医保在一些关键领域和环节取得了突破性改革进展。

(一)整合城乡居民医保制度取得突破性进展

国务院于 2016 年出台了《关于整合城乡居民基本医疗保险制度的意见》,该意见指出,要继续"推进城镇居民医保和新农合制度整合,逐步在全国范围内建立起统一的城乡居民医保制度"。目前,我国各地普遍按照筹资政策、覆盖范围、保障待遇、定点管理、医保目录、基金管理"六统一"的要求整合了城乡居民医保。全国部分地市率先完成了基本医疗保险管理机构的整合,部分省份开始积极探索"三险整合"的医保一体化管理制度。

(二)基本医疗保险筹资水平不断提高,筹资机制不断创新

我国城乡居民医保财政补助水平逐步提高,从 2008 年的每人每年 80 元提高到了 2018 年的 450 元。部分地市开始探索建立城乡居民医保个人缴费标准与居民收入相挂钩的动态调整机制,力求筹资标准、保障水平与当地经济发展水平相适应。

(三)保障待遇不断提高

待遇水平逐年提高,2016 年我国职工医保和居民医保政策范围内住院医疗费用待遇水平平均达到 81.7% 和 71.1%。待遇范围不断扩大,居民医保普遍建立门诊统筹,部分地市在积极探索职工医保门诊统筹待遇;门诊特病和慢病病种的范围有所扩大;2016 年人力资源和社会保障社部《关于开展长期护理保险制度试点的指导意见》遴选了 15 个城市开始进行长期护理保险制度试点,正式探索建立社会保险第六险。

(四)用药范围不断扩大

2017 年我国完成医保药品目录调整,2017 年版医保目录较 2009 年版新增加 339 个药品品种;政府加大工作力度,通过谈判纳入了 36 种昂贵药品;部分地市依托大病保险"合规费用"政策窗口通过准入谈判方式,将老百姓急需、疗效明显、价格较贵的药品不断纳入大病保险补偿范围。

(五)各类补充医疗保障制度不断发展,医疗服务可及性不断提高

2012 年 6 部委联合下发《关于开展城乡居民大病保险工作的指导意见》,明确

---

[1] 申曙光、张家玉:《医保转型与发展:从病有所医走向病有良医》,载《社会保障评论》2018 年第 3 期。

提出要为城乡居民建立大病保险制度，预计将有超过10亿人口从中受益，实施大病保险制度后，参保人实际报销比例提高10～15个百分点；各类补充医疗保险覆盖率不断提高，2017年底补充医疗保险参保2.9亿人，比2012年增加7203万人。同时，积极推进实施医保精准扶贫政策，部分地市依托大病保险以建档立卡城乡贫困人口为目标人群，实行优惠的支付政策，充分发挥大病保险的托底保障作用。

（六）医疗服务管理不断加强

1. 支付方式改革不断创新，基本框架基本形成

人力资源和社会保障部等于2012年发布的《关于开展基本医疗保险付费总额控制的意见》提出，“结合基本医疗保险基金预算管理的全面施行，开展基本医疗保险付费总额控制”。国务院发布的《关于进一步深化基本医疗保险支付方式改革的指导意见》将医保付费方式改革视为医改的重要内容。目前，我国各地基本建立了基于医保基金预算管理，区分不同疾病、不同群体的多元化医疗保险支付机制，部分地市还积极开展了按照疾病诊断相关分组（DRGs）付费的探索。部分地市将总额预算管理和按病种付费相结合，形成了中国特色的点数法。

2. 医疗服务监管能力不断增强

定点药店和定点医疗机构的数量近几年不断增加，2016年我国零售药店和职工医保定点医疗机构分别为24.85万家和14.49万家。医保协议管理不断完善，涵盖内容不断增加和细化，同时推行定点医疗机构诚信等级评价、分级管理等措施。医保管理从医院向医师延伸，不断推进医保医师制度建设。全面实施医保总额控制和智能监控，提高了基金风险防控能力。

3. 治理模式和管理机制改革有所改善

近几年，我国在医保领域不断加强社会治理体制创新，积极推进药品动态准入机制公开征求意见、国家药品目录准入谈判、大病特效药谈判准入等工作，效果显著。医保购买与多主体协商谈判机制初步建立，逐渐改变了传统的医保政府定价模式。与医疗机构代表共商谈判、信息全面公开等机制在部分地市总额预算管理额制定过程中逐步建立起来。

4. 基本医疗保险经办机构统一

我国原来的基本医疗保险经办机构比较分散，是一个以原城镇职工基本医疗保险管理模式为基础，以街道和社区劳动保障的工作平台为依托，由城镇职工和居民基本医疗保险经办机构、农村合作医疗经办机构、城乡医疗救助经办机构和工会经办机构共同组成的组织实体。这些机构分别隶属于人力资源和社会保障部、原卫计委、民政部和中华全国总工会。2018年3月，国务院机构改革方案出台，为完善统一的城乡居民基本医疗保险制度和大病保险制度，不断提高医疗保障水平，确保医保资金合理使用，统筹推进医疗、医保和医药的三医联动改革，我国整合现有基本医疗保险经办机构组建了医疗保障局，为国务院直属机构，从而实现了三保合

一,多权一体。

5."一站式"结算基本实现

医疗保险在总体上使得统筹地区内"一站式"结算成功实现,医疗保险、大病保险、医疗救助以及部分补充保险的"一站式"结算在全国大部分地区也得到了基本实现。就目前而言,有的地市也在不断探索中实现了医疗救助和基本医疗保险的统一管理,实现了跨省异地就医费用的直接结算和医保全国联网。目前,全国所有统筹地区已经联网接入国家异地就医结算系统。

第三节　商业健康保险制度

一、商业健康保险的概念

商业健康保险不同于基本医疗保险,它是人身保险的一种,以人的身体健康为保险标的,当被保险人罹患疾病或者遇到意外伤害时引发的治疗费用以及因失能而致使的经济损失进行理赔。另外,商业健康保险也涵盖对于被保险人因年老、患病或受伤致残时所必要的陪护进行的补偿。因此,商业健康保险主要包括疾病保险、医疗保险、失能损失保险和长期护理保险等险种。

二、商业健康保险的作用

商业健康保险是我国多层次医疗保障体系中的重要一环,它在推动医保体系不断健全的进程中发挥着举足轻重的作用,主要体现在以下几个方面:首先,随着现代社会的快速发展,人们对于医疗保险水平和种类的要求不断提高,而商业健康保险种类繁多,形态多样,能够给被保险人提供很大的选择空间,同时能够满足不同收入阶层的不同需求。其次,商业健康保险可以有效缓解政府财政支出压力。医疗保险的"刚性"特征决定了其保障水平只会随着社会发展不断提高。面对日益增长的医疗费用,当政府的财政支付无法应对时会对政府公信力造成消极影响。商业健康保险的介入则可以有效缓解政府压力,通过商业健康保险公司参与基本医保经办管理,可极大减少政府对于基本医疗保险的开支。再次,商业健康保险可以积极发挥对基本医疗保险的补充作用,从而减轻被保险人的医疗费用负担。商业健康保险可针对基本医疗保险不足和遗漏的地方,充分发挥自身灵活性,为不同阶层群体量身打造特色鲜明的医疗保险服务,为被保险人提供更加全面的保险模式,弥补基本医保在医疗费用报销额度方面的不足,填补医疗费用支出和基本医疗保险报销之间的空白。最后,商业健康保险可有效防止医疗费用的上涨速度。国家可以通过宏观调控和行政干预措施控制医疗费用的过快上涨,然而这终究是隔靴搔痒,不能解决根本问题。在市场经济条件下,通过市场竞争可以做到优胜劣汰,处在自由竞争的大环境下,企业不得不全面提升其服务质量,优化资源配置以降低企业成本。因此,要想改变基本医疗保险部门“自监自办”的现状,商业健康保险可运用市场化运作机制,形成与基本医疗保险机构的良性竞争,从而使医疗费用市场价格趋向合理化。

三、近年来商业健康保险的发展历程

近年来,我国基本医疗保险体系逐步完善,多层次医疗保险体系构建显得尤为重要,政府也越来越重视发展商业健康保险事业。2006 年,国务院下发了《关于保险业改革发展的若干意见》,该意见强调了商业健康保险的重要性,并提出要大力发展和扶持商业健康保险。2006 年颁布的《健康保险管理办法》首次在商业健康保险监管规章中详细地提出了专门化的监管方式,而后保监会颁布的一系列相关文件,目的是鼓励保险公司积极参与多层次医疗保险体系建设。我国于 2009 年出台的新医改方案,进一步明确了商业健康保险在我国医疗保障体系的建设中的地位和功能。国务院于 2016 年发布了《“健康中国 2030”规划纲要》这一重要文件,鼓励保险公司从健康因素着手,完善健康保障制度,积极开拓和发展各类商业健康保险产品,充分发挥对基本医疗保险的补充作用,对商业健康保险公司实施税收优惠政策。为落实好《“健康中国 2030”规划纲要》的文件精神,国务院在 2017 年的常务会议上决定,将商业健康保险个人所得税优惠政策由原来在 31 个城市试点实施扩大到在全国推行,这无疑是为商业健康保险的发展注入了新的活力。

四、商业健康保险的种类

(一)商业医疗保险

1. 内涵界定

我国鼓励用人单位和个人参加商业医疗保险,商业医疗保险的参保以自愿为原则,是我国多层次医疗保障体系的重要组成部分,它是属于保险公司经营的、营利性的医疗保障服务。被保险人按照合同约定缴纳保费,当遇到伤病等保险事由时,可以从保险公司获得一定数额的赔付。商业医疗保险主要有两种形式:税优健康保险和短期医疗保险。税优健康保险是国家扶持的一款健康保险产品,报销范围广,投保范围宽,被保险人一般要年满 16 周岁以上,同时又未达到法定退休年龄。这类保险一般是一年期医疗保险加万能账户,被保险人每年固定交纳保费并且能够享受税前抵扣,保险产品不限社保用药,且允许投保者带病投保,并且保证续保。短期医疗保险根据不同群体的需求,以保障范围和保额价值为标准,还可以细分为高端医疗保险、小额商业医疗保险和百万医疗保险等险种。其中小额商业医疗保险主要针对幼儿和其他低收入群体设立,没有起付线和免赔额的限制,为他们的医疗服务提供充分的医疗保障。百万医疗保险最大优势在于它的“高保额低保费”,凭借这一优势它迅速占领商业健康保险市场。高端医疗保险主要是针对高收入阶层设立的特殊险种,不但有常规的住院和门诊保险项目,还涵盖口腔、体检、生育、疫苗等项目,而且还可以向被保险人提供专业导医、全天候医疗咨询以及

私密住院环境等定制服务。

2. 保障范围

我国目前商业医疗保险的保障范围非常宽泛，除了常见的门诊和住院，还包括人工器官、手术、检查等方面。商业健康保险公司基于企业经营规则的不同，在不同保险产品的具体保障范围上会有所差异，但主要的保障范围基于以下几个方面。

(1) 住院医疗费

住院医疗费是商业医疗保险里最主要的保险责任，它主要是指被保险人因疾病或意外在住院期间所产生的医药、手术、检查等合理的费用。只要在保险期间内，保险公司就应该按照保险合同的约定向被保险人支付住院医疗费用保险金。

(2) 门诊急诊费

门诊急诊费是指被保险人因疾病或意外需要就医时，在商业保险公司认可或双方事先约定的医疗卫生服务机构产生的医药、检查等合理且必要的医疗费用。就医结束后，被保险人可凭发票单据要求商业保险公司在合同约定的给付限额内给付门急诊医疗保险金。

(3) 指定疾病医疗费

指定疾病医疗费，一般是指保险合同约定的重大疾病（如恶性肿瘤等）以及一些慢性病种（比如高血压、冠心病、糖尿病等）。指定疾病门诊医疗费是指被保险人在保险期间内发生合同约定的指定疾病后，在医疗机构接受治疗，对其实际而且必要的门诊治疗费、医药费、手术费等，保险公司按照合同约定的医疗保险金计算方法给付指定疾病医疗费用保险金。目前各保险公司标准不一，主要的治疗方法包括但不限于：血液透析、放射治疗、肿瘤内分泌疗法、肿瘤靶向疗法等。

(4) 其他医疗费

其他医疗费主要是指被保险人因疾病而产生的一些辅助医疗费用，如口腔医疗护理费、康复治疗费、保健用品费、医疗救援费、理疗费、辅助医疗器械费等。

(二) 疾病保险

1. 基本概念

疾病保险是指对被保险人因疾病引起的收入损失、费用支出或因疾病所致死亡或残疾，保险人按照保险合同规定承担给付保险金责任的保险。疾病保险一般不包括因意外伤害所致的各项损失，而且疾病保险的保险金一般都是以定额赔付的形式进行支付的。目前我国疾病保险以长期重大疾病保险（简称重疾险，下同）为主。

2. 重疾险产品的类型

(1) 基于保险期限的分类

重疾险可分为一年期重疾、定期重疾和终身重疾，其划分依据是保障时间的长短。一年期的重疾险产品具有承保时间短的特点，由于短时间内尤其是低年龄段时期，人们患有重大疾病的概率较小，因此该类险种产品属于短期替代型产品，价格便宜是其最大的优点。因此，该产品适合幼儿或者身体健康的年轻人等低年龄段人群购买以作为过渡的保险产品，缺点在于它不可以保证续保。定期重疾险规定了一个固定的保险期间，如果被保险人在保险期间出现保险事由，其将获得一笔重疾险保险金，到期被保险人若没有出现合同中约定的保险事由，保险合同终止。其优点是无须担心续保问题，缺点是在保险期间结束后，被保险人患病率逐渐上升时却没有了保险保障。终身型重疾险意味着可以为被保险人提供终身保障。其优点是该险种产品定价采用均衡费率，每年缴纳保费的数额不变，且不用担心重大疾病发生在保险期间外的情况，缺点是与前两种产品相比，该类型产品保费较高，且保险金额受通货膨胀的影响较大，只适合有一定经济能力的人购买。

(2)基于赔付标准的分类

疾病保险按照此种标准分为三种形式，即一次性赔付重疾险、多次性赔付重疾险以及指定疾病保险。一次性赔付重疾险是指当生活中发生合同约定的保险事由时，保险公司将按照保险合同中约定的保险金额一次性给付保险金，此类疾病保险产品目前在市场上占的比重较大。多次性赔付重疾险是近几年来投保人投保较多的险种，它一般是将重大疾病分为若干组，这些疾病之间的相互关联程度较高，在首次发生重疾后，再次发生的重疾需在合同约定的若干组之外，才能获得赔付，在组内的疾病复发是无法获得赔付的。指定疾病保险是为合同约定的特定疾病提供保障的保险，目前此类保险主要是为癌症患者提供保障，个别保险公司尝试将指定疾病保险纳入到重疾险产品中以提高其市场竞争力。

3. 保障范围

(1)重疾险保险金

病人等待期后被医疗机构首次确认患有重大疾病的，保险公司需按照合同约定赔付重疾险保险金。这里所指的重大疾病除了涵盖我国《重大疾病保险的疾病定义使用规范》中规定的25种重大疾病，各保险公司还可以按照自己的市场业务需求添加其他重大疾病，疾病种类一般介于40～60种。另外，保险公司对重大疾病的赔付次数因产品的不同而有所差异，一般在1～7次之间。

(2)轻度疾病保险金

若经医疗机构确诊，病人首次患有合同约定的轻度重大疾病，保险公司按照合同约定也要相应支付轻度重疾保险金。目前，各保险公司对轻度重大疾病的保障范围不一，种类以10～40种居多，对赔付次数和赔付金额有上限要求，一般的赔付金额为基本保险金额的20%，大多不会超过10万元，赔付次数在1～5次之间，设置的额外等待期一般为90天。

(三)长期护理保险

长期护理保险又称老年护理保险，主要是对保障被保险人因为功能丧失，生活无法自理,需要入住康复中心或需要在家中接受他人护理时产生的费用给予补偿的一种健康保险,它是相对较新的一种健康保险产品。随着老年人口的逐渐增多,从20世纪80年代以来,老年看护保险在欧美等发达国家有了较快的发展。早期以个人长期护理保险为主,近年来团体型长期护理保险也有一定发展。长期护理保险的保险责任是为被保险人因为年老失能以致生活无法自理,需要接受老年中心医护人员的看护服务或在在家中接受日常生活的看护服务所需的费用提供保险金的补偿。它与失能收入保险中对被保险人失能后收入损失的补偿是不同的。长期护理保险保障的护理项目一般包括照顾被保险人的吃饭、穿衣、洗浴、如厕和行动等所产生的护理费用。

我国在2006年由人保健康填补了这一市场空缺,推出了一套长期护理保险"太平盛世 - 附加老年护理费险"。但是,由于大多数长期护理保险只是每月支付固定的金额,在具体的护理服务提供方面并没有起到实际的作用,目前的市场规模较小。为了大力扶持和发展长期护理保险,我国人力资源和社会保障部在2016年发布了《关于开展长期护理保险制度试点的指导意见》,提出在青岛、长春、广州等15个试点城市,探索建立为长期失能人员提供医疗护理和生活照顾的社会保险制度,资金来源按照互助互利的方式进行筹集。目前该制度在试点城市总体平稳运转,在某些方面已取得了实效。

(四)失能收入损失保险

失能收入损失保险又称失能保险,它属于健康保险的一种,当被保险人因遭受伤害而部分或全部丧失劳动能力时,由保险公司定期支付一定数额的理赔款。近年来,失能保险在我国商业健康保险市场逐渐打开了发展空间。失能收入损失保险的保险金发放主要由被保险人自主决定,保险公司按照被保险人的要求定期支付一定数额的理赔款,但这种赔付方式远不能弥补被保险人的实际损失,保险公司定期支付的理赔款一般会低于被保险人在伤残以前的正常收入水平。失能收入损失保险的保险金给付期限(保险公司支付保险金的最长时间)分为短期和长期两种。其中短期赔付是针对被保险人因伤残就医暂时无法工作而遭受到的预期收入损失,长期赔付则是在被保险人全部丧失劳动能力无法参加工作的情形下,由保险公司每周或每月支付理赔款。

第四节 医疗救助

一、概述

(一)医疗救助的概念

"医疗救助"是通过政府提供资金、政策和技术支持,或者社会上的各种慈善行为,对因患病而无经济能力治疗的贫困人群,实施专项帮助和资金资助,使其获得必要的医疗服务,维持其基本生存能力,改善救助人群健康状况的一种医疗保障制度。[1] 医疗救助通常是在政府有关部门的主导下,社会广泛参与,通过医疗机构针对贫困人口的患病者实施的恢复其健康、维持其基本生存能力的救治行为。医疗救助是社会救助的一个方面,社会救助又是社会保障的组成部分,所以医疗救助的思想和理论则应包含在社会保障、社会救助、社会救济等理论体系中。[2]

(二)医疗救助的意义

贫困人群医疗保障问题一直是社会关注的热点,也是医疗保障制度改革中的难点,医疗救助是社会医疗保障制度的最后一道屏障。相对于基本医疗保险和商业医疗保险,医疗救助制度是确保人人享有基本医疗服务的"兜底"性制度。[3] 建立完善的医疗救助制度,能有效地降低贫困边缘人群因病返贫率,提高贫困居民抵御疾病风险能力,对贫困群体的保护具有重大意义。

二、国外医疗救助制度概况

英国于1601年颁布了《伊丽莎白济贫法》,该法包括对穷人的医疗救济和医疗服务,是西方最早以法律形式确定社会救助制度的法律;为了使英国更多的贫困病人得到及时救助,英国政府在1885年又颁布了《医疗救助法》;[4] 1946年,英国颁布《国民健康服务法》,规定无论是劳动者还是非劳动者,无论个人支付能力的大小,都可以得到免费的全方位医疗服务;[5] 随着新情况的出现,英国在1976年颁布了《补充救助法》。《补充救助法》规定,凡16岁以上的英国公民,收入来源不能满足最低生活需要者,都可以申请包括医疗救助在内的社会救助。这一系列法律文件,形成了比较完善的医疗救助制度。英国医疗救助政策的总原则是有能力承担费用者必须自己支付,没能力承担费用者才能申请救助,故英国对医疗救助有严格的审批程序和惩罚机制:一旦查出弄虚作假者,将处以报销费用5倍的罚款。[6]

美国的社会救助制度形成于20世纪三四十年代。美国于1935年颁布了《社会保障法》,这是世界上第一个较为完整的社会保障制度。1965年,美国国会通过设立医疗救助制度的提案,并将其写入《社会保障法》,以法律形式规定了医疗救助制度的指导原则、联邦政府与州政府的资金分担方法、强制覆盖的基本人群、必

---

[1] 李华、张志元、郭威:《完善我国农村医疗救助制度的思考》,载《人口学刊》2009年第1期。

[2] 同上。

[3] 王海容、邹雨轩、向令:《略论我国医疗救助立法的缺失》,载《泸州医学院学报》2013年第1期。

[4] 郭文渊:《我国医疗救助制度的发展现状及存在问题研究》,载《中国商界(上半月)》,2010年第7期。

[5] 姜楠:《国外医疗保障立法实践及其借鉴意义》,载《武汉交通职业学院学报》2010年第4期。

[6] 同上。

须提供的基本服务项目等。

日本于1932年颁布《救助法》,救助的项目包括生活、医疗、教育、住宅、分娩、谋生、安葬等七项救助,又在1946年制定并实施了《生活保护法》,规定政府应对所有贫困的日本国民,根据其贫困和疾病的程度实施必要的医疗救治。[1] 这些家庭或个人提出申请后,政府要对其进行"自立调查",看其是否充分发挥了自己的潜能来克服现有的困难。

1942年,德国制定了关于救济义务的法令,第一次在全国范围内对公共救助的享受条件、救助种类和程度作出了规定;1962年前联邦德国颁布了《联邦社会救助法》,对特殊困难者的社会救助作出了明确的规定。20世纪90年代初东西德合并后,基本上继续实行该法。[2] 德国现行的医疗救助制度是在国家立法实施的强制社会医疗保险体系下运行的制度,主要针对的是加入医疗保险有困难的人群,有政府资助其加入保险和在其就医时减免自付费用两种方式。

三、我国医疗救助制度发展概况

在改革开放前,我国没有医疗救助的概念;改革开放后,虽然各地政府积极建立医疗救助制度,但并未形成完整的医疗救助制度体系。为促进医疗救助的持续健康发展,实现医疗救助的规范化和制度化,国务院及相关部委制定并颁布了《关于完善城镇社会保障体系的试点方案》《关于进一步加强农村卫生工作的决定》《关于实施农村医疗救助的意见》《农村医疗救助基金管理试行办法》《关于建立城市医疗救助制度有关事项的通知》《关于建立城市医疗救助制度试点工作意见》《关于加强城市医疗救助基金管理的意见》《关于进一步完善城乡医疗救助制度的意见》《关于开展重特大疾病医疗救助试点工作的意见》《关于建立疾病应急救助制度的指导意见》《关于做好困难群体医疗救治工作的通知》等一系列文件,全面建立覆盖城乡的医疗救助制度。

四、我国医疗救助法制建设存在的问题

(一)存在法律空位现象

2014年2月,国务院颁布了《社会救助暂行办法》(以下简称《办法》),自2014年5月1日起施行。《办法》是我国第一部统筹各类社会救助制度的行政法规,首次将医疗救助的方针政策纳入法制安排。《办法》作为社会救助领域的纲领性法规,填补了社会救助领域的法律空白,使包括医疗救助在内的所有社会救助有法可依,具有重大现实意义和深远历史意义。但一方面该办法太过原则,缺乏执行细

---

[1] 赵永生:《国民健康的最后防线——日本医疗救助体系的发展与现状》,载《中国医疗保险》2009年第6期。

[2] 郭文渊:《我国医疗救助制度的发展现状及存在问题研究》,载《中国商界》(上半月)2010年第7期。

则,在实际操作中有待细化;另一方面,有关医疗救助方面的专门立法仍未有任何进展。医疗救助专项法律的长期缺失,不仅使我国医疗救助法律体系不健全,而且使地方性规范性文件的指导思想、基本原则和建设发展方向缺乏明晰的理念和一致的共识,不能为地方立法实践提供有力的理论指导和充分的依据支持,难免造成地方立法与上位法相冲突的情形,难以形成上下统一、左右协调、内在和谐、有机衔接的医疗救助法律规范体系。

(二)法律效力低

我国有关医疗救助的法律制度,无论是从国家层面还是从地方层面来看,主要都表现为规范性文件。严格来说,这些规范性文件并不具备法律效力,只是政策性的引导,但由于其在医疗救助实施中有着不可替代的作用,故可视为“软法”。低层次的法律文件过多,法律约束力不够,直接影响法律制度的权威性,降低依法治理的效力,不利于法律制度的长远建设。

(三)内容不完善

由于国家层面的规范性文件过于原则,故对医疗救助及其法律关系进行调整和规制的主要是各地方颁布的管理办法等。这些地方性规范性文件大多对医疗救助的概念,立法依据,目的,基本原则,救助对象、方式、程序、标准以及资金的筹集、管理等内容作了相应的规定,[1]但极少涉及各利益体的权利和义务,更未规定法律责任,没有惩罚,没有救济。如挪用医疗救助基金,应如何定罪,在现行刑法上没有明确的规定;虽然《刑法》第二百七十三条规定了挪用特定款物罪,但并未将医疗救助基金列入“特定款物”的范围,无法对挪用者定罪量刑,无法对其产生足够的威慑。同时,大多数规范性文件没有明确医疗救助的监督机构及其职责,导致监督缺位。[2]

(四)立法理念和技术有待提高

从立法技术上看,我国医疗救助立法整体上缺乏统一性和统筹性,多为应急性政策,[3]缺乏前瞻性思考、系统性设计、长远规范,难以克服应急性立法的弊端,难以防止立法的碎片化,难以避免规范性文件之间的矛盾、冲突、交叉、重复、疏漏、空白等混乱状态。

五、医疗救助立法的基本思路

(一)应形成统一的医疗救助法律体系

我国医疗救助应形成以《社会救助法》为统率,以《医疗救助条例》为主体,以

---

〔1〕 王海容、陈绍辉:《对我国医疗救助立法的现状分析及若干思考》,载《医学与法学》2015年第1期。

〔2〕 同上。

〔3〕 王海容、邹雨轩、向令:《略论我国医疗救助立法的缺失》,载《泸州医学院学报》2013年第6期。

行政部门规章和地方法规、规章为补充的完整的、系统的法律体系。

首先,医疗救助法律关系应纳入《社会救助法》的调整范围,成为《社会救助法》的重要组成部分。故,应先将现行的《社会救助暂行办法》上升为法律,将医疗救助与特困人员供养、受灾人员救助、教育救助、住房救助、就业救助、临时救助一并纳入社会救助范围并予以调整。[1]

其次,由于《社会救助法》为基本法,对医疗救助制度只能作原则性、概括性的规制,故需要国务院制定《医疗救助管理条例》,对医疗救助的具体制度和内容作出详细的规定,以切实保障弱势群体的基本医疗权利。在对医疗救助统一立法的同时,应考虑对医疗救助中比较特殊的、复杂的法律关系进行专门立法。如对医疗救助资金的筹集、管理、使用和监督,就应该以行政规章的形式予以规制。

最后,考虑在目前进行统一立法尚不成熟的情况,可由各地全面理解、准确把握《社会救助暂行办法》的精神实质和主要内容,总结当地和国内其他省市成功经验的基础上,结合本地实际研究医疗救助实施中面临的新情况、新问题,积极探索并制定相关的地方性法规、规章,明确规定医疗救助的救助范围、救助对象、救助程序、部门职责、法律责任和监督等,为相关部门依法行政提供法律依据和保障。

(二)应转变医疗救助立法思路

从目前来看,地方政府制定的医疗救助规范性文件的首要目的,主要表现为规范医疗救助管理、保障医疗救助制度的安全运行,而忽略了对救助对象的权益保障。[2] 应通过立法使弱势群体的生命健康权获得更好地维护、保障和发展。因此,在立法时应围绕如何最大程度保障贫困人口权利这一目标来展开制度设计。[3] 医疗救助法律制度的设计不仅要关注其有些什么具体的权利,而且要用法律来保障其权利的实现(或救济)。

(三)保障立法的公开透明,提高立法技术

为有效推进医疗救助地方政府科学立法、民主立法,保障立法的公开透明,就必须建立健全广大民众参与立法的机制制度。在加强法治宣传教育、增强民众法治观念和立法参与意识的基础上,从医疗救助立法立项、起草、草案审议、实施效果监督等四个阶段,建立健全立法信息公开,畅通民众参与渠道,方便民众参与方式,完善立法论证评估,严格监督、反馈等制度。通过公布法律草案征求民众意见,让

---

[1] 王海容、邹雨轩、向令:《略论我国医疗救助立法的缺失》,载《泸州医学院学报》2013 年第 6 期。

[2] 王海容、陈绍辉:《对我国医疗救助立法的现状分析及若干思考》,载《医学与法学》2015 年第 1 期。

[3] 同上。

民众评审立法计划、实施听证制度等措施保证立法活动程序民主化、公开化,使公民能够充分参与、影响和监督立法过程,使立法内容能够最大限度地体现多数人的意志和利益。[1]

(四)加强医疗救助制度与其他相关制度的衔接

加强医疗救助制度与相关制度如基本医疗保险制度、重特大疾病医疗救助制度、临时救助制度等制度的衔接,加强医疗救助工作与慈善工作的衔接,加强医疗救助与针对患特殊病症的特定人员产生的医疗费用的再次救助之间的衔接,形成信息共享、标准统一、层次分明、功能互补的"一站式""一体化""全网型"救助模式。

(五)完善医疗救助监管法律制度

从内容上看,现有的规范性文件中,既没有规定医疗救助的内部监督制度,也没有建立医疗救助的外部监督制度。监督法律制度的缺失,使得挤占、挪用或截留救助资金,错助、漏助、骗助的现象时有发生。因此,当务之急是加快医疗救助立法,制定和完善医疗救助法律法规,在相关法律法规中明确我国医疗救助的监管主体和职责,从而实现监管的法治化建设。

其一,立法明确医疗救助管理机构及其具体职责。建议由财政部门、民政部门共同负责基金的筹集;由民政部门负责救助对象的确定;在社保机构成立专门的管理部门,具体负责医疗救助金的报销和发放等工作。其二,立法明确内部监管的主体和职责。建立医疗救助的内部监督管理机构,即由民政部门、财政部门、卫生部门联合组成的医疗救助监督委员会,对医疗救助的具体实施,医疗救助资金的管理等进行督查,专门行使监督的权力。其三,立法保证外部监管的可行性。外部监督不仅应包括人大、审计、监察、财政、金融等部门对医疗救助实施情况和经费使用情况的同步监督,还应包括民众、社会组织和新闻媒体对行政机关医疗救助的监督。应从立法上确定信息公开制度、举报核查制度、义务监督员制度等制度,以保证外部监督的可行性和成效性。其四,在明确医疗救助管理机构及相关职责的基础上,在立法中进一步规定违法行为的法律责任和处罚措施,从立法上促使相关职能部门依法履行职责。其五,完善医疗救助绩效考核制度,将医疗救助工作效果纳入公务员绩效考核中。以定期考核和不定期考核的形式,采取上级对下级、下级对上级、自我评价、同行互评、委托第三方评价等多种模式开展考核工作,以促进行政机关工作人员的积极性和主动性,保障医疗救助工作的顺利开展。

---

[1] 王海容、陈绍辉:《对我国医疗救助立法的现状分析及若干思考》,载《医学与法学》2015年第1期。

【思考题】

1. 我国基本医疗责任保险的制度体系是什么？
2. 如何理解基本医疗责任保险的共济性？
3. 我国现有商业健康保险的具体分类是什么？

第十一章　食品安全法律制度

【本章要点】

民以食为天，食品是人类赖以生存和发展的基础，食品安全则事关人民群众的身体健康和生命安全，是重大的民生问题。食品安全法律制度通过建立并完善食品安全风险监测、风险评估、食品安全标准等基础性制度和责任约谈、风险分级管理制度；建立严格的生产经营全过程监管制度；突出对特殊食品的严格监管；加强对食品安全事故的预防处置；建立严格的法律责任制度，实行食品安全社会共治，以保证食品安全，保障公众身体健康和生命安全。

第一节　概　　述

一、相关概念

1. 食品。食品是指各种供人食用或者饮用的成品和原料，以及按照传统既是食品又是中药材的物品，但是不包括以治疗为目的的物品。食品不仅包括经过加工制作的能够直接食用的各种食物，还包括未经加工制作的原料，囊括了从农田到餐桌的整个食物链中的物品。[1]

2. 食品安全。食品安全是指食品无毒、无害，符合应当有的营养要求，对人体健康不造成任何急性、亚急性或者慢性危害。“食品安全”一词，最早是1974年由联合国粮农组织提出的。食品安全要求食品对人体健康造成急性或慢性损害的所有危险都不存在，起初是一个较为绝对的概念。后来人们逐渐认识到，绝对安全是很难做到的，食品安全更应该是一个相对的、广义的概念。因为一方面任何一种食品，即使其成分对人体是有益的，或者其毒性极微，如果食用数量过多或食用条件不合适，仍然可能对身体健康引起损害。另一方面，一些食品的安全性又是因人而异的。因此，评价一种食品或者其成分是否安全，不能单纯地看它是否为固有的“有毒有害物质”，更关键的是要看它是否能造成实际的损害。目前，对食品安全

---

〔1〕 汪建荣主编：《卫生法》，人民卫生出版社2018年版，第156页。

概念的理解上，国际社会已基本形成共识，即食品的种植、养殖、加工、包装、贮藏、运输、销售、消费等活动符合国家强制标准和要求，各环节中的危害经科学的风险评估确认不可能损害或威胁消费者及其后代的健康。

3. 食品安全与食品卫生

1996 年世界卫生组织（WHO）发表的《加强国家级食品安全性计划指南》中把食品安全与食品卫生作为两个概念不同的用语：将食品安全解释为“对食品按其原定用途进行制作和食用时不会使消费者受害的一种担保”；将食品卫生界定为“为确保食品安全性和适合性在食物链的所有阶段必须采取的一切条件和措施”。食品卫生虽然也是一个具有广泛含义的概念，但是与食品安全相比，食品卫生无法涵盖作为食品源头的农产品种植、养殖等环节；而且从过程安全、结果安全的角度来看，食品卫生是侧重过程安全的概念，不如食品安全的概念更为全面。

二、食品安全立法的过程

“国以民为本，民以食为天”，食品安全关系到国家和社会的稳定发展，关系到公民的生命健康权利，因而我国一直重视食品安全的法制建设。我国食品卫生/安全法制建设大致经历了四个阶段。第一阶段，20 世纪五六十年代，是食品卫生立法的起始阶段。新中国成立后，国家制定了“预防为主”的卫生工作方针。从 1953 年开始在全国相继建立了各级卫生防疫站，同年原卫生部颁布了《清凉饮料食物管理办法》《食用合成染料管理办法》等单项法规。之后又陆续颁布了一批零散的卫生标准和管理办法，食品卫生法规也因客观需要从无到有发展起来。第二阶段，20 世纪七八十年代，国家组织力量制定了大量的食品卫生标准和卫生管理办法。1979 年国务院正式颁布了《食品卫生管理条例》。第三阶段，20 世纪 80 年代至 2009 年，食品卫生法逐步完善。1982 年 11 月第五届全国人大常委会第二十五次会议通过并颁布了《食品卫生法（试行）》。1995 年 10 月第八届全国人大常委会第十六次会议正式通过并颁布了《食品卫生法》，完善了食品卫生的法律制度。2004 年原国务院法制办牵头着手修订《食品卫生法》，成立了食品卫生法修改领导小组，组织起草《食品卫生法（修订草案）》。多次召开论证会，反复研究各方意见的基础上，原法制办会同国务院有关部门对《食品卫生法（修订草案）》作了进一步修改，并根据修订的内容将《食品卫生法（修订草案）》名称改为《食品安全法（草案）》。草案先后经过全国人大常委会四次审议，于 2009 年 2 月 28 日经第十一届全国人民代表大会常务委员会第七次会议最终审议通过，并于 2009 年 6 月 1 日实施。第四阶段，自《食品安全法》实施至今。2009 年实施的《食品安全法》对规范食品生产经营活动、保障食品安全发挥了重要作用，食品安全整体水平得到提升，食品安全形势总体稳中向好。与此同时，我国食品企业违法生产经营现象依然存在，食品安全事件时有发生，监管体制、手段和制度等尚不能完全适应食品安全需要，法律责任偏轻、重典治乱威慑作用没有得到充分发挥，食品安全形势依然严峻。

从2013年10月至2015年4月历时1年半的时间,《食品安全法》历经全国人大常委会第九次会议、第十二次会议两次审议,三易其稿后终获通过。2015年4月24日,第十二届全国人大常委会第十四次会议审议通过了修订的《食品安全法》,自2015年10月1日起正式施行。2018年12月29日第十三届全国人大常委会第七次会议修正。

三、食品安全监督管理体系

（一）国务院食品安全委员会的职责

《食品安全法》规定,国务院设立食品安全委员会。根据国务院《关于设立国务院食品安全委员会的通知》,其主要职责是,分析食品安全形势,研究部署、统筹指导食品安全工作;提出食品安全监管的重大政策措施;督促落实食品安全监管责任。同时,设立国务院食品安全委员会办公室,具体承担委员会的日常工作。

（二）国务院有关部门的职责

《食品安全法》规定,国务院食品安全监督管理部门依照《食品安全法》和国务院规定的职责,对食品生产经营活动实施监督管理。国务院卫生行政部门依照《食品安全法》和国务院规定的职责,组织开展食品安全风险监测和风险评估,会同国务院食品安全监督管理部门制定并公布食品安全国家标准。国务院其他有关部门依照《食品安全法》和国务院规定的职责,承担有关食品安全工作。

根据2018年3月第十三届全国人民代表大会第一次会议审议批准的国务院机构改革方案,组建国家市场监督管理总局,其职责之一是负责食品安全监管。

（三）县级以上地方人民政府的职责

1. 统一领导、组织、协调食品安全监督管理工作。根据《食品安全法》规定,县级以上地方人民政府对本行政区域的食品安全监督管理工作负责,统一领导、组织、协调本行政区域的食品安全监督管理工作以及食品安全突发事件应对工作,建立健全食品安全全程监督管理工作机制和信息共享机制。

2. 确定有关部门职责。县级以上地方人民政府依照《食品安全法》和国务院的规定,确定本级食品安全监督管理、卫生行政部门和其他有关部门的职责。有关部门在各自职责范围内负责本行政区域的食品安全监督管理工作;食品安全监督管理部门和其他有关部门应当加强沟通、密切配合,按照各自职责分工,依法行使职权,承担责任。县级人民政府食品安全监督管理部门可以在乡镇或者特定区域设立派出机构。

3. 实行食品安全监督管理责任制。县级以上地方人民政府实行食品安全监督管理责任制。上级人民政府负责对下一级人民政府的食品安全监督管理工作进行评议、考核。县级以上地方人民政府负责对本级食品安全监督管理部门和其他有关部门的食品安全监督管理工作进行评议、考核。

第二节　食品安全风险监测与评估

国家建立食品安全风险监测与评估制度,对食源性疾病,食品污染以及食品中的有害因素进行监测,对食品、食品添加剂中生物性、化学性和物理性危害进行风险评估。食品安全风险监测和评估制度的建立,标志着我国食品安全管理已经将预防工作放在重要位置,对保障中国食品安全起着很大的促进作用。

一、食品安全风险监测

(一)食品安全风险监测的概念

食品安全风险监测是通过系统和持续地收集食源性疾病、食品污染及食品中有害因素的监测数据及相关信息,并进行综合分析和及时通报的活动。食品安全风险监测是政府实施食品安全监督管理的重要手段,承担着为政府提供技术决策、技术服务和技术咨询的重要职能。[1]

《食品安全法》规定,国家建立食品安全风险监测制度,对食源性疾病、食品污染以及食品中的有害因素进行监测。

1. 食源性疾病。指食品中致病因素进入人体引起的感染性、中毒性等疾病。包括常见的食物中毒、肠道传染病、人畜共患传染病、寄生虫病以及有毒有害化学性物质所引起的疾病。

2. 食品污染。指食品及其原料在生产、加工、运输、包装、贮存、销售、烹调等过程中,因农药、废水、污水、病虫害和家畜疫病所引起的污染,以及霉菌毒素引起的食品霉变,运输、包装材料中有毒物质等对食品所造成的污染。

3. 食品中的有害因素。指在食品生产、流通、餐饮服务等环节,除了食品污染以外的其他可能途径进入食品的有害因素,包括自然存在的有害物、违法添加的非食用物质及被作为食品添加剂使用的对人体健康有害的物质。

(二)食品安全风险监测计划的制定

1. 监测计划的制定主体。食品安全风险监测计划是针对食源性疾病、食品污染以及食品中有害因素进行监测的具体计划。根据《食品安全法》的规定,我国食品安全风险监测计划可以分为两部分,分别是国家层面的食品安全风险监测计划与地方层面的食品安全风险监测方案,由不同主体进行制定。一方面,国家食品安全风险监测计划,由国务院卫生行政部门会同国务院食品安全监督管理部门制定、实施。另一方面,在地方,由省、自治区、直辖市人民政府卫生行政部门会同同级食品安全监督管理等部门,根据国家食品安全风险监测计划,结合本行政区域的具体

---

[1] 蒲川、陈大义主编:《卫生法学》,科学出版社 2018 年版,第 166 页。

情况，制定、调整本行政区域的食品安全风险监测方案，并报国务院卫生行政部门备案。国务院卫生行政部门应当将备案情况向国务院质量监督、工商行政管理和国家食品安全监督管理以及国务院商务、工业和信息化等部门通报。

2. 监测计划的内容。国家食品安全风险监测计划应规定监测的内容、任务分工、工作要求、组织保障措施和考核等内容。在监测内容方面，由于其对象范围非常广泛，包括食品、食品添加剂和食品相关产品，因此，为了增强监测计划的针对性，应当遵循优先选择原则，兼顾常规监测范围和年度重点。根据《食品安全风险监测管理规定（试行）》，作为优先监测的品种包括：(1)健康危害较大、风险程度较高以及污染水平呈上升趋势的；(2)易于对婴幼儿、孕产妇、老年人、病人造成健康影响的；(3)流通范围广、消费量大的；(4)以往在国内导致食品安全事故或者受到消费者关注的；(5)已在国外导致健康危害并有证据表明可能在国内存在的。

3. 监测计划的调整。为了保证食品安全风险监测计划符合实际情况的变动，在其制定以后，如果遇到特定情形可以进行相应的调整。对此，《食品安全法》第十四条规定：国务院食品安全监督管理部门和其他有关部门获知有关食品安全风险信息后，应当立即核实并向国务院卫生行政部门通报。对有关部门通报的食品安全风险信息以及医疗机构报告的食源性疾病等有关疾病信息，国务院卫生行政部门应当会同国务院有关部门分析研究，认为必要的，及时调整国家食品安全风险监测计划。如果国家食品安全风险监测计划作出调整的，省、自治区、直辖市人民政府卫生行政部门应当结合本行政区域的具体情况，对本行政区域的食品安全风险监测方案作出相应的调整。

（三）食品安全风险监测计划的实施

承担食品安全风险监测工作的技术机构应当根据食品安全风险监测计划和监测方案开展监测工作，保证监测数据真实、准确，并按照食品安全风险监测计划和监测方案的要求报送监测数据和分析结果。食品安全风险监测工作人员有权进入相关食用农产品种植养殖、食品生产经营场所采集样品、收集相关数据。采集样品应当按照市场价格支付费用。

食品安全风险监测结果表明可能存在食品安全隐患的，县级以上人民政府卫生行政部门应当及时将相关信息通报同级食品安全监督管理等部门，并报告本级人民政府政府和上级人民政府卫生行政部门。食品安全监督管理等部门应当组织开展进一步调查。

二、食品安全风险评估

（一）食品安全风险评估的概念

食品安全风险评估，是指对食品、食品添加剂、食品相关产品中的生物性、化学性和物理性危害对人体健康可能造成的不良影响所进行的科学评估，包括危害识别、危害特征描述、暴露评估、风险特征描述四个阶段。

1. 危害识别。是指根据相关的科学数据和科学实验，来判断食品中的某种因素会不会危及人体健康的过程。对人类消费食品存在风险的危害物包括：农药残留、兽药残留、其他来源化学污染物、生物（天然）毒素、食品添加剂、饲料添加剂、微生物危害物。

2. 危害特征描述。是指对与食品中可能存在的生物、化学和物理因素对人体健康和环境产生不良效果风险源的定性或定量评价。

3. 暴露评估。是指通过膳食调查，确定危害以何种途径进入人体，同时计算出人体对各种食物的安全摄入量是多少。

4. 风险特征描述。是指在危害识别、危害特征描述和暴露评估的基础上，总结某种危害因素对人体产生不良影响的程度。

根据《食品安全法》的规定，国家建立食品安全风险评估制度，运用科学方法，根据食品安全风险监测信息、科学数据以及有关信息，对食品、食品添加剂、食品相关产品中生物性、化学性和物理性危害进行风险评估。

（二）食品安全风险评估专家委员会

《食品安全法》规定，国务院卫生行政部门负责组织食品安全风险评估工作，成立由医学、农业、食品、营养、生物、环境等方面的专家组成的食品安全风险评估专家委员会进行食品安全风险评估。食品安全风险评估结果由国务院卫生行政部门公布。对农药、肥料、兽药、饲料和饲料添加剂等的安全性评估，应当有食品安全风险评估专家委员会的专家参加。

食品安全风险评估不得向生产经营者收取费用，采集样品应当按照市场价格支付费用。

（三）应当进行食品安全风险评估的情形

《食品安全法》规定，有下列情形之一的，应当进行食品安全风险评估：（1）通过食品安全风险监测或者接到举报发现食品、食品添加剂、食品相关产品可能存在安全隐患的；（2）为制定或者修订食品安全国家标准提供科学依据需要进行风险评估的；（3）为确定监督管理的重点领域、重点品种需要进行风险评估的；（4）发现新的可能危害食品安全因素的；（5）需要判断某一因素是否构成食品安全隐患的；（6）国务院卫生行政部门认为需要进行风险评估的其他情形。

同时，国务院食品安全监督管理、农业行政等部门在监督管理工作中发现需要进行食品安全风险评估的，应当向国务院卫生行政部门提出食品安全风险评估的建议，并提供风险来源、相关检验数据和结论等信息、资料。属于上述需要评估的法定情形的，国务院卫生行政部门应当及时进行食品安全风险评估，并向国务院有关部门通报评估结果。

（四）食品安全风险评估结果及其处理

食品安全风险评估结果是制定、修订食品安全标准和实施食品安全监督管理的科学依据。为了加强评估信息的共享,《食品安全法》规定,国务院卫生行政、农业行政部门应当及时相互通报食品、食用农产品安全风险评估结果等信息,并规定经食品安全风险评估,得出食品、食品添加剂、食品相关产品不安全结论的,国务院食品安全监督管理等部门应当依据各自职责立即向社会公告,告知消费者停止食用或者使用,并采取相应措施,确保该食品、食品添加剂、食品相关产品停止生产经营。需要制定、修订相关食品安全国家标准的,国务院卫生行政部门应当会同国务院食品安全监督管理部门立即制定、修订。

国务院食品安全监督管理部门应当会同国务院有关部门,根据食品安全风险评估结果、食品安全监督管理信息,对食品安全状况进行综合分析。对经综合分析表明可能具有较高程度安全风险的食品,国务院食品安全监督管理部门应当及时提出食品安全风险警示,并向社会发布。

第三节　食品安全标准

一、食品安全标准的概念

食品安全标准,是指国家为保证食品质量安全,保障公众身体健康和生命安全,适应科学发展和合理组织生产的需要,对食品、食品添加剂、食品相关产品,在品种、规格、质量、等级或者安全、卫生要求等方面规定的统一技术要求。

我国食品安全标准存在多方面的问题,尤其是各类标准之间存在重复交叉且不统一。为此,《食品安全法》明确了统一制定食品安全标准的原则,对已有的食品卫生标准、食品质量标准以及食用农产品安全标准等予以整合,统一公布为食品安全国家标准。

二、食品安全标准的内容

食品安全标准是保证食品安全,保障公众身体健康的重要措施,是实现食品安全科学管理、强化各环节监管的重要基础,也是规范食品生产经营、促进食品行业健康发展的技术保障。《食品安全法》规定,食品安全标准应当包括下列内容:(1)食品、食品添加剂、食品相关产品中的致病性微生物,农药残留、兽药残留、生物毒素、重金属等污染物质以及其他危害人体健康物质的限量规定;(2)食品添加剂的品种、使用范围、用量;(3)专供婴幼儿和其他特定人群的主辅食品的营养成分要求;(4)对与卫生、营养等食品安全要求有关的标签、标志、说明书的要求;(5)食品生产经营过程的卫生要求;(6)与食品安全有关的质量要求;(7)与食品安全有关的食品检验方法与规程;(8)其他需要制定为食品安全标准的内容。

三、食品安全标准的性质

食品安全关系人民群众身体健康和生命安全,食品安全标准属于保障人体健康,人身、财产安全的标准,因此《食品安全法》规定,食品安全标准是强制执行的标准。除食品安全标准外,不得制定其他的食品强制性标准。省级以上人民政府卫生行政部门应当在其网站上公布制定和备案的食品安全国家标准、地方标准和企业标准,供公众免费查阅、下载。

四、食品安全标准的制定

目前,我国食品安全标准分为国家标准、地方标准和企业标准。

(一)食品安全标准制定的原则

《食品安全法》规定,制定食品安全标准,应当以保障公众身体健康为宗旨,做到科学合理、安全可靠。制定食品安全国家标准,应当依据食品安全风险评估结果并充分考虑食用农产品安全风险评估结果,参照相关的国际标准和国际食品安全风险评估结果,并将食品安全国家标准草案向社会公布,广泛听取食品生产经营者、消费者、有关部门等方面的意见。

(二)食品安全国家标准的制定

1. 制定的主体

食品安全国家标准由国务院卫生行政部门会同国务院食品安全监督管理部门制定、公布,国务院标准化行政部门提供国家标准编号。食品中农药残留、兽药残留的限量规定及其检验方法与规程由国务院卫生行政部门、国务院农业行政部门会同国务院食品安全监督管理部门制定。屠宰畜、禽的检验规程由国务院农业行政部门会同国务院卫生行政部门制定。

2. 标准的审批通过

《食品安全法》规定,食品安全国家标准应当经国务院卫生行政部门组织的食品安全国家标准审评委员会审查通过。食品安全国家标准审评委员会由医学、农业、食品、营养、生物、环境等方面的专家以及国务院有关部门、食品行业协会、消费者协会的代表组成,对食品安全国家标准草案的科学性和实用性等进行审查。

(三)食品安全地方标准的制定

对地方特色食品,没有食品安全国家标准的,省、自治区、直辖市人民政府卫生行政部门可以制定并公布食品安全地方标准,报国务院卫生行政部门备案。食品安全国家标准制定后,该地方标准即行废止。

(四)食品安全企业标准的制定

《食品安全法》规定,国家鼓励食品生产企业制定严于食品安全国家标准或者地方标准的企业标准,在本企业适用,并报省、自治区、直辖市人民政府卫生行政部门备案。

五、食品安全标准的修订

省级以上人民政府卫生行政部门应当会同同级食品安全监督管理、农业行政等部门,分别对食品安全国家标准和地方标准的执行情况进行跟踪评价,并根据评价结果及时修订食品安全标准。

省级以上人民政府食品安全监督管理、农业行政等部门应当对食品安全标准执行中存在的问题进行收集、汇总,并及时向同级卫生行政部门通报。

食品生产经营者、食品行业协会发现食品安全标准在执行中存在问题的,应当立即向卫生行政部门报告。

第四节 食品生产经营

食品生产经营是指一切食品的生产(不包括种植业和养殖业)、采集、收购、加工、贮存、运输、陈列、供应、销售等活动,食品按照现行《食品安全法》的标准进行生产经营是最基本与核心的要求。

一、食品生产经营许可制度

《食品安全法》规定国家对食品生产经营实行许可制度。从事食品生产、食品销售、餐饮服务,均应当依法取得许可。但是,销售食用农产品,不需要取得许可。县级以上地方人民政府食品安全监督管理部门依照《中华人民共和国行政许可法》的规定,审核食品生产经营者的申请资料,必要时对申请人的生产经营场所进行现场核查;对符合规定条件的,准予许可;对不符合规定条件的,不予许可并书面说明理由。

二、食品生产经营管理制度

(一)食品生产经营的要求

对食品生产经营的要求,首先是要符合食品安全标准。按照食品安全标准进行生产、经营是《食品安全法》对食品生产经营最基本的要求。除此之外,还必须做到《食品安全法》第三十三条规定的11项基本要求:(1)达到食品生产经营的场所环境卫生要求;(2)食品生产经营者应当具备相应的生产经营设备或卫生设备;(3)食品生产经营者应当有食品专业安全、技术人员和保证食品生产安全的规章制度;(4)达到设备布局和工艺流程的卫生要求;(5)具备餐具等容器消毒的要求;(6)保证食品贮存、运输和装卸中的卫生要求;(7)具备食品包装的卫生要求;(8)符合对食品生产经营人员的特殊卫生要求;(9)符合食品用水的卫生要求;(10)符合洗涤剂和消毒剂的卫生要求;(11)法律法规规定的其他要求。

(二)禁止生产经营的食品

食品生产经营者不得生产经营下列食品、食品添加剂、食品相关产品:(1)用非食品原料生产的食品或者添加食品添加剂以外的化学物质和其他可能危害人体健康物质的食品,或者用回收食品作为原料生产的食品;(2)致病性微生物,农药残留、兽药残留、生物毒素、重金属等污染物质以及其他危害人体健康的物质含量超过食品安全标准限量的食品、食品添加剂、食品相关产品;(3)用超过保质期的食品原料、食品添加剂生产的食品、食品添加剂;(4)超范围、超限量使用食品添加剂的食品;(5)营养成分不符合食品安全标准的专供婴幼儿和其他特定人群的主辅食品;(6)腐败变质、油脂酸败、霉变生虫、污秽不洁、混有异物、掺假掺杂或者感官性状异常的食品、食品添加剂;(7)病死、毒死或者死因不明的禽、畜、兽、水产动物肉类及其制品;(8)未按规定进行检疫或者检疫不合格的肉类,或者未经检验或者检验不合格的肉类制品;(9)被包装材料、容器、运输工具等污染的食品、食品添加剂;(10)标注虚假生产日期、保质期或者超过保质期的食品、食品添加剂;(11)无标签的预包装食品、食品添加剂;(12)国家为防病等特殊需要明令禁止生产经营的食品。

(三)食品添加剂的规范管理

国家对食品添加剂生产实行许可制度。从事食品添加剂生产,应具有与其所生产食品添加剂品种相适应的场所、生产设备或者设施、专业技术人员和管理制度,并依法取得食品添加剂生产许可。生产食品添加剂应当符合法律、法规和食品安全国家标准。

食品添加剂要在技术上做到确有必要且经过风险评估证明安全可靠,方可列入允许使用的范围;食品生产经营者应当按照食品安全国家标准使用食品添加剂。

(四)食品安全追溯制度

食品生产经营者依照法律规定,建立食品安全追溯体系,保证食品可追溯。国家鼓励食品生产经营者采用信息化手段采集、留存生产经营信息,建立食品安全全程追溯体系。

三、生产经营过程控制制度

(一)食品生产经营企业安全管理制度及食品从业人员健康管理

食品生产经营企业按规定建立健全食品安全管理制度。对职工进行食品安全知识培训,加强食品检验工作,依法从事生产经营活动。同时配备食品安全管理人员,加强对其培训和考核,经考核不具备食品安全管理能力的,不得上岗。食品安全监督管理部门应当对企业食品安全管理人员随机进行监督抽查考核并公布考核情况,监督抽查考核不得收取费用。

食品生产经营者建立健全并执行从业人员健康管理制度。对患有国务院卫生行政部门规定的有碍食品安全疾病的人员,不得从事接触直接入口食品的工作。对从事接触直接入口食品工作的食品生产经营人员应每年进行健康检查,取得健康证明后方可上岗工作。

(二)对农作物、食堂的规范管理

1. 农作物规范管理

食用农产品生产者按照食品安全标准和国家有关规定对使用农药、肥料、兽药、饲料和饲料添加剂等农业投入品，严格执行农业投入品使用安全间隔期或者休药期的规定，不得使用国家明令禁止的农业投入品。禁止将剧毒、高毒农药用于蔬菜、瓜果、茶叶和中草药材等国家规定的农作物。对从事食用农产品的生产企业和农民专业合作经济组织应建立农业投入品使用记录制度。

2. 对食堂的规范管理

对学校、幼托机构、养老机构、建筑工地等集中用餐单位的食堂从严管理，严格遵守法律、法规和食品安全标准。集中用餐单位的主管部门应当加强对集中用餐单位的食品安全教育和日常管理，降低食品安全风险，及时消除食品安全隐患。

3. 对餐具、饮具集中消毒单位的规范管理

餐具、饮具集中消毒服务单位应当具备相应的作业场所、清洗消毒设备或者设施，用水和使用的洗涤剂、消毒剂应当符合相关食品安全国家标准和其他国家标准、卫生规范。餐具、饮具集中消毒服务单位应当对消毒餐具、饮具进行逐批检验，检验合格后方可出厂，并应当随附消毒合格证明。消毒后的餐具、饮具应当在独立包装上标注单位名称、地址、联系方式、消毒日期以及使用期限等内容。

（三）食品的采购、出厂检验制度

1. 查验供货者的有关证明文件

根据《食品安全法》的规定，食品生产者采购食品原料、食品添加剂、食品相关产品，应当查验供货者的许可证和产品合格证明文件；对无法提供合格证明文件的食品原料，应当依照食品安全标准进行检验；不得采购或者使用不符合食品安全标准的食品原料、食品添加剂、食品相关产品。

2. 建立进货查验记录

（1）根据《食品安全法》的规定，食品生产企业应当建立食品原料、食品添加剂、食品相关产品进货查验记录制度，如实记录食品原料、食品添加剂、食品相关产品的名称、规格、数量、生产日期或者生产批号、保质期、进货日期以及供货者名称、地址、联系方式等内容，并保存相关凭证。记录和凭证保存期限不得少于产品保质期满后 6 个月；没有明确保质期的，保存期限不得少于 2 年。

（2）食品经营企业应当建立食品进货查验记录制度，如实记录食品的名称、规格、数量、生产日期或者生产批号、保质期、进货日期以及供货者名称、地址、联系方式等内容，并保存相关凭证。记录和凭证保存期限不得少于产品保质期满后 6 个月；没有明确保质期的，保存期限不得少于 2 年。实行统一配送经营方式的食品经营企业，可以由企业总部统一查验供货者的许可证和食品合格证明文件，进行食品进货查验记录。

3. 出厂检验及销售记录制度

（1）食品生产企业应当建立食品出厂检验记录制度，查验出厂食品的检验合格证和安全状况，如实记录食品的名称、规格、数量、生产日期或者生产批号、保存

期、检验合格证号、销售日期以及购货者名称、地址、联系方式等内容,并保存相关凭证。

(2)食品、食品添加剂和食品相关产品的生产者,应当依照食品安全标准对所生产的食品、食品添加剂和食品相关产品进行检验,检验合格后方可出厂或者销售。

(3)从事食品批发业务的经营企业应当建立食品销售记录制度,如实记录批发食品的名称、规格、数量、生产日期或者生产批号、保质期、销售日期以及购货者名称、地址、联系方式等内容,并保存相关凭证。记录和凭证保存期限不得少于产品保质期满后6个月;没有明确保质期的,保存期限不得少于2年。

(四)食品贮存要求

食品经营者应当按照保证食品安全的要求贮存食品,定期检查库存食品,及时清理变质或者超过保质期的食品。食品经营者贮存散装食品,应当在贮存位置标明食品的名称、生产日期或者生产批号、保质期、生产者名称及联系方式等内容。食品经营者销售散装食品,应当在散装食品的容器、外包装上表明食品的名称、生产日期或者生产批号、保质期,以及生产经营者名称、地址、联系方式等内容。

(五)食品召回制度

1. 含义:食品召回,是指食品生产者按照规定程序,对由其生产原因造成的某一批次或类别的不安全食品,通过换货、退货、补充或修正消费说明等方式,及时消除或减少食品安全危害的活动。《食品安全法》规定,国家建立食品召回制度。我国对食品召回采取"主动"与"强制"相结合的食品召回制度。

2. 召回的对象:食品不符合食品安全标准或者有证据证明可能危害人体健康的。

3. 负责召回的主体:食品生产者。食品生产者发现其生产的食品不符合食品安全标准或者有证据证明可能危害人体健康的,应当立即停止生产,召回已经上市销售的食品,通知相关生产经营者和消费者,并记录召回和通知情况。

4. 食品经营者的停止经营及报告通知义务:食品经营者发现其经营的食品不符合食品安全标准或者有证据证明可能危害人体健康的,应当立即停止经营,通知相关生产经营者和消费者,并记录停止经营和通知情况。食品生产者认为应当召回的,立即召回。由于食品经营者的原因造成其经营的食品有上述情形的,食品经营者应当召回。

5. 食品生产者、经营者的共同义务:食品生产经营者对召回的食品应采取无害化处理、销毁等措施,防止其再次流向市场。食品生产经营者应及时将食品召回和处理的情况向所在地县级人民政府食品安全监督管理部门报告;需要对召回的食品进行无害化处理、销毁的,应提前报告时间、地点。食品安全监督管理部门认为确有必要的,可以实施现场监督。

但是，对因标签、标志或者说明书不符合食品安全标准而被召回的食品，食品生产者在采取补救措施且能保证食品安全的情况下可以继续销售；销售时应当向消费者明示补救措施。即非食品本身问题，可再次销售。

6. 强制召回：食品生产经营者未依照规定召回或者停止经营的，县级以上人民政府食品安全监督管理部门可以责令其召回或者停止经营。

（六）交易场所主办者及网络交易第三方平台提供者的责任

1. 集中交易市场的开办者、柜台出租者和展销会举办者应依法审查入场食品经营者的许可证，明确其食品安全管理责任，定期对其经营环境和条件进行检查，发现其有违反本法规定的行为时，及时制止并立即报告所在地县级人民政府食品安全监督管理部门。

2. 网络食品交易第三方平台提供者应对入网食品经营者进行实名制登记，明确其食品安全管理责任；对需要取得许可证的，还应当依法审查其许可证。发现入网食品经营者有违反《食品安全法》规定行为的，及时制止并立即报告所在地县级人民政府食品安全监督管理部门；发现严重违法行为的，立即停止提供网络交易平台服务。

四、食品标签、说明书和食品广告

（一）食品标签、说明书

1. 标签、说明书不得含有虚假内容，不得涉及疾病预防、治疗功能。生产经营者对其提供的标签、说明书的内容负责。食品和食品添加剂与其标签、说明书的内容不符的，不得上市销售。

2. 食品经营者销售散装食品的，在散装食品的容器、外包装上标明食品的名称、生产日期或者生产批号、保质期以及生产经营者名称、地址、联系方式等内容。

3. 生产经营转基因食品应按照规定显著标示。例如，转基因大豆应在外包装上注明“转基因大豆”；该种大豆加工为豆油后，应注明“转基因大豆加工品”。

（二）食品广告

广告，是指商品经营者或者服务提供者承担费用，通过一定媒介和形式直接或者间接地介绍自己所推销的商品或者所提供的服务的商业行为。食品广告是广告的一种重要类型，包括普通食品广告、保健食品广告和特殊膳食用食品广告等。

《食品安全法》规定，食品广告内容应当真实合法，不得含有虚假、夸大的内容，不得涉及疾病预防、治疗功能。食品生产经营者对食品广告内容的真实性、合法性负责。县级以上人民政府食品安全监督管理部门和其他有关部门以及食品检验机构、食品行业协会不得以广告或者其他形式向消费者推荐食品。消费者组织不得以收取费用或者其他牟取利益的方式向消费者推荐食品。

五、特殊食品

(一)特殊食品的概念

特殊食品,是指保健食品、特殊医学用途配方食品、婴幼儿配方食品和其他专供特定人群的主辅食品。《食品安全法》规定,国家对保健食品、特殊医学用途配方食品和婴幼儿配方食品等特殊食品实行严格监督管理。

1. 注册和备案材料

保健食品、特殊医学用途配方食品、婴幼儿配方乳粉的注册人或者备案人应当对其提交材料的真实性负责。

2. 保护企业商业秘密

省级以上人民政府食品安全监督管理部门应当及时公布注册或者备案的保健食品、特殊医学用途配方食品、婴幼儿配方乳粉目录,并对注册或者备案中获知的企业商业秘密予以保密。

3. 按注册或备案技术要求组织生产

保健食品、特殊医学用途配方食品、婴幼儿配方乳粉生产企业应当按照注册或者备案的产品配方、生产工艺等技术要求组织生产。生产保健食品,特殊医学用途配方食品、婴幼儿配方食品和其他专供特定人群的主辅食品的企业,应当按照良好生产规范的要求建立与所生产食品相适应的生产质量管理体系,定期对该体系的运行情况进行自查,保证其有效运行,并向所在地县级人民政府食品安全监督管理部门提交自查报告。

(二)保健食品

保健食品,是指声称具有保健功能或者以补充维生素、矿物质等营养物质为目的的食品,即适宜于特定人群食用,具有调节机体功能,不以治疗疾病为目的,并且对人体不产生任何急性、亚急性或者慢性危害的食品。

1. 基本要求

保健食品声称保健功能,应当具有科学依据,不得对人体产生急性、亚急性或者慢性危害。

2. 原料和功能目录

保健食品原料目录和允许保健食品声称的保健功能目录,由国务院食品安全监督管理部门会同国务院卫生行政部门、国家中医药管理部门制定、调整并公布。保健食品原料目录应当包括原料名称、用量及其对应的功效;列入保健食品原料目录的原料只能用于保健食品生产,不得用于其他食品生产。

3. 注册与备案

随着大众消费水平的提高和保健意识的增强,保健食品在居民日常消费所占的比重也逐渐增高,进口保健食品也受到不少消费者的喜爱。然而,保健食品中存在的标签证号缺失、功能声称夸大、产品真假难辨等乱象,逐渐成为市场的隐患,损害了消费者的健康和权益。所以在2015年修订的《食品安全法》中就做出了相关规定,对保健食品审批、功能宣称等条款进行了修订,使得保健食品不能像以前那样随意了。该条款更适合国内市场实际发展的需要,加强了保健食品市场的管理,规范了行业内的非法生产、经营及宣传乱象,更利于保护消费者的权益、引导理性消费。

根据《食品安全法》的规定,在注册保健食品时应当提交保健食品的研发报告、产品配方、生产工艺、安全性和保健功能评价、标签、说明书等材料及样品,并提供相关证明文件。国务院食品安全监督管理部门经组织技术审评,对符合安全和功能声称要求的,准予注册;对不符合要求的,不予注册并书面说明理由。对使用保健食品原料目录以外原料的保健食品作出准予注册决定的,应当及时将该原料纳入保健食品原料目录。依法应备案的保健食品,备案时需要提交产品配方、生产工艺、标签、说明书以及表明产品安全性和保健功能的材料。

4. 标签、说明书

保健食品的标签、说明书不得涉及疾病预防、治疗功能,内容应当真实,与注册或者备案的内容相一致,载明适宜人群、不适宜人群、功效成分或者标志性成分及其含量等,并声明"本品不能代替药物"。保健食品的功能和成分应当与标签、说明书相一致。

5. 广告

保健食品广告除应当符合《食品安全法》的规定外,还应当声明"本品不能代替药物";其内容应当经生产企业所在地省、自治区、直辖市人民政府食品安全监督管理部门审查批准,取得保健食品广告批准文件。

(三)特殊医学用途配方食品

特殊医学用途配方食品,是指为了满足进食受限、消化吸收障碍、代谢紊乱或特定疾病状态人群对营养素或膳食的特殊需要,专门加工配置而成的配方食品。特殊医学用途配方食品必须在医生或临床营养师指导下,单独食用或与其他食品配合食用。

1. 注册

特殊医学用途配方食品应当经国务院食品安全监督管理部门注册。注册时,应当提交产品配方、生产工艺、标签、说明书以及表明产品安全性、营养充足性和特殊医学用途临床效果的材料。

2. 广告

特殊医学用途配方食品的广告适用《中华人民共和国广告法》和其他法律、行政法规关于药品广告管理的规定。

(四)婴幼儿配方食品

婴幼儿配方食品,包括婴儿配方食品、较大婴儿和幼儿配方食品。婴儿配方食品包括乳基婴儿配方食品和豆基婴儿配方食品。

1.生产过程控制

婴幼儿配方食品生产企业应当实施从原料进厂到成品出厂的全过程质量控制,对出厂的婴幼儿配方食品实施逐批检验,保证食品安全。生产婴幼儿配方食品使用的生鲜乳、辅料等食品原料、食品添加剂等,应当符合法律、行政法规的规定和食品安全国家标准,保证婴幼儿生长发育所需的营养成分。

2.备案或者注册

婴幼儿配方食品生产企业应当将食品原料、食品添加剂、产品配方及标签等事项向省、自治区、直辖市人民政府食品安全监督管理备案。婴幼儿配方乳粉的产品配方应当经国务院食品安全监督管理部门注册。注册时,应当提交配方研发报告和其他表明配方科学性、安全性的材料。

3.生产方式

《食品安全法》规定,不得以分装方式生产婴幼儿配方乳粉,同一企业不得用同一配方生产不同品牌的婴幼儿配方乳粉。

第五节　食品检验

一、食品检验的概念

食品检验,是指食品检验机构根据有关国家标准,对食品原料、辅助材料、成分的质量和安全性进行的检验,包括对食品理化指标、卫生指标、外观特性以及外包装、内包装、标志等进行的检验。食品检验是保证食品安全,加强食品安全监管的重要技术支撑,是保障食品安全的一系列制度中不可或缺的环节。

二、食品检验机构的资质

食品检验工作由按照国家有关认证认可的规定取得资质认定后的食品检验机构承担。食品检验机构的资质认定条件和检验规范,由国务院食品安全监督管理部门规定。

三、食品检验机构和检验人

(一)检验人

《食品安全法》规定,食品检验由食品检验机构指定的检验人独立进行。检验人应当依照有关法律、法规的规定,并按照食品安全标准和检验规范对食品进行检验,尊重科学,恪守职业道德,保证出具的检验数据和结论客观、公正,不得出具虚假检验报告。

(二)食品检验机构和检验人负责制

食品检验实行食品检验机构与检验人负责制。食品检验报告应当加盖食品检验机构公章,并有检验人的签名或者盖章。食品检验机构和检验人对出具的食品检验报告负责。

四、监督抽检

《食品安全法》规定,县级以上人民政府食品安全监督管理部门应当对食品进行定期或者不定期的抽样检验,并依据有关规定公布检验结果,不得免检。进行抽样检验,应当购买抽取的样品,委托符合《食品安全法》规定的食品检验机构进行检验,并支付相关费用;不得向食品生产经营者收取检验费和其他费用。

五、食品生产经营企业自行检验

食品生产企业可以自行对所生产的食品进行检验,也可以委托符合《食品安全法》规定的食品检验机构进行检验。食品行业协会和消费者协会等组织、消费者需要委托食品检验机构对食品进行检验的,应当委托符合《食品安全法》规定的食品检验机构进行。

六、食品检验异议处理规定

《食品安全法》规定,对依照规定实施的检验结论有异议的,食品生产经营者可以自收到检验结论之日起7个工作日内向实施抽样检验的食品安全监督管理部门或者其上一级食品安全监督管理部门提出复检申请,由受理复检申请的食品安全监督管理部门在公布的复检机构名录中随机确定复检机构进行复检。复检机构出具的复检结论为最终检验结论。复检机构与初检机构不得为同一机构。复检机构名录由国务院认证认可监督管理、食品安全监督管理、卫生行政、农业行政等部门共同公布。

采用国家规定的快速检测方法对食用农产品进行抽查检测,被抽查人对检测结果有异议的,可以自收到检测结果时起4小时内申请复检。复检不得采用快速检测方法。

第六节 食品安全事故预防处置

一、食品安全事故的概念

食品安全事故,是指食物中毒、食源性疾病、食品污染等源于食品,对人体健康有危害或者可能有危害的事故。

食源性疾病,是指食品中致病因素进入人体引起的感染性、中毒性等疾病。

食物中毒,是指食用了被有毒有害物质污染的食品或者食用了含有毒有害物质的食品后出现的急性、亚急性疾病。

二、食品安全事故应急预案

(一)食品安全事故应急预案的概念

食品安全事故应急预案,是指经过一定程序制定的开展食品安全事故应急处理工作的事先指导方案。

为了建立健全应对食品安全事故运行机制，有效预防、积极应对食品安全事故，保障公众健康与生命安全，维护正常的社会经济秩序，国家于2011年10月5日修订了《国家重大食品安全事故应急预案》。根据该规定，按食品安全事故的性质、危害程度和涉及范围，将食品安全事故分为特别重大食品安全事故（Ⅰ）、重大食品安全事故（Ⅱ）、较大食品安全事故（Ⅲ）和一般食品安全事故（Ⅳ）四级。[1]

（二）食品安全事故应急预案制定及内容

《食品安全法》规定，国务院组织制定国家食品安全事故应急预案。县级以上地方人民政府应当根据有关法律、法规的规定和上级人民政府的食品安全事故应急预案以及本地区的实际情况，制定本行政区域的食品安全事故应急预案，并报上一级人民政府备案。食品安全事故应急预案应当对食品安全事故分级、事故处置组织指挥体系与职责、预防预警机制、处置程序、应急保障措施等作出规定。

食品生产经营企业应当制定食品安全事故处置方案，定期检查本企业各项食品安全防范措施的落实情况，及时消除食品安全事故隐患。

三、食品安全事故的应急处置、报告和通报

（一）食品安全事故的应急处置和报告

《食品安全法》规定，发生食品安全事故的单位应当立即采取措施，防止事故扩大。事故发生单位和接收病人进行治疗的单位应当及时向事故发生地县级人民政府食品安全监督管理、卫生行政部门报告。《食品安全法实施条例》规定，发生食品安全事故的单位对导致或者可能导致食品安全事故的食品及其原料、工具、设备等，应当立即采取封存等控制措施，并自事故发生之时起2小时内向所在地县级人民政府卫生行政部门报告。

（二）食品安全事故的通报和上报

县级以上人民政府农业行政等部门在日常监督管理中发现食品安全事故，或者接到事故举报，应当立即向同级食品安全监督管理部门通报。

发生食品安全事故，接到报告的县级人民政府食品安全监督管理部门应当按照应急预案的规定向本级人民政府和上级人民政府食品安全监督管理部门报告。县级人民政府和上级人民政府食品安全监督管理部门应当按照应急预案的规定上报。

任何单位或者个人不得对食品安全事故隐瞒、谎报、缓报，不得隐匿、伪造毁灭有关证据。

---

[1] 田侃、冯秀云主编：《卫生法学》，中国中医药出版社2017年版，第169页。

四、食品安全事故应急措施

（一）实施主体

县级以上人民政府食品安全监督管理部门接到食品安全事故的报告后，应当立即会同同级卫生行政、农业行政等部门进行调查处理，并采取措施，防止或者减轻社会危害。

（二）行政处理措施

《食品安全法》规定，行政处理措施主要包括：（1）开展应急救援工作，组织救治因食品安全事故导致人身伤害的人员；（2）封存可能导致食品安全事故的食品及其原料，并立即进行检验；对确认属于被污染的食品及其原料，责令食品生产经营者依照《食品安全法》的规定召回或者停止经营；（3）封存被污染的食品相关产品，并责令进行清洗消毒；（4）做好信息发布工作，依法对食品安全事故及其处理情况进行发布，并对可能产生的危害加以解释、说明。

（三）启动应急预案

发生食品安全事故需要启动应急预案的，县级以上人民政府应当立即成立事故处置指挥机构，启动应急预案，依照规定采取的措施和应急预案的规定进行处置。

（四）疾病预防控制机构

发生食品安全事故，县级以上疾病预防控制机构应当对事故现场进行卫生处理，并对与事故有关的因素开展流行病学调查，有关部门应当予以协助。县级以上疾病预防控制机构应当向同级食品安全监督管理、卫生行政部门提交流行病学调查报告。

五、食品安全事故的调查

（一）食品安全事故责任调查的主体

发生食品安全事故，设区的市级以上人民政府食品安全监督部门应当立即会同有关部门进行事故责任调查，督促有关部门履行职责，向本级人民政府和上一级人民政府食品安全监督管理部门提出事故责任调查处理报告。涉及两个以上省、自治区、直辖市的重大食品安全事故由国务院食品安全监督管理部门依照规定组织事故责任调查。

（二）食品安全事故调查的原则

调查食品安全事故，应当坚持实事求是、尊重科学的原则，及时、准确查清事故性质和原因，认定事故责任，提出整改措施。

调查食品安全事故，除了查明事故单位的责任，还应当查明有关监督管理部门、食品检验机构、认证机构及其工作人员的责任。

（三）不得阻挠食品安全事故的调查处理

食品安全事故调查部门有权向有关单位和个人了解与事故有关的情况，并要求提供相关资料和样品。有关单位和个人应当予以配合,按照要求提供相关资料和样品,不得拒绝。任何单位和个人不得阻挠、干扰食品安全事故的调查处理。

第七节 法律责任

凡违反《食品安全法》及相关规定的行为均应承担相应的法律责任,其中包括行政责任、民事责任和刑事责任。2015 年 4 月 24 日第十二届全国人民代表大会常务委员会第十四次会议对《食品安全法》进行了修订,修订后的《食品安全法》,明显加强了对违反该法行为的处罚力度。

一、行政责任

(一)关于对食品生产经营者、从事与食品有关活动者的行政处罚

1. 未经许可从事食品生产经营活动的行政处罚

未取得食品生产经营许可从事食品生产经营活动,或者未取得食品添加剂生产许可从事食品添加剂生产活动的,由县级以上人民政府食品安全监督管理部门没收违法所得和违法生产经营的食品、食品添加剂以及用于违法生产经营的工具、设备、原料等物品;违法生产经营的食品、食品添加剂货值金额不足一万元的,并处五万元以上十万元以下罚款;货值金额一万元以上的,并处货值金额十倍以上二十倍以下罚款。

明知从事以上规定的违法行为,仍为其提供生产经营场所或者其他条件的,由县级以上人民政府食品安全监督管理部门责令停止违法行为,没收违法所得,并处五万元以上十万元以下罚款;使消费者的合法权益受到损害的,应当与食品、食品添加剂生产经营者承担连带责任。

2. 生产经营法律禁止生产经营的食品的行政处罚

尚不构成犯罪的,由县级以上人民政府食品安全监督管理部门没收违法所得和违法生产经营的食品,并可以没收用于违法生产经营的工具、设备、原料等物品;违法生产经营的食品货值金额不足一万元的,并处十万元以上十五万元以下罚款;货值金额一万元以上的,并处货值金额十五倍以上三十倍以下罚款;情节严重的,吊销许可证,并可以由公安机关对其直接负责的主管人员和其他直接责任人员处五日以上十五日以下拘留。

明知从事以上违法行为,仍为其提供生产经营场所或者其他条件的,由县级以上人民政府食品安全监督管理部门责令停止违法行为,没收违法所得,并处十万元以上二十万元以下罚款;使消费者的合法权益受到损害的,应当与食品生产经营者承担连带责任。违法使用剧毒、高毒农药的,除依照有关法律、法规规定给予处罚外,可以由公安机关依照前述规定给予拘留。

3. 生产经营违反食品安全标准的食品、食品添加剂等的行政处罚

尚不构成犯罪的，由县级以上人民政府食品安全监督管理部门没收违法所得和违法生产经营的食品、食品添加剂，并可以没收用于违法生产经营的工具、设备、原料等物品；违法生产经营的食品、食品添加剂货值金额不足一万元的，并处五万元以上十万元以下罚款；货值金额一万元以上的，并处货值金额十倍以上二十倍以下罚款；情节严重的，吊销许可证。

生产食品相关产品新品种，未通过安全性评估，或者生产不符合食品安全标准的食品相关产品的，由县级以上人民政府食品安全监督部门依照前述规定给予处罚。

4. 生产经营被包装材料污染的食品等的行政处罚

由县级以上人民政府食品安全监督管理部门没收违法所得和违法生产经营的食品、食品添加剂，并可以没收用于违法生产经营的工具、设备、原料等物品；违法生产经营的食品、食品添加剂货值金额不足一万元的，并处五千元以上五万元以下罚款；货值金额一万元以上的，并处货值金额五倍以上十倍以下罚款；情节严重的，责令停产停业，直至吊销许可证。

生产经营的食品、食品添加剂的标签、说明书存在瑕疵但不影响食品安全且不会对消费者造成误导的，由县级以上人民政府食品安全监督管理部门责令改正；拒不改正的，处二千元以下罚款。

5. 食品生产经营企业未建立查验记录等的行政处罚

由县级以上人民政府食品安全监督管理部门责令改正，给予警告；拒不改正的，处五千元以上五万元以下罚款；情节严重的，责令停产停业，直至吊销许可证。

6. 集中交易市场的举办者、网络食品交易第三方平台提供者等违反《食品安全法》规定的行政处罚

集中交易市场的开办者、柜台出租者、展销会的举办者允许未依法取得许可的食品经营者进入市场销售食品，或者未履行检查、报告等义务的，由县级以上人民政府食品安全监督管理部门责令改正，没收违法所得，并处五万元以上二十万元以下罚款；造成严重后果的，责令停业，直至由原发证部门吊销许可证；使消费者的合法权益受到损害的，应当与食品经营者承担连带责任。

网络食品交易第三方平台提供者未对入网食品经营者进行实名登记、审查许可证，或者未履行报告、停止提供网络交易平台服务等义务的，由县级以上人民政府食品安全监督管理部门责令改正，没收违法所得，并处五万元以上二十万元以下罚款；造成严重后果的，责令停业，直至由原发证部门吊销许可证；使消费者的合法权益受到损害的，应当与食品经营者承担连带责任。

消费者通过网络食品交易第三方平台购买食品，其合法权益受到损害的，可以向入网食品经营者或者食品生产者要求赔偿。网络食品交易第三方平台提供者不

能提供入网食品经营者的真实名称、地址和有效联系方式的,由网络食品交易第三方平台提供者赔偿。网络食品交易第三方平台提供者赔偿后,有权向入网食品经营者或者食品生产者追偿。网络食品交易第三方平台提供者作出更有利于消费者承诺的,应当履行其承诺。

7. 被吊销许可证的食品生产经营者与负责人的行政处罚

被吊销许可证的食品生产经营者及其法定代表人、直接负责的主管人员和其他直接责任人员自处罚决定作出之日起五年内不得申请食品生产经营许可,或者从事食品生产经营管理工作、担任食品生产经营企业食品安全管理人员。

食品经营者履行了本法规定的进货查验等义务,有充分证据证明其不知道所采购的食品不符合食品安全标准,并能如实说明其进货来源的,可以免予处罚,但应当依法没收其不符合食品安全标准的食品;造成人身、财产或者其他损害的,依法承担赔偿责任。

在广告中对食品作虚假宣传,欺骗消费者,或者发布未取得批准文件、广告内容与批准文件不一致的保健食品广告的,依照《广告法》的规定给予处罚。

编造、散布虚假食品安全信息,构成违反治安管理行为的,由公安机关依法给予治安管理处罚。媒体编造、散布虚假食品安全信息的,由有关主管部门依法给予处罚,并对直接负责的主管人员和其他直接责任人员给予处分。

(二)食品安全监督管理部门、食品检验机构、食品行业协会等主体的行政责任

1. 食品安全监管部门的行政责任

县级以上地方人民政府及县级以上食品安全监督管理、卫生行政、农业行政等部门,出现未履行相应法定职责、滥用职权、玩忽职守、徇私舞弊等违反《食品安全法》的行为时,对直接负责的主管人员和其他直接责任人员给予警告、记过或者记大过处分;情节较重的,给予降级或者撤职处分;情节严重的,给予开除处分。

2. 食品监测、评估及认证机构的行政责任

承担食品安全风险监测、风险评估工作的技术机构、技术人员提供虚假监测、评估信息的,依法对技术机构直接负责的主管人员和技术人员给予撤职、开除处分;有执业资格的,由授予其资格的主管部门吊销执业证书。

食品检验机构、食品检验人员出具虚假检验报告的,由授予其资质的主管部门或者机构撤销该食品检验机构的检验资质,没收所收取的检验费用,并处检验费用五倍以上十倍以下罚款,检验费用不足一万元的,并处五万元以上十万元以下罚款;依法对食品检验机构直接负责的主管人员和食品检验人员给予撤职或者开除处分;导致发生重大食品安全事故的,对直接负责的主管人员和食品检验人员给予开除处分。

受到开除处分的食品检验机构人员,自处分决定作出之日起十年内不得从事

食品检验工作;因食品安全违法行为受到刑事处罚或者因出具虚假检验报告导致发生重大食品安全事故受到开除处分的食品检验机构人员,终身不得从事食品检验工作。食品检验机构聘用不得从事食品检验工作的人员的,由授予其资质的主管部门或者机构撤销该食品检验机构的检验资质。

3. 食品行业协会等部门向消费者推荐食品的行政责任

食品安全监督管理等部门、食品检验机构、食品行业协会以广告或者其他形式向消费者推荐食品,消费者组织以收取费用或者其他牟取利益的方式向消费者推荐食品的,由有关主管部门没收违法所得,依法对直接负责的主管人员和其他直接责任人员给予记大过、降级或者撤职处分;情节严重的,给予开除处分。

二、民事责任

(一)生产不符合食品安全标准造成人身、财产损害的民事责任

依法承担赔偿责任。财产不足以同时承担民事赔偿责任和缴纳罚款、罚金时,先承担民事赔偿责任。

生产不符合食品安全标准的食品或者经营明知是不符合食品安全标准的食品,消费者除要求赔偿损失外,还可以向生产者或者经营者要求支付价款十倍或者损失三倍的赔偿金;增加赔偿的金额不足一千元的,为一千元。

(二)发布虚假广告的民事责任

广告经营者、发布者设计、制作、发布虚假食品广告,使消费者的合法权益受到损害的,应当与食品生产经营者承担连带责任。社会团体或者其他组织、个人在虚假广告或者其他虚假宣传中向消费者推荐食品,使消费者的合法权益受到损害的,应当与食品生产经营者承担连带责任。

三、刑事责任

(一)《刑法》第一百四十三条生产、销售不符合安全标准的食品罪的规定

生产、销售不符合食品安全标准的食品,足以造成严重食物中毒事故或者其他严重食源性疾病的,处三年以下有期徒刑或者拘役,并处罚金;对人体健康造成严重危害或者有其他严重情节的,处三年以上七年以下有期徒刑,并处罚金;后果特别严重的,处七年以上有期徒刑或者无期徒刑,并处罚金或者没收财产。

(二)《刑法》第一百四十四条生产、销售有毒、有害食品罪的规定

在生产、销售的食品中掺入有毒、有害的非食品原料的,或者销售明知掺有有毒、有害的非食品原料的食品的,处五年以下有期徒刑,并处罚金;对人体健康造成严重危害或者有其他严重情节的,处五年以上十年以下有期徒刑,并处罚金;致人死亡或者有其他特别严重情节的,依照《刑法》第一百四十一条的规定处罚。

(三)《刑法》第四百零八条食品监管渎职罪的规定

负有食品安全监督管理职责的国家机关工作人员,滥用职权或者玩忽职守,导致发生重大食品安全事故或者造成其他严重后果的,处五年以下有期徒刑或者拘

役;造成特别严重后果的,处五年以上十年以下有期徒刑。徇私舞弊犯本罪的,从重处罚。

典型案例评析

[案情] 2012 年 11 月以来,国内媒体相继爆出从白酒中检出塑化剂,之后质检部门从监测的国产白酒部分样品中检出微量邻苯二甲酸二丁酯,在进口蒸馏酒部分样品中检出微量邻苯二甲酸酯类物质,由此引起不小的风波和公众恐慌。对检出含有邻苯二甲酸酯类物质的白酒产品,经排查并未发现有人为故意向白酒中添加邻苯二甲酸酯类物质的情况。邻苯二甲酸酯类物质不是食品添加剂,不允许直接添加在食品中。其是塑料制品中常见的增塑剂,可从塑料制品中迁移到环境或食品中。由于其在环境中广泛存在,所以在空气、水和食品中均可能检出邻苯二甲酸酯类物质。人体可通过环境、膳食和饮水等多种途径摄入这类物质。目前,国际食品法典委员会、我国及其他国家均未制定酒类中邻苯二甲酸酯类物质的限量标准。

[争议焦点]

白酒中的塑化剂残留剂量对人体健康是否会造成损害?是否经过风险评估?

[案例评析]

邻苯二甲酸酯类物质对人体的危害取决于摄入量和摄入时间的长短。有的学者指出,白酒是成年人的主要饮品,成年人摄入多少剂量的塑化剂对健康有何影响,目前还没有科学实验数据。正是因为塑化剂有明显的动物毒性,所以有必要对塑化剂在食品中的风险进行科学评估。

从白酒塑化剂事件中可以看出,我国必须通过风险监测的科学数据和风险评估结果,尽快制定食品中的塑化剂安全限量标准,指导、规范食品企业生产行为,使监管执法部门有法可依。

【思考题】

1. 什么是食品安全和食品卫生?
2. 我国的食品安全标准分类有哪些?
3. 什么是食品安全风险监测?监测内容有哪些?
4. 食品安全事故应急措施有哪些?
5.《食品安全法》中规定的行政责任有哪些?

第十二章　药品管理法律制度

【本章要点】

药品管理法律制度是我国医药卫生管理法律制度的重要内容,也是近些年来医疗改革的重点和热点问题。包括药品生产管理法律制度、药品经营管理法律制度、医疗机构药品管理法律制度、药品监督管理法律制度等。对药品进行全过程管理的目的是确保药品的安全性、有效性和合理性。现阶段改革的重点是在降低药品价格的同时确保药品质量。

《药品管理法》(2019 年 8 月 26 日新修订)第二条规定,药品是指用于预防、治疗、诊断人的疾病,有目的地调节人的生理机能并规定有适应证或者功能主治、用法和用量的物质,包括中药、化学药和生物制品等。负有药品监督管理职责的行政机关依照法律的授权,运用计划、组织、领导、协调、控制等手段,对药品的研发、生产、流通、使用等环节,以及各环节所涉及的单位和个人进行监督和管理的过程就是药品管理。药品管理的目的是保证药品质量、保障用药安全、维护人体健康,即确保药品的安全性、有效性和合理性。安全性和有效性是药品的质量特征,合理性是药品的经济特征。世界卫生组织(WHO)对合理用药的定义是“患者收到的药物适合其临床需求,其剂量满足其个体需求,持续适当时间,且对患者本人及其社区的成本最低”。[1]

随着医疗改革不断深化,药品相关立法得到前所未有的重视,药品安全被提到了一个国家道德底线的高度。药品管理改革的目标是实现从实验室到消费者的全过程监控。由于药品的特殊性,其不良事件是以人的生命健康为代价的,所以药品的监管重点放在资格审批和事前审查。

第一节　药品管理法律制度概述

一、药品管理法律制度

我国药品管理法律体系主要由全国人民代表大会常务委员会颁布的法律,国

---

〔1〕 世界卫生组织网站对“合理用药”的说明,载世界卫生组织网:https://www.who.int/medicines/areas/rational_use/zh/,最后访问日期:2019 年 9 月 12 日。

务院及其职能部门颁布的行政法规和部门规章及地方性法规规章等构成。其中，《药品管理法》及其实施条例构成我国药品管理制度的基础和框架；国务院及药品监管部门作为主要管理机构，颁布的行政法规和部门规章构成了我国药品管理法律制度的主体内容；而各地根据行政区域的特点和发展程度，颁布了适用于本行政区域内的地方性法规和地方政府规章，共同构成了我国药品管理的法律制度。

从管理主体上说，我国《药品管理法》规定国务院药品监督管理部门（国家药品监督管理局）主管全国药品监督管理工作，国务院有关部门在各自职责范围内负责与药品有关的监督管理工作；省、自治区、直辖市人民政府药品监督管理部门负责本行政区域内的药品监督管理工作，省、自治区、直辖市人民政府有关部门在各自的职责范围内负责与药品有关的监督管理工作。从管理客体上说，我国法律规定凡在我国境内从事药品的研制、生产、经营、使用和监督管理的单位和个人必须遵守我国的药品管理法律制度，即实行属地管辖原则。从管理对象上说，实行分类管理：一种是按照国际通行的办法，根据药品的安全性、有效性原则，依其品种、规格、适应证、剂量及给药途径等的不同，将药品分为处方药和非处方药，在药品的规范、审批标准、标签和使用说明书、审批程序、广告和价格等方面做出不同的规定。另一种是将药品分为现代药和传统药。现代药是指 19 世纪以来由于现代医学的进步而发展起来的化学药品、抗生素、生化药品、放射性药品、血清、疫苗、血液制品等，民间习惯称为“西药”。传统药是指用传统医学观理论表述其特性，并能用传统医学理论指导其研究与开发、制造与使用的药品，主要是以动物、植物、矿物等天然形态入药，包括中药材、中药饮品、中药饮片、中成药等，民间习惯称为“中药”。在制度上，现代药偏重创新和发展，传统药偏重继承和保护。此外，我国对麻醉药品、精神药品、医疗用毒性药品、放射性药品等特殊药剂实行特殊管理。

另外，针对公立医院改革、医疗流通整治、中医药发展与传承、支付方式改革、互联网医疗的发展、医保政策的改革等相关政策也同样涉及药品管理中的重要问题。

二、药品管理的热点问题

药品管理的热点问题长期以来一直是药品的价格居高不下的问题，但近些年管理重点又增加了药品安全性和可获得性问题。“长生疫苗事件”引发对药品安全性的关注，催生了《疫苗管理法》的诞生；由电影《我不是药神》引发的对癌症病人获取药品能力的热议，催生了我国原研药和仿制药的改革、抗癌药零关税的实施和抗癌药纳入医保报销；应对传统“以药养医”的问题，政府连续出台了多项政策取消公立医院药品加成，实行药品“零加价”，限制“药占比”，扩大国家基本药物覆盖范围，4 +7 带量采购，发展互联网医疗等，目的都是降低药品价格，让患者能用上安全、有效、价廉、物美的药品，让更多的民众从药品改革政策中获益，保障民众健康权的实现。

（一）原研药和仿制药

仿制药（Generic Drug）是指仿制药生产企业在原研药（Original Drug）的基础上研制的具有与原研药同样的药物有效成分、剂型剂量、使用方法和临床疗效的非专利药品。[1] 仿制药最突出的特点是成本较为低廉，价格仅为原研药的几分之一，用以代替原研药来降低药品费用的同时达到相似的治疗效果。近年来，国家颁布实施了一系列规范性文件，鼓励研发仿制药，鼓励医疗机构优先使用仿制药并在临床展开一致性评价。但是仿制药和原研药之间矛盾重重，既要保护研发企业的利益和积极性，也要限制市场专营权和定价权以保障患者的根本利益，同时还要对仿制企业进行严格监管，以避免其受利益驱动而生产出威胁公众健康的药品，或者以微小的侵权代价获得巨大的市场利益。

（二）公立医院药品加成

公立医院药品加成问题也是近些年来的热点问题。2006 年政府规定公立医院以实际购进价为基础，加价不超过 15%，这部分收入就是医疗机构的药品加成。2012 年国务院要求公立医院取消药品加成，以改善“以药养医”的现状。由于大部分医院的收支平衡依赖于药品差价支撑，“看病贵”的问题很大程度上源于药品价格昂贵。药品零加价将减少医疗机构的收入甚至形成亏损，政府将采取调整医疗服务价格、增加政府投入、降低医疗机构运行成本等各项措施建立补偿机制。

（三）药占比

药占比 = 医院药品收入/医院整体收入，2015 年国家出台政策要求 2017 年试点城市的公立医院将药占比总体降到 30% 左右。并且将药占比作为公立医院考核指标。目的是切断“以药补医”的利益驱动机制，降低医药费负担。为完成药占比考核，公立医院采取措施减少高价药使用，导致患者一药难求甚至无药可用、断药的情况时有发生。2018 年，国家卫生健康委员会对 17 种医保谈判抗癌药“松绑”，不再纳入药占比考核。

（四）“互联网 + 医疗”

随着互联网技术的发展，医药行业的转型升级对互联网技术的需求和运用越来越得到重视。“互联网 +”在医疗领域的创新发展和研究正是目前医疗改革的重要方向，有助于解决目前医疗资源分配不均，医患矛盾日益恶化等问题。远程医疗、移动医疗、医疗软件的发展正在把医疗行业推向新的发展高度，给目前医疗改革的僵局带来新的突破口。但是伴随“互联网 + 医疗”的兴起，互联网药品配送在法律关系主体、性质、救济及药品质量监管方面都仍存在许多亟待法律规范的问题。

---

[1] 何道慧：《仿制药一致性评价对医药行业的政策影响分析》，载《中医药管理杂志》2017 年第 14 期。

第二节 药品生产管理法律制度

一、药品生产的准入条件

(一)药品生产许可证

药品生产需要经过行政许可。药品行政许可,是指国家药品监管部门根据公民、法人或者其他组织的申请,经依法审查准予其从事药品生产的行为。《药品管理法》规定,开办药品生产企业,须经企业所在地省、自治区、直辖市人民政府药品监督管理部门批准并发给《药品生产许可证》。无《药品生产许可证》的,不得生产药品。

企业申请生产药品必须有符合法律规定的人、财、物的条件。要有依法经过资格认定的药学技术人员、工程技术人员和技术工人;要有相应的厂房、设施和卫生环境;要有相应的质量管理和质量检验机构、人员和仪器设备以及相应的规章制度。

(二)药品批准文号

《药品管理法实施条件》规定,企业生产新药或者已有国家标准的药品的,须经国家药监部门批准,并发给药品批准文号;但是,生产没有实施批准文号管理的中药材和中药饮片的除外。药品批准文号是药品监督管理部门对特定生产企业按法定标准、生产工艺和生产条件对某一药品的法律认可凭证,每一个生产企业的每一个品种都有一个特定的批准文号。药品生产企业必须在取得药品批准文号后方可生产,而且药品应当在外包装上印有批准文号。企业获得药品批准文号后,应当按照国家药监部门批准的生产工艺生产,企业实际生产工艺与注册工艺不一致,或者质量标准与注册资料不一致,国家药监部门有权进行处罚。药品生产企业改变影响药品质量的生产工艺的,必须经过审核批准。

二、生产过程的质量控制

《药品生产质量管理规范》要求药品生产企业应当建立药品生产质量管理体系,该体系应当涵盖影响药品质量的所有因素,包括确保药品质量符合预定用途的有组织、有计划的全部活动。"药品生产质量管理规范"(Good Manufacture Practice of Medical Products,GMP)是药品生产质量管理体系的基础,是药品生产和质量管理的基本准则。世界卫生组织(WHO)在20世纪60年代开始组织制定药品生产质量管理规范。中国1988年颁布了针对中国药品的生产质量管理规范,并在推行中不断修订完善,内容包括质量管理、机构与人员、厂房与设施、设备、物料与产品、确认与验证、生产管理、质量控制与质量保证、委托生产与委托检验、产品发运与召回、自检等十四章内容,是一套适用于制药行业的强制性标准。

第一,管理体系。企业质量管理应当建立符合药品质量管理要求的质量目标和管理体系。企业应当制定与注册时一致的,可供实现的质量目标,为实现这一目标,企业应当有健全的管理机构和质量管理部门,并配备完善有资质的工作人员,制定相应的规章制度。

第二,操作规程。药品生产的每一个步骤和过程均应当建立准确、细致的操作规程并严格按照操作规程进行。操作规程、操作过程和偏差处理都应当有完善备查的档案文件。操作规程应当包含从物料的购买到药品投放市场,以及药品的召回的全过程。

第三,硬件设施。企业的选址、布局和建造应当符合药品生产要求,为药品生产创造良好的环境。企业设施、设备应当充分考虑所生产的药品的特性和工艺流程,合理设计、布局和使用,最大程度达到药品的安全性。

第四,生产管理。所有药品生产和包装都应当按照生产工艺进行,并确保达到质量标准。药品生产划分批次,每批药品都有唯一批号,同一批次药品质量应当一致。同一操作间不得同时生产不同品种和规格的药品,生产过程中应采取措施避免污染和交叉污染。

第五,文件资料。企业应当建立与质量管理规范相应的文件资料。包括质量标准、生产记录、包装记录、质量标准、工艺规程、操作规程等。文件资料应当形成档案,分类存放、条理分明、便与查阅。与质量规范有关的每项活动都应当记录在案。

三、药品的包装

《药品管理法》规定,药品生产企业使用的直接接触药品的包装材料和容器,必须符合药用要求和保障人体健康、安全的标准,并经国家药监部门批准注册。生产中药饮片,应当选用与药品性质相适应的包装材料和容器,包装上必须印有或者贴有标签,标签必须注明品名、规格、产地、生产企业、产品批号、生产日期,实施批准文号管理的中药饮片还必须注明药品批准文号。

四、法律的禁止性规定

《药品管理法》规定,禁止生产假药、劣药。生产假药、劣药的企业和个人,将受到行政处罚,情节严重的还将承担刑事责任。

假药是指药品所含成分与国家药品标准规定的成分不符的或者以非药品冒充药品或者以他种药品冒充此种药品的。

有下列情形之一的药品,为假药:(1)药品所含成分与国家药品标准规定的成分不符;(2)以非药品冒充药品或者以他种药品冒充此种药品;(3)变质的药品;(4)药品所标明的适应症或者功能主治超出规定范围的。

有下列情形之一的,为劣药:(1)药品成分的含量不符合国家药品标准;(2)被污染的药品;(3)未标明或者更改有效期的药品;(4)未注明或者更改产品批号的药品；(5)超过有效期的药品；(6)擅自添加防腐剂、辅料的药品；(7)其他不符合药品标准的药品。

第三节　药品经营管理法律制度

一、药品经营的准入条件

(一)普通药品

开办药品经营企业，须经行政许可。开办药品批发企业，由企业所在省级药监部门批准并发给《药品经营许可证》；开办药品零售企业，须经企业所在地县级以上地方药监部门批准并发给《药品经营许可证》。无《药品经营许可证》的，不得经营药品。开办药品经营企业，必须有经过资格认定的药学技术人员，有营业场所、设备、仓储设施、卫生环境，有质量管理机构或者人员以及规章制度。药学技术人员根据企业经营范围的不同而有所不同。经营处方药、甲类非处方药的药品零售企业，需配备执业药师或药学技术人员；经营乙类非处方药的药品零售企业，需配备经过政府考核的业务人员。药品经营企业不得超出许可证核定范围经营药品。

企业取得许可证后，还需要经过认证环节。药品认证，是指药品监督管理部门对药品研制、生产、经营、使用单位实施相应质量管理规范进行检查、评价并决定是否发给相应认证证书的过程。药监部门根据《药品经营管理规范》对经营企业进行认证，认证合格的发给认证证书。未通过认证而经营药品的，药监部门将给予行政处罚。

(二)麻醉药品和精神药品

麻醉药品，是指对中枢神经有麻醉作用，连续使用、滥用或者不合理使用，易产生身体依赖性和精神依赖性，能成瘾癖的药品。精神药品是指直接作用于中枢神经系统，使之兴奋或抑制，连续使用能产生依赖性的药品。普通药品经营企业不得经营麻醉药品、精神药品及其原料药，麻醉药品和精神药品实行定点经营制度。除了应当具备普通药品经营企业的条件外，还应当具备一些特殊条件，比如有这两类特殊药品的储存条件，有通过网络进行管理和报告的能力，从业人员2年内没有违反禁毒相关法律，以及保障这两类特殊药品的供应和安全的能力等。全国性批发企业须经国家药监部门批准，区域性批发企业须经省级药监部门批准。

(三)互联网药品交易服务

互联网药品交易是一个新兴事物，是通过互联网为药品生产企业、药品经营企业、医疗机构等提供平台进行药品交易，以及向个人消费者提供药品的行为。进行互联网药品交易需要有一个交易平台，设立平台的企业需要经过药监部门的审批并取得互联网药品交易服务机构资格证书，同时还需要具有能够网络交易安全的保障措施和管理制度，具有提供网络服务的能力、场所、设施和设备以及相应的技术人员等。向个人消费者提供药品的服务平台俗称“网上药房”，必须是全国性的药品连锁零售企业，有多家实体连锁药房，具备专业的信息化设备，能让消费者在网上方便自主地下单，并具有完备的仓储和物流系统，有执业药师实时提供网络咨询服务，即“实体店 + 网上药店”的销售方式。

互联网药品交易平台不得超出核定范围进行交易。为药品生产企业、经营企业和医疗机构之间提供药品交易的企业与行政机关、医疗机构和药品生产经营企业不得存在隶属关系或其他经济关系。向个人消费者提供药品的平台不得销售处方药，也不得向其他企业或者医疗机构销售药品。

互联网药品交易服务是网络技术和信息化发展的产物，不再受到地域和空间的限制，为消费者提供种类繁多的药品。互联网药品交易相对来说成本较低，能够提供的服务范围很大，有助于降低看病治病成本，解决开药难和买药贵的问题。但是药品作为一种特殊商品，网络销售的监管难度非常大，从源头上限制药品经营企业的资质，对降低药价来说作用有限；但放开网络销售资质，安全性无法保障。相对其他成熟的电子商务品类来说，药品销售还有巨大的空间，但应首要解决的就是安全性问题。政府应当在尝试缓慢放开资质限制的同时，加大对合法经营企业和经营平台的审核和监管力度，加强对消费者的引导、宣传和保障，同时大力打击制假贩假、虚假宣传、伪造证书或欺诈消费者的网站。

（四）进口药品

申请进口的药品，应当是在生产国家或者地区获得上市许可的药品；未在生产国家或者地区获得上市许可的，经国家药监部门确认该药品品种安全、有效而且临床需要的，可以批准进口。进口药品须向国家药监部门申请注册，国外企业生产的药品取得《进口药品注册证》，港澳台地区企业生产的药品取得《医药产品注册证》后方可进口。疗效不明确、不良反应大或者其他危害人体健康的药品不得进口。

药品进口要向口岸所在地药监部门登记备案。生物制品、首次在中国销售的药品，以及疫苗类制品、血液制品、用于血源筛查的体外诊断试剂等必须经过药品检验机构检验后方可进口或销售。

已经进口或销售的药品，因疗效不明确或不良反应大等原因危害人体健康的，国家药监部门可以撤销批准文号或者进口药品注册证书。

二、药品价格管理

我国的药品价格经历了从管制到放开的过程。价格政策调整的目的是提供给药品使用者质优价廉、安全性有保障的药品。但是作为一种特殊的商品，药品价格无法完全放开由市场调节。药品资源的稀缺性和价格是成正比的，完全放开药品市场不仅会带来自由竞争市场所有的弊端，而且会由于药品资源的有限性让许多人无法获得药品资源。所以政府调控必须确保药品有一个合理的成本，提供几乎让所有人能够支付得起药品。而最理想的状态就是免费提供药品或者以足够低的价格让全民受惠。

我国目前的药品价格实行政府定价和市场调节价。除麻醉药品和第一类精神药品仍暂时由国家发展改革委实行最高出厂价格和最高零售价格管理外,其他药品按照分类管理原则,通过不同的方式由市场形成价格。其中,医保基金支付的药品,通过制定医保支付标准探索引导药品价格合理形成的机制;专利药品、独家生产药品,通过建立公开透明、多方参与的谈判机制形成价格;医保目录外的血液制品、国家统一采购的预防免疫药品、国家免费艾滋病抗病毒治疗药品和避孕药具,通过招标采购或谈判形成价格。

我国法律要求实行市场调节价的药品,药品生产企业、经营企业应当按照公平、合理和诚实信用、质价相符的原则制定价格,为用药者提供价格合理的药品。药品生产企业和经营企业应当标明药品零售价格,禁止欺诈消费者,并向政府主管部门提供销售价格和销售数量等资料。

药品生产企业、经营企业不得给予医疗机构的负责人、药品采购员、医师等有关人员任何利益,上述人员也不得收受利益。否则工商行政管理部门将给予行政处罚,情节严重的,还将追究刑事责任。

三、药品广告管理

药品广告是指凡利用各种媒介或形式发布的含有药品名称、药品适应证(功能主治)或者与药品有关的其他内容的广告。药品广告不仅要遵守我国《广告法》的相关规定,法律还有一些特殊的要求,目的是确保药品广告的真实性、合法性和科学性。

(一)药品广告的审批

省级药监部门是药品广告的审查机关,工商行政管理机关是药品广告的监督机关。具有合法资格的药品生产企业或者药品经营企业向所在地省级药监部门批准,并发给药品广告批准文号,未取得药品广告批准文号的,不得发布。经批准的药品广告,在发布时不得更改广告内容。药品广告内容需要改动的,应当重新申请药品广告批准文号。

我国《药品广告审查发布标准》第三条规定,麻醉药品、精神药品、医疗用毒性药品、放射性药品,医疗机构配制的制剂,军队特需药品[1],国家药监部门依法明令停止或者禁止生产、销售和使用的药品,批准试生产的药品不得发布广告。

(二)药品广告的内容

我国2007年《药品广告审查发布标准》规定,药品广告内容涉及药品适应

---

〔1〕 军队用于防治战伤和军事特殊环境引发疾病的药品为军队特需药品。关于军队特需药品的管理,具体可参见2004年国务院和中央军委联合颁布的《中国人民解放军实施〈中华人民共和国药品管理法〉办法》。

症或者功能主治、药理作用等内容的宣传，应当以国家药监部门批准的说明书为准，不得进行扩大或者恶意隐瞒的宣传，不得含有说明书以外的理论、观点等内容。

(1)药品广告中有关药品功能疗效的宣传应当科学准确，不得出现下列情形：①含有不科学地表示功效的断言或者保证的；②说明治愈率或者有效率的；③与其他药品的功效和安全性进行比较的；④违反科学规律，明示或者暗示包治百病、适应所有症状的；⑤含有"安全无毒副作用""毒副作用小"等内容的；含有明示或者暗示中成药为"天然"药品，因而安全性有保证等内容的；⑥含有明示或者暗示该药品为正常生活和治疗病症所必需等内容的；⑦含有明示或暗示服用该药能应付现代紧张生活和升学、考试等需要，能够帮助提高成绩、使精力旺盛、增强竞争力、增高、益智等内容的；⑧其他不科学的用语或者表示，如"最新技术""最高科学""最先进制法"等。

(2)药品广告应当宣传和引导合理用药，不得直接或者间接怂恿任意、过量地购买和使用药品，不得含有以下内容：①含有不科学的表述或者使用不恰当的表现形式，引起公众对所处健康状况和所患疾病产生不必要的担忧和恐惧，或者使公众误解不使用该药品会患某种疾病或加重病情的；②含有免费治疗、免费赠送、有奖销售、以药品作为礼品或者奖品等促销药品内容的；③含有"家庭必备"或者类似内容的；④含有"无效退款""保险公司保险"等保证内容的；⑤含有评比、排序、推荐、指定、选用、获奖等综合性评价内容的。

(3)药品广告不得含有利用医药科研单位、学术机构、医疗机构或者专家、医生、患者的名义和形象作证明的内容。药品广告不得使用国家机关和国家机关工作人员的名义。

药品广告不得含有军队单位或者军队人员的名义、形象。不得利用军队装备、设施从事药品广告宣传。

(4)药品广告不得含有涉及公共信息、公共事件或其他与公共利益相关联的内容，如各类疾病信息、经济社会发展成果或医药科学以外的科技成果。

(5)药品广告不得在未成年人出版物和广播电视频道、节目、栏目上发布。药品广告不得以儿童为诉求对象，不得以儿童名义介绍药品。

(6)药品广告不得含有医疗机构的名称、地址、联系办法、诊疗项目、诊疗方法以及有关义诊、医疗(热线)咨询、开设特约门诊等医疗服务的内容。

(7)医疗机构配制的制剂不得在市场上销售或者变相销售，不得发布医疗机构制剂广告。被责令停产、销售和使用的药品不得发布广告。

(三)处方药和非处方药

1. 处方药的广告

处方药可以在原卫生部和原国家食品药品监督管理总局共同指定的医学、药学专业刊物上发布广告,但不得在大众传播媒介发布广告或者以其他方式进行以公众为对象的广告宣传。不得以赠送医学、药学专业刊物等形式向公众发布处方药广告。处方药名称与该药品的商标、生产企业字号相同的,不得使用该商标、企业字号在医学、药学专业刊物以外的媒介变相发布广告。不得以处方药名称或者以处方药名称注册的商标以及企业字号为各种活动冠名。处方药广告必须标明"本广告仅供医学药学专业人士阅读"。

2. 非处方药的广告

非处方药广告必须同时标明非处方药专用标识(OTC)和"请按药品说明书或在药师指导下购买和使用"。以非处方药商品名称为各种活动冠名的,可以只发布药品商品名称。非处方药广告不得利用公众对于医药学知识的缺乏,使用公众难以理解和容易引起混淆的医学、药学术语,造成公众对药品功效与安全性的误解。

第四节　医疗机构药品管理法律制度

一、医疗机构药品管理的主体

(一)组织机构和职责

我国《医疗机构药事管理规定》要求医疗机构药事管理的组织机构包括三类:医疗机构应当设置药事管理组织和药学部门;诊所、卫生所、医务室、卫生保健所和卫生站应当有专门的药事管理人员;中医诊所、民族医诊所须有专业技术人员负责药事管理工作。

药事管理组织主要负责医疗机构药事管理的政策制定和指导工作。负责本单位的药事管理规定的制定和执行、制定本单位用药目录、指导临床用药、监测不良反应、审核药品采购、进行药事管理培训等。

药学部门负责药事相关的日常工作。三级医院设置药学部,二级医院设置药剂科,其他医疗机构设置药房。

(二)人员配置

医疗机构应当建立由医师、临床药师和护士组成的团队,开展临床合理用药工作。医疗机构药学专业技术人员不得少于本机构卫生专业技术人员的8%。三级医院临床药师不少于5名,二级医院临床药师不少于3名。临床药师应当具有高等学校临床药学专业或者药学专业本科毕业以上学历,并经过规范化培训。

药师负责药品管理、用药审核、药品调剂,参与临床药物治疗,开展抗菌药物临床应用监测,开展药品质量监测,提供用药信息与药学咨询服务,进行药学临床应用研究等。

（三）管理目标和任务

医疗机构对临床诊断、预防和治疗疾病用药全过程实施监督管理。主要包括四项任务：（1）审核药物的合理使用和处方的适宜性两项；（2）临床药师全职参与临床药物治疗工作，指导患者安全用药；（3）建立临床用药监测、评价和超常预警制度，对药物临床使用安全性、有效性和经济性进行监测；（4）开展临床药学和药学研究工作。

二、医疗机构药品管理的内容

（一）药品采购

药品采购分为招标采购药品、谈判采购药品、医院直接采购药品和定点生产药品等。对临床用量大、采购金额高、多家企业生产的基本药物和非专利药品，由省级药品采购机构采取双信封制[1]公开招标采购；对部分专利药品、独家生产药品，医疗机构按多方价格谈判的结果采购药品；对妇儿专科非专利药品、急救药品、基础输液、临床用量小的药品和常用药品，实行集中挂网，由医疗机构直接采购；对临床必需、用量小、市场供应短缺的药品，由国家招标定点生产、议价采购。采购周期原则上一年一次，由医疗机构药学部门通过省级药品集中采购平台进行采购。医院应将药品收支纳入预算管理，严格按照合同约定的时间支付货款，从交货验收合格到付款不得超过30天。

集中采购（Centralized Procurement）是为了降低分散采购的风险和时间，以行政单位、医疗机构或者医保部门为单位，按照集中采购目录拟定采购计划，统一在网络上进行招标采购。集中采购的优点是具有数量优势、具有谈判优势、降低采购成本、避免重复采购等；但集中采购过程时间长，采购单位与使用单位分离，法律关系较为复杂，缺乏灵活性。

（二）药品保管

药学部门主要负责药品的分类保管，确保药品不间断供应。验收合格后，根据药品性质分类储存，药品与非药品、内服药和外用药应分开存放，麻醉药、精神药以及放射性药品应使用专库或专柜存放，化学药品、生物制品、中成药和中药饮片应当分别储存，分类定位存放。易燃、易爆、强腐蚀性等危险性药品应当另设仓库单独储存，并设置必要的安全设施。保管员应当定期对药品进行养护，每天对库房进行巡查并做好记录，并做好防冻、防潮、防火等措施，对接近有效期的药品、危险药

---

〔1〕 双信封制：指药品企业分别编制经济技术标书和商务标书，两个信封同时投标。经济技术标书主要对企业生产规模、配送能力、销售额、行业排名、市场信誉等指标进行评审，保证基本药物质量。只有经济技术标书评审合格的企业才能进入商务标书评审，商务标书评审按报价由低到高选择中标企业。参见夏雅睿、常峰：《新形势下药品集中采购模式发展趋势研究》，载《招标与投标》2019年第3期。

品及特殊储存的药品重点养护。

(三)药品配发

发放药品时应按照有效期的长短,以“先进先出、易变先出、近效期先出”为原则,对包装破损、质量异常、变质过期的药物禁止配发。医疗机构门急诊药品调剂室应当实行大窗口或者柜台式发药。住院(病房)药品调剂室对注射剂按日剂量配发,对口服制剂药品实行单剂量调剂配发。药学专业技术人员应当认真审核处方或者用药医嘱后调剂配发药品。发出药品时应当告知患者用法用量和注意事项,指导患者合理用药。除药品质量原因外,药品一经发出,不得退换。

第五节 药品监督管理法律制度

一、药品监督管理的主体

我国药品监督管理部门是国家药品监督管理局及地方药品监督管理机构,负责药品(包括中药、民族药)的安全监督管理、标准管理、注册管理、质量管理、上市后风险管理、执业药师资格准入管理、药品监督检查、对外交流合作等。监管对象为药品研制、药品生产、药品经营单位及医疗机构。

二、主要管理制度

(一)抽查检验制度

药监部门可以根据需要对药品进行抽查检验。药监部门对有证据证明可能危害人体健康的药品及其有关材料可以采取查封、扣押的行政强制措施。国家和省级药监部门定期公告药品抽查检验结果。

药监部门可以对其认证合格的药品生产企业和经营企业进行跟踪检查。

药监部门及其设置或指定的药品检验机构和个人不得参与药品生产经营活动,不得以其名义推荐或者监制、监销药品。

(二)不良反应报告制度

药品不良反应(adverse drug reaction)主要是指合格药品在正常用法用量下出现的与用药目的无关的或意外的有害反应,[1]包括副作用、毒性反应、后遗反应、过敏反应、特异质反应、致畸、致癌、致突变作用以及对生育能力的影响等。国家药监部门主管全国的不良反应报告和监测工作,地方各级药监部门主管本行政区内的不良反应报告和监测工作。

药品生产企业、药品经营企业和医疗机构是药品不良反应报告制度的主体,当获知或者发现可能与用药有关的不良反应时,应当进行在线报告或者纸质报告;当

---

〔1〕 何卉、朱民田:《我国药品不良反应监测工作进展》,载《辽宁中医药大学学报》2018 年第 6 期。

获知或发现药品群体不良事件后，应当进行电话或者传真报告。

新药监测期内的国产药品应当报告该药品的所有不良反应；其他国产药品，报告新的和严重的不良反应。进口药品自首次获准进口之日起5年内，报告该进口药品的所有不良反应；满5年的，报告新的和严重的不良反应。

个人发现新的或者严重的药品不良反应，可以向经治医师报告，也可以向药品生产、经营企业或者当地的药品不良反应监测机构报告。

第六节 法律责任

一、生产经营企业和医疗机构的违法行为

《药品管理法》规定，药品监管部门对药品生产、经营企业和医疗机构的违法行为进行监管和行政处罚，对相关负责人和责任人给予行政处分；构成犯罪的，依法承担刑事责任；给药品使用者造成损害的，依法承担民事责任。根据情节轻重，行政处罚依次包括警告、责令改正、罚款、没收违法所得、收回或撤销药品批准文件或生产、经营、进口许可证。

1. 违法的生产、经营、进口行为：(1)未取得许可证而生产、经营或进口药品。(2)生产、销售、使用假劣药品，及知道或应当知道属于假劣药品而为其提供运输、保管、仓储等便利条件的。(3)使用采取欺骗手段取得的药品批准证明文件生产、进口药品。(4)使用未经审评审批的原料药生产药品。(5)应当检验而未经检验即销售药品。(6)生产、销售禁止使用的药品。(7)未经批准开展药物临床试验。(8)使用未经审评的直接接触药品的包装材料或者容器生产药品，或者销售该类药品。(9)使用未经核准的标签、说明书。(10)药品包装不符合法律规定。(11)从无资质企业购进药品。(12)购销药品未按照规定进行记录，零售药品未正确说明用法、用量等，或者未按照规定调配处方。(13)药品网络交易第三方平台提供者未履行资质审核、报告、停止提供网络交易平台服务等义务。(14)进口药品未备案。(15)医疗机构将其配制的制剂在市场销售。

2. 非法获得、使用许可证行为：(1)伪造、变造、买卖、出租、出借许可证或者药品批准证明文件的。(2)提供虚假的证明、文件资料、样品或者采取其他欺骗手段取得许可证或药品批准证明文件的，给予行政处罚，五年内不受理其申请。

3. 违反质量管理规范行为：(1)编造生产、检验记录。(2)未经批准在药品生产过程中进行重大变更。(3)药品相关企业未遵守药品生产、经营、非临床研究、临床试验质量管理规范等。(4)试验、生产、经营期间未按法律要求进行备案、报告、管理或评价。(5)违反不良反应监测或报告义务。(6)违反召回管理规定。

4. 其他违法行为:(1)检验机构出具虚假检验报告。(2)生产经营企业、医疗机构及相关人员在药品购销中给予、收受回扣或其他利益的。(3)违反药品广告相关规定,给予行政处罚,一年内不受理该品种的广告审批申请。(4)药品相关企业违法聘用人员。

5. 从重处罚情节:(1)以麻醉药品、精神药品、医疗用毒性药品、放射性药品、药品类易制毒化学品冒充其他药品,或者以其他药品冒充上述药品。(2)生产、销售以孕产妇、儿童为主要使用对象的假药、劣药。(3)生产、销售的生物制品属于假药、劣药。(4)生产、销售假药、劣药,造成人身伤害后果。(5)生产、销售假药、劣药,经处理后再犯。(6)拒绝、逃避监督检查,伪造、销毁、隐匿有关证据材料,或者擅自动用查封、扣押物品。

二、药品监管部门的违法行为

药品监管部门或其工作人员的下列违法行为,由本单位、上级主管机关或者监察机关给予行政处罚,对直接负责的主管人员和其他责任人给予行政处分;构成犯罪的,依法追究刑事责任。

1. 药品检验机构出具虚假的或不实的检验报告;

2. 药品监管部门对药品广告不履行审查职责,批准发布的广告有虚假或者其他违法内容的;

3. 药品监管部门违法发给证书、撤销批准证明文件;

4. 药品监管部门或其设置的检验机构或者指定检验机构及其工作人员参与药品生产经营活动,或违法收取检验费用;

5. 未依法履行监督检查职责,所辖企业生产、销售假劣药;

6. 药品监管人员滥用职权、徇私舞弊、玩忽职守。

【思考题】

2006年4月19日,广州中山大学附属第三医院按广东省医疗机构药品集中招标中心的规定,开始采用在药品采购中唯一中标的"齐二药"亮菌甲素注射液。65名陆续使用该药品的患者部分出现了肾衰竭等严重症状,13名患者死亡,同年5月,"齐二药"亮菌甲素注射液被认定为假药,全国紧急查封。[1]

据查,2005年9月,负责采购的钮忠仁和副总郭兴平,违反物料采购应派人对供货方实地考察和要求供货方提供样品进行检验等相关规定,在未确切核实供应商王桂平的供货资质的情况下,2005年10月,经郭兴平同意,钮忠仁向王桂平购入了1吨由二甘醇冒充的丙二醇。

---

[1] 案例来源:《"齐二药"假药案一审宣判,五被告最高被判七年》,载中国新闻网:http://www.hi.chinanews.com/pdnew/2008-04-29/3583.html,最后访问日期:2019年11月17日。

陈桂芬、朱传华作为齐二药公司负责化验、生产质量的化验室主任和主管的副总，在明知该批假冒丙二醇"相对密度"不合格，并且公司检验设施不齐全，检验人员检验资质不全，没有做"鉴别"检验项目的情况下，违反药品生产质量管理规定，开具虚假的合格检验报告书，致使该批假冒丙二醇被投入公司生产。

此外，作为公司"一把手"的尹家德，主管公司的全面工作，在明知本公司绝大多数检验人员检验资质不全的情况下，对公司的物料采购、药品生产等生产活动的管理严重不负责任，致使上述假冒丙二醇被顺利投入生产。

请思考上述案件中有哪些行为违反了《药品生产质量管理规范》。

第十三章　中医药管理法律制度

【本章要点】

中医药事业是我国医药卫生事业的重要组成部分。国家大力发展中医药事业，实行中西医并重的方针，建立符合中医药特点的管理制度，充分发挥中医药在我国医药卫生事业中的作用。其中中医药服务、中药材保护与发展、中医医疗机构与从业人员、中医药科学研究、中医药传承与文化传播、违反法律规定的法律责任以及国家保障上述发展中医药事业的保障措施等都是需要掌握的重点内容。

第一节　中医药管理法律制度概述

一、“中医药”及“中医药法”的概念

（一）“中医药”的概念

中医药是包括汉族和少数民族医药在内的我国各民族医药的统称，是反映中华民族对生命、健康和疾病的认识，具有悠久历史传统和独特理论及技术方法的医药学体系。

第一，中医药是包括汉族和少数民族医药在内的我国各民族医药的统称。中医药发源于我国，是中国各族人民几千年来在同疾病做斗争中形成和发展起来的，是人民群众集体智慧的结晶。在西医传入我国之前，我国只有一种医药学，当然没有必要将其称为“中医药”，所以我国古代并没有一部冠以“中医药”名称的医学文献。在古代，中医药有各种代称，如岐黄、青囊、杏林、悬壶等。“中医药”的称谓是在近代以后，随着西学、西医传入我国，为了便于区分，我国本土原有的学术体系、医学体系就被称为“中学”“中医药”，从此“中医药”就成了与“西医药”相对应的概念。

从国际上来说，“中医药”作为包括汉族和少数民族医药在内的我国各民族医药的统称，已得到国际上的普遍认同。许多国家的立法多以“中医药”称呼中国的传统医药，如泰国颁布了《中医合法化条例》，澳大利亚维多利亚州颁布了《中医注册条例》等。此外，有70多个国家与中国签订了包含中医药内容的政府协议或者专门的中医药合作协议。这些均表明“中医药”的称谓在世界范围内取得了共识。

少数民族医药是我国中医药的重要组成部分,包括藏医药、蒙医药、维吾尔医药、傣医药等少数民族的医药。藏医药有自己的系统理论,几千年来为我国藏区人民的健康和繁衍昌盛做出了重要贡献。早在公元前3世纪,高原人就有了"有毒必有药"的医理。公元7世纪,松赞干布统一青藏高原,建立起强盛的吐蕃王朝。大唐文成公主入藏带去了大量的医学著作和医生。同时,藏王还请了印度、尼泊尔医生入藏,结合高原古老的医学,编辑整理了大量的医学经典著作,其中最负盛名的是云丹贡布所著的《四部医典》。蒙医药是蒙古族人民在长期的医疗实践中逐渐形成与发展起来的,它吸收藏医、汉医及印度医学理论的精华,逐步形成具有鲜明的民族特色、地域特点和独特理论体系、临床特点的民族传统医学。维吾尔医药、傣医药等也有着较系统的医学理论和丰富的临床经验,具有鲜明的民族特色和地方特点,是中医药宝库中的重要组成部分。此外,少数民族医药还包括壮医药、苗医药、朝医药、瑶医药等,目前全国已有十多个少数民族设有本民族的医疗机构。

第二,中医药是反映中华民族对生命、健康和疾病的认识,具有悠久历史传统和独特理论及技术方法的医药学体系。中医药是我国各族人民在长期生产生活和同疾病做斗争中逐步形成并不断丰富发展的医学科学,具有独特有效的系统思维模式及其知识体系,其所注重的整体观念、辨证论治、因人而异、复方用药等认识论和方法论特色,反映了中华民族认识自然、人体、生命、疾病现象及其相互关系的规律。例如,天人合一的整体观念就是中医药一个非常独特的理论。中医认为,人本身是一个有机整体,由脏腑经络组成,脏腑经络互相联系、沟通,调节人体的气血,维持人体的正常生理功能。同时,人与自然也是一个有机的整体,即天人合一,人是大自然的产物。人要适应自然,顺应气候变化,针对自然界的各种变化,如气候的变化,作出相应的调节,否则就容易产生疾病。中医的独特理论,深刻地阐明了中华民族对生命、健康和疾病的认识,并用于指导临床实践。

在中医基本理论的指导下,经过长期实践总结出来的,用以防治疾病、健康养生的中医药技术方法也具有不同于其他医学技术的独特性,主要包括:针灸疗法、灸法类、手法类、外治疗法、内服法、中药炮制技术。中药材多源于自然界的植物、动物、矿物,药用部位含有一定的药物成分,但也常因其带有一些非药用部分而影响疗效,并且不同药用部位药效有异。因此,原药材在发挥治疗作用的同时,也可能出现一些不良反应,这就需要通过炮制调整药性,增利除弊,以满足临床治疗要求。经过炮制的中药降低或消除了中药的毒副作用,保证了用药安全,提高了中药的效果。

(二)"中医药法"的概念

关于"中医药法"的名称问题,在制定《中医药法》的过程中,绝大多数意见是赞同的,但也有意见建议修改为"传统医药法"或者"中医药法与民族医药法",但这一意见最终没有被采纳,主要是考虑到:第一,立法中已经明确规定了"中医药"

的概念,“中医药”是包括汉族和少数民族医药在内的我国各民族医药的统称,是广义的概念,所以法律名称上不宜再把中医药与民族医药并列。第二,中医药既是传统的,也是现代的。中医药既是历史上形成的传统医学,同时也是不断发展的医学科学。中医药法明确规定了发展中医药的方针,那就是应当坚持继承和创新相结合,保持和发挥中医药特色和优势,运用现代科学技术,促进中医药理论和实践的发展。中医药既是传统的,也是现代的,如果法律名称叫“传统医药法”,则难以体现中医药运用现代科学技术不断进行发展创新的要求。[1]

二、国家发展中医药的方针和基本原则

(一)中西医并重的发展方针

中医药事业是我国医药卫生事业的重要组成部分。国家大力发展中医药事业,实行中西医并重的方针,建立符合中医药特点的管理制度,充分发挥中医药在我国医药卫生事业中的作用。新中国成立以来,党和政府始终高度重视和支持中医药工作。“坚持中西医并重”是当前我国深化医疗卫生体制改革的一项基本原则,中医药作为我国独具特色优势的医药卫生资源,为探索医疗卫生体制改革这一世界性难题的中国式解决方案做出了独特的贡献,发挥了不可替代的作用。

(二)国家发展中医药的基本原则

1. 继承与创新相结合的基本原则

发展中医药事业应当遵循中医药发展规律,坚持继承和创新相结合,保持和发挥中医药特色和优势,运用现代科学技术,促进中医药理论和实践的发展。

一是发展中医药事业应当遵循中医药发展规律。中医药是反映中华民族对生命、健康和疾病的认识,具有独特理论和技术方法的医药学体系。正因为中医药是独特的,所以发展中医药事业必须有中医药的思维,遵循中医药的内在发展规律,建立符合中医药特点的管理制度,在医疗机构管理、医师执业管理、中药管理、人才培养等方面都要体现中医药特点,这也是制定中医药法的一个重要指导思想。《中医药法》在很多方面体现了这一方针,如根据中医服务人员存在师承、家传等培养方式的实际,在充分考虑医疗安全风险的基础上,对以师承方式学习中医和经多年实践医术确有专长的人员,开辟了通过实践技能及效果考核即可获得中医医师资格的途径。同时,考虑到中医诊所主要是医师坐堂望闻问切,服务简便,不像西医医疗机构那样需要配备相应的仪器设备,所以将中医诊所由现行的许可管理改为备案管理。在中药管理方面,给医疗机构更大的自主权,明确对市场上没有供应的中药饮片,医疗机构可以根据本医疗机构医师的处方,在本医疗机构内炮制、使用。根据临床用药需要,医疗机构可以凭本医疗机构医师的处方对中药饮片进

---

[1] 宋大涵、王国强、袁曙宏、许安标:《中医药法释义》(2),载国家中医药管理局网:http://fjs.satcm.gov.cn/zhengcewenjian/2018-03-24/2411.html,最后访问日期:2019年9月18日。

行再加工。在人才培养方面，规定中医医师资格考试的内容应当体现中医药特点。中医药教育应当遵循中医药人才成长规律，以中医药内容为主，体现中医药文化特色，注重中医药经典理论和中医药临床实践、现代教育方式和传统教育方式相结合。中医药学校教育的培养目标、修业年限、教学形式、教学内容、教学评价及学术水平评价标准等，应当体现中医药学科特色，符合中医药学科发展规律，等等。

二是发展中医药应当坚持继承与创新相结合。中医药在历史中形成，有3000多年历史，在中华民族繁衍昌盛中发挥了不可替代的作用。但中医药本身又是不断发展的，随着中医药现代化战略的推进，中医药事业取得了长足的进步，中医医疗、科技、教育、产业、国际化等方面均取得了突出成绩，为经济社会发展和人民群众健康维护做出了突出贡献。发展中医药必须坚持继承和创新相结合。所谓"继承"就是要保持和发挥中医药特色和优势，加强中医药理论方法继承，全面系统继承历代各家学术理论、流派及学说，全面系统继承当代名老中医药专家学术思想和临床诊疗经验，总结中医优势病种临床基本诊疗规律。同时，加强中医药传统知识保护与技术挖掘，建立中医药传统知识保护数据库、保护名录和保护制度等。所谓"创新"，就是要运用现代科学技术，促进中医药理论和实践的发展。主要是发展中医药科学研究和科技创新工作，促进中医药科技创新能力提升，加快形成自主知识产权，提升创新成果的转化效率。传承与创新是中医药发展的两大基本支柱，传承是创新的基础与保障，同时创新又对传承具有推动作用，二者之间相互促进，共同推动中医药事业的发展。

2. 促进中西医结合发展的基本原则

国家鼓励中医西医相互学习，相互补充，协调发展，发挥各自优势，促进中西医结合。中西医结合是我国卫生工作长期实行的一项重要原则，其内涵是指将中医药的基本理论、临床实践与西医药知识结合起来，二者相互学习，相互补充，协调发展，发挥各自优势，提高临床疗效，发展具有中国特色的新医药学。《中医药发展战略规划纲要（2016—2030年）》在"促进中西医结合"方面提出运用现代科学技术，推进中西医资源整合、优势互补、协同创新。加强中西医结合创新研究平台建设，强化中西医临床协作，开展重大疑难疾病中西医联合攻关，形成独具特色的中西医结合诊疗方案，提高重大疑难疾病、急危重症的临床疗效。探索建立和完善国家重大疑难疾病中西医协作工作机制与模式，提升中西医结合服务能力。积极创造条件建设中西医结合医院。完善中西医结合人才培养政策措施等。中医药法在贯彻"促进中西医结合"原则方面也作出了一些具体规定，如国家发展中西医结合教育，培养高层次的中西医结合人才，以及开展中西医结合科学研究等。[1]

---

〔1〕 宋大涵、王国强、袁曙宏、许安标：《中医药法释义》（3），载国家中医药管理局网：http://fjs.satcm.gov.cn/zhengcewenjian/2018-03-24/2413.html，最后访问日期：2019年9月18日。

第二节 中医药管理法律制度

一、中医药事业的管理体制

（一）中医药事业的主管部门

国务院中医药主管部门负责全国的中医药管理工作。国务院其他有关部门在各自职责范围内负责与中医药管理有关的工作。县级以上地方人民政府中医药主管部门负责本行政区域的中医药管理工作。县级以上地方人民政府其他有关部门在各自职责范围内负责与中医药管理有关的工作。

国务院中医药主管部门，即国家中医药管理局负责全国的中医药管理工作，是政府管理中医药行业的国家机构。除了国家中医药管理局外，国务院其他有关部门，包括国家卫生和健康委员会、国家药品监督管理局、农业农村部、工业与信息化部、国家人力资源和社会保障部、国家发展和改革委员会、国家市场监督管理总局等也要在各自职责范围内负责与中医药管理有关的工作。如国家药品监督管理局作为药品工作的主管部门，应当依据中医药法和药品管理法的规定，负责对中药的生产和流通等进行监管；农业农村部作为农业主管部门，在中药材种植养殖环节的管理中要依据农产品质量安全法的规定承担相应的管理责任；国家卫生和健康委员会作为国家卫生工作的主管部门，在中医医师和中医医疗机构管理方面要根据职责分工承担相应的管理责任。

（二）中医药事业的监督管理重点

县级以上人民政府中医药主管部门应当加强对中医药服务的监督检查，并将下列事项作为监督检查的重点：(1)中医医疗机构、中医医师是否超出规定的范围开展医疗活动；(2)开展中医药服务是否符合国务院中医药主管部门制定的中医药服务基本要求；(3)中医医疗广告发布行为是否符合有关法律的规定。中医药主管部门依法开展监督检查，有关单位和个人应当予以配合，不得拒绝或者阻挠。

二、中医药服务

（一）医疗机构的设置规划

县级以上人民政府应当将中医医疗机构建设纳入医疗机构设置规划，举办规模适宜的中医医疗机构，扶持有中医药特色和优势的医疗机构发展。合并、撤销政府举办的中医医疗机构或者改变其中医医疗性质，应当征求上一级人民政府中医药主管部门的意见。

医疗机构设置规划，是以区域内居民实际医疗服务需求为依据，以合理配置、利用医疗卫生资源，公平、可及地向全体居民提供安全、有效的基本医疗服务为目的，对各级各类、不同隶属关系的医疗机构进行的统一规划、设置和布局。编制医疗机构设置规划,有利于引导医疗卫生资源合理配置,充分发挥有限资源的最大效率和效益,建立结构合理、覆盖城乡,适应我国国情、人口政策和具有中国特色的医疗服务体系,为人民群众提供安全、有效、方便、价廉的基本医疗卫生服务。

应当举办规模适宜的中医医疗机构。《中医药发展战略规划纲要(2016—2030年)》提出,县级以上地方人民政府要在区域卫生规划中合理配置中医医疗资源,原则上在每个地市级区域、县级区域设置1个市办中医类医院、1个县办中医类医院。《医疗机构设置规划指导原则(2016—2020年)》提出,医疗机构的设置以医疗服务需求、医疗服务能力、千人口床位数(千人口中医床位数)、千人口医师数(千人口中医师数)和千人口护士数等主要指标进行宏观调控,具体指标值由各省、自治区、直辖市根据实际情况确定。《全国医疗卫生服务体系规划纲要(2015—2020年)》提出,中医类医院床位数可以按照每千常住人口0.55张配置。

扶持有中医药特色和优势的医疗机构发展。扶持的医疗机构既包括中医医疗机构,也包括具有中医药特色和优势的其他医疗机构。如有的综合性医院,虽然不是中医医院,但其设置的中医药科室力量强,有特色和优势,这样的综合性医院也是政府应当扶持的。

合并、撤销政府举办的中医医疗机构或者改变其中医医疗性质,应当征求上一级人民政府中医药主管部门的意见。需要注意以下几点:(1)针对的是政府举办的中医医疗机构。根据出资者的不同,可以将中医医疗机构分为政府举办的中医医疗机构和社会力量举办的中医医疗机构。(2)政府举办的中医医疗机构发生以下三种变化须征求意见:合并,是指和其他医疗机构合并为一家中医医疗机构;撤销,是指中医医疗机关闭,不再开业;改变中医医疗性质,如将中医医疗机构改变为非中医医疗机构。(3)征求上一级人民政府中医药主管部门的意见。对政府举办的中医医疗机构予以合并、撤销或者改变其中医医疗性质的,应先征求上一级人民政府中医药主管部门的意见后,再办理有关手续。[1]

(二)医疗机构提供中医药服务的基本要求

1.公立医疗机构应当具备提供中医药服务的能力

政府举办的综合医院、妇幼保健机构和有条件的专科医院、社区卫生服务中心、乡镇卫生院,应当设置中医药科室。县级以上人民政府应当采取措施,增强社区卫生服务站和村卫生室提供中医药服务的能力。

这里需要注意两点:一是只规定政府举办的综合医院等医疗机构,即公立医疗机构应当设立中医药科室,社会力量举办的医疗机构可根据自身情况决定是否设置中医药科室。二是有条件的专科医院、社区卫生服务中心、乡镇卫生院也应当设

[1] 宋大涵、王国强、袁曙宏、许安标:《中医药法释义》(11),载国家中医药管理局网:http://fjs.satcm.gov.cn/zhengcewenjian/2018-03-24/2421.html,最后访问日期:2019年9月18日。

置中医药科室。是否属于“有条件”，应当按照国家有关规定执行。

县级以上人民政府应当采取措施，增强社区卫生服务站和村卫生室提供中医药服务的能力。社区卫生服务站和村卫生室作为最基层的医疗卫生机构，虽然不一定设置中医药科室，但也要具备和增强提供中医药服务的能力。《中医药法》第十六条第二款也规定，社区卫生服务站以及有条件的村卫生室应当合理配备中医药专业技术人员，并运用和推广适宜的中医药技术方法。[1]

2. 中医诊所的备案管理

举办中医医疗机构应当按照国家有关医疗机构管理的规定办理审批手续，并遵守医疗机构管理的有关规定。举办中医诊所的，将诊所的名称、地址、诊疗范围、人员配备情况等报所在地县级人民政府中医药主管部门备案后即可开展执业活动。中医诊所应当将本诊所的诊疗范围、中医医师的姓名及其执业范围在诊所的明显位置公示，不得超出备案范围开展医疗活动。

中医药具有鲜明的特色和优势，在很多方面不同于西医药。实践中，一些希望个人开业的中医执业医师，虽然执业经验丰富、专业水平高超，但因为难以达到取得医疗机构执业许可证所要求的设施设备等条件，而无法举办中医诊所。为建立符合中医药特点的管理制度，发展中医医疗服务，考虑到中医诊所主要是医师坐堂望闻问切，服务简便，不像西医医疗机构需要配备相应的仪器设备，因此，《中医药法》对《医疗机构管理条例》等规定的管理制度进行改革完善，即将中医诊所由一般医疗机构实行的审批管理改为备案管理。举办中医诊所要在开展执业活动前，将有关情况报所在地县级人民政府中医药主管部门备案。同时，为加强监管，保证医疗安全，该款规定，中医诊所应当将本诊所的诊疗范围、中医医师的姓名及其执业范围在诊所的明显位置公示，不得超出备案范围开展医疗活动。

《中医药法》对举办中医医疗机构的要求作了原则性规定，即举办中医医疗机构应当按照国家有关医疗机构管理的规定办理审批手续，并遵守医疗机构管理的有关规定。目前国家有关医疗机构管理的规定主要是《医疗机构管理条例》及其实施细则，其规定举办中医医疗机构应当符合医疗机构设置规划和医疗机构基本标准，并办理以下审批手续：一是单位或者个人设置医疗机构，必须经县级以上地方人民政府卫生行政部门审查批准，并取得设置医疗机构批准书，方可向有关部门办理其他手续。二是医疗机构执业，必须进行登记，领取医疗机构执业许可证。此外，对医疗机构的执业等方面的管理也作了规定，例如，医疗机构必须将医疗机构执业许可证、诊疗科目、诊疗时间和收费标准悬挂于明显处所；医疗机构必须按照核准登记的诊疗科目开展诊疗活动。因此，除《中医药法》另有规定外，举办中医

---

[1] 宋大涵、王国强、袁曙宏、许安标：《中医药法释义》(12)，载国家中医药管理局网：http://fjs.satcm.gov.cn/zhengcewenjian/2018-03-24/2422.html，最后访问日期：2019年9月18日。

医疗机构应当遵守《医疗机构管理条例》及其实施细则的有关规定。[1]

3. 中医师的执业准入

从事中医医疗活动的人员应当依照《中华人民共和国执业医师法》的规定,通过中医医师资格考试取得中医医师资格,并进行执业注册。中医医师资格考试的内容应当体现中医药特点。

以师承方式学习中医或者经多年实践,医术确有专长的人员,由至少两名中医医师推荐,经省、自治区、直辖市人民政府中医药主管部门组织实践技能和效果考核合格后,即可取得中医医师资格;按照考核内容进行执业注册后,即可在注册的执业范围内,以个人开业的方式或者在医疗机构内从事中医医疗活动。

师承方式学习中医是中医药人才的传统培养方式,另外在民间还存在一些人虽未接受正规的中医教育,但经多年实践在中医药方面确有专长。这些人员由于都未接受系统的医学院校教育,没有取得国家承认的学历证书,无法参加一般的医师资格考试。考虑到这些人员的特殊情况,1998 年通过的《执业医师法》规定,以师承方式学习传统医学满三年或者经多年实践医术确有专长的,经县级以上人民政府卫生行政部门确定的传统医学专业组织或者医疗、预防、保健机构考核合格并推荐,可以参加执业医师资格或者执业助理医师资格考试。考试的内容和办法由国务院卫生行政部门另行制定。2006 年制定的《传统医学师承和确有专长人员医师资格考核考试办法》(卫生部令第 52 号)等有关文件,对师承人员和确有专长人员参加医师资格考核考试作了明确规定。上述规定对解决此类人员的医师资格问题发挥了积极作用,但在实践中,仍有不少以师承方式学习中医或者经多年实践的人员,虽然实践经验丰富,医术确有专长,但因为无法通过以基础理论为主要内容的医师资格考试,而无法取得医师资格。为进一步解决此类人员的医师资格问题,发挥他们的积极作用,引导和规范他们更好地提供中医药服务,《中医药法》法在《执业医师法》规定的基础上,作了进一步改革完善,确立了通过考核方式取得中医医师资格的制度。[2]

4. 盲人按照国家有关规定取得盲人医疗按摩人员资格的,可以以个人开业的方式或者在医疗机构内提供医疗按摩服务

5. 中医医疗服务应当体现中医特色

中医医疗机构配备医务人员应当以中医药专业技术人员为主,主要提供中医药服务;经考试取得医师资格的中医医师按照国家有关规定,经培训、考核合格后,

---

[1] 宋大涵、王国强、袁曙宏、许安标:《中医药法释义》(14),载国家中医药管理局网:http://fjs.satcm.gov.cn/zhengcewenjian/2018-03-24/2424.html,最后访问日期:2019 年 9 月 18 日。

[2] 宋大涵、王国强、袁曙宏、许安标:《中医药法释义》(15),载国家中医药管理局网:http://fjs.satcm.gov.cn/zhengcewenjian/2018-03-24/2425.html,最后访问日期:2019 年 9 月 18 日。

可以在执业活动中采用与其专业相关的现代科学技术方法。在医疗活动中采用现代科学技术方法的,应当有利于保持和发挥中医药特色和优势。

社区卫生服务中心、乡镇卫生院、社区卫生服务站以及有条件的村卫生室应当合理配备中医药专业技术人员,并运用和推广适宜的中医药技术方法。

中医看病主要通过望闻问切,诊疗方式灵活、费用较为低廉,这是中医的特色和优势。但是实践中,有的中医医疗机构为获取更多经济利益,在医疗活动中过度使用现代科学技术方法,不仅增加了患者的医疗成本,也使中医药的特色和优势得不到发挥。针对这一问题,《中医药法》对中医医疗机构如何提供中医药服务等作了规定。

一是中医医疗机构配备医务人员应当以中医药专业技术人员为主,主要提供中医药服务。这是对中医医院等中医医疗机构的基本要求,即“两个为主”,人员配备要以中医药专业技术人员为主,服务提供也要以中医药服务为主。

二是经考试取得医师资格的中医医师按照国家有关规定,经培训、考核合格后,可以在执业活动中采用与其专业相关的现代科学技术方法。在《中医药法》草案审议过程中,有的意见提出,中医与西医一样,在执业活动中都需要采用一些必要的现代诊疗技术方法,建议不以出身定终身,明确经考试取得医师资格的中医医师经培训、考核合格后,也可以采用相应的现代诊疗技术方法。为此,该款增加了这一规定。需要注意的是,本款所规定的“经考试取得医师资格的中医医师按照国家有关规定,经培训、考核合格后,可以在执业活动中采用与其专业相关的现代科学技术方法”指的是对于国家有专门规定的医疗技术的使用,如关节置换、介入等限制类医疗技术,需按照国家相关规定培训考核合格后在该医师专业相关的领域使用。对于一般的现代诊疗技术,则无须进行专门培训和考核。

三是在医疗活动中采用现代科学技术方法的,应当有利于保持和发挥中医药特色和优势。即中医医疗机构、中医医师在医疗活动中采用现代科学技术方法的,应当以保持和发挥中医药特色和优势为出发点。

另外,《中医药法》对基层卫生服务机构如何配备中医药专业技术人员、推广中医药技术方法也作了规定。

一是社区卫生服务中心、乡镇卫生院、社区卫生服务站以及有条件的村卫生室应当合理配备中医药专业技术人员。例如,《城市社区卫生服务中心、站基本标准》提出,社区卫生服务中心至少有 1 名中级以上任职资格的中医类别执业医师;社区卫生服务站至少有 1 名能够提供中医药服务的执业医师。

二是社区卫生服务中心、乡镇卫生院、社区卫生服务站以及有条件的村卫生室应当运用和推广适宜的中医药技术方法。中医药适宜技术方法,通常是指安全有效、成本低廉、简便易学的中医药技术方法。例如,根据《乡镇卫生院中医药服务管理基本规范》(国中医药发〔2003〕56 号)的规定,乡镇卫生院应当提供基本的中医医疗服务,在门诊、病房、出诊、家庭病床等工作中运用中医理论辨证论治处理常见病、多发病、慢性病;根据“简、便、验、廉”的原则,运用包括中药、针灸、推拿、火罐、敷帖、刮痧、熏洗、穴位注射、热熨等在内的5种以上中医药适宜技术。需要注意的是,社区卫生服务中心、乡镇卫生院、社区卫生服务站以及有条件的村卫生室除了依靠中医药专业技术人员运用适宜的中医药技术方法,其他医务人员也要积极推广适宜的中医药技术方法,促进中西医技术方法在医疗实践中的结合。对此,《关于在深化医药卫生体制改革工作中进一步发挥中医药作用的意见》(卫办发〔2011〕57号)提出,进一步加强基层常见病、多发病、中医药适宜技术推广,对基层中医和西医人员进行分类推广培训。鼓励基层西医人员经过培训考核后运用中医药适宜技术。〔1〕

6. 中医医疗广告的管理

《中医药法》规定医疗机构发布中医医疗广告,应当经所在地省、自治区、直辖市人民政府中医药主管部门审查批准;未经审查批准,不得发布。发布的中医医疗广告内容应当与经审查批准的内容相符合,并符合《中华人民共和国广告法》的有关规定。

医疗机构通过一定的媒介或形式向社会公众宣传其中医医疗服务,能及时为患者提供就医信息。但现实中一些医疗机构受到利益的驱使,发布一些不科学、不真实、不合法的中医医疗广告,夸大治疗效果,这些行为不仅损害了中医药事业的发展,同时也扰乱了医疗市场秩序,严重损害了患者的利益,有的甚至延误了患者的疾病治疗,给患者造成人身和财产的损害。为了进一步规范医疗市场秩序,保障人民群众的身体健康和生命安全,必须加强对医疗机构发布中医医疗广告的管理。

一是明确广告审查主体。广告法规定,工商行政管理部门负责广告的监督管理工作,有关主管部门在各自的职责范围内负责广告管理相关工作。医疗机构发布中医医疗广告,其广告内容涉及中医医疗服务,中医药主管部门作为中医医疗服务的主管部门,应当承担对中医医疗广告审查批准的职责。

二是发布中医医疗广告必须经主管部门批准。医疗机构发布中医医疗广告,应当在发布前由该医疗机构向所在地的省级人民政府中医药主管部门对广告内容进行审查。经审查符合要求的,予以批准。对未予批准的广告,医疗机构不能发布。

三是发布的内容必须与审查批准的内容相一致。根据《广告法》的规定,广告内容涉及的事项需要取得行政许可的,应当与许可的内容相符合。《中医药法》在《广告法》的基础上作了进一步明确,医疗机构违反规定,发布的中医医疗广告内

---

〔1〕 宋大涵、王国强、袁曙宏、许安标:《中医药法释义》(16),载国家中医药管理局网:http://fjs.satcm.gov.cn/zhengcewenjian/2018-03-24/2426.html,最后访问日期:2019年9月18日。

容与经审查批准的内容不相符的，按照《中医药法》第五十七条的规定，由原审查部门撤销该广告的审查批准文件，一年内不受理该医疗机构的广告审查申请。

四是符合《广告法》的相关规定。《广告法》对广告的内容进行了明确的要求。如医疗广告不得含有下列内容：(1)表示功效、安全性的断言或者保证；(2)说明治愈率或者有效率；(3)与其他药品、医疗器械的功效和安全性或者其他医疗机构比较；(4)利用广告代言人作推荐、证明；(5)法律、行政法规规定禁止的其他内容。广告应当真实、合法，以健康的表现形式表达广告内容，符合社会主义精神文明建设和弘扬中华民族优秀传统文化的要求。广告不得含有虚假或者引人误解的内容，不得欺骗、误导消费者等。《广告法》的上述内容同样适用于中医医疗广告。[1]

第三节 中医药保护与发展

一、国家加强对中药材的保护措施

国家制定中药材种植养殖、采集、贮存和初加工的技术规范、标准，加强对中药材生产流通全过程的质量监督管理，保障中药材质量安全。

国家鼓励发展中药材规范化种植养殖，严格管理农药、肥料等农业投入品的使用，禁止在中药材种植过程中使用剧毒、高毒农药，支持中药材良种繁育，提高中药材质量。

“道地中药材”是指经过中医临床长期应用优选出来的，产在特定地域，与其他地区所产同种中药材相比，品质和疗效更好，且质量稳定，具有较高知名度的中药材。

国家建立道地中药材评价体系，支持道地中药材品种选育，扶持道地中药材生产基地建设，加强道地中药材生产基地生态环境保护，鼓励采取地理标志产品保护等措施保护道地中药材。

国家鼓励发展中药材现代流通体系，提高中药材包装、仓储等技术水平，建立中药材流通追溯体系。药品生产企业购进中药材应当建立进货查验记录制度。中药材经营者应当建立进货查验和购销记录制度，并标明中药材产地。

国家保护药用野生动植物资源，对药用野生动植物资源实行动态监测和定期普查，建立药用野生动植物资源种质基因库，鼓励发展人工种植养殖，支持依法开展珍贵、濒危药用野生动植物的保护、繁育及其相关研究。

---

〔1〕 宋大涵、王国强、袁曙宏、许安标：《中医药法释义》(19)，载国家中医药管理局网：http://fjs.satcm.gov.cn/zhengcewenjian/2018-03-24/2429.html，最后访问日期：2019年9月18日。

生产符合国家规定条件的来源于古代经典名方的中药复方制剂，在申请药品批准文号时，可以仅提供非临床安全性研究资料。古代经典名方，是指至今仍广泛应用、疗效确切、具有明显特色与优势的古代中医典籍所记载的方剂。

二、医疗机构中药制剂的炮制

（一）医疗机构炮制市场上没有供应的中药饮片

《中医药法》规定对市场上没有供应的中药饮片，医疗机构可以根据本医疗机构医师处方的需要，在本医疗机构内炮制、使用。医疗机构应当遵守中药饮片炮制的有关规定，对其炮制的中药饮片的质量负责，保证药品安全。医疗机构炮制中药饮片，应当向所在地设区的市级人民政府药品监督管理部门备案。根据临床用药需要，医疗机构可以凭本医疗机构医师的处方对中药饮片进行再加工。

目前医疗机构使用的中药饮片都是在市场上采购的，因为按照药品管理法的规定，医疗机构是不能炮制中药饮片的，只有药品生产企业可以炮制中药饮片。《中医药法》的前述规定对上述制度作了突破，允许医疗机构对市场上没有供应的中药饮片可以根据本医疗机构医师处方的需要，自行炮制中药饮片，并在本医疗机构内使用。

一是对市场上没有供应的中药饮片，医疗机构可以根据本医疗机构医师处方的需要，在本医疗机构内炮制、使用。这一规定明确了在本医疗机构内炮制中药饮片的范围是“市场上没有供应的中药饮片”，换言之，如果市场上有供应的中药饮片，就不应适用该款规定。二是医疗机构应当遵守中药饮片炮制的有关规定，对其炮制的中药饮片的质量负责，保证药品安全。对于市场上没有供应的中药饮片，医疗机构是其炮制主体，应当对其质量负责。关于炮制中药饮片，药品管理法有明确的规定，中药饮片必须按照国家药品标准炮制；国家药品标准没有规定的，必须按照省、自治区、直辖市人民政府药品监督管理部门制定的炮制规范炮制。医疗机构炮制市场上没有供应的中药饮片，应当遵守上述国家药品标准或炮制规范。三是医疗机构炮制中药饮片，应当向所在地设区的市级人民政府药品监督管理部门备案。[1]

（二）医疗机构对中药饮片的再加工

《中医药法》还规定有些中药饮片采购后，还需要根据其药物性能和治疗需要，由医疗机构药材专业技术人员凭本医疗机构医师的处方对中药饮片进行再加工。

医疗机构可以凭本医疗机构医师的处方对中药饮片进行再加工。再加工的范围比炮制要小，方法也比较简单，一般以炒法、炙法、拌法为主。在现行的规范性文件中，再加工又称为“临方炮制”。2007 年国家中医药管理局、原卫生部发布的《医院中药饮片管理规范》规定，医院进行临方炮制，应当具备与之相适应的条件和设施，严格

---

〔1〕 宋大涵、王国强、袁曙宏、许安标：《中医药法释义》(28)，载国家中医药管理局网：http://fjs.satcm.gov.cn/zhengcewenjian/2018-03-24/2438.html，最后访问日期：2019 年 9 月 18 日。

遵照国家药品标准和省、自治区、直辖市药品监督管理部门制定的炮制规范炮制，并填写“饮片炮制加工及验收记录”，经医院质量检验合格后方可投入临床使用。

(三)医疗机构配制和使用中药制剂

1. 中药制剂

中药制剂是根据《中华人民共和国药典》《医疗机构制剂配制质量管理规范》等规定的处方，将中药加工或提取后制成的具有一定规格，可以直接用于防病治病的制剂。

2. 医疗机构中药制剂

医疗机构中药制剂是指在中医药理论指导下，医疗机构根据长期临床使用有效、安全的固定处方配制的制剂。

3. 医疗机构中药制剂的优势

其优势在于一般临床疗效确切、用药相对安全、服务方式灵活、临床使用方便、费用相对低廉，体现了中医药简、便、验、廉的特点。

4. 国家对医疗机构配置和使用中药制剂的规定

(1)医疗机构配制中药制剂的一般规定

国家鼓励医疗机构根据本医疗机构临床用药需要配制和使用中药制剂，支持应用传统工艺配制中药制剂，支持以中药制剂为基础研制中药新药。

医疗机构配制中药制剂，应当依照《中华人民共和国药品管理法》的规定取得医疗机构制剂许可证，或者委托取得药品生产许可证的药品生产企业、取得医疗机构制剂许可证的其他医疗机构配制中药制剂。委托配制中药制剂，应当向委托方所在地省、自治区、直辖市人民政府药品监督管理部门备案。

医疗机构对其配制的中药制剂的质量负责；委托配制中药制剂的，委托方和受托方对所配制的中药制剂的质量分别承担相应责任。

(2)医疗机构采用传统工艺配制中药制剂的规定

医疗机构配制的中药制剂品种，应当依法取得制剂批准文号。但是，仅应用传统工艺配制的中药制剂品种，向医疗机构所在地省、自治区、直辖市人民政府药品监督管理部门备案后即可配制，不需要取得制剂批准文号。医疗机构应当加强对备案的中药制剂品种的不良反应监测，并按照国家有关规定进行报告。药品监督管理部门应当加强对备案的中药制剂品种配制、使用的监督检查。

支持应用传统工艺配制中药制剂。传统工艺如丸、散、膏、丹等传统中药制剂剂型的制作工艺等。中医往往会在临床治疗时，灵活运用汤、膏、丸、散等不同剂型治疗疾病。[1]

---

〔1〕 宋大涵、王国强、袁曙宏、许安标：《中医药法释义》(31)，载国家中医药管理局网：http://fjs.satcm.gov.cn/zhengcewenjian/2018-03-24/2441.html，最后访问日期：2019年9月18日。

第四节　法律责任

一、主管部门的法律责任

县级以上人民政府中医药主管部门及其他有关部门未履行《中医药法》规定职责的，由本级人民政府或者上级人民政府有关部门责令改正；情节严重的，对直接负责的主管人员和其他直接责任人员，依法给予处分。

近年来，行政不作为情况较为突出，《法治政府建设实施纲要（2015—2020年）》中明确指出，强化对行政权力的制约和监督，完善纠错问责机制，加大问责力度，坚决纠正行政不作为、乱作为，坚决克服懒政、庸政、怠政，坚决惩处失职、渎职。规定县级以上人民政府中医药主管部门及其他有关部门未履行本法规定职责的法律责任，对行政不作为给予惩戒，能督促有关部门依法及时履行职责。

《中医药法》第五条规定了各级政府履行中医药管理的职责，同时该法还规定了县级以上人民政府中医药主管部门及其他有关部门未履行本法规定的职责的，首先应当由本级人民政府或者上级人民政府有关部门责令改正；情节严重的，对直接负责的主管人员和其他直接责任人员，依法给予处分。这里的处分主要是指依据《公务员法》和《行政机关公务员处分条例》等法律法规的规定对县级以上人民政府中医药主管部门及其他有关部门直接负责的主管人员或者其他直接责任人员给予处分，包括警告、记过、记大过、降级、撤职、开除。公务员受处分的期间为：（1）警告，6个月；（2）记过，12个月；（3）记大过，18个月；（4）降级、撤职，24个月。

行政机关公务员在受处分期间不得晋升职务和级别，其中，受记过、记大过、降级、撤职处分的，不得晋升工资档次；受撤职处分的，应当按照规定降低级别。公务员受开除处分的，自处分决定生效之日起，解除其与单位的人事关系，不得再担任公务员职务。行政机关公务员受开除以外的处分，在受处分期间有悔改表现，并且没有再发生违法违纪行为的，处分期满后，应当解除处分。解除处分后，晋升工资档次、级别和职务不再受原处分的影响。但是，解除降级、撤职处分的，不视为恢复原级别、原职务。[1]

二、中医诊所超出备案管理范围开展医疗活动的法律责任

《中医药法》第五十四条规定："违反本法规定，中医诊所超出备案范围开展医疗活动的，由所在地县级人民政府中医药主管部门责令改正，没收违法所得，并处一万元以上三万元以下罚款；情节严重的，责令停止执业活动。中医诊所被

---

〔1〕 宋大涵、王国强、袁曙宏、许安标：《中医药法释义》（53），载国家中医药管理局网：http://fjs.satcm.gov.cn/zhengcewenjian/2018-03-24/2463.html，最后访问日期：2019年9月18日。

责令停止执业活动的，其直接负责的主管人员自处罚决定作出之日起五年内不得在医疗机构内从事管理工作。医疗机构聘用上述不得从事管理工作的人员从事管理工作的，由原发证部门吊销执业许可证或者由原备案部门责令停止执业活动。”

考虑到中医诊所主要是医师坐堂望闻问切、服务简便，根据国务院行政审批制度改革的精神，按照简政放权、放管结合、优化服务的要求，《中医药法》对中医诊所准入制度进行改革完善，将中医诊所由许可管理改为备案管理。

这对于进一步促进中医药服务的可及性，提升基层中医药服务能力，壮大基层中医药服务队伍，方便人民群众就医具有重要的意义，但同时也可能会存在中医诊所超出诊疗范围执业的问题。

为加强对中医诊所的管理，降低许可改为备案后可能带来的医疗安全风险，《中医药法》明确规定，举办中医诊所的，应当将诊疗范围等信息报所在地县级以上人民政府中医药主管部门备案，不得超出备案范围开展医疗活动，并明确规定了超出备案范围开展医疗活动的中医诊所的法律责任。

《中医药法》第十四条第二款中规定，举办中医诊所的，将诊所的名称、地址、诊疗范围、人员配备情况等报所在地县级人民政府中医药主管部门备案后即可开展执业活动。中医诊所应当将本诊所的诊疗范围、中医医师的姓名及其执业范围在诊所的明显位置公示，不得超出备案范围开展医疗活动。

对超出备案范围，即超出备案的诊疗范围开展医疗活动的中医诊所，由所在地县级人民政府中医药主管部门责令改正，没收违法所得，并处一万元以上三万元以下罚款；情节严重的，责令停止执业活动。

根据《中医药法》第五十四条第二款的规定，中医诊所被责令停止执业活动的，其直接负责的主管人员自处罚决定作出之日起五年内不得在医疗机构内从事管理工作，不仅不能在本诊所，也不能在其他医疗机构内从事管理工作。

规定中医诊所主管人员的法律责任，有利于增强主管人员的责任意识，加强对所在中医诊所的管理，监督诊所在备案范围内执业。同时，该款还规定，如有医疗机构聘用上述不得从事管理工作的人员从事医疗机构管理工作的，由该医疗机构的原发证部门吊销执业许可证或者由原备案部门责令停止执业活动。

这里的原发证部门针对的是那些实行审批管理的医疗机构，原发证部门就是发给该医疗机构执业许可证的卫生行政部门，原备案部门针对的是实行备案管理的中医诊所，原备案部门就是接受该诊所备案的所在地县级人民政府中医药主管部门。[1]

---

〔1〕 宋大涵、王国强、袁曙宏、许安标：《中医药法释义》(54)，载国家中医药管理局网：http://fjs.satcm.gov.cn/zhengcewenjian/2018-03-24/2464.html，最后访问日期：2019 年 9 月 18 日。

三、通过考核取得医师资格的中医医师超出注册的执业范围从事医疗活动的法律责任

《中医药法》第五十五条规定："违反本法规定，经考核取得医师资格的中医医师超出注册的执业范围从事医疗活动的，由县级以上人民政府中医药主管部门责令暂停六个月以上一年以下执业活动，并处一万元以上三万元以下罚款；情节严重的，吊销执业证书。"

医师执业资格考试制度和执业注册制度，对于确保医师质量，保障人民生命健康至关重要，是医疗质量管理的关键环节。执业医师应该在注册的执业范围内从事医疗活动，如果超出注册的执业范围行医的，应当承担法律责任。

《中医药法》第15条中规定，以师承方式学习中医或者经多年实践，医术确有专长的人员，由至少两名中医医师推荐，经省、自治区、直辖市人民政府中医药主管部门组织实践技能和效果考核合格后，即可取得中医医师资格；按照考核内容进行执业注册后，即可在注册的执业范围内，以个人开业的方式或者在医疗机构内从事中医医疗活动。

如果违反上述规定，经考核取得医师资格的中医医师超出注册的执业范围从事医疗活动的，《中医药法》规定了法律责任，即由县级以上人民政府中医药主管部门责令暂停六个月以上一年以下执业活动，并处一万元以上三万元以下罚款；情节严重的，吊销执业证书。

需要说明的是：第一，本法第五十五条规定主要是维护中医医师执业秩序，只要中医医师超出注册的执业范围从事医疗活动，不管其有无造成具体的危害后果，都应当追究责任。在具体执法活动中，责令暂停执业活动的具体期限可以由作出处罚决定的中医药主管部门根据当事人违法情节、产生的影响等决定，但不得超出本条规定的六个月至一年的幅度范围。这里的罚款属于并处，既要暂停执业活动，又要处以罚款。情节严重的，吊销执业证书。

依照《执业医师法》的规定，受吊销医师执业证书行政处罚的，其所在的医疗、预防、保健机构应当在三十日内报告准予注册的卫生行政部门，卫生行政部门应当注销注册，收回医师执业证书。

第二，对于通过参加医师资格考试取得中医医师资格的人员超出注册的执业范围执业的，不适用本条的规定追究法律责任，要适用《执业医师法》的规定进行处罚。《执业医师法》第三十七条规定，医师在执业活动中，违反卫生行政规章制度或者技术操作规范，造成严重后果的，由县级以上人民政府卫生行政部门给予警告或者责令暂停六个月以上一年以下执业活动；情节严重的，吊销其执业证书；构成犯罪的，依法追究刑事责任。[1]

---

〔1〕 宋大涵、王国强、袁曙宏、许安标：《中医药法释义》（53），载国家中医药管理局网：http://fjs.satcm.gov.cn/zhengcewenjian/2018-03-24/2464.html，最后访问日期：2019年9月18日。

四、通过考试取得医师资格的中医医师超出注册的执业范围从事医疗活动的法律责任

对于通过参加医师资格考试取得中医医师资格的人员超出注册的执业范围执业的，不适用本条的规定追究法律责任，要适用《执业医师法》的规定进行处罚。《执业医师法》第三十七条规定，医师在执业活动中，违反卫生行政规章制度或者技术操作规范，造成严重后果的，由县级以上人民政府卫生行政部门给予警告或者责令暂停六个月以上一年以下执业活动；情节严重的，吊销其执业证书；构成犯罪的，依法追究刑事责任。

五、违法发布中医医疗广告的法律责任

《中医药法》第五十七条规定："违反本法规定，发布的中医医疗广告内容与经审查批准的内容不相符的，由原审查部门撤销该广告的审查批准文件，一年内不受理该医疗机构的广告审查申请。违反本法规定，发布中医医疗广告有前款规定以外违法行为的，依照《中华人民共和国广告法》的规定给予处罚。"

申请发布中医医疗广告，应当依照法律、行政法规向广告审查机关提交有关证明文件。广告审查机关应当依照法律、行政法规规定作出审查决定，并应当将审查批准文件抄送同级工商行政管理部门。广告审查机关应当及时向社会公布批准的广告。任何单位或者个人不得伪造、变造或者转让广告审查批准文件。中医医疗广告经中医药主管部门审查批准后，其发布的内容应当与经审查批准的内容一致，否则原审查部门应撤销该广告的审查批准文件，一年内不受理该医疗机构的广告审查申请。

与此同时，中医医疗广告作为广告的一种具体形式，除了遵守本法有关广告审批的规定外，还应当遵守广告法的相关规定。对于发布中医医疗广告有本条第一款规定以外违法行为的，要依照《广告法》的规定给予处罚。如《广告法》规定，医疗、药品、医疗器械广告不得含有下列内容：(1)表示功效、安全性的断言或者保证……(5)法律、行政法规规定禁止的其他内容。如果违反上述规定，由市场监督管理部门责令停止发布广告，责令广告主在相应范围内消除影响，处广告费用一倍以上三倍以下的罚款，广告费用无法计算或者明显偏低的，处十万元以上二十万元以下的罚款；情节严重的，处广告费用三倍以上五倍以下的罚款，广告费用无法计算或者明显偏低的，处二十万元以上一百万元以下的罚款，可以吊销营业执照，并由广告审查机关撤销广告审查批准文件、一年内不受理其广告审查申请。[1]

六、种植中药材使用高毒、剧毒农药的法律责任

《中医药法》第五十八条规定："违反本法规定，在中药材种植过程中使用剧

---

〔1〕 宋大涵、王国强、袁曙宏、许安标：《中医药法释义》(57)，载国家中医药管理局网：http://fjs.satcm.gov.cn/zhengcewenjian/2018-03-24/2467.html，最后访问日期：2019年9月18日。

毒、高毒农药的，依照有关法律、法规规定给予处罚；情节严重的，可以由公安机关对其直接负责的主管人员和其他直接责任人员处五日以上十五日以下拘留。”

在中药材种植过程中使用剧毒、高毒农药的，可能导致中药材农药残留超标，影响中药材质量，甚至危害病人的身体健康。因此，《中医药法》第二十二条规定，国家鼓励发展中药材规范化种植养殖，严格管理农药、肥料等农业投入品的使用，禁止在中药材种植过程中使用剧毒、高毒农药，支持中药材良种繁育，提高中药材质量。

本法第五十八条规定的法律后果有两层含义：一层含义是在一般情况下，依照有关法律、法规的规定给予处罚。“有关法律、法规”主要包括《农产品质量安全法》和《农药管理条例》。这些法律、法规对农药的使用提出了要求，并对违反要求的行为规定了相应的法律责任。

《农产品质量安全法》对包括中药材在内的农产品生产过程中安全使用农药等农业投入品作了规定。其第二十二条规定，县级以上人民政府农业行政主管部门应当加强对农业投入品使用的管理和指导，建立健全农业投入品的安全使用制度。第二十五条规定，农产品生产者应当按照法律、行政法规和国务院农业行政主管部门的规定，合理使用农业投入品，严格执行农业投入品使用安全间隔期或者休药期的规定，防止危及农产品质量安全。禁止在农产品生产过程中使用国家明令禁止使用的农业投入品。第四十六条规定，使用农业投入品违反法律、行政法规和国务院农业行政主管部门的规定的，依照有关法律、行政法规的规定处罚。

根据《中医药法》《农产品质量安全法》《农药管理条例》的规定，在中药材种植过程中使用剧毒、高毒农药情节不严重的，由农业行政主管部门根据所造成的危害后果，给予警告，可以并处3万元以下的罚款。

另一层含义是情节严重的，除给予警告、罚款外，还可以由公安机关对其直接负责的主管人员和其他直接责任人员处五日以上十五日以下拘留。这里的“拘留”是行政拘留。需要注意的是，本条规定的违法主体既可以是单位，也可以是个人。对于单位，拘留的对象是直接负责的主管人员和其他直接责任人员；对于个人，如农民，属于“其他直接责任人员”的范畴，也可以适用拘留。[1]

七、违法生产、销售假药和劣药的法律责任

《药品管理法》第二条中规定：“本法所称药品，是指用于预防、治疗、诊断人的疾病，有目的地调节人的生理机能并规定有适应证或者功能主治、用法和用量的物质，包括中药、化学药和生物制品等。”因此，中药的生产、销售和使用都应当遵守

---

〔1〕 宋大涵、王国强、袁曙宏、许安标：《中医药法释义》(58)，载国家中医药管理局网：http://fjs.satcm.gov.cn/zhengcewenjian/2018-03-24/2468.html，最后访问日期：2019年9月18日。

《药品管理法》的规定。

（一）违法生产、销售假药的法律责任

《药品管理法》第一百一十六条规定："生产、销售假药的，没收违法生产、销售的药品和违法所得，责令停产停业整顿，吊销药品批准证明文件，并处违法生产、销售的药品货值金额十五倍以上三十倍以下的罚款；货值金额不足十万元的，按十万元计算；情节严重的，吊销药品生产许可证、药品经营许可证或者医疗机构制剂许可证，十年内不受理其相应申请；药品上市许可持有人为境外企业的，十年内禁止其药品进口。"

（二）违法生产、销售劣药的法律责任

《药品管理法》第一百一十七条规定："生产、销售劣药的，没收违法生产、销售的药品和违法所得，并处违法生产、销售的药品货值金额十倍以上二十倍以下的罚款；违法生产、批发的药品货值金额不足十万元的，按十万元计算，违法零售的药品货值金额不足一万元的，按一万元计算；情节严重的，责令停产停业整顿直至吊销药品批准证明文件、药品生产许可证、药品经营许可证或者医疗机构制剂许可证。生产、销售的中药饮片不符合药品标准，尚不影响安全性、有效性的，责令限期改正，给予警告；可以处十万元以上五十万元以下的罚款。"

（三）违法生产、销售假药和劣药的人员的法律责任

《药品管理法》第一百一十八条第一款规定："生产、销售假药，或者生产、销售劣药且情节严重的，对法定代表人、主要负责人、直接负责的主管人员和其他责任人员，没收违法行为发生期间自本单位所获收入，并处所获收入百分之三十以上三倍以下的罚款，终身禁止从事药品生产经营活动，并可以由公安机关处五日以上十五日以下的拘留。"

（四）单位使用假药、劣药的法律责任

《药品管理法》第一百一十九条规定："药品使用单位使用假药、劣药的，按照销售假药、零售劣药的规定处罚；情节严重的，法定代表人、主要负责人、直接负责的主管人员和其他责任人员有医疗卫生人员执业证书的，还应当吊销执业证书。"

（五）为假药、劣药提供储存和运输等条件的法律责任

《药品管理法》第一百二十条规定："知道或者应当知道属于假药、劣药或者本法第一百二十四条第一款第一项至第五项规定的药品，而为其提供储存、运输等便利条件的，没收全部储存、运输收入，并处违法收入一倍以上五倍以下的罚款；情节严重的，并处违法收入五倍以上十五倍以下的罚款；违法收入不足五万元的，按五万元计算。"

（六）对假药、劣药处罚的检测依据

《药品管理法》第一百二十一条规定："对假药、劣药的处罚决定，应当依法载明药品检验机构的质量检验结论。"因为对假药和劣药的认定很多时候需要通过

药学专业技术人员的检验和检测,才能得出该药物是否属于《药品管理法》第九十八条规定的假药和劣药的结论。因此,对假药和劣药的认定,必须要以专业的药品检验机构的质量检验结论为依据。

八、其他法律责任

《中医药法》第五十六条规定:"违反本法规定,举办中医诊所、炮制中药饮片、委托配制中药制剂应当备案而未备案,或者备案时提供虚假材料的,由中医药主管部门和药品监督管理部门按照各自职责分工责令改正,没收违法所得,并处三万元以下罚款,向社会公告相关信息;拒不改正的,责令停止执业活动或者责令停止炮制中药饮片、委托配制中药制剂活动,其直接责任人员五年内不得从事中医药相关活动。医疗机构应用传统工艺配制中药制剂未依照本法规定备案,或者未按照备案材料载明的要求配制中药制剂的,按生产假药给予处罚。"

同时《中医药法》第十四条第二款中规定,举办中医诊所的,将诊所的名称、地址、诊疗范围、人员配备情况等报所在地县级人民政府中医药主管部门备案后即可开展执业活动。第二十八条第一款规定,对市场上没有供应的中药饮片,医疗机构可以根据本医疗机构医师处方的需要,在本医疗机构内炮制、使用。医疗机构应当遵守中药饮片炮制的有关规定,对其炮制的中药饮片的质量负责,保证药品安全。医疗机构炮制中药饮片,应当向所在地设区的市级人民政府药品监督管理部门备案。

第三十一条第二款规定,医疗机构配制中药制剂,应当依照《药品管理法》的规定取得医疗机构制剂许可证,或者委托取得药品生产许可证的药品生产企业、取得医疗机构制剂许可证的其他医疗机构配制中药制剂。委托配制中药制剂,应当向委托方所在地省、自治区、直辖市人民政府药品监督管理部门备案。举办中医诊所、炮制中药饮片、委托配制中药制剂,应当严格依照上述规定进行。

需要说明的是,该规定的执法主体为中医药主管部门和药品监督管理部门,按照职责分工,中医药主管部门负责对举办中医诊所备案制度的违法行为进行处罚;药品监督管理部门负责对其他两项的违法行为进行处罚。

《中医药法》第三十二条第一款规定:"医疗机构配制的中药制剂品种,应当依法取得制剂批准文号。但是,仅应用传统工艺配制的中药制剂品种,向医疗机构所在地省、自治区、直辖市人民政府药品监督管理部门备案后即可配制,不需要取得制剂批准文号。"如果医疗机构违反上述规定,应用传统工艺配制中药制剂未依照本法规定备案,或者未按照备案材料载明的要求配制中药制剂的,按生产假药给予处罚。[1]

---

〔1〕 宋大涵、王国强、袁曙宏、许安标:《中医药法释义》(56),载国家中医药管理局网:http://fjs.satcm.gov.cn/zhengcewenjian/2018-03-24/2466.html,最后访问日期:2019年9月18日。

【思考题】

1. 如何理解“中医药法”的概念？

2. 国家发展中医药的方针和基本原则是什么？

3.《中医药法》对获得中医师资格的规定与《执业医师法》的规定有何不同？原因是什么？

4.《中医药法》对生产假药的规定与《药品管理法》的规定有何不同？

5.《中医药法》对医疗机构加工中药饮片、配制中药制剂的规定与《药品管理法》的规定有何不同？

6. 相对于《药品管理法》的规定，如何看待《药品管理法》对生产、销售假药的处罚？并谈谈你的看法。

7. 相对于《药品管理法》的规定，如何看待《药品管理法》对生产、销售劣药的处罚？并谈谈你的看法。

8. 如何看待中药和中药制剂的药品上市许可持有人制度？

第十四章　精神卫生法律制度

【本章要点】

精神卫生立法是衡量一个国家文明程度的重要标志。精神卫生问题不仅是医疗卫生、公共卫生问题，更是社会问题。人的健康包括身体、生理、精神、心理等社会适应性问题，精神卫生还涉及公民的基本权利乃至尊严。我国精神卫生法律制度涉及精神卫生的方针和基本原则，心理健康促进和精神障碍预防，精神障碍的诊断、治疗和康复，精神障碍者的权利及其保障措施，以及各主体在精神卫生中的法律责任等内容。

第一节　精神卫生法律制度概述

一、精神卫生法概述

（一）精神卫生法的概念

精神卫生法是调整维护和增进公民心理健康、预防和治疗精神障碍、促进精神障碍患者康复的活动，发展精神卫生事业，规范精神卫生服务，保障精神障碍患者的合法权益的法律规范的总称。

（二）精神卫生和精神障碍的概念

1. 精神卫生。精神卫生又称“心理卫生”“心理健康”或“精神健康”。精神卫生有广义、狭义两种理解。广义的“精神卫生”，是指一切维护和增进公民心理健康、预防和治疗精神障碍、促进精神障碍患者康复的活动。狭义的“精神卫生”，是指对精神障碍患者进行防治，采取对策，促进其康复，减少精神障碍复发，并对精神障碍患者实行必要的监护的活动。目前，世界各国的精神卫生工作在很大程度上还局限于狭义的范围。

2. 精神障碍。“精神障碍”又称“心理障碍”或“精神疾病”，是指由各种原因引起的感知、情感和思维等精神活动的紊乱或者异常，导致患者明显的心理痛苦或者社会适应等功能损害。

3. 严重精神障碍。“严重精神障碍”是指疾病症状严重，导致患者社会适应等功能严重损害、对自身健康状况或者客观现实不能完整认识，或者不能处理自身事务的精神障碍。对于患有精神障碍的患者,其监护人应当依照法律规定承担监护职责。

(三)国际、国内精神卫生现状

根据世界卫生组织的定义,健康“不仅为疾病或羸弱之消除,而系体格、精神与社会之完全健康状态”。可以说,没有精神卫生就没有健康。人体的健康不仅是指躯体生理上的正常,而且还包括正常的心理和健康的人格。

然而,随着社会的发展,生活节奏的加快,竞争压力增大,社会矛盾错综复杂,精神障碍已成为影响人类健康的重大公共卫生问题。目前,世界上约有4.5亿人患有精神障碍疾病,占全球疾病负担的近11%。在前10位造成功能残缺的疾病中有5个属于精神障碍,即严重抑郁症、精神分裂症、双向情感障碍、酒精依赖和强迫性障碍。全世界的十大疾病中,抑郁症列第4位,至少有1/20的青少年、1/10的男性和1/4的女性成人曾经或正在发生抑郁症。

在我国,精神障碍也同样严重地威胁着公众健康。根据世界卫生组织推算,中国精神障碍疾病负担到2020年将上升至疾病总负担的四分之一。我国每年有20万人以自杀方式结束生命,而其中80%的自杀者患有抑郁症。据在中国22个城市的调查,超过16%的大学生经常感到焦虑、情绪低落及精神紧张。1982年以来,精神障碍已成为大学生退学、休学的主要病因。此外,由精神障碍患者造成的恶性案件也时有发生,在各地发生的一连串杀童案、富士康员工频繁跳楼自杀的事件,以及医患矛盾下日益频繁的弑医、伤医案件,凸显了部分社会群体的脆弱心理状态,以及长期被社会忽略的精神健康问题。这些引起广泛社会效应的反社会暴力行为与个人厌世行为,在很大程度上都是精神健康失常的后果。精神卫生在我国已经成为重大的公共卫生和社会问题,其不仅造成直接的经济损失,也给社会治安带来不稳定因素。

二、精神卫生立法

(一)国际精神卫生立法

现代精神卫生运动兴起于美国。1908年,美国建立了世界上第一个精神卫生组织——康涅狄格州精神卫生协会。1930年,第一次国际精神卫生大会在华盛顿召开,1938年,法国制定颁布了世界上第一部《精神卫生法》。在1948年的第三次伦敦国际精神大会上,成立了世界精神卫生协会(WFMH),其与世界卫生组织(WHO)的精神卫生处共同推动世界精神卫生运动。

国际社会对精神障碍患者一直给予特别关注。联合国大会就精神障碍者的权益保护通过了一系列国际性特别宣言,包括1971年的《精神发育迟滞宣言》,1991年的《保护精神障碍者和改善精神保健的原则》等。1977年,世界精神病学会、世界心理卫生联合会等国际组织还通过了确立精神科医生道德要求和社会责任的《夏威夷宣言》,目的在于指导和帮助各个精神科医生树立应有的道德标准,明确自己的社会责任,尽最大努力为病人的切身利益服务,促进精神健康,恢复病人自理生活的能力。此后,《保障精神患者权利的声明》《精神患者的人权宣言》相继出台。世界卫生组织从 1992 年起把每年的 10 月 10 日定为世界“精神卫生日”。

1995 年,世界卫生组织卫生处提出了《精神卫生保健法——10 项基本原则》,把这 10 项基本原则作为各国政府制定和修改精神卫生法的参考,也将其作为评价一个国家精神卫生立法的标准。

(二)我国的精神卫生立法

我国的精神卫生立法经历了 27 年漫长的过程。1985 年,原卫生部就组织起草《精神卫生法》。终于在 2012 年 10 月 26 日第十一届全国人民代表大会常务委员会第二十九次会议上通过了《精神卫生法》,该法于 2013 年 5 月 1 日正式实施。《精神卫生法》对社会心理健康促进和精神障碍预防、精神障碍的诊断、治疗与康复,以及相关的保障措施、法律责任作了规定,其对解决目前精神障碍预防不力、医疗机构不足、专业人员缺乏的状况,营造有利于尊重、理解、关爱精神障碍患者的社会氛围,改变歧视患者的社会现象,改善患者得不到及时诊断、治疗、康复等突出问题,维护患者合法权益,保障、促进我国精神卫生事业的发展具有重要意义。

第二节 精神障碍的预防

一、精神障碍的预防原则

(一)预防为主、防治结合

精神卫生工作实行预防为主的方针,坚持预防、治疗和康复相结合的原则。国家保护精神障碍患者的人格尊严、人身和财产安全不受侵犯;国家保护精神障碍患者的教育、劳动、医疗以及从国家和社会获得物质帮助等方面的合法权益。

(二)各级组织各司其职

精神卫生是一项社会性很强的工作,国家实行政府组织领导、部门各负其责、家庭和单位尽力尽责、全社会共同参与的综合管理机制。有关单位和个人应当对精神障碍患者的姓名、肖像、住址、工作单位、病历资料以及其他可能推断出其身份的信息予以保密;但是,依法履行职责需要公开的除外。

(三)全社会尊重、理解、关爱患者

《精神卫生法》规定全社会应当尊重、理解、关爱精神障碍患者。任何组织或者个人不得歧视、侮辱、虐待精神障碍患者,不得非法限制精神障碍患者的人身自由。新闻报道和文学艺术作品等不得含有歧视、侮辱精神障碍患者的内容。

精神障碍患者的监护人应当履行监护职责,维护精神障碍患者的合法权益。

禁止对精神障碍患者实施家庭暴力,禁止遗弃精神障碍患者。

二、心理健康促进和精神障碍预防

(一)心理健康促进

1. 各级人民政府和县级以上人民政府有关部门应当采取措施,加强心理健康促进和精神障碍预防工作,提高公众心理健康水平。

2. 用人单位应当创造有益于职工身心健康的工作环境,关注职工的心理健康;对处于职业发展特定时期或者在特殊岗位工作的职工,应当有针对性地开展心理健康教育。

3. 各级各类学校应当对学生进行精神卫生知识教育:配备或者聘请心理健康教育教师、辅导人员,并可以设立心理健康辅导室,对学生进行心理健康教育。学前教育机构应当对幼儿开展符合其特点的心理健康教育。发生自然灾害、意外伤害、公共安全事件等可能影响学生心理健康的事件时,学校应当及时组织专业人员对学生进行心理援助。教师应当学习和了解相关的精神卫生知识,关注学生心理健康状况,正确引导、激励学生。学校和教师应当与学生父母或者其他监护人、近亲属沟通学生心理健康情况。地方各级人民政府教育行政部门和学校应当重视教师的心理健康。

(二)精神障碍预防

1. 政府有关部门制定的突发事件应急预案,应当包括心理援助的内容。并根据具体情况,组织开展心理援助工作。

2. 医务人员开展疾病诊疗服务,应当按照诊断标准和治疗规范的要求,对就诊者进行心理健康指导;发现就诊者可能患有精神障碍的,应当建议其到符合《精神卫生法》规定的医疗机构就诊。

3. 监狱、看守所、拘留所、强制隔离戒毒所等场所,应当对服刑人员,被依法拘留、逮捕、强制隔离戒毒的人员等,开展精神卫生知识宣传,关注其心理健康状况,必要时提供心理咨询和心理辅导。

4. 县级以上地方人民政府人力资源和社会保障、教育、卫生、司法行政、公安等部门应当在各自职责范围内分别对各相关单位履行精神障碍预防义务的情况进行督促和指导。村民委员会、居民委员会应当协助所在地人民政府及其有关部门开展社区心理健康指导、精神卫生知识宣传教育活动,创建有益于居民身心健康的社区环境。乡镇卫生院或者社区卫生服务机构应当为村民委员会、居民委员会开展社区心理健康指导、精神卫生知识宣传教育活动提供技术指导。

5. 家庭成员之间应当相互关爱,创造良好、和睦的家庭环境,提高精神障碍预防意识;发现家庭成员可能患有精神障碍的,应当帮助其及时就诊,照顾其生活,做好看护管理。

6. 国家鼓励和支持新闻媒体、社会组织开展精神卫生的公益性宣传,普及精神卫生知识，引导公众关注心理健康，预防精神障碍的发生。

7. 心理咨询人员应当提高业务素质，遵守执业规范，为社会公众提供专业化的心理咨询服务，不得从事心理治疗或者精神障碍的诊断、治疗。心理咨询人员发现接受咨询的人员可能患有精神障碍的，应当建议其到符合《精神卫生法》规定的医疗机构就诊。心理咨询人员应当尊重接受咨询人员的隐私，并为其保守秘密。

8. 国务院卫生行政部门建立精神卫生监测网络，实行严重精神障碍发病报告制度，组织开展精神障碍发生状况、发展趋势等的监测和专题调查工作。

第三节 精神障碍的诊断与治疗

一、精神障碍的诊断

（一）精神障碍诊断机构的资质

开展精神障碍诊断、治疗活动，应当具备下列条件，并依照医疗机构的管理规定办理有关手续：(1)有与从事的精神障碍诊断、治疗相适应的精神科执业医师、护士；(2)有满足开展精神障碍诊断、治疗需要的设施和设备；(3)有完善的精神障碍诊断、治疗管理制度和质量监控制度。

从事精神障碍诊断、治疗的专科医疗机构还应当配备从事心理治疗的人员。精神障碍的诊断、治疗，应当遵循维护患者合法权益、尊重患者人格尊严的原则，保障患者在现有条件下获得良好的精神卫生服务。

（二）精神障碍的诊断规则

1. 诊断依据。精神障碍的诊断应当以精神健康状况为依据。除法律另有规定外，不得违背本人意志进行确定其是否患有精神障碍的医学检查。

2. 疑似患者的诊断规则。除个人自行到医疗机构进行精神障碍诊断外，疑似精神障碍患者的近亲属可以将其送往医疗机构进行精神障碍诊断。对查找不到近亲属的流浪乞讨疑似精神障碍患者，由当地民政等有关部门按照职责分工，帮助送往医疗机构进行精神障碍诊断。

疑似精神障碍患者发生伤害自身、危害他人安全的行为，或者有伤害自身、危害他人安全的危险的，其近亲属、所在单位、当地公安机关应当立即采取措施予以制止，并将其送往医疗机构进行精神障碍诊断。

医疗机构接到送诊的疑似精神障碍患者，不得拒绝为其作出诊断。

3. 诊断人的资格。精神障碍的诊断应当由精神科执业医师作出。医疗机构接到伤害自身、危害他人安全的疑似精神障碍患者，应当将其留院，立即指派精神科执业医师进行诊断，并及时出具诊断结论。

二、精神障碍的治疗

(一)住院自愿原则

精神障碍的住院治疗实行自愿原则。但精神障碍患者的诊断结论、病情评估表明,就诊者为严重精神障碍患者并有下列情形之一的,应当对其实施住院治疗:(1)已经发生伤害自身的行为,或者有伤害自身的危险的;(2)已经发生危害他人安全的行为,或者有危害他人安全的危险的。

(二)监护人决定原则

伤害自身或者有伤害自身危险的精神障碍患者,经其监护人同意,医疗机构应当对患者实施住院治疗;监护人不同意的,医疗机构不得对患者实施住院治疗。监护人应当对在家居住的患者做好看护管理。

三、鉴定程序

(一)精神障碍的鉴定

精神障碍患者已经发生危害他人安全的行为,或者有危害他人安全的危险的,患者或者其监护人对需要住院治疗的诊断结论有异议,不同意对患者实施住院治疗的,可以要求再次诊断和鉴定。

(二)再次诊断的程序

要求再次诊断的精神障碍患者及其监护人,应当自收到诊断结论之日起 3 日内向原医疗机构或者其他具有合法资质的医疗机构提出。承担再次诊断的医疗机构应当在接到再次诊断要求后指派 2 名初次诊断医师以外的精神科执业医师进行再次诊断,并及时出具再次诊断结论。承担再次诊断的执业医师应当到收治患者的医疗机构面见、询问患者,该医疗机构应当予以配合。

(三)异议鉴定程序

对再次诊断结论有异议的,可以自主委托依法取得执业资质的鉴定机构进行精神障碍医学鉴定;医疗机构应当公示经公告的鉴定机构名单和联系方式。接受委托的鉴定机构应当指定本机构具有该鉴定事项执业资格的 2 名以上鉴定人共同进行鉴定,并及时出具鉴定报告。鉴定人应当到收治精神障碍患者的医疗机构面见、询问患者,该医疗机构应当予以配合。鉴定人本人或者其近亲属与鉴定事项有利害关系,可能影响其独立、客观、公正进行鉴定的,应当回避。

(四)鉴定报告

鉴定机构、鉴定人应当遵守有关法律、法规、规章的规定,尊重科学,恪守职业道德,按照精神障碍鉴定的实施程序、技术方法和操作规范,依法独立进行鉴定,出具客观、公正的鉴定报告。鉴定人应当对鉴定过程进行实时记录并签名。记录的内容应当真实、客观、准确、完整,记录的文本或者声像载体应当妥善保存。

再次诊断结论或者鉴定报告表明,不能确定就诊者为严重精神障碍患者,或者患者不需要住院治疗的,医疗机构不得对其实施住院治疗。

再次诊断结论或者鉴定报告表明,精神障碍患者确有危害他人安全的行为,或者有危害他人安全的危险的情形的,其监护人应当同意对患者实施住院治疗。监护人阻碍实施住院治疗或者患者擅自脱离住院治疗的,可以由公安机关协助医疗机构采取措施对患者实施住院治疗。

在相关机构出具再次诊断结论、鉴定报告前,收治精神障碍患者的医疗机构应当按照诊疗规范的要求对患者实施住院治疗。

四、住院治疗

(一)住院手续的办理

诊断结论表明需要住院治疗的精神障碍患者,本人没有能力办理住院手续的,由其监护人办理住院手续;患者属于查找不到监护人的流浪乞讨人员的,由送诊的有关部门办理住院手续。

精神障碍患者有危害他人安全的行为,或者有危害他人安全的危险的情形,其监护人不办理住院手续的,由患者所在单位、村民委员会或者居民委员会办理住院手续,并由医疗机构在患者病历中予以记录。

(二)医疗机构的职责

医疗机构及其医务人员应当将精神障碍患者在诊断、治疗过程中享有的权利,告知患者或者其监护人。医疗机构应当配备适宜的设施、设备,保护就诊和住院治疗的精神障碍患者的人身安全,防止其受到伤害,并为住院患者创造尽可能接近正常生活的环境和条件。医疗机构及其医务人员应当遵循精神障碍诊断标准和治疗规范,制定治疗方案,并向精神障碍患者或者其监护人告知治疗方案和治疗方法、目的以及可能产生的后果。

精神障碍患者在医疗机构内发生或者将要发生伤害自身、危害他人安全、扰乱医疗秩序的行为,医疗机构及其医务人员在没有其他可替代措施的情况下,可以实施约束、隔离等保护性医疗措施。实施保护性医疗措施应当遵循诊断标准和治疗规范,并在实施后告知患者的监护人。禁止利用约束、隔离等保护性医疗措施惩罚精神障碍患者。

对精神障碍患者使用药物,应当以诊断和治疗为目的,使用安全、有效的药物,不得为诊断或者治疗以外的目的使用药物。医疗机构不得强迫精神障碍患者从事生产劳动。禁止对实施住院治疗的已经发生危害他人安全的行为,或者有危害他人安全的危险的精神障碍患者实施以治疗精神障碍为目的的外科手术。

(三)特殊治疗告知义务

现行的《精神卫生法》规定,医疗机构对精神障碍患者实施下列治疗措施,应当向患者或者其监护人告知医疗风险、替代医疗方案等情况,并取得患者的书面同意;无法取得患者意见的,应当取得其监护人的书面同意,并经本医疗机构伦理委员会批准:(1)导致人体器官丧失功能的外科手术;(2)与精神障碍治疗有关的实验性临床医疗。实施上述第一项治疗措施,因情况紧急查找不到监护人的,应当取得本医疗机构负责人和伦理委员会批准。

禁止对精神障碍患者实施与治疗其精神障碍无关的实验性临床医疗。

(四)住院患者的权利

医疗机构及其医务人员应当尊重住院精神障碍患者的通讯和会见探访者等权利。除在急性发病期或者为了避免妨碍治疗可以暂时性限制外,不得限制患者的通讯和会见探访者等权利。医疗机构及其医务人员应当在病历资料中如实记录精神障碍患者的病情、治疗措施、用药情况、实施约束、隔离措施等内容,并如实告知患者或者其监护人。患者及其监护人可以查阅、复制病历资料;但是,患者查阅、复制病历资料可能对其治疗产生不利影响的除外。病历资料保存期限不得少于三十年。医疗机构不得因就诊者是精神障碍患者,推诿或者拒绝为其治疗属于本医疗机构诊疗范围的其他疾病。

(五)卫生行政管理

县级以上地方人民政府卫生行政部门应当定期就下列事项对本行政区域内从事精神障碍诊断、治疗的医疗机构进行检查:(1)相关人员、设施、设备是否符合《精神卫生法》要求;(2)诊疗行为是否符合《精神卫生法》以及诊断标准、治疗规范的规定;(3)对精神障碍患者实施住院治疗的程序是否符合《精神卫生法》规定;(4)是否依法维护精神障碍患者的合法权益。县级以上地方人民政府卫生行政部门进行上述检查时,应当听取精神障碍患者及其监护人的意见;发现存在违反《精神卫生法》行为的,应当立即制止或者责令改正,并依法作出处理。

五、精神障碍患者的出院

自愿住院治疗的精神障碍患者可以随时要求出院,医疗机构应当同意。

对已经发生伤害自身的行为,或者有伤害自身的危险的精神障碍患者实施住院治疗的,监护人可以随时要求患者出院,医疗机构应当同意。

医疗机构认为精神障碍患者不宜出院的,应当告知不宜出院的理由;患者或者其监护人仍要求出院的,执业医师应当在病历资料中详细记录告知的过程,同时提出出院后的医学建议,患者或者其监护人应当签字确认。

对已经发生危害他人安全的行为,或者有危害他人安全的危险的精神障碍患者实施住院治疗后,医疗机构认为患者可以出院的,应当立即告知患者及其监护人。

医疗机构应当根据精神障碍患者病情,及时组织精神科执业医师对已经发生危害他人安全的行为,或者有危害他人安全的危险的住院治疗患者进行检查评估。评估结果表明患者不需要继续住院治疗的,医疗机构应当立即通知患者及其监护人。精神障碍患者出院,本人没有能力办理出院手续的,监护人应当为其办理出院手续。

六、家庭、社会基层组织职责

（一）监护人职责

精神障碍患者的监护人应当妥善看护未住院治疗的患者，按照医嘱督促其按时服药、接受随访或者治疗。

（二）社会基层组织职责

村民委员会、居民委员会、患者所在单位等应当依患者或者其监护人的请求，对监护人看护患者提供必要的帮助。

（三）心理治疗

心理治疗活动应当在医疗机构内开展。专门从事心理治疗的人员不得从事精神障碍的诊断，不得为精神障碍患者开具处方或者提供外科治疗。监狱、强制隔离戒毒所等场所应当采取措施，保证患有精神障碍的服刑人员、强制隔离戒毒人员等获得治疗。

第四节　精神障碍的康复

一、精神障碍康复的概念

精神障碍康复是指对精神障碍患者本身和家庭，采取各种措施，使其精神障碍解除，从而能够正常参与社会工作与生活。

二、社区康复的概念

社区康复是指依靠城市街道、农村乡镇等社区力量，包括精神障碍患者本身和家庭，采取医学的、家庭的、职业的、社会的康复措施，使多数精神障碍患者就近得到恢复，增加其参与社会的能力。社区康复还包括积极开展精神障碍的预防工作，防止精神障碍的发生和发展。

三、社区康复措施

（一）社区康复机构创造条件

社区康复机构应当为需要康复的精神障碍患者提供场所和条件，对患者进行生活自理能力和社会适应能力等方面的康复训练。

（二）基层组织提供帮助

村民委员会、居民委员会应当为生活困难的精神障碍患者家庭提供帮助，并向所在地乡镇人民政府或者街道办事处以及县级人民政府有关部门反映患者及其家庭的情况和要求，帮助其解决实际困难，为患者融入社会创造条件。

（三）社区卫生服务机构建立档案定期、随访培训

社区卫生服务机构、乡镇卫生院、村卫生室应当建立严重精神障碍患者的健康档案，对在家居住的严重精神障碍患者进行定期随访，指导患者服药和开展康复训

练,并对患者的监护人进行精神卫生知识和看护知识的培训。县级人民政府卫生行政部门应当为社区卫生服务机构、乡镇卫生院、村卫生室开展上述工作给予指导和培训。

(四)残疾人康复机构组织康复活动

残疾人组织或者残疾人康复机构应当根据精神障碍患者康复的需要,组织患者参加康复活动。

第五节　精神障碍患者的权利与保障

一、精神障碍患者的权利

(一)住院、出院自由选择权

精神障碍患者是否进行住院治疗实行自愿原则。严重精神障碍患者是否住院治疗由监护人决定。对于伤害自身或者有伤害自身危险的精神障碍患者,需经其监护人同意,医疗机构对患者实施住院治疗;监护人不同意的,医疗机构不得对患者实施住院治疗。自愿住院治疗的精神障碍患者可以随时要求出院,对严重精神障碍患者实施住院治疗的,监护人可以随时要求患者出院,医疗机构应当同意。医疗机构认为精神障碍患者不宜出院的,应当告知理由;患者或者其监护人仍要求出院的,执业医师应当在病历资料中详细记录告知的过程,同时提出出院后的医学建议,由患者或者其监护人签字确认。

(二)基本药物维持治疗权

医疗机构应当为在家居住的严重精神障碍患者提供精神科基本药物维持治疗,并为社区康复机构提供有关精神障碍康复的技术指导和支持。

(三)人格尊严权

精神障碍患者的人格尊严受法律保护。任何组织或者个人不得歧视、侮辱、虐待精神障碍患者,不得非法限制精神障碍患者的人身自由。禁止对精神障碍患者实施家庭暴力,禁止遗弃精神障碍患者。

(四)人身自由权

住院精神障碍患者的通讯和会见探访者等权利受法律保护。除急性发病期或者为了避免妨碍治疗外,不得限制患者的通讯和会见探访者等权利。

(五)知情权

精神障碍患者及其监护人或者近亲属有权了解精神障碍患者的病情、治疗措施、用药情况、实施约束、隔离措施等内容。患者及其监护人可以查阅、复制病历资料;但是,可能对其治疗产生不利影响的除外。

(六)隐私权

政府部门、医疗机构、与精神卫生工作相关的其他单位及其工作人员应当依法保护精神疾病患者的隐私权。未经精神病患者及其近亲属或监护人同意,不得对精神疾病患者录音、录像、摄影或者播放与该精神疾病患者有关的视听资料。因学术交流等原因需要在一定场合公开精神疾病患者病情资料的,应当隐去能够识别该精神疾病患者身份的内容。

(七)劳动就业权

根据精神障碍患者的实际情况,用人单位应当安排患者从事力所能及的工作,保障患者享有同等待遇,安排患者参加必要的职业技能培训,提高患者的就业能力,为患者创造适宜的工作环境,对患者在工作中取得的成绩予以鼓励。

二、精神障碍患者的保障

(一)政府保障

国家加强基层精神卫生服务体系建设,扶持贫困地区、边远地区的精神卫生工作,保障城市社区、农村基层精神卫生工作所需经费。各级人民政府根据精神卫生工作需要,加大财政投入力度,保障精神卫生工作所需经费,将精神卫生工作经费列入本级财政预算。根据本行政区域的实际情况,统筹规划,整合资源,建设和完善精神卫生服务体系,加强精神障碍预防、治疗和康复服务能力建设。

县级以上人民政府卫生行政部门会同有关部门依据国民经济和社会发展规划的要求,制定精神卫生工作规划并组织实施。将精神卫生监测和专题调查结果作为制定精神卫生工作规划的依据。

县级人民政府根据本行政区域的实际情况,统筹规划,建立精神障碍患者社区康复机构。采取措施,鼓励和支持社会力量举办从事精神障碍诊断、治疗的医疗机构和精神障碍患者康复机构。

(二)医疗保障

医学院校应当加强精神医学的教学和研究,按照精神卫生工作的实际需要培养精神医学专门人才,为精神卫生工作提供人才保障。

综合性医疗机构应当按照国务院卫生行政部门的规定开设精神科门诊或者心理治疗门诊,提高精神障碍预防、诊断、治疗能力。

医疗机构应当组织医务人员学习精神卫生知识和相关法律、法规、政策。

从事精神障碍诊断、治疗、康复的机构应当定期组织医务人员、工作人员进行在岗培训,更新精神卫生知识。

县级以上人民政府卫生行政部门应当组织医务人员进行精神卫生知识培训,提高其识别精神障碍的能力。

(三)知识保障

师范院校应当为学生开设精神卫生课程;医学院校应当为非精神医学专业的

学生开设精神卫生课程。

县级以上人民政府教育行政部门对教师进行上岗前和在岗培训,应当有精神卫生的内容,并定期组织心理健康教育教师、辅导人员进行专业培训。

(四)服务与经费保障

县级以上人民政府卫生行政部门应当组织医疗机构为严重精神障碍患者免费提供基本公共卫生服务。

精神障碍患者的医疗费用由基本医疗保险基金支付。医疗保险经办机构应当将精神障碍患者纳入城镇职工基本医疗保险、城镇居民基本医疗保险或者新型农村合作医疗的保障范围。县级人民政府应当对家庭经济困难的严重精神障碍患者参加基本医疗保险给予资助。人力资源和社会保障、卫生、民政、财政等部门应当加强协调,简化程序,实现属于基本医疗保险基金支付的医疗费用由医疗机构与医疗保险经办机构直接结算。

(五)严重困难患者的保障

精神障碍患者通过基本医疗保险支付医疗费用后仍有困难,或者不能通过基本医疗保险支付医疗费用的,民政部门应当优先给予医疗救助。对符合城乡最低生活保障条件的严重精神障碍患者,民政部门应当会同有关部门及时将其纳入最低生活保障。

对属于农村五保供养对象的严重精神障碍患者,以及城市中无劳动能力、无生活来源且无法定赡养、抚养、扶养义务人,或者其法定赡养、抚养、扶养义务人无赡养、抚养、扶养能力的严重精神障碍患者,民政部门应当按照国家有关规定予以供养、救助。

此外,其他严重精神障碍患者确有困难的,民政部门可以采取临时救助等措施,帮助其解决生活困难。

(六)教育与劳动保障

县级以上地方人民政府及其有关部门应当采取有效措施,保证患有精神障碍的适龄儿童、少年接受义务教育,扶持有劳动能力的精神障碍患者从事力所能及的劳动,并为已经康复的人员提供就业服务。

国家对安排精神障碍患者就业的用人单位依法给予税收优惠,并在生产、经营、技术、资金、物资、场地等方面给予扶持。

(七)精神卫生工作人员的职业安全保障

精神卫生工作人员的人格尊严、人身安全不受侵犯,精神卫生工作人员依法履行职责受法律保护。全社会应当尊重精神卫生工作人员。

县级以上人民政府及其有关部门、医疗机构、康复机构应当采取措施,加强对精神卫生工作人员的职业保护,提高精神卫生工作人员的待遇水平,并按照规定给予适当的津贴。精神卫生工作人员因工致伤、致残、死亡的,其工伤待遇以及抚恤按照国家有关规定执行。

第六节 法律责任

一、行政责任

(一)卫生行政部门和其他有关部门的行政责任

县级以上人民政府卫生行政部门和其他有关部门未依法履行精神卫生工作职责,或者滥用职权、玩忽职守、徇私舞弊的,由本级人民政府或者上一级人民政府有关部门责令改正,通报批评,对直接负责的主管人员和其他直接责任人员依法给予警告、记过或者记大过的处分;造成严重后果的,给予降级、撤职或者开除的处分。

(二)不符合法定条件的医疗机构的行政责任

不符合《精神卫生法》条件的医疗机构擅自从事精神障碍诊断、治疗的,由县级以上人民政府卫生行政部门责令停止相关诊疗活动,给予警告,并处五千元以上一万元以下罚款,有违法所得的,没收违法所得;对直接负责的主管人员和其他直接责任人员依法给予或者责令给予降低岗位等级或者撤职、开除的处分;对有关医务人员,吊销其执业证书。

(三)医疗机构及其工作人员的行政责任

医疗机构及其工作人员有下列行为之一的,由县级以上人民政府卫生行政部门责令改正,给予警告;情节严重的,对直接负责的主管人员和其他直接责任人员依法给予或者责令给予降低岗位等级或者撤职、开除的处分,并可以责令有关医务人员暂停1个月以上6个月以下执业活动:(1)拒绝对送诊的疑似精神障碍患者作出诊断的;(2)对已经发生危害他人安全的行为,或者有危害他人安全的危险的实施住院治疗的严重精神障碍患者未及时进行检查评估或者未根据评估结果作出处理的。

医疗机构及其工作人员有下列行为之一的,由县级以上人民政府卫生行政部门责令改正,对直接负责的主管人员和其他直接责任人员依法给予或者责令给予降低岗位等级或者撤职的处分;对有关医务人员,暂停6个月以上1年以下执业活动;情节严重的,给予或者责令给予开除的处分,并吊销有关医务人员的执业证书:(1)违反《精神卫生法》规定实施约束、隔离等保护性医疗措施的;(2)违反《精神卫生法》规定,强迫精神障碍患者劳动的;(3)违反《精神卫生法》规定对精神障碍患者实施外科手术或者实验性临床医疗的;(4)违反《精神卫生法》规定,侵害精神障碍患者的通讯和会见探访者等权利的;(5)违反精神障碍诊断标准,将非精神障碍患者诊断为精神障碍患者的。

(四)从事心理治疗的人员行政责任

有下列情形之一的,由县级以上人民政府卫生行政部门、工商行政管理部门依据各自职责责令改正,给予警告,并处5000元以上1万元以下罚款,有违法所得的,没收违法所得;造成严重后果的,责令暂停六个月以上一年以下执业活动,直至吊销执业证书或者营业执照:(1)心理咨询人员从事心理治疗或者精神障碍的诊断、治疗的;(2)从事心理治疗的人员在医疗机构以外开展心理治疗活动的;(3)专门从事心理治疗的人员从事精神障碍的诊断的;(4)专门从事心理治疗的人员为精神障碍患者开具处方或者提供外科治疗的。

(五)有关单位和个人的行政责任

有关单位和个人违反《精神卫生法》有关保护隐私的规定,给精神障碍患者造成损害的,依法承担赔偿责任;对单位直接负责的主管人员和其他直接责任人员,还应当依法给予处分。

(六)其他人员的行政责任

在精神障碍的诊断、治疗、鉴定过程中,寻衅滋事,阻挠有关工作人员依照《精神卫生法》的规定履行职责,扰乱医疗机构、鉴定机构工作秩序的,依法给予治安管理处罚。

违反《精神卫生法》规定,有其他构成违反治安管理行为的,依法给予治安管理处罚。

二、民事责任

(一)侵害精神障碍患者的民事责任

违反《精神卫生法》规定,有下列情形之一,给精神障碍患者或者其他公民造成人身、财产或者其他损害的,依法承担赔偿责任:(1)将非精神障碍患者故意作为精神障碍患者送入医疗机构治疗的;(2)精神障碍患者的监护人遗弃患者,或者有不履行监护职责的其他情形的;(3)歧视、侮辱、虐待精神障碍患者,侵害患者的人格尊严、人身安全的;(4)非法限制精神障碍患者人身自由的;(5)其他侵害精神障碍患者合法权益的情形。

心理咨询人员、专门从事心理治疗的人员在心理咨询、心理治疗活动中造成他人人身、财产或者其他损害的,依法承担民事责任。

(二)精神障碍患者监护人的民事责任

医疗机构出具的诊断结论表明精神障碍患者应当住院治疗而其监护人拒绝,致使患者造成他人人身、财产损害的,或者患者有其他造成他人人身、财产损害情形的,其监护人依法承担民事责任。

三、刑事责任

违反《精神卫生法》规定,构成犯罪的,依法追究刑事责任。

精神障碍患者或者其监护人、近亲属认为行政机关、医疗机构或者其他有关单位和个人违反《精神卫生法》规定侵害患者合法权益的,可以依法提起诉讼。

典型案例评析

[案情]　陈某,男,在工作期间因精神状态不正常被单位送治于某精神卫生专科医院。三年后,陈某的病情缓解,精神障碍症状基本消失。此后,陈某多次要求出院,医院认为陈某可以出院,也曾给予陈某单位书面通知可以接走陈某。然而,陈某单位迟迟没有接陈某出院。与此同时,单位按期从陈某的工资等账户向医院汇划医疗费用,陈某一直被按照精神障碍疾病进行治疗。

陈某在要求出院未果的情况下,多次向医院提出要给家人打电话,希望妻子或家属来接他出院。但医院限制陈某与家人通讯,致使陈某始终未能与家人取得联系。同时,医院以“谁送谁接”为由,阻止陈某亲属来医院接陈某出院,让陈某一直滞留在医院长达十三年之久。据陈某的病历显示,陈某在精神障碍状况基本消失的情况下,医院仍让陈某继续常年服用精神类药物(氯氮平等)。某日清晨,陈某在上厕所时摔倒致股骨颈骨折,三个月后因肺炎和左股骨颈骨折猝死。

[争议焦点]

1. 陈某精神障碍症状基本消失后,其要求出院的请求是否应当得到允许?

2. 医院认可陈某可以出院,书面通知单位,在单位未来接走陈某的情况下,医院拒绝陈某与家属联系,也拒绝家属接陈某出院,是否存在过错?

3. 对于陈某的死亡,责任应当由谁来承担?

[案例评析]

其一,陈某精神障碍症状基本消失后,其多次要求出院的请求,符合人之常情,应当得到允许。

其二,当医院认为陈某可以出院,同时,也书面通知陈某单位以接走陈某。但在医院发出书面通知后,单位并未来接陈某。医院就应主动联系陈某家属。医院在长达十余年的时间里未联系陈某家属,且还拒绝陈某与家属联系,也拒绝家属接陈某出院,让已经基本治愈的患者在医院继续接受治疗,致使陈某被治疗的状态持续长达13年之久,不但浪费医疗资源,而且是对陈某的身体进一步加害的行为,是严重侵权行为,其不但侵犯了陈某的财产权利,也侵害了陈某的人身权利,医院存在过错。

其三,陈某困守医院13年之久,一个基本治愈的患者在如此之长的时间内想与家人取得联系却不被准许,其心力交悴,内心无助可想而知!尤其是陈某在精神状况得以恢复后,曾多次强烈要求妻子或家属来接他出院,要给家人打电话,但均遭医院制止,致使陈某未能给家人打上一个电话。致使陈某在13年后某天,上厕所时摔倒,导致股骨颈骨折,最终因肺炎和左股骨颈骨折猝死。因此,对陈某的死亡,医院应当承担责任。

【思考题】

1. 精神障碍者的权利有哪些?
2. 对于精神障碍者,国家、社会、监护人以及医疗机构负有哪些职责?
3. 精神障碍者入院治疗的方式有哪些?

参考文献:

汪建荣主编:《卫生法》(第4版),人民卫生出版社2013年版。

信春鹰主编:《中华人民共和国精神卫生法解读》,中国法制出版社2012年版。

罗刚、石俊华主编:《医药卫生法学》,浙江工商大学出版社2016年版。

第十五章　生命健康权益保障法律制度

【本章要点】

人人的生命健康权都应当受到法律的保护，而在人处于患者、母婴、未成年人、老年人和残疾人等这样的一些特定身份时，我们的生命健康权益更应该受到特殊的保护和对待。因此，在这章中，重点了解我国在《母婴保健法》《老年人权益保障法》《未成年人保护法》《残疾人保障法》等这样一些法律法规中对于特殊人群所享有的特殊权利，权利的保障措施及其救济。

国家通过设立法律制度来保障每个公民的生命健康权。患者、母婴、未成年人、老年人和残疾人等，或者是由于年龄、性别的原因，或者是由于身体、精神或智力的缺陷成为社会中的弱势群体。为了真正实现每个人平等享有生命健康权，追求实质意义上的公平，需要对特殊人群给予特殊对待和特殊保护。我国已形成以《宪法》为基础，由《母婴保健法》《老年人权益保障法》《未成年人保护法》《残疾人保障法》等法律构成的特殊群体生命健康权益保护法律体系。

第一节　生命健康权益保障法律制度概述

一、生命健康权概述

生命健康权是指公民保障自己的生命安全，维护其身体健康即生理机能正常运行所享有的权利。在我国民法中明确规定自然人享有生命权、身体权、健康权、姓名权、肖像权、名誉权、荣誉权、隐私权、婚姻自主权等权利。因此生命健康权又包括生命权、身体权和健康权。它是公民享有的最基本的人权，是其他一切权利行使的前提和基础。

对患者、母婴、未成年人、老年人和残疾人等这样的一些特殊群体，他们由于年龄、性别的原因，或者是由于身体、精神或智力等原因使得其生命健康权的保障需要法律给予特殊的照顾。对这类特殊人群的立法保障，正是实现“人人享有健康权”这句口号的实质性的一步。

目前，世界上一些国家针对特殊群体都出台了专门的立法来保障他们的生命健康权。比如,2008 年韩国颁布了医疗卫生服务领域的综合性、基础性法律《健康和医疗服务框架法》,其中第五章第三十二条规定:“国家和地方政府应制定必要政策,保障和提高妇女和儿童的卫生状况,包括子女生养及保育支持等。”第三十三条规定:“国家和地方政府应在早期预防和发现老年公民的各种疾病,根据各种疾病的状况向老年公民提供恰当的治疗和康复,并制定其他必要政策保障和改善老年公民的卫生状况。”第三十四条规定:“国家和地方政府应当防止先天和后天残疾的出现,帮助残疾人的治疗和康复,并制定其他必要政策保障和改善残疾人的卫生。”此外,保加利亚《人民健康法》第四章规定了特殊群体的健康保护,其中就包括儿童。英国针对特殊群体,如残疾人、尘肺病者、自闭症者等进行了专项立法,南非则颁布了《儿童保健法》。

二、我国生命健康权益保障的立法概况

随着我国经济的发展和社会的进步,人民群众生活日益富足,公民基本的生命健康权也越来越受到社会和国家的重视。从 20 世纪 80 年代开始起,我国对特殊群体的权益保障的立法也是在不断完善,在立法层次上形成了以《宪法》为统领,以基本法为依托,以《侵权责任法》《母婴保健法》《老年人权益保障法》《未成年人保护法》《残疾人保障法》等为主体的法律法规体系基本建立,以保障特定人群的合法权益。

同时,众多的行政法规、司法解释等的出台,对保障特殊人群的合法权益、特殊权益予以补充和细化,使之更具可操作性和执行性。我国现行的养老、失业、医保等规章,大多由行政主管部门制定和实施,产生了较好的效果。总之,特殊人群的保护在现代中国已走向法治之路并日趋完善。

第二节　患者权益保护法律制度

一、患者及患者权益概述

患者,是指因患有身体或者心理疾病,需要进行诊断、治疗、康复而接受医疗卫生服务的人。人食五谷杂粮,难免会生病,一旦生病,由于身体或者心理所承受的痛苦,他们必须得到必要的、适时的诊断和治疗,恢复身体健康。在进入诊疗过程后,由于医学的专业性强,技术含量高,医患之间存在医学信息不对称的情况,患者在对医疗内容的理解与决定上时常处于弱势地位。另外,由于患者为获得适当的诊疗方案往往都会对将自己身体和疾病的情况毫无保留地告知医生,而对这样一些隐私如果医疗机构及个人不注意保护则很容易侵犯患者的隐私权。可见,在诊疗中患者的权益较易受到侵害。所以国家和社会对患者这一特殊人群应当予以必要的,甚至是特殊的关心与照顾,而对患者的合法权益的保障,则是其问题的核心。

患者权益是指在医患关系中,患者在诊疗过程中按照法律规定所享有的权利和利益的总称。而患者权利除了《民法总则》中一般自然人享有的生命权、身体权、健康权、姓名权、肖像权、名誉权、荣誉权、隐私权等权利外,其他的权利更多体现在医患关系之间。它是反映医患关系及卫生事业法治化的一个重要内容。要了解患者的权利就必须研究医患关系。医患法律关系的内容和实质就是医患之间所形成的权利义务关系,医患之间的权利义务是对应的,患者的权利是医疗机构及其医务人员的义务,反过来,医务人员的权利即是患者的义务。

二、患者权利发展及国外的相关规定

(一)患者权利运动简介

患者权利运动的兴起已经有200多年的历史,并成为人权运动的一个部分,它有力地推动了患者权利的发展,建立起合理的医患关系。最早的患者权利运动开始于法国大革命时期,这与当时简陋的医疗服务有关。18世纪90年代,法国穷人委员会围绕病人健康权利问题,提出法国同胞都有平等权,在及时、免费、稳妥、全面的医疗方面,应一视同仁。国民工会则通过立法,肯定穷人的道德权利。法国革命国民大会第一次提出了患者的权利,它明确规定:一张病床上只能睡一个患者,两张病床之间的距离也至少应有90厘米。患者作为主体,在医患关系发生的各种利益上拥有平等和自由。1970年,美国医院审定联合委员会在美国全国福利权益组织提出的第一个全面的患者权利声明的推动下,将患者权利问题纳入重新修改的医院标准中,例如"任何时候提供公平和人道的治疗",保护隐私和保密权,强调患者自愿参与教学和研究计划,知情同意的必要性等。

到20世纪上半叶,全球两度惨烈的战祸,使人类重新确认了人性尊严是普遍和永久性的"原权"的观念,从《联合国宪章》(1945年)到《世界人权宣言》(1948年),以及此后的各国宪法,大都明文规定了人性尊严神圣不可侵犯的原则。由此强化了患者权利意识,推动了患者权利运动。20世纪70年代以来,医疗费用的增加又进一步强化了患者权利意识,推动了患者权利运动。而这些运动的结果在许多国家的立法中都有所体现。

(二)国外对患者权利立法

近几十年来,一些国家对患者权利进行了大量研究、探讨,并采取一系列措施,制定相关法律、法规确保患者权利的实现:1963年英国成立了患者协会,积极参与和维护患者权利;1972年美国医院协会制定了《患者权利法案》;1974年美国卫生、教育、福利部以法律形式颁布了《患者权利法》,之后相继有16个州以法律形式制定和实行这一章程,并制定了"患者权利保护人"制度,建立了"患者权利代理人协会";新西兰于1978年7月制定了《患者权利与义务守则》,其一共28条,其中患者权利就有19条;1983年芬兰公布了《芬兰患者权利条例》,全文共15条;丹麦也于1998年7月1日正式出台了《患者权利法》。另外,欧洲国家间的患者权利保护也于1994年正式开始,国际卫生组织(WHO)欧洲区域办公室制定的《欧洲患者权利宣言》被36个成员国批准于阿姆斯特丹,该宣言具体规定了欧洲患者原则。[1] 在1997年,欧洲理事会出台了《关于人权及生物医学的公约》,该公约规定了在人权与生物医学领域内保护人权与人类尊严的基本框架。

以美国的《患者权利法案》为例,《患者权利法案》明确规定了病人所拥有的权利,诸如:考虑周到的、尊重人的医疗护理的权利;从他的医生处得到有关他的诊断、治疗和愈后的完全而最新的信息的权利;在法律的限度内拒绝治疗、并拥有被告知他的拒绝行动对他健康后果的权利;检查他的住院费用,并且得到解释的权利等12项权利(以后增加为19条),涉及了医疗、护理、康复、转院、知情、同意、资料、保密、试验、查账等众多方面:(1)患者有权得到考虑周到的、尊重人的医疗护理;(2)患者有权从他的医生处得到有关他的诊断、治疗和愈后的完全而最新的信息;(3)患者有权从他的医生处接受在任何措施或治疗开始前提供知情同意所需的信息;(4)患者有权在法律限度内拒绝治疗,并拥有被告知他的拒绝行动对他健康后果的权利;(5)患者有权不受任何人的干扰考虑有关他自己的医疗计划;(6)患者有权期望有关他对医务人员的谈话和记录严加保密;(7)患者有权期望医院在能力的范围内必须对患者有关提供服务的要求作出合理的反应;(8)患者有权获得他的医院与同他的医护有关的医学教育机构关系的信息;(9)患者有权拒绝参与影响他医疗护理的人体实验计划;(10)患者有权期望医疗护理的合理连续性;(11)患者有权检查他的住院费用,并且得到解释;(12)患者有权知道医院哪些规章制度适用于他作为患者的行动。这12项权利主要涉及患者享有医疗护理权、医疗活动中的知情同意权和选择决定权。

但这项法案由于遭到传统的拒绝,到1975年年底,只有30多所美国医院采纳,而将此法案的文本分发给患者的医院(医疗单位)不到10%。大多数医院认为,这样做会使原已缓和的问题重被挑起,医院将加倍增加法律责任,许多权利本来患者是不知道的。

(三)我国患者权利立法的发展及现状

我国对医患关系问题及立法的研究起步较晚,这与我国的国情有密切的关系。在计划经济时代,医疗机构的定位就是为人民服务,医疗机构的费用全是由国家负担,患者的医疗费用比较低廉,再加上医务人员专业的优势和信息传递的不发达,使得当时的医患矛盾在整个社会矛盾中并不突出。在这种管理与服从的医患关系模式中,当然也就没有患者权利的立法。直到20世纪80年代,随着改革开放,我国经济飞速发展,人民生活水平提高,医疗体制进行改革。与之相应的就是人民群

---

〔1〕 李万钧:《患者权利探讨》,载《中国医药指南》2008年第6期。

众对生命健康和生活质量要求的提高,医疗机构也不再是全部由政府买单和单纯地定位于为人民服务,而有自己的经济利益。医患关系发生着巨大的变化,从传统的家长式的模式,到现在平等的医患关系。随着网络与媒体的发达,患者也不再对医学知识一无所知,“知识型”患者越来越多。传统的医患关系中医方对两者关系的理解和处理仍然不变的话,那么医患矛盾不可避免。

为了顺应时代的要求和人民群众的要求,国家开始颁布了一些法律、法规,引导医患关系向着平等的权利义务性关系转变,主要集中在五部法律法规中:《执业医师法》《医疗事故处理条例》《医疗机构管理条例》《侵权责任法》以及2018年10月1日正式生效的《医疗纠纷预防与处理条例》。在1994年国务院颁布的《医疗机构管理条例》中,首次规定了患者知情同意权。在1999年《执业医师法》中再次确认了在实验性临床医疗中,患者享有知情同意权。2002年的《医疗事故处理条例》有更多的条文确认患者的权利,包括患者的知情同意权,对病历及可疑医疗物品有封存权,对客观病历的复印权,患者家属尸检决定权等。2009年的《侵权责任法》专门用了一章——第七章,对医疗损害责任进行了具体规定,其中就确认了患者的一些权利及对权利侵害的赔偿责任。除前述一些法律法规已经规定的知情权、知情同意权、病历复印权外,还规定了患者的隐私权。在2018年施行的《医疗纠纷预防与处理条例》中,又作了一个突破性的规定,即患者对病历的复印权不再限于是客观病历资料,而且全部病历,这一规定大大地扩大了患者知情复印的范围,对患者权利的保障是一大进步。

(四)我国患者权利的内容

1. 生命健康权。这是作为人的基本权利。患者的生命健康权不仅包括患者的生命健康不应该受到侵害,在特定情况下,如生命垂危情况还应该享有抢救的权利。

2. 身体权。身体权的行使包括两个阶段:患者本人对自己的身体的保持和支配,患者死亡后其近亲属对其身体的支配权。

3. 人格尊严受尊重的权利。我国《宪法》第三十八条明确规定,中华人民共和国公民的人格尊严不受侵犯。《民法总则》第一百零九条规定:“自然人的人身自由、人格尊严受法律保护。”医患之间是平等的主体地位,患者应当受到尊重。

4. 自主决定权。患者有权选择医疗单位,医务人员;有权选择是否接受某项医疗服务;有权拒绝非医疗性活动;有权选择出院时间;有权选择转院,有权结束治疗等。当然这种自主决定权并非是绝对的,要服从国家相关的法律规定。

5. 知情同意权。这项权利是患者的一项非常重要的权利,医疗机构及其医务人员应当充分向患者或其近亲属告知相关的信息并征得其同意,否则医务人员不得对患者采取治疗措施。[1]

---

〔1〕 徐正东、刘博主编:《医事法学》,四川大学出版社2011年版,第229页。

6. 隐私权。包括患者的姓名、肖像、住址、电话号码,患者的既往病史、家族病史,患者的身高、体重、婚育史,患者生理病理状态,患者的身体缺陷,患者的血液、组织和器官状况等。医务人员对相关的信息有保密的义务,以保障患者的隐私权。当然在特定情况下,如对传染病患者,基于公共安全需要,对其个人信息在必要时国家的相关部门应当向公众公开,其隐私权当然受到限制。所以其权利行使的界限以相关法律规定来界定。

7. 复印病历资料的权利。患者有权查阅、复制其门诊病历、住院志、体温单、医嘱单、化验单(检验报告)、医学影像检查资料、特殊检查同意书、手术同意书、手术及麻醉记录、病理资料、护理记录、医疗费用以及国务院卫生主管部门规定的其他属于病历的全部资料。

8. 医疗损害求偿权。按照我国现行的法律规定,患者因在诊疗过程中遭受到身体或精神的损害其救济途径是多样的包括:和解、调解(人民调解、医调委调解、司法调解)和诉讼。

第三节　母婴权益保护法律制度

一、母婴权益保护法律制度概述

母婴,即母亲和婴儿。母亲生育婴儿,不仅关系到一个家庭的健康与幸福,也关系到一个国家出生人口的素质,关系到一个国家的未来。"儿童优先""母子安全"已成为国际社会的共识,认真贯彻执行有关妇女儿童的法律法规和政策,做好妇幼卫生保健工作,有利于保障妇女的合法权益,有利于保障儿童的健康成长。为了保障母婴的合法权益,世界上许多国家均对母婴的权益保障进行了单独立法,以明确其应享有的权利。例如韩国的《母子保健法》,日本的《优生保护法》等。

二、我国母婴权益保护立法现状

新中国成立以来,我国的妇幼卫生保健事业得到了较快的发展,通过立法程序将许多制度确立下来。1954 年以来的几部宪法中都规定了保护母亲和儿童的条款,在现行《宪法》第四十九条中规定:"婚姻、家庭、母亲和儿童受国家的保护。"在《婚姻法》中对此作了更具体的规定"父母对子女有抚养教育的义务","禁止溺婴、弃婴和其他残害婴儿的行为","女方在怀孕期间、分娩后一年内或中止妊娠后六个月内,男方不得提出离婚"等。为了贯彻宪法的规定,全国人大常委会制定了《妇女权益保障法》(1992 年)、《母婴保健法》(1994 年),原卫生部颁布了《妇幼卫生工作条例》(1986 年)。我国 1995 年施行的《母婴保健法》是保障母亲和婴儿健康的专门性法律,这部法律分别在 2009 年和 2017 年经过全国人大常委会两次修订,完善其内容。2015 年是该法施行 20 周年,原国家卫计委决定将 2015 年确定为

"妇幼健康服务年"。为了贯彻母婴保健法,国务院颁布实施了《母婴保健法实施办法》,原卫生部颁布了《新生儿疾病筛查管理办法》《产前诊断技术管理办法》《母婴保健医学技术鉴定管理办法》,原国家卫计委制定了《关于新形势下进一步加强妇幼健康工作的指导意见》等一系列相关的法律、法规、规章制度。在2011年国务院发布了《中国妇女发展纲要(2011—2020年)》和《中国儿童发展纲要(2011—2020年)》两个文件,确定了未来10年,妇女在健康、教育、经济、决策与管理、社会保障、环境、法律7个领域,儿童在健康、教育、福利、社会环境、法律保护5个领域共109个发展目标及其各自的策略措施。儿童在健康领域将达成14个目标,是所有领域中目标最多的。除了提出妇女儿童的健康、教育发展目标,两个纲要同时高度重视妇女儿童的社会保障和社会福利。可见国家对母婴保健领域的重视。

另外,我国在《计划生育法》《劳动法》《继承法》中均规定了保护母婴权益的专门条款,我国已基本建立起了母婴保健法律体系。

三、《母婴保健法》的基本内容

在该法的总则部分,首先提出国家发展母婴保健事业,提供必要条件和物质帮助,使母亲和婴儿获得医疗保健服务。其次,明确了国务院卫生行政部门主管全国母婴保健工作,根据不同地区情况提出分级分类指导原则,并对全国母婴保健工作实施监督管理。国务院其他有关部门在各自职责范围内,配合卫生行政部门做好母婴保健工作。最后,在对母婴保健事业发展上,也明确提出国家鼓励、支持母婴保健领域的教育和科学研究,推广先进、实用的母婴保健技术,普及母婴保健科学知识。

(一)母婴保健技术服务范围

按照《母婴保健法实施办法》的规定,母婴保健技术服务主要包括下列事项:有关母婴保健的科普宣传、教育和咨询,婚前医学检查,产前诊断和遗传病诊断,助产技术,实施医学上需要的节育手术,新生儿疾病筛查,有关生育、节育、不育的其他生殖保健服务。

(二)婚前保健

婚前保健服务,是指对准备结婚的男女双方在结婚登记前进行了医疗卫生保健服务。按照《母婴保健法》第七条的规定,医疗保健机构应当为公民提供婚前保健服务。婚前保健服务包括下列内容:(1)婚前卫生指导:关于性卫生知识、生育知识和遗传病知识的教育;(2)婚前卫生咨询:对有关婚配、生育保健等问题提供医学意见;(3)婚前医学检查:对准备结婚的男女双方可能患影响结婚和生育的疾病进行医学检查。

其中卫生指导的内容按照《母婴保健法实施办法》的规定,包括:有关性卫生的保健和教育;新婚避孕知识及计划生育指导;受孕前的准备、环境和疾病对后代影响等孕前保健知识;遗传病的基本知识;影响婚育的有关疾病的基本知识;其他生殖健康知识六个方面。

婚前医学检查包括对下列疾病的检查:(1)严重遗传性疾病;(2)指定传染病;(3)有关精神病。下列疾病中:在传染期内的指定传染病、在发病期内的有关精神病、不宜生育的严重遗传性疾病、医学上认为不宜结婚的其他疾病,如发现有上述前三种疾病的,医师应当向当事人说明情况,提出预防、治疗以及采取相应医学措施的建议。当事人依据医生的医学意见,可以暂缓结婚,也可以自愿采用长效避孕措施或者结扎手术,医疗、保健机构应当为其治疗提供医学咨询和医疗服务。

《母婴保健法》同时规定,男女双方对婚前医学检查、遗传病诊断有异议的,可以申请医学技术鉴定,取得医学鉴定证明。

(三)孕产期保健

孕产期保健是指从各级各类医疗保健机构从怀孕开始到产后42天对孕产妇及胎儿、婴儿提供的医疗保健。《母婴保健法》及实施办法明确规定医疗保健机构应当为育龄妇女和孕产妇提供孕产期保健服务,应当为育龄妇女提供有关避孕、节育、生育、不育和生殖健康的咨询和医疗保健服务。医师发现或者怀疑育龄夫妻患有严重遗传性疾病的,应当提出医学意见;限于现有医疗技术水平难以确诊的,应当向当事人说明情况。育龄夫妻可以选择避孕、节育、不孕等相应的医学措施。

1. 保健服务的内容

孕产期保健服务包括下列内容:(1)母婴保健指导:对孕育健康后代以及严重遗传性疾病和碘缺乏病等地方病的发病原因、治疗和预防方法提供医学意见;(2)孕妇、产妇保健:为孕妇、产妇提供卫生、营养、心理等方面的咨询和指导以及产前定期检查等医疗保健服务;(3)胎儿保健:为胎儿生长发育进行监护,提供咨询和医学指导;(4)新生儿保健:为新生儿生长发育、哺乳和护理提供医疗保健服务。

具体而言,在《母婴保健法实施办法》中一共列举了八项:为孕产妇建立保健手册(卡),定期进行产前检查;为孕产妇提供卫生、营养、心理等方面的医学指导与咨询;对高危孕妇进行重点监护、随访和医疗保健服务;为孕产妇提供安全分娩技术服务;定期进行产后访视,指导产妇科学喂养婴儿;提供避孕咨询指导和技术服务;对产妇及其家属进行生殖健康教育和科学育儿知识教育;其他孕产期保健服务。

2. 医学检查

生育过严重遗传性疾病或者严重缺陷患儿的,再次妊娠前,夫妻双方应当按照国家有关规定到医疗、保健机构进行医学检查。医疗、保健机构在提供服务的过程中发现孕妇患有下列严重疾病或者接触物理、化学、生物等有毒、有害因素，可能危及孕妇生命安全或者可能严重影响孕妇健康和胎儿正常发育的，应当对孕妇进行医学指导和下列必要的医学检查：(1)严重的妊娠合并症或者并发症；(2)严重的精神性疾病；(3)国务院卫生行政部门规定的严重影响生育的其他疾病。

3. 产前诊断

产前诊断是指在出生前对胚胎或胎儿的发育是否有先天性缺陷，是否患有遗传性疾病等方面进行检测，包括相应的筛查。产前诊断的开展机构必须向所在地省级卫生行政部门申请，且符合如下所有条件：设有妇产科诊疗科目，具有与所开展技术相适应的卫生专业技术人员，具有与所开展技术相适应的技术条件和设备，设有医学伦理委员会，符合《开展产前诊断技术医疗保健机构的基本条件》及相关技术规范。另外，从事产前诊断的卫生专业技术人员应符合以下所有条件：从事临床工作的，应取得执业医师资格；从事医技和辅助工作的，应取得相应卫生专业技术职称；符合《从事产前诊断卫生专业技术人员的基本条件》；经省级卫生行政部门批准，取得从事产前诊断的《母婴保健技术考核合格证书》。具备以上两个条件的机构及其执业医师才能进行产前诊断。

经产前检查，医师发现或者怀疑胎儿异常的，应当对孕妇进行产前诊断。在《母婴保健法实施办法》中，又作出了更细致的规定：医疗、保健机构在提供服务的过程中发现孕妇有下列情形之一的，医师应当对其进行产前诊断：

(1)羊水过多或者过少的；

(2)胎儿发育异常或者胎儿有可疑畸形的；

(3)孕早期接触过可能导致胎儿先天缺陷的物质的；

(4)有遗传病家族史或者曾经分娩过先天性严重缺陷婴儿的；

(5)初产妇年龄超过 35 周岁的。

4. 严禁非医学需要的性别鉴定

《母婴保健法》严禁对胎儿进行性别鉴定，除非是医学需要。并且，对怀疑胎儿可能为伴性遗传病，需要进行性别鉴定的，应当由省、自治区、直辖市人民政府卫生行政部门指定的医疗、保健机构按照国务院卫生行政部门的规定进行鉴定。

(四)住院分娩

国家提倡住院分娩。医疗、保健机构应当按照国务院卫生行政部门制定的技术操作规范，实施消毒接生和新生儿复苏，预防产伤及产后出血等产科并发症，降低孕产妇及围产儿发病率、死亡率。不能住院分娩的孕妇应当由经过培训、具备相应接生能力的接生人员实行消毒接生。高危孕妇应当在医疗、保健机构住院分娩。

县级人民政府卫生行政部门应当加强对家庭接生人员的培训、技术指导和监督管理。

（五）技术鉴定

母婴保健医学技术鉴定委员会分为省、市、县三级。

从事医学技术鉴定的人员，必须具有临床经验和医学遗传学知识并具有主治医师以上的专业技术职务。当事人对婚前医学检查、遗传病诊断、产前诊断结果有异议，需要进一步确诊的，可以自接到检查或者诊断结果之日起15日内向所在地县级或者设区的市级母婴保健医学技术鉴定委员会提出书面鉴定申请。母婴保健医学技术鉴定委员会应当自接到鉴定申请之日起30日内作出医学技术鉴定意见，并及时通知当事人。当事人对鉴定意见有异议的，可以自接到鉴定意见通知书之日起15日内向上一级母婴保健医学技术鉴定委员会申请再鉴定。

（六）行政管理

各级人民政府应当采取措施，加强母婴保健工作，提高医疗保健服务水平，积极防治由环境因素所致严重危害母亲和婴儿健康的地方性高发性疾病，促进母婴保健事业的发展。省、自治区、直辖市人民政府卫生行政部门指定的医疗保健机构负责本行政区域内的母婴保健监测和技术指导。医疗保健机构按照国务院卫生行政部门的规定，负责其职责范围内的母婴保健工作。

（七）法律责任

1. 未取得相应资格

（1）医疗、保健机构或者人员未取得母婴保健技术许可，擅自从事婚前医学检查、遗传病诊断、产前诊断、终止妊娠手术和医学技术鉴定或者出具有关医学证明的，由卫生行政部门给予警告，责令停止违法行为，没收违法所得；违法所得5000元以上的，并处违法所得3倍以上5倍以下的罚款；没有违法所得或者违法所得不足5000元的，并处5000元以上2万元以下的罚款。

（2）未取得国家颁发的有关合格证书的，有下列行为之一，县级以上地方人民政府卫生行政部门应当予以制止，并可以根据情节给予警告或者处以罚款：从事婚前医学检查、遗传病诊断、产前诊断或者医学技术鉴定的；施行终止妊娠手术的；出具本法规定的有关医学证明的。出具的有关医学证明无效。

2. 出具虚假证明文件

从事母婴保健技术服务的人员出具虚假医学证明文件的，依法给予行政处分；有下列情形之一的，由原发证部门撤销相应的母婴保健技术执业资格或者医师执业证书：因延误诊治，造成严重后果的；给当事人身心健康造成严重后果的；造成其他严重后果的。

3. 违法进行性别鉴定

违反法律规定进行胎儿性别鉴定的，由卫生行政部门给予警告，责令停止违法行为；对医疗、保健机构直接负责的主管人员和其他直接责任人员，依法给予行政处分。进行胎儿性别鉴定两次以上的或者以营利为目的进行胎儿性别鉴定的，并由原发证机关撤销相应的母婴保健技术执业资格或者医师执业证书。

4. 构成犯罪的依法追究刑事责任

未取得国家颁发的有关合格证书，施行终止妊娠手术或者采取其他方法终止妊娠，致人死亡、残疾、丧失或者基本丧失劳动能力的，依照刑法有关规定追究刑事责任。

第四节 未成年人权益保护法律制度

一、未成年人权益保护法律制度概述

未成年人是指未满十八周岁的公民，当中包括婴儿、儿童及部分青少年。未成年人是国家的未来，是民族的希望。未成年人权益保护问题是一个值得全世界国家关注的问题。1989 年，《儿童权利公约》在第 44 届联合国大会上通过，1990 年《儿童权利公约》向所有国家开放供签署，中国常驻联合国大使同年代表中华人民共和国政府签署了《儿童权利公约》，中国成为第 105 个签约国，现全世界已有 196 个签约国家。此外，世界各国也非常重视本国的未成年人立法，如德国的《青少年保护条例》，英国的《青少年保护法》等都对青少年的权益保护有着明确的规定。随着我国经济社会的发展，法治建设的加快，对未成年人的权益保护问题日益成为社会各方面关注的焦点。在法律制度上及相应的保障措施上国家层面亦越来越重视，我国未成年人权益的法律保护体系也基本形成。

二、未成年人权益保护立法现状

在我国未成年人权益保护立法体系中，效力最高的应当是《宪法》，作为国家的根本大法，在其规定的原则性条款中，有两条直接涉及保护未成年人合法权益保护，该法第四十六条第二款规定："国家培养青年、少年、儿童在品德、智力、体质等方面全面发展。"第四十九条中规定：婚姻、家庭、母亲和儿童受国家的保护。父母有抚养教育未成年子女的义务，禁止虐待老人、妇女和儿童。而未成年人保护立法最全面的应当是《未成年人保护法》。该法于 1991 年 9 月 4 日第七届全国人大常委会第二十一次会议通过，并于 1992 年 1 月 1 日起施行，其中对未成年人的身心健康成长保护作了规定。另外，在《民法总则》《侵权责任法》《刑法》《刑事诉讼法》《继承法》《收养法》《婚姻法》《预防未成年人犯罪法》《义务教育法》《未成年工特殊保护规定》等法律法规中都有对未成年人权益保护的种种规定。所有这些法律、法规和制度形成了我国较为完整的未成年人健康保护法律体系。

三、未成年人权益保护法律制度

（一）未成年人权利保护的确认及原则

未成年人不分性别、民族、种族、家庭财产状况、宗教信仰等，依法平等地享有

权利。未成年人享有生存权、发展权、受保护权、参与权等权利，国家根据未成年人身心发展特点给予特殊、优先保护，保障未成年人的合法权益不受侵犯。未成年人享有受教育权，国家、社会、学校和家庭尊重和保障未成年人的受教育权。保护未成年人身心健康，保障未成年人合法权益，促进未成年人在品德、智力、体质等方面全面发展，培养有理想、有道德、有文化、有纪律的社会主义建设者和接班人。

保护未成年人的工作，应当遵循：重未成年人的人格尊严，适应未成年人身心发展的规律和特点，教育与保护相结合的原则。

（二）未成年人健康权益在家庭、学校、社会、司法四方面的立法保护

父母或者其他监护人应当以健康的思想、品行和适当的方法教育未成年人，引导未成年人进行有益身心健康的活动，预防和制止未成年人吸烟、酗酒、流浪以及聚赌、吸毒、卖淫；学校不得使未成年学生在危及人身安全、健康的校舍和其他教育教学设施中活动；儿童食品、玩具、用具和游乐设施，不得有害于儿童的安全和健康；任何人不得在中小学、幼儿园、托儿所的教室、寝室、活动室和其他未成年人集中活动的室内吸烟；卫生部门和学校应当为未成年人提供必要的卫生保健条件，做好预防疾病工作。

学校应当全面贯彻国家的教育方针，实施素质教育，提高教育质量，注重培养未成年学生独立思考能力、创新能力和实践能力，促进未成年学生全面发展。首先，学校应保障未成年人受教育的权利，应关心、爱护学生，对品行有缺点、学习有困难的学生，应当耐心教育、帮助，不得歧视，不得违反法律和国家规定开除未成年学生。其次，学校应当促进未成年人身体健康，包括：保证未成年学生的睡眠、娱乐和体育锻炼时间；不得对未成年人实施体罚、变相体罚或者其他侮辱人格尊严的行为；应当建立安全制度，加强对未成年人的安全教育；采取措施保障未成年人的人身安全等。另外，学校也应当保护未成年人的心理健康，包括：学校、幼儿园安排未成年人参加集会、文化娱乐、社会实践等集体活动，应当有利于未成年人的健康成长，防止发生人身安全事故；应当根据未成年学生身心发展的特点，对他们进行社会生活指导、心理健康辅导和青春期教育等。

在社会保护方面，立法采用肯定性列举和否定性列举来引导社会主体保障未成年人健康权益。肯定性列举包括：社会应当树立尊重、保护、教育未成年人的良好风尚，关心、爱护未成年人；各级人民政府应当建立和改善适合未成年人文化生活需要的活动场所和设施，鼓励社会力量兴办适合未成年人的活动场所，并加强管理；县级以上人民政府及其教育行政部门应当采取措施，鼓励和支持中小学校在节假日期间将文化体育设施对未成年人免费或者优惠开放等。禁止性列举包括：禁止任何组织、个人制作或者向未成年人出售、出租或者以其他方式传播淫秽、暴力、凶杀、恐怖、赌博等毒害未成年人的图书、报刊、音像制品、电子出版物以及网络信息等；中小学校园周边不得设置营业性歌舞娱乐场所、互联网上网服务营业场所等

不适宜未成年人活动的场所;任何组织或者个人不得招用未满十六周岁的未成年人,国家另有规定的除外;禁止向未成年人出售烟酒,经营者应当在显著位置设置不向未成年人出售烟酒的标志,对难以判明是否已成年的,应当要求其出示身份证件等。

在司法方面,对未成年人的健康权益保障主要体现为对未成年人程序权利的保护。程序权利的保障体现为:未成年人的合法权益受到侵害,依法向人民法院提起诉讼的,人民法院应当依法及时审理,并适应未成年人生理、心理特点和健康成长的需要,保障未成年人的合法权益;在司法活动中对需要法律援助或者司法救助的未成年人,法律援助机构或者人民法院应当给予帮助,依法为其提供法律援助或者司法救助;公安机关、人民检察院讯问未成年犯罪嫌疑人,询问未成年证人、被害人,应当通知监护人到场;公安机关、人民检察院、人民法院办理未成年人犯罪案件和涉及未成年人权益保护案件,应当照顾未成年人身心发展特点,尊重他们的人格尊严,保障他们的合法权益,并根据需要设立专门机构或者指定专人办理等。

四、法律责任

(一)行政部门的责任

国家机关及其工作人员不依法履行保护未成年人合法权益的责任,或者侵害未成年人合法权益,或者对提出申诉、控告、检举的人进行打击报复的,由其所在单位或者上级机关责令改正,对直接负责的主管人员和其他直接责任人员依法给予行政处分。

(二)监护人的责任

父母或者其他监护人不依法履行监护职责,或者侵害未成年人合法权益的,由其所在单位或者居民委员会、村民委员会予以劝诫、制止;构成违反治安管理行为的,由公安机关依法给予行政处罚。

(三)学校的责任

学校、幼儿园、托儿所侵害未成年人合法权益的,由教育行政部门或者其他有关部门责令改正;情节严重的,对直接负责的主管人员和其他直接责任人员依法给予处分。

对于前述行为,如果造成未成年人人身财产损失或者其他损害的,依法承担民事责任;构成犯罪的,还应当依法追究刑事责任。

第五节 老年人权益保障法律制度

国家统计局1月18日发布最新老年人口统计数据,2017年年末,我国60周岁及以上人口24090万人,占总人口的17.3%,其中65周岁及以上人口15831万人,占总人口的11.4%。联合国规定65岁以上老年人人口占社会总人口的7%,60岁以上人口占总人口的10%,即进入老龄化社会。《老年人权益保障法》则明确规定:60岁为老年人年龄下限。按照这个标准,中国在1999年就进入了老龄化社会,老龄化进程正在加快。与之相适应,老年人的健康权益保障被国家高度关注,立法和相关的配套制度不断出台来维护老年人的权益。

一、老年人权益立法概述

党和政府历来重视老年人权益保障工作。《宪法》作为公民权利的保障书,首先对老年人享有的权利作了根本性的规定。《宪法》第四十五条中规定:"中华人民共和国公民在年老、疾病或者丧失劳动能力的情况下,有从国家和社会获得物质帮助的权利。"宪法还明确规定"禁止虐待老人"。

1996年8月29日,第八届全国人大常委会第二十一次会议通过、同年10月1日起实施的《老年人权益保障法》,是全面保护老人权益的法律武器。该法提出的"老有所养、老有所医、老有所为、老有所学、老有所乐"的五个"老有",涉及了老年人权益保护的方方面面,是发展老年人保健事业的法律保障。

此外,我国《民法通则》《婚姻法》《继承法》《刑法》《劳动法》等重要法律法规中,也都对保护老年人合法权益作了相应的规定。《民法通则》第一百零四条第一款规定:"婚姻、家庭、老人、母亲和儿童受法律保护。"《婚姻法》第二条第二款规定:"保护妇女、儿童和老人的合法权益。"《刑法》第二百六十条第前两款规定:"虐待家庭成员,情节恶劣的,处二年以下有期徒刑、拘役或者管制。犯前款罪,致使被害人重伤、死亡的,处二年以上七年以下有期徒刑。"《劳动法》第七十条规定:"国家发展社会保险事业,建立社会保险制度,设立社会保险基金,使劳动者在年老、患病、工伤、失业、生育等情况下获得帮助和补偿。"

在我国的法律体系中,还存在大量的地方性法规、政府规章对老年人权益进行具体的保护。例如,《四川省老年人权益保障条例》《陕西省老年人优待服务办法》《广东省优待老年人规定》《北京市老年人权益保障条例》等。

二、我国老年人健康权益保护法律制度现状

如前所述,老年人权益保护国家通过立法将其制度化确立下来。在老年人的"老有所医"问题上,《老年人权益保障法》规定:国家建立多种形式的医疗保险制度,保障老年人的基本医疗需要。有关部门制定医疗保险办法,应当对老年人予以照顾。通过制定老年医疗特别制度、特别政策,保障老年人依法享有的医疗待遇,这是保障老年人生存权和健康权的基础。

(一)家庭对老年人医疗保障的责任

老年人养老主要依靠家庭,家庭成员应当关心和照料老年人。子女对老年人负有赡养义务,赡养人应当履行对老年人经济上供养、生活上照料和精神上慰藉的义务,照顾老年人的特殊需要;对患病的老年人应当提供医疗费用和护理。

(二)社会对老年人的医疗保障制度

国家建立多种形式的医疗保险制度,保障老年人的基本医疗需要。有关部门制定医疗保险办法,应当对老年人给予照顾。老年人依法享有的医疗待遇必须得到保障。

老年人患病,本人和赡养人确实无力支付医疗费用的,当地人民政府根据情况可以给予适当帮助,并可以提倡社会救助。医疗机构应当为老年人就医提供方便,对七十周岁以上的老年人就医,予以优先。有条件的地方,可以为老年病人设立家庭病床,开展巡回医疗等服务。国家提倡为老年人义诊。

国家采取措施,加强老年医学的研究和人才的培养,提高老年病的预防、治疗、科研水平。国家也应开展各种形式的健康教育,普及老年保健知识,增强老年人自我保健意识。

三、侵害老年人权益的法律责任

(一)民事责任

老年人与家庭成员因赡养、扶养或者住房、财产发生纠纷,可以要求家庭成员所在组织或者居民委员会、村民委员会调解,也可以直接向人民法院提起诉讼。人民法院和有关部门,对侵犯老年人合法权益的申诉、控告和检举,应当依法及时受理,不得推诿、拖延。

(二)行政责任

对不履行保护老年人合法权益职责的部门或者组织,其上级主管部门应当给予批评教育,责令改正。

(三)刑事责任

国家工作人员违法失职,致使老年人合法权益受到损害的,由其所在组织或者上级机关责令改正,或者给予行政处分;构成犯罪的,依法追究刑事责任。

暴力干涉老年人婚姻自由或者对老年人负有赡养义务、扶养义务而拒绝赡养、扶养,情节严重构成犯罪的,依法追究刑事责任。

家庭成员有盗窃、诈骗、抢夺、勒索、故意毁坏老年人财物,情节较轻的,依照治安管理处罚法的有关规定处罚;构成犯罪的,依法追究刑事责任。

第六节 残疾人权益保护法律制度

一、残疾人权益保护法律制度概述

(一)我国残疾人概况

根据我国《残疾人保障法》的规定,“残疾人”是指在心理、生理、人体结构上,某种组织、功能丧失或者不正常,全部或者部分丧失以正常方式从事某种活动能力的人。残疾人包括视力残疾、听力残疾、言语残疾、肢体残疾、智力残疾、精神残疾、多重残疾和其他残疾的人。根据第六次全国人口普查我国总人口数，及第二次全国残疾人抽样调查我国残疾人占全国总人口的比例和各类残疾人占残疾人总人数的比例，推算出2010年年末我国残疾人总人数为8502万人。各类残疾人的人数分别为：视力残疾1263万人；听力残疾2054万人；言语残疾130万人；肢体残疾2472万人；智力残疾568万人；精神残疾629万人；多重残疾1386万人。各残疾等级人数分别为：重度残疾2518万人；中度和轻度残疾人5984万人。

（二）我国残疾人权益立法现状

由于残疾人在听力、视力、肢体、智力等方面存在缺陷，导致其在行使或实现法律规定的权利时，往往存在比一般健全人更多的障碍，阻碍其权利的实现，如受教育权、就业权、婚姻权、医疗权等。为保障残疾人合法权益，促进残疾人事业发展，我国曾先后颁布实施了一系列保障残疾人权益的法律、法规。效力最高的《宪法》中关于残疾人权利保护的内容包括："国家和社会保障残废军人的生活，抚恤烈士家属，优待军人家属。""国家和社会帮助安排盲、聋、哑和其他有残疾的公民的劳动、生活和教育。"在单行法律方面，《残疾人保障法》是关于残疾人权益保护的较全面的立法，从保障残疾人基本权益的总则，到具体的残疾人康复、教育、劳动就业、文化生活、社会保障、无障碍环境及法律责任，覆盖了残疾人身体、生活、工作等各方面。我国有关残疾人的法规主要有《残疾人教育条例》《残疾人就业条例》等。此外，在《选举法》《教育法》《义务教育法》《婚姻法》《劳动法》《刑法》等法律、法规中都有对于残疾人给予特殊保护的规定。各省、自治区、直辖市也先后制定了本地区的残疾人保障法实施办法和其他保障残疾人权益的法规。当前中国残疾人权利保障的法律法规体系已基本形成。

二、我国残疾人权益保护制度

（一）残疾人健康权益保障组织

中国残疾人联合会及其地方组织，代表残疾人的共同利益，维护残疾人的合法权益，团结教育残疾人，为残疾人服务。残疾人联合会承担政府委托的任务，开展残疾人工作，动员社会力量，发展残疾人事业。

（二）残疾人健康权益法律保护

残疾人在政治、经济、文化、社会和家庭生活等方面享有同其他公民平等的权利，残疾人的公民权利和人格尊严受法律保护。禁止歧视、侮辱、侵害残疾人。残疾人的法定抚养人必须对残疾人履行抚养义务；残疾人的监护人必须履行监护职责，维护被监护人的合法权益，禁止虐待和遗弃残疾人。同时，残疾人的亲属、监护人应当鼓励和帮助残疾人增强自立能力。关心和照料残疾人健康地生活。国家和社会对生活确有困难的残疾人，应通过各种渠道给予救济、补助，对无劳动能力、无法定抚养人、无生活来源的残疾人，按照规定予以供养、救济，以使残疾人的生命与健康得到基本保障。

为了鼓励和支持残疾人面对生活，走向社会，《残疾人保障法》规定了国家和社会应当采取的各个方面的措施，其中残疾人的康复工作是重要的一个方面。《残疾人保障法》对残疾人的康复作了专章规定。主要内容有：

1. 康复工作的国家和社会责任。国家和社会应采取措施，帮助残疾人恢复或者补偿功能，增强其参与社会活动的能力。

2. 康复工作的指导原则。康复工作应当从实际出发，将现代康复技术与我国传统康复技术相结合，以康复机构为骨干，社区康复为基础，残疾人家庭为依托，以实用、易行、受益广的康复内容为重点，并开展康复新技术的研究、开发和应用，为残疾人提供有效的康复服务。

3. 康复机构和康复工作人员。政府和有关部门有计划地在医院设立康复医学科（室），设立必要的专门康复机构，开展康复医疗与训练，科学研究，人员培训和技术指导工作。各级政府和有关部门，应当组织和指导城乡社区服务网、医疗预防保健网、残疾人组织、残疾人家庭以及其他社会力量，开展社区康复工作。残疾人教育机构、福利性企事业组织和其他为残疾人服务的机构，应当创造条件，开展康复训练活动。残疾人在专业人员的指导和有关工作人员、志愿工作者及亲属的帮助下，应当努力进行功能、自理能力和劳动技能的训练。国务院和有关部门分阶段确定康复项目，制定计划，组织力量实施。

4. 康复培训与教育。医学院校和其他有关院校应当有计划地开设康复课程、设置康复专业、培养各类康复专业人才。国家和社会采取多种形式对从事康复工作的人员进行技术培训，向残疾人及亲属，有关工作人员和志愿工作者普及康复知识，传授康复方法。

5. 残疾人专用品服务。政府有关部门应当组织和扶持残疾人康复器械、生活自助用具、特殊用品和其他辅助器具的研制、生产、供应、维修服务。

此外，在残疾人劳动就业健康保护方面，政府有关部门设立的公共就业服务机构，应当为残疾人免费提供就业服务。残疾人联合会举办的残疾人就业服务机构，应当组织开展免费的职业指导、职业介绍和职业培训，为残疾人就业和用人单位招用残疾人提供服务和帮助。残疾人福利性单位在职工的招用、转正、晋级、职称评定、劳动报酬、生活福利、休息休假、社会保险等方面，不得歧视残疾人。

在残疾人的文化生活方面，规定国家和社会应采取多种措施组织和扶持残疾人开展群众性文化、体育、娱乐活动，使他们能享有丰富多彩的精神文化生活，促进和保障残疾人的身心健康。

在无障碍环境建设方面，国家和社会应当采取措施，逐步完善无障碍设施，推进信息交流无障碍，为残疾人平等参与社会生活创造无障碍环境。公共服务机构和公共场所应当创造条件，为残疾人提供语音和文字提示、手语、盲文等信息交流服务,并提供优先服务和辅助性服务。公共交通工具应当逐步达到无障碍设施的要求。有条件的公共停车场应当为残疾人设置专用停车位。

三、法律责任

(一)救济途径

残疾人的合法权益受到侵害的,可以向残疾人组织投诉,残疾人组织应当维护残疾人的合法权益,有权要求有关部门或者单位查处。残疾人的合法权益受到侵害的,有权要求有关部门依法处理,依法向仲裁机构申请仲裁,或者依法向人民法院提起诉讼。对有经济困难或者其他原因确需法律援助或者司法救助的残疾人,当地法律援助机构或者人民法院应当给予帮助,依法为其提供法律援助或者司法救助。

(二)行政责任

供养、托养机构及其工作人员侮辱、虐待、遗弃残疾人的,对直接负责的主管人员和其他直接责任人员依法给予处分;构成违反治安管理行为的,依法给予行政处罚。

新建、改建和扩建建筑物、道路、交通设施,不符合国家有关无障碍设施工程建设标准,或者对无障碍设施未进行及时维修和保护造成后果的,由有关主管部门依法处理。

【思考题】

1. 患者享有哪些权利?

2. 按照《母婴保健法实施办法》的规定,医师什么情况下应当对孕妇进行产前诊断?

3. 未成年人的权益有哪些?如何对其进行保护?

第十六章　医药卫生争议处理法律制度

【本章要点】

医药卫生争议涉及民事、行政、刑事三个领域，从行业出发则涉及医疗、食品、药品、医疗器械和化妆品领域，具有主体范围广、法律关系复杂、具有变化性等诸多特点。本章介绍了医药卫生争议的处理原则和处理方式，特别分析了医患纠纷人民调解相关制度，并对食药领域行政执法和刑事司法衔接制度进行了介绍。

第一节　医药卫生争议概述

一、医药卫生争议概念与分类

（一）医药卫生争议的概念

争议即争论，因意见不一致而没有形成结论。“争议”一词通常在民事领域出现的频率较高，最常见的如合同争议，发生在平等的民事主体之间。“争议”一词在行政领域也是存在的，发生在行政主体与行政相对人之间。在刑事领域过去很少使用“争议”一词。但近年来，受国外法律服务理念的影响，国内知名的律师事务所纷纷用“争议解决”替代以往的“诉讼与仲裁”服务，内涵上进一步包括了诉讼与仲裁的替代解决方式，服务内容已经涵盖民事、行政、刑事领域。因此，本章节的内容涵盖民事、行政、刑事，但暂将“争议”限缩使用在民事、行政领域，特此说明。

医药卫生争议是指国家机关、企事业单位、社会团体和组织以及公民个人等，在医药卫生服务和医药卫生行政管理过程中，或因服务行为发生不良后果及其他原因，或因医药卫生行政、监督管理行为是否侵犯了管理相对人的合法权益，在事实认定或处理上产生矛盾分歧，其中一方要求查明事实、分清是非、追究责任、赔偿损失等而引起的争议。

（二）医药卫生争议的分类

医药卫生争议从法学领域进行分类，一般分为医药卫生民事争议、医药卫生行政争议以及医药卫生刑事犯罪，也存在其他的分类方法，但不同的分类方法最终都能够根据法律关系进行分析并归入法学领域分类中。由于医药卫生行业涵盖面广，包含医疗、食品、药品、医疗器械和化妆品几大行业，所涉及的争议细分类型多，下面主要对常见的一些争议进行介绍：

1. 医药卫生民事争议

在医疗行业中，医药卫生民事争议最常见的是医疗纠纷，学者依其发生的原因可分为医源性纠纷和非医源性纠纷，而与医疗活动有关的医源性纠纷根据案由规定又可能按照医疗损害责任纠纷、医疗服务合同纠纷处理。此外，也有近年来引起广泛关注的预防接种致害事件引发的生命权、健康权、身体权纠纷。因药品、医疗器械存在缺陷给患者造成损害的医疗产品责任纠纷，患者可以根据《侵权责任法》的规定向医疗机构或生产机构请求赔偿。而在食品行业，由于《食品安全法》规定生产经营不符合食品安全标准的，消费者有权提出“赔偿损失加十倍退款或三倍赔偿”，在实务中出现大量以消费者名义知假买假索赔的纠纷，对此，2013 年最高人民法院制定的司法解释是支持的。另外，随着医疗美容市场的高速成长，化妆品行业的民事争议将逐步显现。

2. 医药卫生行政争议

《最高人民法院关于规范行政案件案由的通知》将行政案件的案由分为作为类案件、不作为类案件、行政赔偿类案件。医疗行业中，卫生行政管理中比较重要的事项是开办医疗机构的行政许可、违法经营时的行政处罚，但因此产生争议而进入行政诉讼的案件相对较少。医疗活动中，医疗机构因过失被鉴定构成医疗事故，进而依法给予行政处罚的案件在实务中也少见，概因患方一般按照《侵权责任法》及人身损害赔偿司法解释主张赔偿，而导致没有形成关于医疗事故的鉴定意见。食品行业中，职业打假人为了获得民事赔偿，借助行政执法资源收集“不符合食品安全标准”的证据，造成行政争议大量增加，值得关注。国家对药品、医疗器械从注册审批、生产经营的监管逐渐严格，随着上市许可持有人制度的逐步实践，预计行政争议将大量出现。

3. 医药卫生刑事犯罪

与医疗相关的刑事犯罪主要包括医疗事故罪、非法行医罪；医疗机构中的国家工作人员在医药产品采购活动中，利用职务上的便利，索取或非法收受销售方财物，为销售方谋取利益，可能构成受贿罪，非国家工作人员有前述行为的，可能构成非国家工作人员受贿罪。食品、药品、医疗器械和化妆品生产经营中的行政违法案件可能转化为刑事案件，尤其值得关注。《刑法》第三章破坏社会主义市场经济秩序罪中，规定了有关的八类罪名：生产、销售伪劣产品罪，生产、销售假药罪，生产、销售劣药罪，生产、销售不符合食品安全标准的食品罪，生产、销售有毒、有害食品罪，生产、销售不符合标准的医用器材罪，生产、销售不符合卫生标准的化妆品罪，非法经营罪。相关部门制定了行政执法和刑事司法衔接的规范文件。

二、医药卫生争议的特征

医药卫生争议具有如下几个明显的特征，为其他领域的争议所不具有或不完全具有的。

(一)涉及范围和主体的广泛性

医药卫生包含与日常生活和健康息息相关的医疗、食品、药品、医疗器械和化妆品,因此涉及的范围非常广泛。争议的主体可能是国家机关、企事业单位及普通公民。生老病死、医疗保健关系到每一个公民的根本利益,而医药卫生法律法规保护的是每一个公民的最根本的权利——生命权、身体权、健康权。三聚氰胺奶粉事件、百白破疫苗事件背后都有大量遭受损害的个体。由于医药卫生行业事关千家万户,当民事争议无法及时化解或类似争议增多的时候,往往导致行政执法机构的介入甚至行政处罚,进而产生行政争议,甚至可能涉及刑事犯罪。在这类案件的处理中,所牵涉的范围、主体广泛,其中适用的法律法规也是非常广泛的。

(二)医药卫生争议的复杂性

复杂性首先表现为医药卫生行业极强的专业性,在争议的处理中往往需要具有相应专业的知识。以医疗损害责任纠纷为例,在判断诊疗行为是否有过错、损害后果及过错与损害后果之间的因果关系等问题上,在民事审判中通常需要专业的鉴定意见。复杂性还表现中医药卫生争议因牵涉面广又极容易引发社会关注,可能涉及民事争议、行政争议甚至刑事犯罪,近年来出现的浙江毒胶囊事件、银杏叶事件中,因上游违法生产原料药导致下游制药企业大面积受害,甚至涉嫌刑事犯罪,给国家的医药监管带来极大的冲击。

(三)医药卫生争议的变化性

矛盾是变化的,医药卫生争议也是如此。科技的进步往往首先反映到医疗活动中,带来诊疗方法进步、新药出现、新的医疗器械产生,而伴随技术转化和实践就有可能争议。今天被大众认可的试管婴儿技术,在20世纪50年代刚刚诞生的时候充满争议。全球专家共识不得编辑人的基因,但仍然出现了基因编辑人出生,引发巨大争议。同时,我们也要看到对争议的处理也在发生变化。在食品、药品管理方面,前些年保持高压态势,支持知假买假索赔,但随着时间推移发现涌现出商业化的职业打假人,导致行政执法资源、司法资源大量浪费,因此审议中的《消费者权益保护法实施条例》规定职业打假人不是消费者。《医疗机构管理条例》规定医疗机构执业许可证不得出借、转让,据此,以往的案例中人民法院对于医疗机构托管合同的效力是否定的,但随着医疗投融资和合作经营的活跃,人民法院的观点逐步变化为有条件地认可其合同效力。

三、医药卫生争议处理原则

医药卫生争议包含了民事争议、行政争议及刑事犯罪责任追究,程序法分别规定了争议的基本原则。诉讼程序中的基本原则包括:以事实为根据,以法律为准绳原则;法律面前人人平等原则;有权使用本民族语言文字诉讼原则;审判公开原则;诉讼参与人诉讼权利保障原则。争议处理可能通过非诉讼和诉讼解决,因此,还包括如下基本原则：

1. 证据原则。我们强调处理争议以事实为依据，以法律为准绳。在争议中我们能够查明或认定的事实基本依靠证据来展现，即通过证据展现法律事实。即便在医药卫生民事争议可以通过和解、调解快速结案，但若能通过分析争议双方的证据，对案件给出合理的意见和建议，这样更有利于案结事了。

2. 程序和实体并重的原则。作为大陆法系国家，我们追求实体的公正，但毒树之果也有毒的理念深入法律共同体的内心，程序正义也非常重要。在医药卫生民事争议的处理过程中，违反自愿原则的调解协议无效，诉讼中司法鉴定程序违规可能需要重新鉴定。在医药卫生的行政复议和诉讼、刑事犯罪的责任追究中，程序同样非常重要。

3. 医药卫生民事争议处理的原则。《民事诉讼法》规定了民事争议中诉讼中的基本原则，其中调解原则非常重要。为化解民事争议，国家颁布了《人民调解法》，促进民事争议的诉前解决。司法实践中，基层人民法院立案通常给予一段调解期，诉讼中还会在双方自愿的情况下主持调解。于医疗纠纷案件而言，医疗纠纷人民调解为缓和医患矛盾、有效化解纠纷起到了非常重要的作用。

4. 医药卫生行政争议处理的原则。《行政复议法》规定，行政复议应当遵循合法、公正、公开、及时、便民的原则。而行政诉讼有不同于民事诉讼和刑事诉讼的、特有的原则，通常认为其包括：人民法院特定主管原则，具体行为合法性审查原则，诉讼不停止执行原则，不调解原则，司法变更限制原则和被告负举证责任原则。

5. 医药卫生刑事犯罪追究的原则。刑事诉讼基本原则由刑事诉讼法明确规定，包括两大类：一类是刑事诉讼和其他性质的诉讼必须共同遵守的原则。另一类是刑事诉讼特有的基本原则，包括：侦查权、检察权、审判权由专门机关依法行使原则；人民法院、人民检察院依法独立行使职权原则；分工负责、互相配合、互相制约原则；犯罪嫌疑人、被告人有权获得辩护原则；未经审判不得确定有罪原则等。

第二节　医药卫生民事争议处理的法律制度

一、医药卫生民事争议概述

（一）医药卫生民事争议的概念与分类

医药卫生民事争议是指平等的医药卫生法律关系主体之间在医药卫生活动中发生的涉及医药卫生权利与义务的民事争议。按照不同的标准，可以对医药卫生民事争议作不同的分类：

1. 根据医药卫生活动内容和医药卫生法调整的范围不同，医药卫生民事争议可分为与医疗服务管理法相关的医疗、预防、保健和计划生育活动中发生的争议；

与公共卫生和疾病控制法相关的公共卫生监督、监测和疾病防治活动中发生的民事争议；与健康相关产品法相关的食品、药品、医疗器械、化妆品等健康相关产品生产和经营活动中发生的民事争议等。

2. 根据争议的发生原因和性质不同，医药卫生民事争议可分为医药卫生民事侵权争议和医药卫生合同争议。医药卫生民事侵权争议，既可以是医药卫生活动中侵犯当事人财产权的争议，也可以是侵犯当事人人身权（主要是侵犯公民生命权、身体权、健康权）的争议。

（二）医药卫生民事争议处理的主要方式

根据现行医药卫生法及有关法律法规的规定，解决医药卫生民事争议的方式主要有和解、调解、仲裁和诉讼等，常用的为以下三种：

1. 当事人自行协商解决

即医药卫生民事争议双方当事人，自觉自愿地通过平等协商解决矛盾，处分自己的民事权益，自行和解。

2. 通过调解解决

即医药卫生民事争议双方当事人协商一致，自愿在第三者的参与并主持下，通过调解，消除双方的争议和矛盾。

3. 诉讼解决

即通过诉讼方式，由人民法院对医药卫生民事争议案件行使审判权，按照民事诉讼法规定的程序进行立案审理，查清事实，明确责任，做出判决。

此外，对某些医药卫生民事争议的处理，有时也可以采用行政裁决的方式解决。

二、医药卫生民事争议的和解

和解即当事人自行协商解决，约定互相让步或者一方让步，以解决双方的争执的活动。协商解决可以缓解信访压力，减少争议双方当事人的诉讼负担，节约有限的司法审判资源，更能方便快捷地平息纷争，缓解矛盾。和解包括诉讼前的和解和诉讼中的和解。

诉讼前的和解指发生诉讼以前，双方当事人互相协商达成协议，解决双方的争执。这是一种民事法律行为，是当事人依法处分自己民事实体权利的表现。和解成立后，当事人所争执的权利即归确定，所抛弃的权利随即消失。和解一经成立，当事人不得任意反悔要求撤销。但是，和解所依据的文件，事后发现是伪造或涂改的；和解事件已为法院判决所确定，而当事人于和解时不知情的；当事人对重要的争执有重大误解而达成协议的，当事人都可以要求撤销和解协议。

诉讼中的和解是当事人在诉讼进行中互相协商，达成协议，解决双方的争执。这种和解不问诉讼程序进行如何，凡在法院作出判决前，当事人都可进行。可以就整个诉讼标的达成协议，也可就诉讼上的个别问题达成协议。诉讼中的和解协议当事人签名盖章即发生效力,但应注意与人民法院进行沟通,双方当事人就所有争议已经达成一致意见的,应申请撤诉,仅就部分争议达成一致的,应申请变更诉讼请求。但为避免诉讼风险,建议在人民法院主持下调解。

三、医药卫生民事争议的仲裁

(一)仲裁的概念及原则

仲裁是指纠纷当事人在自愿的基础上达成协议,将纠纷提交非司法机构的第三者审理并做出对争议各方均有拘束力的裁决的一种解决争议的制度和方法。坚持双方自愿、裁决不公开、一裁终局的原则。

(二)医药卫生争议民事仲裁适用范围

《仲裁法》规定平等主体的公民、法人和其他组织之间的合同纠纷与其他财产权益纠纷,可以仲裁。基于身份关系的争议,如婚姻、收养、监护、扶养、继承纠纷,以及依法应当由行政机关处理的行政争议,不得仲裁。由于国内医疗纠纷案件频发,理论界一直探讨建立仲裁的方式,2010 年深圳医患纠纷仲裁院成立,受理本市范围内的医疗纠纷案件,其后有其他地方也成立了类似的仲裁院。

(三)医药卫生争议民事仲裁程序

符合上述医药卫生争议仲裁范围的当事人,可以向仲裁委员会提出仲裁申请。当事人申请仲裁的,应当向仲裁委员会递交仲裁协议、仲裁申请书及副本。仲裁委员会自收到仲裁申请书之日起 5 日内,做出受理与否的决定并通知当事人。受理后,15 日内分别将仲裁规则、仲裁员名册送达双方当事人,同时将申请书副本送达被申请人。被申请人收到仲裁申请书副本后,15 日内提出答辩书,亦可提出反请求;仲裁委员会收到答辩书后,应在 7 ~ 15 日内将答辩书副本送达申请人,被申请人未提交答辩书的,不影响仲裁程序的进行。仲裁委员会受理仲裁申请后,即依照仲裁法的规定,组成仲裁庭对案件进行审理和做出裁决。当事人申请仲裁后,可以自行和解。仲裁庭做出裁决前,可以先行调解,调解不成的,应当及时做出裁决。裁决书自做出之日起发生法律效力。

四、医药卫生民事争议的诉讼

(一)医药卫生争议民事诉讼概念及原则

医药卫生民事争议诉讼是指平等的医药卫生民事法律关系主体之间,发生了医药卫生活动及医药卫生法调整范围内的民事纠纷,向有管辖权的人民法院提起诉讼,由人民法院按民事诉讼程序进行审理和解决医药卫生争议案件的各种诉讼活动以及由此产生的各种诉讼法律关系的总和。

医药卫生民事诉讼所解决的是医药卫生法调整的与医药卫生活动紧密相关的民事纠纷。因此,除遵循我国《民事诉讼法》规定的基本原则外,还应兼顾医药卫生的科学性、专业性和特殊性等原则。有关管辖、诉讼参加人、证据、审判程序适用《民事诉讼法》的相关规定。

（二）医药卫生争议民事诉讼常见类型

根据医药卫生民事责任的特点，可将医药卫生民事争议诉讼分为：特殊职业行为中产生纠纷引发的民事诉讼；违反医药卫生法产生的民事诉讼；与医学科学活动相关纠纷引发的民事诉讼；与医药卫生活动相关的纠纷引发的民事诉讼。民事诉讼诉的种类包括确认之诉、给付之诉、变更之诉，医药卫生民事诉讼给付之诉比较常见。我们列举如下几种：

1. 医疗纠纷的民事诉讼。根据最高人民法院《民事案件案由规定》医疗纠纷案由包括医疗损害责任纠纷、医疗服务合同纠纷，原告在提起诉讼的时候应该确定案由以及与之相应请求权基础。在医疗损害责任纠纷的案由之下，案件审理中通常需要进行医疗损害责任鉴定明确医方是否存在过错、损害后果以及过错与损害后果之间的因果关系，在查明事实的基础上适用《侵权责任法》以及人身损害赔偿司法解释计算赔偿数额。医疗美容活动纠纷以医疗服务合同纠纷为案由起诉的情况多见，原告的举证责任程度较医疗损害责任纠纷低，仅需证明被告违约即可，但赔偿范围不同。根据2017年《最高人民法院关于审理医疗损害责任纠纷案件适用法律若干问题的解释》的规定，医疗美容活动中关于人身财产损害的纠纷可以医疗损害责任纠纷案由起诉。

2. 疫苗接种导致人身损害的民事诉讼。因疫苗接种导致人身损害的案件屡见报道，而根据《疫苗流通和预防接种管理条例》的规定，关于疫苗接种的人身损害存在两个救济体系。一是因疫苗质量、接种事故等造成受种者损害的应按照医疗事故处理条例进行鉴定；二是属于预防接种异常反应的给予相应补偿，具体补偿办法由省、自治区、直辖市人民政府制定。实务中，前者的案由通常是医疗损害责任纠纷，或生命权、健康权、身体权纠纷。

3. 药品、医疗器械导致人身损害的民事诉讼。《侵权责任法》规定因药品、消毒药剂、医疗器械的缺陷导致患者损害的，患者可以向生产者或医疗机构请求赔偿。但合格药品在正常用法下出现的与用药目的无关的或意外的有害反应，其民事救济缺乏法律依据。因医疗器械缺陷导致患者损害的民事诉讼，在实践中有举证责任的原告很难证明医疗器械存在缺陷。

4. 药品生产技术转让的民事诉讼。药品生产技术既包括药品生产技术的知识产权又包括生产许可。根据法律规定，药品生产技术的知识产权可以转让但生产许可不能转让，实务中出现大量的药品生产技术挂靠（药品生产技术的知识产权所有人和生产批文的所有人不一致，双方通过合同约定将药品放在后者名下生产），因此容易产生纠纷，该类案件为知识产权案件，最高人民法院（2011）民提字第307号公报案例很具有代表性。正在修订的《药品管理法》规定了药品上市许可持有人制度，将药品品种的上市持有人与实际生产者相区分，将激发药品生产技术的转让，也可能产生更多民事争议。

5. 不符合安全标准的食品的民事诉讼。《食品安全法》规定“赔偿损失加十倍退款或三倍赔偿”，最高人民法院 2013 年制定的《关于审理食品药品纠纷案件适用法律若干问题的规定》明确支持知假买假索赔，2014 年又公布了五起食药纠纷典型案例。总体而言，关于食品安全的买卖合同纠纷数量逐年增长。但是，在 2017 年最高人民法院办公厅《对十二届全国人大五次会议第 5990 号建议的答复意见》中指出，考虑到知假买假商业化的情况，未来将逐步遏制食药领域的牟利性打假行为。

6. 其他。如医疗欠费的民事诉讼，因食物中毒和食源性疾患引发的诉讼等也非常常见，应按照民事诉讼法及司法解释的规定进行处理。

五、医药卫生民事争议的调解

(一) 医药卫生民事调解的概念及分类

医药卫生民事调解是指在一定组织机构的主持下，医药卫生民事争议的双方当事人在自愿的基础上，坚持合法的原则，就争议问题通过平等协商，达成协议，消除纷争的活动。其具有如下特点：(1) 调解必须在双方当事人自愿接受的基础上进行。(2) 调解是双方当事人在第三者参与并主持下进行的。(3) 调解协议是调解主持者的职能活动同当事人自己的处分行为相结合的结果。(4) 经司法确认的或人民法院制作的调解书具有强制执行力。

医药卫生民事调解可分为诉讼外的调解和诉讼中的调解。诉讼外的调解主要是人民调解、仲裁调解和行政调解，诉讼中的调解即人民法院调解。本部分重点介绍医疗纠纷人民调解制度。

(二) 医疗纠纷人民调解的相关概念与意义

1. 相关概念。医疗纠纷，是指医患双方因诊疗活动引发的争议。人民调解，是指人民调解委员会通过说服、疏导等方法，促使当事人在平等协商基础上自愿达成调解协议，解决民间纠纷的活动。人民调解作为和解、行政调解、诉讼之外的第四种医疗纠纷解决机制明确写入了《医疗纠纷预防和处理条例》。

2. 意义。(1) 调解机制的介入，在医患双方之间架起了沟通的桥梁，在调解时双方地位对等，使和解变得可能。在一个受控制的安全氛围下，通过开展对话重建被破坏的医患关系。调解的成功有利于有效缓解医患关系，有利于稳定社会秩序、建设和谐社会。(2) 医疗纠纷人民调解程序便利，有利于当事人本人参与纠纷的解决，即使当事人本人行为能力较弱也不至于影响调解的结果；不公开的调解过程，处理方式的灵活与合理，使当事人的商业秘密和个人隐私免于暴露；调解程序规范适用的常识性和广泛性使当事人易于达成一致满意的处理结果。

(三) 医疗纠纷人民调解的组织机构和工作原则

1. 人民调解委员会是依法设立的调解民间纠纷的群众性组织。依照法律规定,村民委员会、居民委员会设立人民调解委员会。人民调解委员会在基层人民政府和基层人民法院的指导下开展工作,用调解的方法解决一般的民事纠纷和轻微的刑事案件。经调解自愿达成的协议,当事人应自觉履行,不愿调解、调解不成或调解后反悔的,一方或双方当事人可以向人民法院起诉。

国务院司法行政部门负责指导全国的人民调解工作,县级以上地方人民政府司法行政部门负责指导本行政区域的人民调解工作,基层人民法院对人民调解委员会调解民间纠纷进行业务指导。

2. 人民调解委员会调解民间纠纷,应当遵循下列原则:(1)在当事人自愿、平等的基础上进行调解;(2)不违背法律、法规和国家政策;(3)尊重当事人的权利,不得因调解而阻止当事人依法通过仲裁、行政、司法等途径维护自己的权利。

(四)医疗纠纷人民调解的工作程序

1. 受理。人民调解委员会依医疗纠纷当事人申请受理调解纠纷,当事人没有申请的,可主动调解,但当事人表示异议的除外。当事人申请调解纠纷,可书面申请,也可以口头申请。受理调解纠纷,应当登记。

2. 指定调解主持人。医疗纠纷人民调解委员会调解医患纠纷,应指定1名专职人民调解员为调解主持人,并可由患者或家属从专家库中选择兼职调解员。遇重大复杂纠纷或根据需要可指定若干专兼职人民调解员参与调解,必要时可请当地乡(镇)和患者常住地人民调解员参与。

3. 调解准备。调解主持人分别向双方当事人询问纠纷事实和情节,了解双方的要求及其理由,必要时向有关单位征集资料,核实情况,向专家咨询,做好调解前的准备工作。

4. 依法调解。调解一般在调解机构内进行,根据需要也可以在便利当事人的场所进行。调解前应告知当事人人民调解的性质、原则和效力及当事人在调解活动中的权利和义务。调解主持人应当在查明事实、分清责任的基础上,引导、帮助当事人达成调解协议。调解不成的,要防止纠纷激化,引导当事人通过法律途径解决纠纷。

5. 鉴定。需要进行医疗损害鉴定以明确责任的,由医患双方共同委托医学会或者司法鉴定机构进行鉴定,也可以经医患双方同意,由医疗纠纷人民调解委员会委托鉴定。医学会或者司法鉴定机构接受委托从事医疗损害鉴定,应当由鉴定事项所涉专业的临床医学、法医学等专业人员进行鉴定。

6. 制作调解协议。经调解成功的,应制作调解协议,协议书使用司法部统一的文书格式。调解协议应载明双方当事人的基本情况、纠纷简要事实、争议事项、双方责任、双方达成的共识及履行方式和期限等。调解协议应由双方当事人和调解主持人签名,加盖医疗纠纷人民调解委员会印章。

7. 执行。调解协议可向当地人民法院申请司法确认,赋予其强制执行力。

（五）关于医疗纠纷人民调解的进展

1. 充分发挥了诉讼替代机制的积极作用。自2011年《人民调解法》公布后，司法部、卫生行政部门一直推进医疗纠纷人民调解工作。目前，各地市都已建立医疗纠纷人民调解的机制，而与之相配套的医疗责任保险也逐步推开，预计未来医疗纠纷人民调解将发挥更大的作用。

2. 关于调解程序中的鉴定。《医疗纠纷预防和处理条例》规定，医学会或司法鉴定机构接受鉴定委托后，没有相关专业人员的应从专家库中抽取，而专家库由设区的市级以上人民政府卫生、司法行政部门共同设立。2018年国家卫健委公布了《医疗损害鉴定管理办法（征求意见稿）》，针对人民调解程序中的鉴定进行了规定。通过以上规定，将会出现专门针对医疗纠纷人民调解的专家库、鉴定程序，自成一体。进而，可能让原本已经存在的医疗事故技术鉴定和民事诉讼密切相关的司法鉴定"二元体系"进一步复杂化。

第三节 医药卫生行政争议处理的法律制度

一、医药卫生行政争议概念和特征

（一）医药卫生行政争议的概念

医药卫生行政是国家组织活动的一部分，是各级卫生行政机关依其职权对有关的社会卫生事务进行组织、协调、指挥、监督的活动。由于医药卫生行政涉及的范围广泛，内容繁多，情况复杂，医药卫生行政机关在进行管理过程中，不可避免地会出现诸多的争议。这里所说的医药卫生行政争议，特指因医药卫生行政管理而引起的医药卫生行政机关同行政管理相对人之间发生的争议。

（二）医药卫生行政争议的特征

1. 争议的主体。双方当事人中一方必定是国家医药卫生行政机关，或者是由法律法规授权的组织。实践中，主要涉及的行政机关为卫生行政部门（负责医疗活动的管理）、市场监管部门下设的食品药品行政管理部门（负责食品、药品、医疗器械和化妆品的管理）。另一方当事人则是与医药卫生行政机关有直接行政管理关系的公民、法人或其他组织。

2. 争议的起因。医药卫生行政争议是由医药卫生行政机关行使职权，做出具体行政行为而引起的。医药卫生行政机关的行政管理行为是产生医药卫生行政争议的前提。如果医药卫生行政机关并非在行使职权时与公民、法人和其他组织之间为民事权益发生争议，则不属于医药卫生行政争议。

3. 争议主体的法律地位。医药卫生行政争议的双方当事人在地位上既不平等，也不对等，其中一方作为国家行政机关，在行政活动中始终处于主动和优越的地位,享有行政管理和给予对方行政处罚的权力;而相对一方当事人处于被动、服从和被管理的地位。

4. 争议的内容。双方当事人争执的焦点是医药卫生行政机关及其工作人员在行使行政管理职权过程中的行政行为是否合法与适当。

二、医药卫生行政复议

(一)医药卫生行政复议的概念与特征

1. 医药卫生行政复议是指相对人不服医药卫生行政主体的具体行政行为,依法向行政复议机关提出申请,受理机关依法定程序对有争议的具体行政行为和一定的抽象行政行为进行审查,并做出裁决的一种法律制度。遵循合法性、公正性、公开性、及时性、便民性原则以及合法性与适当双重审查原则。

2. 医药卫生行政复议除具有行政复议的特征外,因卫生领域的特殊性又具有自身的特征:

(1)启动前提的特殊性。医药卫生行政复议作为对管理相对人的合法权益实施行政救济的制度,它的程序启动必须以医药卫生行政争议的存在和相对人申请为前提。这与其他行政领域的复议程序启动有所区别。

(2)复议范围的广泛性。各级医药卫生行政机关和法律、法规授权组织,依法享有相当广泛的行政监督管理权,诸如卫生许可、卫生监督、行政处罚等。根据有关法律的规定,上述领域中因行政职权的行使而引发的医药卫生行政争议大多属于医药卫生行政复议的范围。

(3)选择性复议为主与前置性复议并存。我国医药卫生法律、法规对医药卫生行政复议的规定基本上是选择复议。即医药卫生行政争议发生后,当事人可自由选择提起行政复议或行政诉讼。但也有少量医药卫生行政复议是前置性的,如《化妆品卫生监督条例》第三十条规定,当事人对医药卫生行政部门的行政处罚决定不服,可在接到处罚通知次日起十五日内向上一级医药卫生行政部门申请复议;对复议结果不服的,方可在收到复议书次日起十五日内向人民法院起诉。

(4)复议内容的复杂性、专业性。医药卫生行政争议往往涉及内容复杂、专业性很强的技术问题,复议机关会面临许多复杂、具体的医药卫生专业知识问题,这使得医药卫生行政复议较之一般的行政复议具有更强的专业色彩。

(5)法律顾问参与。为进一步推动依法治国,国家推行法律顾问、公职律师、公司律师制度。按要求,2017 年,中央和国家机关各部委,县级以上地方各级党政机关普遍设立法律顾问、公职律师。在医药卫生行政争议的复议中,行政机关通常聘请法律顾问参与,针对案件争议提出法律意见,这样可以进一步降低行政管理的违法风险。

(二)医药卫生行政复议范围

结合我国现行医药卫生立法实践,公民、法人或其他组织对医药卫生行政机关下列具体行政行为不服的可以申请复议:(1)对医药卫生行政机关做出的行政处罚决定,如警告、罚款、没收违法所得、没收非法财物、责令停产停业、暂扣或者吊销许可证、暂扣或者吊销执照等,不服的;(2)对医药卫生行政机关作出的行政强制措施决定不服的(医药卫生行政强制措施是指医药卫生行政主体为了预防和控制疾病,或者预防或制止正在发生或可能发生的违法行为,或者为了保全证据,确保案件查处工作顺利进行,而对相对人的人身自由、财产予以强行限制的一种具体行政行为);(3)认为医药卫生行政机关侵犯其合法经营自主权的;(4)认为符合条件申请卫生许可证,医药卫生行政机关拒绝颁发或不予答复的;(5)对医药卫生行政机关作出的有关许可证、执照、资质证、资格证等证书变更、中止、撤销决定不服的;(6)要求医药卫生行政机关履行其保护人身权利、财产权利等法定职责而拒不答复或没有依法履行的;(7)认为医药卫生行政机关违法要求履行义务的,如违法集资、征收财物、乱摊派等;(8)认为医药卫生行政机关侵害其合法权益的;(9)法律、法规规定可以申请行政复议的其他具体行政行为。

有关行政复议管辖、行政复议参加人、行政复议程序及行政复议法律责任问题的具体规定可参照《行政复议法》的相关内容。

三、医药卫生行政诉讼

(一)医药卫生行政诉讼概念与特征

医药卫生行政诉讼是指公民、法人或其他组织认为医药卫生行政部门及其工作人员,包括授权与委托的医药卫生执法组织的具体行政行为侵犯其合法权益时,依法向人民法院提起诉讼,由人民法院依据事实与法律进行审理并做出判决,解决医药卫生行政争议的活动。

医药卫生行政诉讼具有以下特征:医药卫生行政诉讼是解决特定医药卫生行政争议的活动,即医药卫生行政主体在实施具体行政行为过程中,因具体行政行为的合法性与相对人发生争议而提起的诉讼,诉讼的标的是审查具体行政行为是否合法。对抽象行政行为发生争议只能通过其他途径解决,不能起诉。医药卫生行政诉讼的原告恒为管理相对人,医药卫生行政管理相对人不服卫生行政执法机关处罚,向人民法院提起的诉讼;医药卫生行政诉讼的被告恒为作为行政主体的医药卫生行政机关或法律法规授权的组织。

有关医药卫生行政诉讼范围、管辖权、诉讼程序的相关问题可参照《行政诉讼法》的相关规定。

(二)医药卫生行政诉讼原则

医药卫生行政诉讼除具有行政诉讼法规定的原则外,结合医药卫生行政诉讼的基本特点,还有以下原则:

1. 人民法院特定主管的原则

这是指医药卫生行政案件只有在法律特别规定的范围内人民法院才主管。

2. 司法裁判优于行政裁判原则

具体包括:(1)既可以向法院直接起诉,又可以向医药卫生行政复议机关申请复议的医药卫生行政案件,相对人直接向法院诉讼的,法院可直接做出司法裁判,不受未经行政复议的影响。(2)复议前置的医药卫生行政案件,若复议机关逾期不决,当事人又向法院诉讼的,法院可直接对最初作出的具体行政行为进行审查,不受该复议机关有无复议裁决的影响。(3)对于经复议机关决定当事人仍然不服的医药卫生行政案件,法院可接受当事人起诉,对复议决定进行司法审查并作出司法裁判。

3. 司法审查的内容和司法变更权受限的原则

医药卫生行政诉讼中,人民法院是对医药卫生行政机关具体行政行为的合法性审查,一般不进行是否合理的审查。法院在医药卫生行政诉讼中,一般不享有司法变更权,对被诉医药卫生行政机关的医药卫生行政处理决定,只能做出维持或撤销的判决或裁定,仅在特殊情况下享有变更权。

第四节 医药卫生犯罪与刑事处理的法律制度

一、医药卫生犯罪概念和特征

(一)医药卫生犯罪概念

医药卫生犯罪是指一切破坏国家医药卫生管理制度和正常秩序,侵犯公民生命健康权,情节严重,依照法律应当受到刑法处罚的行为。

(二)医药卫生犯罪特征

医药卫生犯罪具有以下三个基本特征或属性:

1. 相当程度的社会危害性。医药卫生犯罪是危害社会的行为,具有社会危害性,但社会危害性是一切医药卫生违法行为,包括犯罪和一般违法行为的共同特征。因此,仅具有社会危害性,只能将医药卫生违法行为和医药卫生合法行为区别开来,而无法将医药卫生犯罪行为与一般医药卫生违法行为区别开来;医药卫生犯罪行为是医药卫生违法行为中最严重的部分,其社会危害性要重于一般医药卫生违法行为。因此,相当程度的社会危害性才是医药卫生犯罪的基本特征。如果某种与医药卫生有关的行为虽然具有一定的社会危害性,但其情节显著轻微,危害不大的,也不能认为是犯罪。

2. 刑事违法性。医药卫生犯罪是一种违法行为。违法并不都构成犯罪,只是违反刑法才构成犯罪。行为的相当程度的社会危害性,是医药卫生刑事违法性的基础;医药卫生刑事违法性则是其社会危害性在刑法上的表现。只有当与医药卫生相关的某种行为不仅具有社会危害性而且违反了刑法,具有刑事违法性,才能被认为是医药卫生犯罪。

3. 应受刑法处罚性。任何违法行为都要承担相应的法律后果，违反刑法的医药卫生犯罪行为则要承担处以刑罚的法律后果。医药卫生犯罪是使用刑罚的前提，刑罚是医药卫生犯罪的法律后果。因此，应受刑罚处罚性也是医药卫生犯罪的一个基本特征。

二、医药卫生犯罪的构成

医药卫生犯罪的构成是指依照我国《刑法》的规定，决定与医药卫生有关的某一具体行为的社会危害性及其程度而为该行为构成医药卫生犯罪所必需的一切客观和主观要件的有机统一。医药卫生犯罪构成条件包括：

（一）医药卫生犯罪的主体

医药卫生犯罪的主体是在医药卫生领域实施危害社会的行为并且承担刑事责任的人。从法律属性上分，医药卫生犯罪主体可分为一般主体和特殊主体。从总体上看，医药卫生犯罪主体是一般主体，但也有若干种医药卫生犯罪是特殊主体，即要求具有特定的职能和职务或身份的人，才能构成的犯罪主体。例如，医疗事故罪的主体必须是医务人员。有的医药卫生犯罪的主体只能是特定的单位，如采集、供应血液、制作、供应血液制品事故罪的主体是特殊单位。

（二）医药卫生犯罪的主观方面

医药卫生犯罪的主观方面是指犯罪主体对自己行为及其危害后果所持的心理态度。包括罪过（犯罪故意或过失）以及犯罪的目的和动机。其中，罪过是一切医药卫生犯罪构成必备的主观要件，它在区分罪与非罪、此罪与彼罪的界限以及量刑方面，均具有重要作用。而犯罪的目的只是某些犯罪构成所必备的主观要件，一般不影响定罪，只影响量刑。医药卫生犯罪一般不存在犯罪目的和动机。有些医药卫生犯罪的罪过形式只能是故意，主要是间接故意，如生产销售假药罪、生产销售不符合卫生标准的食品罪等。有些医药卫生犯罪的罪过形式只能是过失，包括疏忽大意的过失和过于自信的过失。凡属于过失性的医药卫生犯罪，只有发生实际的危害结果才能构成犯罪。

（三）医药卫生犯罪的客体

医药卫生犯罪的客体是指我国刑法所保护而为医药卫生犯罪所侵犯的社会关系。其主要客体是国家对医药卫生事业的管理制度，次要客体是公民生命健康权。医药卫生犯罪的客体的共同特征是其侵犯的社会关系都是由医药卫生法单独调整或其他法规共同调整的社会医药卫生关系，而且这些医药卫生犯罪都直接危害人们的生命健康权或对人们的生命健康构成潜在危险。

（四）医药卫生犯罪的客观方面

医药卫生犯罪的客观方面是指医药卫生犯罪活动的客观外在表现，这种客观外在表现的事实特征有：危害行为、危害结果以及犯罪的方法、时间、地点等。其中危害行为是一切医药卫生犯罪构成的必要条件，医药卫生犯罪客观方面，是一切医药卫生犯罪构成必备的基本要件，是行为人构成犯罪并进而承担刑事责任的客观基础，主要表现为实施违反国家医药卫生管理法律法规，危害不特定多数人的健康、生命安全，情节严重的行为。

三、医药卫生行政执法与刑事司法的衔接

实践中，食品、药品、医疗器械及化妆品行业的行政违法行为可能构成犯罪而需要移送公安部门，为了规范案件移送，多年来相关部门制定了多份规范性文件。最近的规范性文件是，2015年国家食药监总局、公安部、最高人民法院、最高人民检察院、国务院食品安全办联合下发的《食品药品行政执法与刑事司法衔接工作办法》，2016年公安部下发的《公安机关受理行政执法机关移送涉嫌犯罪案件规定》，基本确定了行政执法与刑事司法的衔接机制。

根据《刑法》及上述规范性文件，与食品、药品、医疗器械及化妆品领域密切相关的罪名实际包括八类：即《刑法》在第三章破坏社会主义市场经济秩序罪第一节生产、销售伪劣商品罪中规定的七类罪名，包括生产、销售伪劣产品罪，生产、销售假药罪，生产、销售劣药罪，生产、销售不符合食品安全标准的食品罪，生产、销售有毒、有害食品罪，生产、销售不符合标准的医用器材罪，生产、销售不符合卫生标准的化妆品罪；以及《刑法》第三章破坏社会主义市场经济秩序罪第八节扰乱市场秩序罪中的兜底罪名，非法经营罪。

通过上述规范性文件，明确了案件移送的条件，移送的材料要求，相应的协作机制以及信息共享机制。值得注意的是，根据《刑事诉讼法》第五十四条的规定，行政执法机关收集的三类证据可以直接转化到刑事诉讼中使用，这三类证据是物证，书证，视听资料、电子数据。

在这一过程中，存在一些疑难问题：第一，行政机关移送涉嫌犯罪的证据时，是否需要移送证明嫌疑人主观方面状态的证据？行政违法的构成中，只要行为人实施了违法行为，就可以视为其主观上有过错，行政执法机关应当给予其相应的处罚。而犯罪构成要件则一定需要主观方面的证据，这通常需要侦查机关证明。第二，行政处罚与刑事立案的先后关系。根据2001年国务院《行政执法机关移送涉嫌犯罪案件的规定》第三条规定，行政执法机关在依法查处违法行为过程中发现涉嫌构成犯罪，依法需要追究刑事责任的，必须依照本规定向公安机关移送。而没有行政处罚与案件移送先后的具体规定。通常认为，行政处罚与刑事立案相互独立，行政执法机关应及时作出行政处罚。

四、医药卫生犯罪刑事诉讼阶段

根据我国刑事诉讼法规定，普通刑事案件的诉讼需经过立案、侦查、起诉、审判和执行等五个既紧密联系又相对独立的阶段。

（一）立案阶段

立案阶段是刑事诉讼的开始，是进行侦查活动和审判活动的法律依据，立案程序是公安机关或者人民检察院发现犯罪事实或者犯罪嫌疑人，应当按照管辖范围，立案侦查。

（二）侦查阶段

侦查阶段主要是依法收集证据，侦查机关可以采取讯问犯罪嫌疑人，询问证人，勘验、检查，搜查，查封、扣押物证、书证，鉴定，技术侦查，通缉等措施。对犯罪嫌疑人逮捕后的侦查羁押期限不得超过二个月。案情复杂、期限届满不能终结的案件，可以经上一级人民检察院批准延长一个月。

（三）起诉阶段

起诉阶段由人民检察院对侦查终结的案件进行审查，认为事实清楚、证据确实充分、依法应当追究刑事责任的，做出起诉决定，向人民法院提起公诉。依法可以不起诉，不追究刑事责任的，决定不起诉，或自诉人就犯罪嫌疑人的犯罪行为向人民法院提起自诉。

（四）审判阶段

审判阶段是刑事诉讼中的主要阶段和中心环节。人民法院受理公诉案件，在开庭审判前，需对案件进行全面审查。做好五项准备工作：一是确定合议庭组成人员，组成合议庭。二是将人民检察院的起诉副本至迟在开庭前十日前送达被告人，并且告知被告人可以委托辩护人，或在必要时为被告人指定辩护人。三是将开庭时间、地点在开庭三日前通知人民检察院，以便按时派员出庭支持公诉。四是传唤当事人，通知辩护人、被害人及其代理人、证人、鉴定人和翻译人员。传票和通知书至迟在开庭三日以前送达。五是公开审判的案件，先期公布案由、被告人姓名、开庭时间和地点。

人民法院进行审判，应经过开庭、法庭调查、法庭辩论、被告人最后陈述等过程，最后经合议庭合议做出判决。不服判决的上诉和抗诉的期限为十日，不服裁定的上诉和抗诉的期限为五日，从接到判决书、裁定书的第二日起算。

（五）执行阶段

执行是刑事诉讼的最后一个程序，也是国家刑罚权得以实现的关键阶段。刑事诉讼中的执行是指人民法院将已经发生法律效力的判决，裁定交付执行机关，以将其所确定的内容依法对诸实施，以及解决实施中出现的变更执行等诉讼问题而进行的各种活动。

典型案例评析

［案情］ 某男，30岁，因"右膝疼痛，活动受限四年加重半年"，检查诊断为："右膝剥脱性骨软骨炎"，术后切口液化，再次手术。1年后右膝内侧皮肤破溃渗液

再入院,因术后感染,又再手术。1 年半后,右膝关节形成脓性窦道,转上级医院第五次手术。现右膝关节严重受损,已残,不适应原机械维修工作,而被迫换工种。且因腿由伤致残,原拟结婚女友已另嫁。患方到医方敲打门窗、大声吵闹,多次到政府部门上访,坚持索赔 100 万元;医方认为患者系术后感染加重了右膝受损,已鉴定为三级甲等医疗事故,医方承担次要责任,患方索赔 100 万元无法律依据;警方请医患纠纷人民调解委员会介入。

[争议焦点]

患方索赔是否能获得支持?采用哪种方式解决争议较好?

[案例评析]

这是一例典型的医患纠纷,尽管已通过医疗事故鉴定分清了主次责任,但患方坚持以闹索赔,通过吵闹、上访等多种手段力图获得较多赔偿。本案在警方的协助下,将医患纠纷引入人民调解。医调委代表表明身份,明确告知医调委是群众性组织,对患者表示同情并宣传人民调解的优势,为表公正,代表也表示患方可到外院就诊或找专家再咨询,亦可选司法、医疗事故技术鉴定、行政调解等途径。通过解答患方疑问,明法析理,使患方索赔回归了理性,固执、偏激逐步消融,让其明白调解已使其利益最大化,同时亦向医方讲明应承担的责任,最后医患双方均同意调解。通过调解,双方签订了人民调解协议书,且为履行协议,引导双方申请了司法确认并协助办理保险理赔,确保了赔偿款的支付。

医患纠纷人民调解以理服人,以情感人,以行导人,以法教人,使反复闹访、上访的纠纷得到圆满化解,赢得了医患双方赞誉。

【思考题】

1. 如何避免非医源性纠纷?
2. 医药卫生争议处理原则有哪些?
3. 试述医药卫生民事争议处理的诉调对接机制。

参考文献:

王胜明主编:《中华人民共和国侵权责任法解读》,中国法制出版社 2010 年版。

姜风武:《医疗损害责任制度比较研究》,法律出版社 2013 年版。

罗刚、石俊华主编:《医药卫生法学》,浙江工商大学出版社 2016 年版。

第十七章　现代医学发展引起的法律新问题

【本章要点】

现代医学发展中出现的各项医疗新技术，在其临床应用时都应遵循科学、安全、有效、经济、合法、符合伦理的原则。为此，国家对人工生殖技术、人体器官移植等医疗技术临床应用已建立技术准入和管理制度，但对其进行法律规制需要进一步完善。而我国目前对基因工程与克隆技术、脑死亡与安乐死等其他医疗技术临床应用尚未规定明确的准入和管理制度，这些问题急需我们从法律的角度去思考和解决，从而为促进医学科学发展、提高医疗质量以及保障医疗安全提供法律保障。

第一节　人工生殖技术的相关法律问题

一、概述

（一）概念

人工生殖技术（Assisted Reproductive Technology，ART）是指运用医学技术和方法对配子、合子、胚胎进行人工操作，以达到受孕目的的技术，分为人工受精和体外受精－胚胎移植技术及其各种衍生技术。[1]

据世界卫生组织报道，全世界育龄夫妇中约有5%～15%是不育症患者。在能够自然生育的夫妇中，又有很多因一方或双方患有某种遗传性疾病或属于遗传性疾病高发家系，使其子女再现此种遗传性疾病的风险增大。人工生殖技术的出现和发展，给患有不育不孕症的夫妇带来了福音，对优生优育、提高人口素质也具有重要意义。

（二）人工生殖技术的种类

1. 人工受精

人工受精（Artificial Insemination，AI）是指用人工方式将精液注入女性生殖道

---

〔1〕 蒲川、陈大义：《卫生法学》，科学出版社2018年版，第269页。

内以取代性交途径使其妊娠的一种技术。人工受精的先决条件是女方生育能力正常,其根据精液来源的不同分为三种:(1)夫精人工受精,又称同源人工受精(Artificial Insemination by Husband,AIH),指医师收集丈夫的精子以人工方式将其注入妻子体内使其受孕,其主要应用于丈夫精子数量少,但活动度较好的情况。(2)供者人工受精,又称异源人工受精(Artificial Insemination by Donor,AID),指精子非来源于丈夫而是来源于不知名的捐献者。(3)混合受精,是指医师收集丈夫和不知名的捐献者的精子,以人工方式注入妻子体内使其受孕分娩的方式。但医学界对此持反对意见,认为混合受精降低了捐精人工受精的有效性,而且造成孩子身份不明。

1770年,英国医师约翰·亨特为一位亚麻布制品商和他的妻子进行了世界上第一例夫精人工受精并获得成功。人工受精技术初期主要是通过AIH来治疗男性不育症,后逐渐发展到AID。随着冷冻精液技术的发展,世界上出现了精子库。20世纪60年代以来,美、英、法、意等国纷纷建立人类冷冻精子库,人工受精被广泛运用。截至目前,全世界人工受精出生的婴儿已超过40万。

2. 体外受精

体外受精(In Vitro Fertilization,IVF)是指用人工方法从妇女卵巢取出卵子,并使卵子和精子在试管内结合形成胚胎,然后再植入子宫继续妊娠的一种生育技术。由于受孕过程的最早阶段发生在体外试管内,因此俗称试管婴儿技术,用这种技术生育的婴儿称为"试管婴儿"。该项技术主要用来解决妇女因输卵管缺陷或输卵管堵塞而难以怀孕等女性不孕问题。

体外受精与人工受精相比,技术更为复杂,可分为:(1)采用夫妻的精子和卵子在体外受精。(2)采用妻子的卵子和第三人提供的精子在体外受精。(3)采用丈夫的精子和第三人提供的卵子在体外受精。(4)采用第三人提供的精子和第三人提供的卵子在体外受精。

1978年7月25日,英格兰的莱斯莉和约翰·布朗夫妇生出世界上第一例试管婴儿——路易斯·布朗,标志着人类历史上首次体外受精的成功。体外受精技术发展很快,迄今为止,全球范围内陆续诞生了数十万个试管婴儿。

3. 代孕母亲

代孕母亲(Surrogate Mother,SM),又称代理母亲,指接受不孕夫妻之精子、卵子或胚胎,植入其子宫并代为孕育生产胎儿者。根据代孕者和委托人与孩子的基因关系区分,代孕母亲可以分为三类:(1)借腹代孕,即精子、卵子均来自夫妻双方,代孕母仅仅提供自己的子宫孕育胚胎。(2)借卵代孕,即精子来自丈夫,卵子由代孕者提供,经体外受精后,由代孕者怀孕生育。(3)捐胚代孕,即代孕母使用捐赠的精子、卵子形成胚胎进行孕育,代孕者和委托者都与孩子没有基因关系。

这种代理生育的方式最早在20世纪70年代出现于美国,在西方现在已成为一种职业,即“代孕母亲”。由于其总是以金钱交易为基础,容易使代孕母亲与出生的婴儿被视为商品,引发了一系列的法律和伦理问题。

二、人工生殖技术引起的法律问题

人工生殖技术的问世和应用,既给人类带来了福音,也给人类带来了许多法律方面的新问题。

(一)夫精人工受精(AIH)的法律问题

1. AIH 中亲子关系的认定问题。AIH 父母子女关系的确定通常分为以下两种情形:第一,在婚姻关系存续期间,夫妻双方均同意进行人工受精,由于精子和卵子均来自于夫妻双方,受孕出生的子女的法律地位比较明确,无论从遗传学、生物学还是社会学的角度,他们都是夫妻双方共同的子女,该子女被当然地认为是婚生子女。第二,在婚姻关系存续期间,妻子在丈夫不知情或未经丈夫同意而擅自进行人工受精所生子女,其法律地位如何认定,各国立法尚未做明确规定。理论界对此也有争议,目前存在两种观点:一种认为该子女为婚生子女,应保障子女的合法权益;另一种观点认为首先应当认为该子女是婚生子女,但丈夫在一定期限享有否认权和领养权。

2. 妻子能否使用亡夫的冷冻精液。由于精子冷冻技术的产生,从技术上看,妻子可以在丈夫死后利用丈夫冷冻的精子进行人工受精,由此引发死后生殖相关问题。但法律上是否应该允许?如果允许,用这种方式所生育子女的法律地位如何?各国立法和判例也各不相同。主流观点认为:如果丈夫生前有明确的意愿允许妻子死后利用冷冻的精子进行人工受精并且这种意愿是自己真实意愿的表达,则丈夫为该子女的法律上的父亲。

(二)供精人工受精(AID)的法律问题

由于使用 AID 的方法所生子女与生母之夫不存在自然血亲关系,因而引发一系列法律问题。

1. AID 中亲子关系的认定问题。AID 出生的子女,客观上存在一个生物学父亲(遗传学意义),即供精者,一个养育父亲(社会学意义),即生母之夫。那到底谁是 AID 子女法律上的父亲?从世界上大多数法学界人士的意见和许多国家的有关立法来看,大都认定养育父亲与子女虽无生物学上的血缘关系,但夫妻合意进行人工受精的行为,已经表达了愿将婴儿作为夫妻双方共同子女的意思表示,所以应视其为子女的亲生父亲、合法父亲,承担相应的权利和义务,而否认供精者的父亲权利。如果在婚姻关系存续期间,妻子未经丈夫同意而进行 AID 的,丈夫对所生子女有否决权。

2. AID 的匿名供精人与 AID 子女的关系问题。随着 AID 广泛应用,已经发生多起 AID 子女寻找生父和供精者认领 AID 子女的案例。从尊重和保护 AID 子女知情权角度来看,AID 子女有权利知道其生物学父亲是谁,有权知道自己的出生背景。但是这些问题涉及 AID 夫妇要求供精者匿名(保密)的权利。而匿名为子女与供精者之间设置了不可逾越的障碍,由此产生了保护供精者匿名权和 AID 子女"寻根"愿望(利益)的冲突。

3. 单身女性的 AID 生育权问题。单身女性,包括未婚女子、丧偶女性、女同性恋者及其他女独身主义者,是否享有 AID 生育权。对此,法律和伦理学界都进行了争论。在我国,自 2003 颁布的《吉林省人口与计划生育条例》第三十条明确规定赋予单身女性的生育权以后,学界对非婚者的生育权进行了激烈的探讨。目前,大多数国家,如瑞典、法国、德国等国都只允许在婚姻关系中进行 AID。少数国家和学者认为,妇女有自由选择婚姻和生育的权利,如果她们能够为孩子提供良好的成长、教育环境,她们应该获得这种权利。

(三)体外受精(IVF)引发的法律问题

AID 提出的谁是父亲的问题同样适用于 IVF,有时还需要解决"谁是试管婴儿的父母"的问题。

1. 在夫妻双方同意下进行同源 IVF 后,将胚胎植入妻子子宫妊娠生育,这种 IVF 子女遗传学的父母即法律上的父母,不存在争议。

2. 在夫妻双方同意下,使用妻卵和供精在体外受精后将胚胎植入妻子子宫妊娠发育,这种情形与 AID 相似,这类试管婴儿法律地位的确认原则与 AID 子女相同。

3. 在夫妻双方同意下,使用供卵与夫精进行 IVF,然后将胚胎植入妻子子宫妊娠生育。在此种情况下,不孕夫妇之夫为该子女的父亲。这类试管婴儿涉及两个母亲:遗传学母亲(供卵者)和生身母亲(分娩者)。各国的法律观念一般认为,生下婴儿的妇女应当是孩子的合法母亲。

4. 在夫妻双方同意下,使用供卵和供精进行 IVF 后再将胚胎植入妻子子宫妊娠发育。所生子女有两个父亲(生母之夫与供精者)、两个母亲(生母和供卵者)。当然该不孕夫妇的妻子应为孩子法律上的母亲,在第 3 种情形的基础上,一般推定该妇女的丈夫为该孩子法律上的父亲,即养育父亲在父权竞争中强于遗传父亲。

(四)代孕母亲(Surrogate Mother,SM)的法律问题

1. 代孕中亲子关系的认定问题。代孕母亲的出现使自然生殖方式下母亲的概念裂变为生物(遗传学)母亲、生身母亲、养育母亲三个个体。对于一个代孕母亲生育的婴儿来说,有可能存在五个父母,精子赠与人、卵子赠与人、怀育胎儿的代孕母亲、抚育该婴儿的夫妇。由此引起了一系列法律问题。对于代孕所生育子女法律父母的确定,法学界认识不一,世界各国法律规定也不尽相同。主要有三种情况:第一,生者为母。不论精子、卵子由谁提供,生育婴儿的妇女与其丈夫被推定为婴儿的父母。第二,根据遗传学来确定亲子关系。如英国规定提供精子和卵子的

男女为婴儿的父母。第三,按照契约约定来确定亲子关系,即代孕母亲所生的婴儿为委托方夫妇的子女。

2. 代孕行为是否合法。代孕母亲以收取报酬为目的,出租子宫,被他人看作生育机器,是对妇女尊严的侵犯,也变相地使婴儿成为商品;加上有的亲属之间代孕,如母亲替女儿怀孕等,导致家庭伦理关系混乱。由于以上问题的存在,许多国家如瑞士、法国、西班牙等纷纷立法,明文禁止代孕行为,代孕合同被视为无效。如法国在1994年通过了生命伦理法,全面禁止代孕,对参与代孕的组织与医护人员处以3年监禁和4.5万欧元罚款的严厉处罚,在国外通过代孕出生的孩子无法获得法国国籍。而美国各州对代孕有不同的规定,有些州允许将代孕作为一种商业行为,代孕在美国是被公众所普遍接受的一种生育方式。英国和澳大利亚承认代孕母亲,但严格限制商业性代孕行为。

三、我国人工生殖技术发展现状及其立法状况

我国生殖技术的研究和应用比发达国家起步晚,但发展非常迅速。1983年,湖南医科大学生殖医学研究室首次用冷冻精液人工受精成功。1986年,青岛医学院建立了我国第一座人类精子库。1988年,我国第一例试管婴儿在北京医科大学附属第三医院诞生。1990年,我国第一个人类冷冻胚胎库建成。目前,上海、广州、哈尔滨等地开展的体外受精技术已达世界先进水平。

为了规范人工生殖技术的应用,保证其安全、健康发展,保障人民身体健康。2001年2月20日原卫生部颁布了《人类辅助生殖技术管理办法》和《人类精子库管理办法》两部规章。同年5月14日,原卫生部又发布了《人类辅助生殖技术规范》《人类精子库基本标准》《人类精子库技术规范》《实施人类辅助生殖技术的伦理原则》等规范性文件,2003年6月27日原卫生部将其修订为《人类辅助生殖技术规范》和《人类精子库基本标准和技术规范》。2003年12月24日,科学技术部、原卫生部联合颁布了《人胚胎干细胞研究伦理指导原则》。2006年2月7日原卫生部颁布了《人类辅助生殖技术与人类精子库校验实施细则》和《人类辅助生殖技术及人类精子库培训基地认可标准及管理规定》。

第二节 基因工程与克隆技术的相关法律问题

一、基因工程概述

(一)基因的概念

基因(Gene)是位于脱氧核糖核酸(DNA)上编码多肽序列的碱基排列片段,是具有特定生理功能的DNA序列,是控制生物性状的基本遗传单位,是遗传信息传递、表达、性状分化发育的依据。"基因"一词起源于1909年丹麦遗传学家约翰逊所著的《科学遗传学要义》一书,指生物中控制性状的遗传因子。基因具有多方面的重要价值,其密码一旦被破译,便可被广泛应用于农牧业、食品工业、医药卫生、遗传鉴定等领域,并会产生巨大的经济效应和社会效应。

(二)基因工程的概念

基因工程(Genetic Engineering),又称基因拼接技术或DNA重组技术,是指采取类似工程设计的方法,按照人们的需要,通过一定的程序将具有遗传信息的基因,在离体条件下进行剪接、组合、拼接,再把经过人工重组的基因转入宿主细胞大量复制,并使遗传信息在新的宿主细胞或个体中高速表达,产生出人类需要的基因产物,或者改造、创造新的生物类型。通俗一点来说,基因工程的本质就是要帮助人们认识基因、了解基因,以此来造福全人类。而基因则是基因工程的基点,是生物体内决定生物遗传特性的一个重要单位。

(三)基因工程的应用

基因工程技术的广泛应用主要表现在以下几个方面:

1. 生产基因工程药物。胰岛素、干扰素、人造血液、白细胞介素、乙肝疫苗等通过基因工程实现工业化生产,为解除人类的病苦,提高人类的健康水平发挥着重大的作用。

2. 遗传疾病治疗。通过基因诊断技术,检测出分子结构水平和表达水平是否异常,从而对疾病做出判断。通过基因治疗技术,纠正或补偿因基因缺陷和异常引起的疾病,以达到治疗目的。

3. 利用基因技术进行鉴别分析。利用基因技术进行鉴别分析的有:亲子鉴定、兴奋剂检测、刑事侦查、民族起源、考古生物、阐明老化机理、免疫机理、致病机理等。

4. 动植物品种改良。动物基因工程方面,已先后培育出转基因猪、羊、牛和鱼等,植物基因工程方面,已生产出具有抗虫、抗除草剂、抗病毒、抗细菌、抗旱、抗冷等特性的转基因农作物,还可以生产出含有动物蛋白、有疟疾疫苗作用的转基因农作物。

5. 其他行业的应用。在能源方面,可从糖和粮食中提取乙醇来做机器的动力原料。在环境领域,可利用细菌清除重金属和放射性废弃物。在采矿方面,可利用微生物的新陈代谢能力来提高采炼技术。在食品加工领域,可对普通食品进行加工改良。比如,可采用基因工程手段改善食用油成分、蛋白质和碳水化合物含量和氨基酸组成。

二、基因工程引发的法律问题

(一)基因诊断

基因诊断也称DNA诊断、DNA探针技术或基因探针技术,是采用分子生物学方法在DNA水平和RNA水平对某一疾病相关的基因进行分析,从而对特定的疾病进行诊断。凡是涉及遗传物质改变的疾病都可以进行基因诊断,基因诊断还能发现潜在的疾病因素。与传统诊断方法相比,基因诊断具有灵敏度高、适应性强、诊断范围广、可检测出正在成长的病原体或潜伏病原体等诸多优势。

但是,基因诊断和检测的广泛应用也面临着许多法律问题。(1)在产前基因诊断中,法律是否允许选择婴儿和设计婴儿?(2)医生是否有为诊断出遗传病的患者保密的义务?法律如何权衡其中所涉及的诸多复杂利益?如何保护个人对其基因信息的隐私权?(3)基因诊断和检测的广泛应用是否会导致一种新的歧视——基因歧视?法律该如何避免这一现象的出现?

(二)基因治疗

基因治疗,简单而言就是用基因治病。由于基因治疗是一种高速发展的医学科技,随时都可能研发出新的方法,很难对其作出完整而权威的定义。英、美两国的有关规范中都未对基因治疗下定义,我国台湾地区的"基因治疗人体试验申请与操作规范"将该词定义为"利用分子生物学中 DNA 重组以及转植的技术,把重组之 DNA 分子传递至一个或多个人体染色体内,将患有遗传性新陈代谢或癌症等疾病患者细胞内的致病基因,加以修补或置换,使其恢复功能,或在已丧失功能的基因内,输入额外的正常基因,以制造必要的产物,使病人得以恢复健康的现代医疗科技"。基因治疗一般分为体细胞基因治疗、生殖细胞基因治疗、增强基因工程和优生基因工程。

基因治疗为人类展示了美好的应用前景。但是,基因治疗涉及改变人类的遗传物质,有可能产生不可预知的严重后果。一般认为,体细胞基因治疗只涉及患者个体,而生殖细胞基因治疗则对人类未来存在深远影响,特别会在法律方面引发许多问题:人能否改变人?人的尊严何在?以什么标准来改变人?基因治疗是一项费用昂贵的医疗技术,哪些人有权享有这项技术?还涉及人体基因是否允许买卖等。所以,目前大多数国家对基因治疗采取了非常审慎的态度,同时也考虑从法律角度对此进行调整、规范和控制。

(三)人类基因组计划

基因组是含有所有遗传因子或生命活动信息的 DNA 链。20 世纪 80 年代中期,美国科学家率先提出了测绘和排序人类基因组计划(Human Genome Project, HGP),并于 1990 年 10 月正式启动,英国、法国、德国、日本和中国的科学家先后加盟。它旨在通过国际合作,测定人类基因组全序列,破译人类全部遗传信息,使人类第一次在分子水平上全面认识自我。2000 年 6 月 26 日科学家公布了人类基因组工作草图,2004 年人类基因组序列图正式公布。

人类基因组计划是有史以来最伟大的一项生命科学工程,同"阿波罗登月计划"和"曼哈顿原子弹计划"一起被誉为 20 世纪科学界的三个里程碑。但是基因组分析是一种技术,也是一种工具。像其他所有的工具一样,它可被用于"善"的目的，也可被用于“恶”的目的。生命天书奥秘提示可能带来的伦理、法律和社会问题，不能不让我们深思。

三、基因工程立法状况

（一）我国基因工程的立法状况

为了促进我国生物技术的研究和开发，加强基因工程工作的安全管理，保障公众和基因工程工作人员的健康，防止环境污染，维护生态平衡，国家科学技术委员会于1993年12月发布了《基因工程安全管理办法》，就适用范围、安全性评价、申报和审批、安全控制措施等方面作了规定。1993年原卫生部制定的《人的体细胞治疗和基因治疗临床研究质控要点》，强调对基因治疗的临床试验要在运作之前进行安全性论证、有效性评价和免疫学考虑，同时注意社会伦理影响。

2003年，国家食品药品监督管理总局颁布了《人基因治疗研究和制剂质量控制技术指导原则》，详细规定了基因治疗研究的技术标准和操作规范。为了促进我国人胚胎干细胞研究的健康发展，科学技术部和原卫生部还于2003年12月24日联合下发了《人胚胎干细胞研究伦理指导原则》，明确了人胚胎干细胞的来源定义、获得方式、研究行为规范等，禁止买卖人类配子、受精卵、胚胎或胎儿组织。

（二）人类遗产资源保护立法

随着“人类基因组计划”的推进，人类基因的商业利用价值逐步凸现。在此背景下，一些国家打着科学研究的幌子开始盗采我国的基因资源并进行非法利用。为了有效保护和合理利用我国的人类遗传资源，加强人类基因的研究与开发，促进平等互利的国际合作与交流，1998年6月经国务院批准，科学技术部、原卫生部共同制定了《人类遗传资源管理暂行办法》，这是我国第一部全面规范人类遗传资源管理的规范性文件，对我国人类遗传资源的管理体制、利用我国人类遗传资源开展国际科技合作及我国人类遗传资源出境的审批程序等作出了规定，成为我国人类遗传资源管理的重要依据。

《人类遗传资源管理暂行办法》规定，国家对人类遗传资源实行分级管理、统一审批制度。国家对重要遗传家系和特定地区遗传资源实行申报登记制度。未经许可，任何单位和个人不得私自采集、收集、买卖、出口、出境或以其他形式对外提供；凡涉及我国人类遗传资源的国际合作项目，应经批准后签约。《人类遗传资源管理暂行办法》还规定了有关单位和个人违反人类遗传资源管理办法的行为所应承担的法律责任。

四、克隆技术引发的法律问题

（一）克隆技术的概述

克隆（Clone）又称为“无性生殖”，是指从一个共同的细胞、组织或器官繁殖得到一群遗传结构完全相同的细胞或生物，简而言之即生命的全复制。

1997 年 2 月，英国爱丁堡罗斯林研究所的胚胎学家伊恩·威尔穆特（Ian Wilmut）博士及其研究小组宣布所培养的世界上首例体细胞克隆绵羊“多莉”降生，这标志着基因技术的发展到达了一个前所未有的高度。

（二）克隆技术引发的法律问题

克隆绵羊“多莉”降生的消息在震撼世界的同时，也引起了人们的忧虑：将来有人利用克隆技术复制人类自己，有可能给人类社会带来毁灭性的灾难。人类是否应通过法律禁止克隆人的出现？对此产生了正反两种观点：一方面，禁止论认为，生殖崇拜是人类的古老情结，有性繁殖是高等生物繁衍生命的自然规律，但是克隆人却以无性繁殖代替有性繁殖，将会给社会带来以下危害：第一，造成人种退化；第二，冲击法律观念；第三，带来社会动荡；第四，诱发社会失控。应予以禁止。另一方面，控制论则认为，发现和发明是科学发展的动力，人类最终将会承认创设人的生命的方式不只有有性繁殖一种，应该允许无性繁殖作为一种补充方式。这两种方式创造出来的都是人的生命，同样是神圣的。克隆技术对人类的危害可以通过法律来控制：一是在人体克隆试验阶段；二是在克隆人的诞生阶段。如果人体克隆获得成功，则法律应当解决的问题是：人体克隆技术的法律定位，人体克隆行为的法律控制以及克隆人的法律身份。

（三）克隆技术的立法状况

1997 年 11 月，联合国教科文组织在巴黎通过了指导基因研究的道德准则性文件《世界人类基因组与人权宣言》，要求禁止克隆人等“损害人类权利和尊严的科研行为”。在日内瓦举行的第五十五届世界卫生大会通过的决议中指出，运用无性繁殖技术复制人类“违背人的尊严和道德，因而必须严格禁止”。世界卫生组织表示，利用克隆技术制造完全相同的人的做法是不能接受的，这种试验违背医学要保护人类尊严和从遗传学角度保证人类安全的基本准则。世界卫生组织同时强调，禁止克隆人并不意味着禁止利用克隆技术，因为该项技术能够为人类战胜癌症等疾病“生产”出所需要的抗体。1998 年 1 月，丹麦、法国、芬兰等十多个欧洲国家在巴黎签署了人类第一份禁止克隆人的法律文件《禁止克隆人协议》，禁止用任何技术创造与任何生者或死者基因相似的人。

第三节　器官移植的相关法律问题

一、器官移植的概述

（一）概念

器官移植（organ transplantation）是指摘取人体器官捐献人具有特定功能的心脏、肺脏、肝脏、肾脏或者胰腺等器官的全部或者部分，将其植入接受人身体以代替其病损器官的过程。[1]

(二)类型

1. 按器官来源不同,可分为自体移植、同种异体移植、异种移植。自体移植,是指摘取身体的组织器官移植到同一身体的另一部位。同种异体移植,是指将他人身体上的组织器官移植到另一个人体上。临床开展的人体器官移植多属以上两种类型,世界范围内的器官移植法律都是以同种器官移植为其允许和规范的对象。异种移植,是指将异类的组织器官移植到人体上。目前异种移植面临着两个严重的问题,即免疫排斥和跨物种感染。这种器官移植技术只是获得小规模的应用,在一些国家已经被禁止使用。

2. 根据移植位置不同,可分为原位移植和异位移植。原位移植,是指将脱离人体的组织器官重新移植到原来部位;异位移植,是指将来源于他处的组织器官移植到人体上。

(三)发展状况

器官移植的设想早在古希腊时代已产生,但直到 20 世纪才成为现实。1954 年,第一例同卵双生子之间肾移植在美国波士顿一家医院获得成功,从而为器官移植带来了新的曙光。此后几十年间,由于免疫抑制药物的研制和应用,组织配型能力的提高以及外科手术的改进,器官移植取得了很大成就。1963 年首例肝移植、1967 年首例心脏移植的成功,轰动了世界。目前除了神经系统以外的人体内所有器官和组织都可以移植,但肾脏移植的应用最广泛、存活率也最高。

我国器官移植始于 20 世纪 60 年代,起步较晚,但发展迅速。目前我国人体器官移植总量已居世界第二位,国际上能够开展的人体器官移植手术在我国几乎都能开展,尤其是多种类别的胚胎器官移植在国际上已处于领先地位。随着移植手术水平的提高,器官移植后患者存活时间明显延长。其中,肾移植存活时间最长者已达 30 年,心脏移植达 16 年,肝脏移植达 13 年,肺移植达 8 年。但我国捐献器官数量与需要器官移植治疗的患者数量相比,存在巨大差距:每年有 100 万 ~ 150 万患者需要器官移植,但每年移植手术仅有 1 万例左右。我国进行人体移植的器官主要来自患者亲属和其他一些公民的自愿捐献,器官紧缺是制约我国器官移植发展的“瓶颈”。[2]

二、器官移植引起的法律问题

(一)器官来源

对于器官移植手术而言,最重要的莫过于供体器官的获得,而器官来源不足是

---

〔1〕 汪建荣:《卫生法》,人民卫生出版社 2018 年版,第 256 页。

〔2〕 唐义红、荣振主编:《活体器官移植法律与伦理问题研究》,中国政法大学出版社 2017 年版,第 23 ~ 26 页。

阻碍器官移植的关键问题。围绕如何解决器官来源，产生了很多复杂的法律问题：如公民是否有提供器官的义务；什么情况下采集器官是合法的；能否采取强制措施获取尸体器官；人体器官是否可以买卖等。国外许多国家就这些问题进行了相应的立法。

1. 自愿捐献。自愿捐献是目前世界上许多国家采用的原则。指死者生前自愿捐献器官，或死者近亲属自愿将死者器官捐献他人。这种法律规定强调自愿和知情同意是收集器官的基本原则。以美国、南斯拉夫等国家为代表。

2. 推定同意。推定同意是指法律规定公民在生前未作出不愿意捐献器官的意思表示都可被认为是自愿的器官捐献者，也称法定捐献。包括两种情况：一种是亲属推定同意，即只要近亲属没有反对意见，可以推定死者同意捐献。西班牙、意大利、英国、罗马尼亚等国都采取这种原则。另一种是医生推定同意，即不考虑近亲属同意与否，只要死者生前未表示反对，就推定死者同意捐献。新加坡、澳大利亚、法国等国的器官移植法均采取这种原则。采取医生推定同意的方式既能大大增加可用于移植的器官的数量，又可避免因征求家属意见延误时间而影响移植的质量。但其具有强制处理死者尸体的性质，因而很难为某些国家所接受和采用。在我国，当前还尚未形成“推定同意”的规定，现阶段主要是确保近亲属在捐献过程中的意见得到充分表达。如《人体器官移植条例》第八条中规定：“公民生前未表示不同意捐献其人体器官的，该公民死亡后，其配偶、成年子女、父母可以以书面形式共同表示同意捐献该公民人体器官的意愿。”

3. 尸体器官捐献方面的问题。尸体供体是目前器官移植的主要供体，占到了97%以上，其问题主要是传统伦理观念影响和死亡标准问题。由于受传统观念影响，所谓“身体发肤，受之父母，不敢毁伤，孝之始也”，很多地方都认为捐献死者器官是不孝义之举。因此，愿意死后捐献器官的人和同意捐献亲人器官的人往往微乎其微。

尸体器官移植还涉及死囚器官的问题。1984年，我国最高人民法院、最高人民检察院、公安部、司法部、原卫生部、民政部颁布了《关于利用死刑罪犯尸体或尸体器官的暂行规定》，规定以下几种情况可供利用：无人收殓或家属拒绝收殓；罪犯自愿将尸体交医疗单位使用（需签名）；经家属同意的。同时，也提到尊重少数民族的风俗等内容。自2015年1月1日开始，我国全面停止使用死囚器官作为移植供体来源，公民逝世后自愿器官捐献将成为器官移植使用的唯一渠道。

（二）移植器官的商品化问题

由于移植器官的供不应求，出现了器官商业化的倾向。1983年美国一名医生曾建议成立“国际肾脏交易所”购买穷人的肾脏。这些买卖或变相买卖人体器官的做法受到公众舆论的普遍谴责。单纯从解决移植用器官的目的来说，器官商品化确实可以吸引一些人提供器官以缓解器官紧缺的矛盾，但由此而可能并实际引发的道德、法律问题却不得不使人望而却步。第一,器官质量难以得到保证,受体往往难以了解所购买器官是否安全和健康,如供体是否有遗传病等。第二,会导致在生死面前表现出极度不平等。第三,这种需求可能会刺激社会犯罪集团为了暴利而采用犯罪的手段获取器官。因此,世界卫生组织呼吁制定一个有关人体器官交易的全球性禁令,并敦促其成员国制定限制人体器官的法律。美国、加拿大、法国、印度等越来越多的国家通过法律明文禁止人体器官买卖。

(三)移植器官分配方面的问题

人体器官是一种稀有的卫生资源,是不可能按需分配的。医生在进行器官分配时就面临难题,即可供移植的器官和技术总是有限的,那么谁应先接受移植手术?这是如何选择病人的问题。分配标准一直是伦理学界和法学界讨论的问题之一。国内外的书籍中对此从理论上给出了5个原则:余年寿命原则、回顾性原则、前瞻性原则、家庭角色原则和科研价值原则。

三、器官移植的立法状况

(一)国外器官移植立法状况

20世纪80年代世界上许多国家和地区就基本完成了器官移植的相关立法工作,主要有统一立法模式和单一器官立法模式。

1.统一立法模式。以美国为代表,主张对器官捐献与器官移植进行统一立法。1968年由美国律师协会等组织提议,通过了《统一解剖捐献法案》(UAGA),1984年制定了《全美器官移植法》。欧洲、大洋洲以及北美其他国家深受美国立法的影响,英国于1989年通过《人体器官移植法》。统一立法的主要优势在于:集器官移植相关法律为一身,摒弃了单一器官立法的局限性,可以更有利于收集供体器官。

2.单一器官立法模式。单一器官立法模式,则是一种循序渐进的方法,由小器官移植立法向大器官移植立法的过渡,然后再为今后多器官移植立法铺平道路,但最终仍然要实现器官捐赠与移植的统一立法。日本和我国的台湾地区等采用此种模式。

(二)我国器官移植的立法状况

2003年8月22日,深圳市首开立法之先河,制定并颁布了我国首部器官移植专项地方立法——《深圳经济特区人体器官捐献移植条例》。该条例考虑了我国的具体国情,并借鉴和吸收了其他国家的先进立法经验,具有一定的进步意义。2007年3月21日,国务院颁布了《人体器官移植条例》,并于2007年5月1日起施行,从行政法规层面上使器官移植走上法制化、可持续发展的道路,对于规范人体器官移植管理,保证医疗质量和医疗安全,维护器官捐献者、患者、医疗机构及医务人员的合法权益,具有重要意义。2009年12月,原卫生部根据《人体器官移植条例》制定了《关于规范活体器官移植的若干规定》,使我国人体器官移植有了一具体操作规制。2010年原卫生部制定并下发《中国人体器官分配与共享基本原则和肝脏与肾脏移植核心政策》,并在此基础上研发了人体器官分配与共享系统,希望建立公平、公正、公开的器官分配体系。为建立和完善人体器官获取与分配体系,2013 年 9 月国家卫计委制定的《人体捐献器官获取与分配管理规定(试行)》正式实施,适用于公民捐献的身故后尸体器官的获取与分配,包括总则、捐献器官的获取、捐献器官的分配、监督管理和附则。

在实践中,器官移植分配是否公平以及非法器官买卖是公众关注的问题。该规定明确规定,捐献器官的分配应当符合医疗需要,公民死后捐献的器官必须通过器官分配系统进行分配,任何机构、组织和个人不得在器官分配系统外擅自分配捐献器官。人体器官分配组织(Organ Procurement Organization,OPO)必须通过器官分配系统适时启动捐献器官的自动分配,严格执行分配结果,确保捐献人及其捐献器官的溯源性。

第四节　与死亡有关的法律问题

一、脑死亡

(一)脑死亡的概述

自古以来,死亡标准为心肺功能停止的传统观念垄断,心肺功能完全丧失一直是判断死亡的标准。我国 2000 多年前的《黄帝内经》中称:“脉断、气绝,死。”但是,自 20 世纪五六十年代以来,随着人工呼吸器和心肺复苏术的开发与普及,以及心脏移植技术的发展,导致某些心肺功能的停止是可逆的,从而使其失去了作为权威性死亡标准的地位,把心肺功能作为生命最本质的特征和死亡的传统判断标准受到了现代生物医学发展的挑战。于是,人们开始重新认识死亡的定义和标准,一种被医学界认为更加科学的脑死亡概念和脑死亡标准应运而生。

1. 概念

脑死亡是指包括大脑、小脑、脑干在内的全部机能完全且不可逆地停止,即全脑死亡。脑死亡原发于脑组织严重外伤或脑的原发性疾病,其特征是脑功能不可逆地全部丧失,它同心跳和呼吸停止一样,是自然人生命现象的终止,是个体死亡的一种类型。

2. 意义

脑死亡概念的提出是对死亡标准的重新认识,是生物医学技术发展的必然结果,其意义主要体现在以下几个方面。

(1)有利于科学地确定死亡,维护生命尊严。对于一些因服毒、溺水或冻死的患者,特别是服用中枢神经抑制剂自杀的假死者,运用心跳呼吸停止作为死亡的标准,很难鉴别假死状态,往往错过抢救时机。脑死亡标准的确立,为真死与假死的鉴别提出了科学依据,从而更好地维护人的生命尊严,更好地尊重人的生命价值。

(2)有利于开展器官移植。器官移植技术的发展,需要大量的新鲜组织器官拯救那些因某一器官患有严重病态或损伤、衰竭的患者。在适宜的新鲜供体严重短缺的现状下,依靠先进的科学技术维持脑死亡者的呼吸和循环功能,使之可能成为医学上最理想的器官移植的供体及天然的、极好的人体器官和组织的储存库。医生可以根据移植的需要,从容地做好各项移植准备工作后,适时摘取供体器官,从而提高器官移植的成功率。脑死亡标准的确立为一大批新鲜供体器官的摘取提供了合法条件。

(3)有利于医疗资源的合理利用。现代医疗行为的目的并不是盲目地延长毫无价值的生物学意义上的生命,不是盲目地延长人类痛苦的死亡过程。确定脑死亡的标准,可以适时终止对脑死亡者的医疗措施,缩短死者的死亡过程,减少因无效抢救而造成的巨大浪费,把有限的医疗卫生资源用于那些需要治疗而又能够达到预期效果的病人身上,在减轻社会负担的同时也减轻脑死亡者亲属的精神和经济负担。

(4)有利于法律的正确实施。死亡对于法律的适用具有绝对重要的意义。主要体现在:死亡决定民事权利的终止,继承的开始,婚姻关系的消灭,保险金、赔偿金的取得,故意杀人罪的既遂,刑事责任的免除以及如合同、代理等民事法律关系的变更和终止。随着医学科学技术的不断进步,传统的死亡标准已日益显现其局限性。因此,脑死亡标准的确立可以更加科学、准确地判断一个人的死亡时间,以利于正确适用法律,公平合理地处理案件。

(二)脑死亡的标准

随着医学技术的发展,人们对死亡的理解有了改变。1968 年由哈佛大学医学院提出的脑死亡标准可以概括为:(1)不可逆的深度昏迷,病人完全丧失对外部刺激和内部需要的所有感受能力。(2)自主运动包括自主呼吸运动停止,呼吸机关闭 3 分钟而无自主呼吸。(3)一切反射消失,脑干反射消失,瞳孔散大,瞳孔对光反射、角膜反射、眼运动反射等均消失。(4)脑电沉默,即脑电图平直记录 20 分钟。上述状况在 24 小时内反复测试结果无变化,就可宣告该人死亡。但有两种情况除外:(1)体温过低(32.2℃以下);(2)刚服用过巴比妥药物等中枢神经系统抑制剂的病例。1973 年,第八届国际脑波·临床神经生理学大会提出了“脑死亡”的定义,即“脑死亡是包括小脑、脑干直至第一颈髓的全脑功能的不可逆的丧失”。

(三)脑死亡的立法状况

1. 国外有关脑死亡的立法

从国外的脑死亡立法情况来看,脑死亡的法律地位归纳为以下三种情形:

(1)国家和地区制定有关脑死亡的法律,直接以立法形式承认脑死亡为宣布死亡的依据。芬兰是世界上第一个在法律上确立脑死亡的国家。此后,美国的堪萨斯州在 1970 年通过了《死亡和死亡定义法》。1983 年,美国医学会、美国律师协会、美国统一州法律督察全国会议及美国医学和生物学及行为研究伦理学问题总统委员建议各州采纳以下条款:“任何人患有呼吸和循环不可逆停止或大脑全部功能不可逆丧失就是死人。死亡的确定必须符合公认的医学标准。”上述观点实际上是让传统死亡概念、标准和脑死亡概念、标准并存,避免了人们对死亡定义可能产生的误会。随后,阿根廷、加拿大、南非、新西兰、希腊、意大利、澳大利亚、瑞典、法国、英国、西班牙、波多黎各等多个国家和地区也先后制定了脑死亡法律,承认脑死亡是宣布死亡的依据。

(2)国家和地区法律虽然没有制定正式的法律承认脑死亡,但在临床实践中已承认脑死亡状态,并以之作为宣布死亡的依据。例如德国、比利时、荷兰、印度、爱尔兰、南非、新西兰、韩国、瑞士、泰国等国家。

(3)脑死亡的概念为医学界所接受,但由于缺乏法律对脑死亡的承认,临床上医生也不敢推行脑死亡标准,缺乏将脑死亡作为宣布个体死亡的法律依据。

为了保证和提高脑死亡诊断的准确性,防止偏差,有的国家法律规定,脑死亡诊断应由两名内科医师做出,且同器官移植无关联。也有的国家法律规定,脑死亡的确定,应由两名医师独立进行检查得出相同的结论,或需要经上级医师的核准;必要时,还需神经内科、神经外科、麻醉科以及脑电图专家会诊,无异议时方可确定脑死亡。

2. 我国脑死亡立法的现状与思考

我国医学界从1980年开始探讨脑死亡问题,老一辈医学家多年来一直呼吁脑死亡立法。但是,由于我国文化传统的影响,医学技术的发展状况不平衡,人们对脑死亡的认识还很模糊,在短期内,要使全社会对脑死亡标准达成共识是不可能的。我国目前尚未制定出一部统一的、正式的、具有法律权威的脑死亡标准,临床实践中仍然以心肺功能停止作为判定死亡的标准。为了配合国家立法需要,原卫生部组织专家审定在技术层面上起草的脑死亡判定标准和技术规范,2004年5月,在中华医学会第七届全国神经病学学术会议上,我国《脑死亡判定标准(成人)》和《脑死亡判定技术规范》已经通过医学专家审定。但由于脑死亡是医学界提出的判定死亡的一种方式,与现行判定死亡的标准不同。制定脑死亡判定标准和技术规范与实施脑死亡判定是两回事,实施脑死亡判定必须以相应的法律规范为前提,目前,医疗机构还不能据此来实施脑死亡判定,也就是说,上述标准和规范只有通过立法程序生效并公布后才能实施。

但是,随着医学科学的发展,通过法律确定脑死亡的标准,已成为十分现实和迫切的需要。在我国对脑死亡进行立法时应当注意以下几个方面:

(1)两种死亡标准并存。根据我国的具体国情,在根深蒂固的传统观念,以及现有各级医疗单位在技术、设备、诊疗水平上存在的较大差异的前提下,借鉴国外、我国香港、台湾地区的脑死亡立法经验,可以采用传统死亡标准和脑死亡标准同时并存的制度。

(2)制定严格的脑死亡诊断标准。借鉴哈佛标准,结合我国医疗实践,制定严格的脑死亡诊断标准,具体内容应当包括:脑死亡判定的先决条件、临床诊断、确认试验、脑死亡观察时间。立法赋予这样的诊断标准以法律效力,使之成为临床医生必须遵守的行为规范。卫生部门脑死亡法起草小组制定的脑死亡诊断标准中,将脑死亡概念界定为:脑死亡是包括脑干在内的全部功能丧失的不可逆转的状态。其具体条件包括:①先决条件。即出现昏迷原因明确排除各种原因的可逆性昏迷。②临床诊断。即出现深昏迷,脑干反射全部消失,无自主呼吸(靠呼吸机维持,呼吸暂停试验阳性),以上必须全部具备。③确认试验。即出现脑电图平直,经颅脑多普勒超声呈脑死亡图形,体感诱发电位 P14 以上波形消失,此 3 项中必须有 1 项阳性。④脑死亡观察时间。即首次确诊后,观察 12 小时无变化方可确认为脑死亡。

(3)确定脑死亡的程序

根据《脑死亡判定技术规范》的规定,脑死亡只能由在县级以上具备相应的医疗设备条件的地、市级医院进行判定,在通过必要的检测手段后,由两名以上神经内、外科医师,急诊科医师,麻醉科医师,ICU 医师中工作 10 年以上,具有高级职称,并且具备判定脑死亡资格证书的医师独立作出书面认定,确定患者脑死亡时,患者的原诊治医师应当回避。患者脑死亡事实一旦确定,由确定脑死亡的医疗组织签发死亡诊断书。

(4)法律责任

脑死亡立法应当明确规定违反脑死亡法律法规者所应承担的法律后果。对于不符合脑死亡标准的病人,由于确定医师的过错而导致事故的,应追究医师的民事责任或行政责任,构成犯罪的,依法追究刑事责任。

二、安乐死

(一)概述

安乐死一词源出希腊文(euthanasia),由“美好”和“死亡”两个词组成(eu = good, well 美好;thanatas = death 死亡),原意为安宁而轻松地死亡或无痛苦地死亡。古希腊所理解的安乐死是一种哲学的、非医学的概念。

1. 概念

在现代社会,安乐死是一个颇富争议的命题,其定义也存在争论。美国医学会认为安乐死的通常定义是:“出于仁慈的原因以相对迅速的并且无痛的方式造成不治之症和病痛患者死亡的行为。”《中国大百科全书·法学卷》对安乐死的定义是:“对于现代医学无可挽救的逼近死亡的病人,医生在患者本人真诚委托的前提下,为减少病人难以忍受的剧烈痛苦,可以采取措施提前结束病人的生命。”根据上述定义,可以认为在现代意义上,安乐死是指经患有不治之症且死期迫近、在肉体和精神上承受巨大痛苦和煎熬的患者本人的真实、自愿同意或请求,为缓和、消除其痛苦而由医务人员依现代医学知识与技术采取提早其死期的措施或者终止维持其生命的措施使其自行死亡。

2. 分类

对安乐死最常见的分类是根据安乐死实施中的“作为”和“不作为”,将其分为主动安乐死和被动安乐死。

(1)主动安乐死

主动安乐死又称积极的安乐死,是指由医务人员或其他人在无法挽救病人生命的情况下采取措施主动结束病人的生命或加速病人死亡的过程。结合病人的意愿和执行者的不同,主动安乐死又可分为:自愿—自己执行的主动安乐死、自愿—他人执行的主动安乐死和非自愿—他人执行的主动安乐死三种。由于这是用直接的方式使危重病人提前死亡,较难为人们接受。目前,世界上承认主动安乐死为合法的国家只有少数几个。

(2)被动安乐死

被动安乐死。也称“消极安乐死”,是指终止维持病人生命的一切治疗措施,任其自然死亡。实施被动安乐死主要基于:受医学技术的发展的限制,医疗措施对很多疾病的晚期都无能为力的时候,要让病人依据自己的意愿自然、舒适、有尊严地离开人世。一般来说被动安乐死较容易被人们接受。从世界各国立法看,法律所承认的大多是被动安乐死,而安乐死合法与否的争论主要是针对主动安乐死展开的。

(二)安乐死的立法状况

1. 国外安乐死的立法与实践

安乐死是一个涉及哲学、宗教、法律、伦理、社会学等诸多领域的深刻话题,在哲学界、医学界和法学界及普遍的社会大众之间引起了广泛、持久而激烈的争论。在世界绝大多数国家,安乐死仍然是法律的禁区。即使在曾经立法允许安乐死的国家,也存在着激烈而强大的批评和反对声音,这在一定程度上导致国家关于安乐死问题的法律和政策呈现出朝令夕改的不稳定性。

(1)荷兰。2000 年 11 月荷兰议会下院以多数票通过了关于“没有希望治愈的患者有权要求结束自己生命”的“安乐死法案”。2001 年年初荷兰议会上院正式通过安乐死法案,成为世界上第一个安乐死合法化的国家。该法案将荷兰长期以来的安乐死判例加以条文化、规范化、法律化。实施安乐死的法律要求包括:第一,病人必须在意识清醒的状态下自愿接受安乐死并多次提出相关请求,医生必须与病人建立密切关系,以判断病人的请求是否出于自愿或深思熟虑。第二,根据目前的医学经验,病人所患疾病必须是无法治愈的,而且病人所遭受的痛苦和折磨被认为是无法忍受的,医生和病人必须就每一种可能的治疗手段进行讨论,只要存在某种治疗方案可供选择,就说明存在着治愈的可能性。第三,主治医生必须与另一名医生进行磋商以获取独立的意见,而另一名医生则应该就病人的病情等情况写出书面意见。第四,医生必须按照司法部规定的"医学上合适的方式"对病人实施安乐死,并在实施后向当地政府报告。

(2)澳大利亚。1995 年 5 月 25 日澳大利亚北部地区议会通过了世界上第一部安乐死法——《晚期病人权利法》,并于 1996 年 7 月 1 日在一片争议声中开始生效,但由于反对势力十分强大,效果不佳。1996 年 12 月联邦众议院以压倒多数通过终止这部安乐死法的提案,1997 年 3 月澳大利亚联邦参议院经过辩论,推翻《晚期病人权利法》。

(3)美国。1976 年加利福尼亚州州长签署了《自然死亡法》,这是美国第一部成文的被动安乐死法。当前,美国大部分州都通过了《死亡权利法案》,要求医生尊重患者安乐死的愿望,但到目前为止,主动安乐死在美国大部分地区仍属于非法行为。只有俄勒冈州于 1994 年通过一项法律,允许内科医生在特定条件下协助患者自杀。

(4)日本。1950 年 4 月 14 日,东京地方法院的一个安乐死案件判决中指出,为了解除患者躯体上的剧烈痛苦不得已侵害其生命的行为,属于刑法中的紧急避险行为,不应受到惩罚。1962 年 12 月 22 日在名古屋高等法院对一例安乐死案件的判决中,指出在日本合法的安乐死需要具有 6 个要件,并成为日本判断安乐死是否合法的标准:①根据现代医学知识和技术判断,病人已患不治之症且死亡已经迫近;②病人痛苦剧烈,且令人惨不忍睹;③实行的唯一目的是减轻病人死亡前的痛苦;④如果病人神志清醒,并能表达自己的意志,则需要本人的真诚委托或同意;⑤如果没有足够说服人的理由,原则上由医生执行;⑥实行的方法在伦理上被认为是正当的。上述条件必须全部具备,则所执行安乐死不追究法律责任。日本由此成为亚洲第一个在法律上有条件地承认安乐死的国家。

然而,尽管有法律的严格限制甚至是故意杀人罪的刑事责任的威慑,世界各地仍然存在着大量的秘密状态的安乐死实践。以英国为例,根据其 1961 年实施的《自杀法案》,帮助和建议别人自杀的人最高可被判处 14 年徒刑。但据 2001 年 2 月 26 日新华网引述英国《星期日泰晤士报》的报道,英国已有 27000 人在医师的帮助下以安乐死的方式结束生命。另据秘密抽样调查显示,在英国的 36000 名医生中,七分之一的人曾在患者的要求下通过中断治疗或过量用药等方法帮助他们死亡。

2. 我国安乐死合法化的思考

1986 年,陕西第三印染厂职工王明成为身患肝癌晚期绝症的母亲夏素文申请"安乐死",主治医生蒲连升同意为他母亲注射了 100 毫克的复方氯丙嗪。王明成和主治医生蒲连升被汉中市人民检察院以故意杀人罪提起公诉,后被无罪释放。这起安乐死事件引起了我国医学界、伦理学界、社会学界、法学界和公众对安乐死问题的广泛关注和深入讨论。然而,时至今日,我国现行法律仍未对安乐死加以认可,安乐死案件却多次出现,在发生纠纷没有相关法律调整的情况下,全国人民代表大会的部分代表先后数次提出议案,建议制定安乐死法。由于安乐死是一种具有特殊意义的死亡类型,它既是一个复杂的医学、法学问题,又是一个极为敏感的社会、伦理问题。因此,全国人民代表大会法制工作委员会及原卫生部在经过反复研究后认为,目前,我国制定安乐死法规的条件尚不成熟,但可以促请有关部门积极研究这一课题,为今后安乐死立法作准备。为此,我们认为在安乐死立法时,应当注意以下问题:

(1)安乐死的条件

适用安乐死必须满足以下条件:①自愿要求,即病人要有安乐死的真实意思表示,并亲自主动提出安乐死的要求;②严重痛苦,即病情导致病人身体上、精神上无法抑制的严重痛苦;③濒临死亡;④施行方法正当,即执行安乐死的技术和方法必须是科学的、文明的、人道的。

(2)安乐死的程序

①申请

公民申请安乐死应当有本人亲自以书面形式主动提出,并附有身患绝症的医疗证明。特殊情况下,口头包括录音申请者必须由两名无利害关系的证人出具书面证明。对于陷入永久性昏迷状态、不能表达意愿的病人,可由其监护人代为提出,但需得到有关部门和医院的同意方为有效申请。

②受理

安乐死的受理机关必须是符合安乐死施行条件的医疗机构。县级以上的医疗单位应当设立安乐科,负责对安乐死申请的审查和批准。对不符合安乐死条件的申请者,审查单位应当在法定期限内以书面形式告知,并说明理由。对符合条件的申请者,应当批准申请,并经公证机关公证后,安排施行。

③执行

安乐死申请经批准并公证后,病人所在医院应当按照批准的时间和地点指定医生执行安乐死。执行前,病人撤回申请或表示反悔的,应当立即停止执行。主管医生反对施行安乐死的,应当暂缓施行安乐死。

(3)法律责任

违反安乐死规定的行为主要有:①对不符合安乐死条件的病人实施安乐死;②有确切证据证明病人亲属或医务人员是在病人的真诚请求下对病人实施安乐死,但未经有关部门审查批准的;③审查人员不认真履行审查职责,以致造成重大医疗纠纷的;④采用诱惑、欺骗、胁迫或其他手段强制病人施行安乐死的;⑤医务人员用不人道的方法对病人实行安乐死的;⑥医务人员在执业活动中,泄露患者的隐私,造成严重后果的。[1]

凡违反安乐死规定的直接责任人员,要承担相应的民事责任或行政责任,构成

---

〔1〕 曾春燕、刘婵娟:《伦理学视域下中国安乐死社会意愿现状及合法化路径探究》,载《浙江社会科学》2017 年第 3 期。

犯罪的应当依法追究其刑事责任。

典型案例评析

[案情] 2009年4月,周某、谢某、唐某参加了某市公务员考试,三人均顺利通过笔试和面试,并于2009年6月参加了公务员录用体检。在体检中,体检医院检测出这三位考生的平均红细胞体积偏小,于是要求三位考生进行复查,复查的项目为地中海贫血基因分析。复查结束后,体检医院认定三位考生均为地中海贫血基因携带者。因此,该市人力资源和社会保障局以"体检不合格"为由不予录用。周某、谢某认为,他们的身体条件符合国家公务员体检标准的要求,依照国家公务员体检表检查的各项数值均在正常范围内,未有《体检标准》和《体检手册》中所描述的任何贫血症状。因此,2009年9月,周某、谢某向该市政府申请行政复议,该市政府于12月15日作出行政复议决定,行政复议决定书不支持两人的请求。周某、谢某对行政复议决定书的决定不服,与未经行政复议程序的唐某一起,以"公务员体检标准中没有要求查基因,拒绝录用带有地中海贫血基因的考生,是典型的歧视行为"为由,向该市某区法院起诉该市人力资源和社会保障局。

[争议焦点]

1. 什么是基因隐私权?

2. 本案中,周某、谢某、唐某的基因隐私权是否受到侵犯?

[案例评析]

基因隐私权是人类基因科学技术高度发展所引发的一个问题,是指自然人的基本信息依法受到法律保护,不被他人非法知悉、收集、利用、公开和侵扰的一种具体人格权。

由于平均红细胞体积不属于国家公务员录用体检表的法定检验项目,因此体检医院无权擅自扩大体检范围,进行平均红细胞体积检测,并进行地中海贫血基因检测。本案中,该市人力资源和社会保障局本身不具备法律赋予其知晓考生基因信息的权力,未经三名考生的许可对其进行地中海贫血基因检测,以强势地位获得考生的基因信息,无疑侵犯了三位考生的基因信息隐私权。

【思考题】

1. 人工生殖技术引发的法律问题包括哪些?
2. 我国有关基因工程的立法现状如何?
3. 器官移植的分类包括哪些?
4. 确立脑死亡标准的意义是什么?
5. 安乐死的分类包括哪些?对于我国安乐死合法化,你有什么思考?

图书在版编目(CIP)数据

医药卫生法学 / 刘霞, 石俊华主编. -- 北京 : 法律出版社, 2019(2025.1 重印)
ISBN 978-7-5197-4145-7

Ⅰ. ①医… Ⅱ. ①刘… ②石… Ⅲ. ①卫生法-法的理论-中国-高等学校-教材 Ⅳ. ①D922.161

中国版本图书馆 CIP 数据核字(2019)第 274413 号

医药卫生法学
YIYAO WEISHENG FAXUE

刘 霞 石俊华 主编

策划编辑 肖 越
责任编辑 肖 越
装帧设计 汪奇峰

出版发行 法律出版社
编辑统筹 法商出版分社
责任校对 郭艳萍
责任印制 胡晓雅
经　　销 新华书店

开本 710 毫米×1000 毫米 1/16
印张 20.25 **字数** 384 千
版本 2019 年 12 月第 1 版
印次 2025 年 1 月第 7 次印刷
印刷 三河市兴达印务有限公司

地址:北京市丰台区莲花池西里 7 号(100073)
网址:www.lawpress.com.cn
投稿邮箱:info@lawpress.com.cn
举报盗版邮箱:jbwq@lawpress.com.cn

销售电话:010-83938349
客服电话:010-83938350
咨询电话:010-63939796

书号:ISBN 978-7-5197-4145-7
定价:72.00 元
凡购买本社图书,如有印装错误,我社负责退换。电话:010-83938349